Bakery Cafe
Start-up and Management

베이커리 카페 창업과 경영

이승호·김종욱·이인학 공저

ⓑ (주)백산출판사

PREFACE

베이커리 카페 창업과 경영

베이커리 카페는 최근 창업 아이템 중 가장 관심이 높고 뜨거운 아이템이라 할 수 있다. 최근 도시 내부뿐만 아니라 도시 외곽에 창업을 하는 카페들은 대부분 베이커리 카페의 형태로 창업이 이루어지고 있다. 최근 창업하는 카페나 베이커리도 모두 베이커리 카페 형태의 범주에 들어간다고 할 수 있다. 카페나 커피전문점의 형태로는 창업에서 성공하기가 쉽지 않으며 다양한 베이커리 메뉴를 포함한 창업이 매우 중요해졌다고 할 수 있다. 디저트와 빵에 대한 소비가 급격히 증가하고 고객들의 다양한 니즈를 반영하는 형태로서 베이커리 카페가 훨씬 더 고객들에게 중요한 의미를 가지는 시대로 바뀌었기 때문이다. 그렇지만 베이커리 카페의 창업을 통한 성공의 문제는 너무나 쉽지 않은 부분이다.

창업은 많은 사람에게 있어서 새로운 출발을 의미한다. 분명한 것은 창업을 하기로 마음을 먹고, 창업을 통한 경제적인 활동으로 지속적인 성공을 꿈꾸고 있다면, 창업자가 가진 창업의 의미를 명확히 정의하고, 창업의 목표를 분명히 하고 시작해야 한다. 이 시대에 창업가가 되고자 한다면 어느 때보다도 더 많은 공부와 노력이 필요하다. 특히 베이커리 카페 창업을 위해서는 정말 많은 준비와 시장 조사를 통해 철저히 창업을 계획해야 한다. 창업 준비에 앞서서 창업자로서 준비 상황을 냉정하게 평가해 보아야 한다. 특히 베이커리 카페 창업을 위해서는 제과제빵과 바리스타로서 기술적인 준비 정도를 평가해 보아야 한다. 이를 통한 베이커리 카페에서의 충분한 실무적인 현장경험을 가지고 있는지도 중요한 부분이 된다. 또한 내가 준비하는 베이커리 카페의 유형과 규모에 따른 다양한 준비 사항들을 통해 사업계획을 냉정하게 평가해 보아야 한다. 창업자로서 베이커리 카페를 경영하게 된다면 이와 관련한 충분한 지식과 경험, 경영자로서의 역량이 있는지도 스스로 평가해 볼 수 있어야 한다.

베이커리 카페는 최근 젊은 창업자에서 매우 인기 있는 창업 아이템이다. 실제로 많은 젊은 청년들이 베이커리 카페 창업에 도전하는 모습이 보인다. 많은 경험과 준비를 통해 성공적인 창업을 만들어가는 청년들도 있지만, 안타깝게도 대부분은 경험부족으로 실패한다. 베이커리 카페의 창업은 많은 자본이 투입되는 만큼 더욱 신중하게 결정해야 하며, 다양한 경험을 통한 노력으로 철저한 준비 단계를 거쳐 창업을 실행해야 한다.

이 책은 베이커리 카페 창업을 준비하는 데 있어서 이론적인 내용을 담고 있지만, 실질적이고 현실적인 관점에서 창업을 정의하고, 창업을 준비하는 데 필요한 내용들을 담고자 노력하였다. 이 책은 전체적인 베이커리 카페의 시장을 이해하고, 베이커리 카페 사업계획을 통해 창업 상황을 점검하고 준비하는 과정상에 필요한 내용을 정리하였다. 베이커리 카페 창업을 위한 사업계획서의 작성, 상권과 입지 조사, 콘셉트와 브랜드의 기획, 디자인과 인테리어, 베이커리 카페의 주방과 설비, 상품과 메뉴관리 등의 내용을 포함하고 있으며, 베이커리 카페 창업에서 반드시 필요한 매장 경영을 위한 운영관리, 마케팅, 인적자원관리, 창업행정실무, 매장경영전략 등의 내용을 포함하여 실질적인 베이커리 카페의 창업과 창업 후 경영에 도움을 드리고자 내용을 서술하였다.

학생들을 대상으로 한 창업 수업과 다양한 창업 강의 과정에서 실질적인 베이커리 카페 창업에 도움이 될 수 있는 이론서적에 대한 아쉬움이 있었다. 이러한 점 때문에 이 책을 처음 기획하게 되었고, 많은 시간이 지나 이제서야 출판하게 되었다. 그렇지만 처음의 열정과 노력에 비해 많은 부분에서 아쉬움과 부족함을 느낀다. 그렇지만 이 책을 통해 창업에 관심이 있는 학생들뿐만 아니라, 베이커리 카페를 창업을 계획하는 창업자와 베이커리 카페 경영자 분들에게도 조금이나마 도움이 되었으면 하는 바람이다.

마지막으로 이 책이 출판되기까지 많은 도움을 주신 분들에게 진심으로 감사의 말을 전하고자 합니다. 특히 이 책의 출판을 위해 많은 노력을 기울여 주신 백산출판사 관계자 분들의 노고에 진심으로 감사드립니다.

2023년 1월
저자 일동

CONTENTS

베이커리 카페 창업과 경영

베이커리 카페 창업과 경영

제1장

베이커리 카페
창업의 이해

창업을 성공하기 위해서는
본인이 도전하는 분야에 대한
체계적이고 계획적인 준비를 해야 한다.

제1절 창업의 이해

❶ 베이커리 카페 창업의 이해

1) 창업시장의 냉정한 현실

매년 신규 창업 대비 폐업률은 90% 전후로 나타나고 있다. 창업 후 높은 폐업률 때문에 창업을 준비하는 창업자들은 창업의 문제를 좀 더 신중하게 고민하고 접근해야 한다. 높은 폐업률에도 불구하고 매년 수많은 사람들이 창업에 도전하는 것이 현실이다. 그만큼 우리에게 창업의 문제는 미래의 생존을 위한 새로운 계획과 도전이라 할 수 있다. 그렇다면 실패하지 않고 성공하는 창업을 만들기 위해서는 우리는 어떤 준비를 해야 하는가에 대한 질문을 던지지 않을 수 없다.

표 1-1 외식업 신규 창업/폐업 신고 현황

연도	총사업자	신규	폐업	폐업률
2011	631,047	192,356	180,479	93.8
2012	371,716	94,773	84,052	88.7
2013	651,866	176,408	162,099	91.9
2014	680,886	189,682	159,121	83.9
2015	707,801	186,922	155,172	83.0
2016	711,299	187,837	169,164	90.1
2017	721,979	181,304	166,751	92.0

〈자료: 아이엠피터뉴스〉

예비 창업자가 창업을 성공하기 위해서는 본인이 도전하는 분야에 대한 체계적이고 계획적인 준비를 해야 한다. 그렇지만 과거의 방식에 기초하여 준비하거나 이조차도 하지 않고 아주 단순한 결정을 통해 창업을 감행하는 모습을 보게 된다. 특히 베이커리 카페 창업은 카페 창업만 준비하는 것과 비교할 때 몇 배의 준비가 필요하다. 또한 기술적인 경험과 준비기간이 길고, 창업 자본 투입도 카페 창업과 비교하면 많기 때문에 많은 고민을 하지 않을 수가 없다. 또한 과거와 달리 지금의 시장상황은 매년 빠르게 변화하고 있고, 시장의 아이템들은 몇 달 만에도 트렌드가 변하는 경우를 자주 보게 되기 때문에 더욱 철저한 준비가 필요하다. 최근에는 시장의 변화에 영향을 주는 요인들이 너무 많다 보니 다양한 부분에 대한 종합적인 분석과 검토가 필요하다. 국제 경제·사회의 변화, 국내 시장경제의 변화, 보건환경의 변화, 정부정책의 변화 등 다양한 변화 요인들이 창업시장에 영향을 미치고 있으며, 이러한 요인은 창업자들이 속한 소비시장에도 영향을 미친다. 이런 창업에 영향을 주는 다양한 요인들에 대한 이해와 함께 창업 준비 단계에서 꼭 필요한 부분들에 대한 검증을 거치지 않은 채 창업을 감행하는 것은 아주 무모한 일이라 할 수 있다.

그렇기 때문에 창업시장의 현재 상황을 이해하고, 창업가로서 필요한 역량이 무엇인지를 알고 준비하는 것이 중요하다. 또한 창업의 성공과 실패요인은 무엇인지를 명확히 알고, 베이커리 카페 창업을 성공적인 사업으로 지속시키기 위해 어떤 준비가 필요한지를 정확히 이해한 후에 창업을 준비해야 한다.

2) 베이커리 카페 창업의 준비

지금 시기에 창업가가 되려면 어느 때보다도 더 많은 공부와 검증을 통해 철저히 창업을 준비해야 한다. 특히 베이커리 카페 창업을 위해서는 정말 많이 고민하고 철저히 창업을 준비하는 것이 너무나 중요하다. 창업 준비에 앞서서 '기술, 경험, 자본, 창업자'의 창업의 기본 4가지 요소를 평가하여 창업을 냉정하게 따져 보아야 한다. 특히 베이커리 카페 창업을 위해서는 제과제빵사와 바리스타로서 기술적인 준비 정도를 평가해 보아야 한다. 베이커리 카페에서의 충분한 직무적인 경험이 있는지도 중요한 부분이다. 또한 내가 준비하고자 하는 베이커리 카페의 유형과 규모에 따른 자금준비는 어느 정도인지 평가해 보아야 한다. 창업자로서 베이커리 카페를 경영하게 된다면 이와 관련하여 충분한 지식과 경영자로서의 역량이 있는지도 평가해 보아야 한다. 또한 연령대에 따라 창업에 대한 목적과 목표가 분명히 다르다고 할 수 있다. 특히 베이커리 카페는 최근 젊은 연령대에서 매우 인기 있는 창업 아이템이다. 실제로 많은 청년들이 베이커리 카페 창업에 도전하는 모습이 보인다. 충분한 경험과 준비를 통해 성공적인 창업을 만들어가는 청년들도 있지만, 안타깝게도 대부분은 경험부족으로 실패한다. 외식 창업의 모든 업종별 창업 생존율을 보면 베이커리 카페와 유사한 제과점의 생존율이 가장 높은 것을 [그림 1-1] 자료를 통해 확인할 수 있다. 이는 베이커리 창업을 준비하는 창업자들은 기술적인 경험 등을 통해 충분히 준비하고 창업하는 경우가 많기 때문이라 할 수 있다. 베이커리 카페의 창업은 많은 자본이 투입되는 만큼 더욱 신중하게 결정하여야 하며, 많은 경험과 노력으로 준비 단계를 신중하게 거쳐 창업을 실행해야 한다.

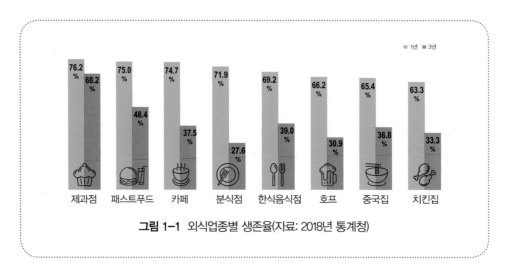

그림 1-1 외식업종별 생존율(자료: 2018년 통계청)

3) 창업이란

(1) 창업의 정의

창업은 많은 사람에게 새로운 출발을 의미한다. 직장생활 이후 자신이 하고 싶은 일을 시작하는 새로운 도전을 의미하는 사람도 있고, 때로는 명예퇴직 등의 어쩔 수 없는 상황에서 창업을 선택할 수밖에 없는 사람들도 있다. 분명한 것은 창업을 하기로 마음을 먹고, 창업을 통한 경제적인 활동으로 지속적인 성공을 꿈꾸고 있다면, 자신에게 창업이란 어떤 의미인지 명확히 정의하고 창업의 목적과 목표를 분명히 한 후에 시작해야 한다.

창업을 정의하는 데 있어서 학문적인 접근보다는 실질적이고 현실적인 관점에서 정의하고자 한다. 창업은 자신이 정한 사업 아이템을 상품과 서비스란 형태로 제조 또는 판매하는 행위라 할 수 있다. 외식업의 관점에서 본다면 자신이 생각하는 업종을 선택하고, 완전히 새로운 아이디어로 상품과 서비스를 고객에게 판매하는 것이 창업이다. 창업은 모든 것을 새롭게 시작하는 창업의 형태도 있지만 기존에 영업을 하던 매장을 인수하여 시작하는 것도 창업이라 할 수 있다. 우리는 이런 모든 경우를 독립창업이라 부른다. 프랜차이즈 회사로부터 이미 만들어져 있는 창업아이템을 받아 창업하는 경우도 있다. 이것을 프랜차이즈 창업이라 한다.

창업을 정의하자면 다음과 같이 설명할 수 있다. 새로운 사업을 시작한다는 것이라는 작은 의미보다는 창업을 통한 지속적인 의미의 정의가 필요하다. "창업은 성공적으로 매장을 운영하기 위해서 창업자로서 경영마인드와 역량을 갖추고, 경험을 통해 실현 가능한 창업 아이템을 가지고 창업을 해야 한다. 이때 창업목표를 명확히 세우는 것이 매우 중요하며, 창업 목표를 달성하기 위하여 인적/물적/기능적 자원을 결합하여 운영 관리할 수 있어야 한다. 지속적인 매출과 수익성에 대한 창출을 통해 사업의 장기적인 성장과 발전 가능하도록 경영하는 것"이 올바른 창업이라고 정의할 수 있다.

창업이란 창업자가 사업기회를 포착하고 이익을 창출하기 위해 자본과 경영을 통해서 고객이 원하는 상품이나 서비스를 제공하는 기업을 설립하는 것을 말한다.

(2) 창업을 해야 하는 시대

산업사회가 발전하면서 수많은 직업들이 생겨나기도 하지만 또한 수많은 창업자들도 생겨난다. 이런 창업자들 때문에 산업의 발전이 계속해서 이어졌다고 볼 수 있다. 산업사회의 발전은 더 많은 기회를 만들어 주는 긍정적인 면도 있지만 또한 한편으로는 많은 사람들에게는 암울한 시기를 만들어 주기도 했다. 한국의 경우는 1997년의 IMF 금융위기는 한국사회의 경제 구조를 재편시킨 가장 큰 사건이라 할 수 있다.

여러 가지 변화에 대해 얘기할 수 있지만, 창업과 관련한 부분만 얘기해 본다면 자영업을 통한 서비스 산업이 본격적으로 열리는 시점이 되었다고 할 수 있다. IMF 이전만 하더라도 수많은 일자리가 생겨나면서 자영업은 산업 구조의 매우 한정된 자리를 차지하고 있었다. 그렇지만 IMF 이후 산업경제가 붕괴되면서 수많은 실직자들이 쏟아졌고, 젊은 청년들은 직장을 얻지 못해 창업 전선에 내몰려야 하는 상황이 벌어졌었다. 그 과정에서 2000년대 들어오며 한국은 IMF에서 벗어나면서 자영업 시장이 폭발적으로 성장하며 엄청난 호황기를 누렸다고 할 수 있다. 그렇지만 그 시기도 오래가지는 못했다. 2008년 글로벌 금융위기를 시작으로 세계 경제는 계속해서 반복되는 위기와 어려움을 겪고 있는 것이 사실이다.

IMF 이후 20년이 훨씬 지난 지금은 어떠한가? 산업구조가 변하면서 전통적인 산업들은 쇠퇴하고 새로운 산업들이 출현하였다. 지금 4차 산업혁명이라는 기술적 진보를 통해 새롭게 산업구조가 재편되고 있다고 할 수 있다. 이런 수많은 기술적인 진보로 변화가 빈번하게 일어나는 상황에서 일자리는 점점 줄어들고 취업의 기회는 더욱 좁아지고 있는 것이 지금 현실의 문제이다.

우리는 100세 시대를 살고 있다. 지금의 젊은 청년들은 아마 120세까지 수명을 바라봐야 하는 시대라고 할 수 있다. 우리 사회는 경제환경의 급격한 변화로 인해 은퇴연령이 점점 내려가고 있는 것이 사실이다. 우리가 50대 또는 60대에 정년퇴직을 하더라도 적어도 50년에서 많게는 70년을 더 살아야 하는 시대를 살고 있는 것이다. 그렇다면 은퇴 이후 일정기간은 경제적 활동이 매우 중요해졌다고 할 수 있다. 전문직이든 기술이 있든 그렇지 않든 창업의 문제는 우리의 현실일 수밖에 없다.

어쩌면 이 시대는 우리에게 창업을 권하고 있는 사회라고도 할 수 있다. 이러한 점 때문에 퇴직자들이나 청년들을 포함하여 이 시대를 사는 우리 모두에게 창업은 중요한 시대적 고민이 아닐 수 없다. 즉 누구나 어쩔 수 없이 창업을 고민할 수밖에 없는 시대에 살고 있다는 것이 자명한 사실이다. 이 문제는 전문직이나 기술이 있는 사람을 포함한 우리 모두의 문제인 것이다.

❷ 창업환경의 이해

1) 다양한 시장 요인의 이해

창업을 준비한다면 시장의 다양한 요인들을 파악하고 이러한 각 요인들이 사업에 어떠한 영향을 주는지 예측할 수 있어야 한다. 시장의 다양한 변화는 계획한 사업의 성공과 실패에 매우 큰 영향을 줄 수 있기 때문이다. 창업환경을 이해하기 위해서는 어떤 업종인가에 따라 시장에 영향을 주는 요인들도 달라질 수 있다. 시장의 큰 요인이 전체 시장에 영향을 주기도 하지만 그 안에 어떤 업종인가 아이템인가에 따라 영향을 덜 주기도 하고 오히려 시장에 반하는 호황을 누리기도 한다. 외식시장에서는 트렌드한 아이템들이 항상 유행하는데 이러한 아이템은 시간의 차이일 뿐이지 트렌드에 대한 유효성이 소멸하기 시작하면 시장에서 바로 사라지기도 한다. 베이커리 카페 시장은 최근 카페문화가 유행하면서 베이커리의 기능이 결합된 유형으로 사람들에게 많은 인기를 얻기 시작했다고 할 수 있지만 베이커리 카페는 오래전부터 시장에 존재해 왔고 오랫동안 시장의 영향을 많이 받지 않고 성장해온 시장이라 할 수 있다. 그렇지만 베이커리 카페의 유형에 따라서 그 시장 안에서 큰 변화를 겪어 온 것이 사실이다. 최근만 보더라도 카스텔라나 추로스를 중심으로 한 베이커리 카페가 한창 유행하다가 시장에서 사라졌거나 사라져가고 있는 것을 확인할 수 있다. 외식시장은 원재료의 수급 문제로도 영향을 크게 받게 된다. 원재료비의 상승은 원가 상승의 요인이 되기도 하며 고객의 가격저항에 부딪히기도 하다 보니 원가 대비 수익성이 매우 악화되는 상황에 놓이기도 한다.

이처럼 창업을 준비하면서 우리에게 미치는 요인들이 무엇인지 알아보는 것이 중요하다. 창업환경에 크게 영향을 주는 요인들은 국내요인과 해외요인으로 크게 나누어 볼 수 있다. 국내 요인으로는 정부의 정책, 국내경제, 사회문화적 요인들이 영향을 준다고 할 수 있으며, 해외요인으로는 세계경제, 해외정치, 환경문제 요인 등으로 크게 나누어 볼 수 있다.

2020년 이후 환경 문제로 인한 커피생산지의 대규모 산불로 생산지 파괴와 물류대란으로 인한 커피 생두 가격이 폭등하면서 커피의 원가에 큰 영향을 미치기도 했고, 우크라이나와 러시아의 전쟁은 전 세계 경제에 너무나 큰 영향을 미쳤다. 베이커리의 중요한 원료인 전 세계 밀 생산의 30% 이상을 차지하는 두 나라의 밀수출이 어려워지면서 밀가루 가격상승을 일으켰다. 이러한 요인들은 베이커리 카페의 수익성에 큰 영향을 주는 요인들이 되고 이것은 결국 가격상승 요인으로 작용하게 된다. 따라서 다양한 시장의 요인들을 파악하고 이것이 나의 창업 환경에 어떠한 영향을 주는 요인인지 명확히 알아야 한다.

(1) 국내요인

베이커리 카페 창업에 있어서 국내의 정치, 경제, 사회, 문화 등 외부환경 요인들이 창업 어떠한 영향을 미치는지 예측하고 이에 대해 적절한 대응을 통해 적극적으로 해결할 수 있어야 한다.

① 정부정책

정부정책과 관련된 문제들은 창업자에게 가장 큰 영향을 주는 요인이 될 수 있다. 영업환경의 변화를 줄 수 있고, 정부정책은 매출과 수익성에도 영향을 주게 된다. 가장 근래의 대표적인 정부 정책은 김영란법을 들 수 있다. 김영란법의 시행은 높은 객단가가 유지되는 업종의 매출 하락을 일으키는 요인이 되었다. 또한 최저임금의 급격한 상승과 임금 관련 법규의 변화는 수많은 자영업자들의 비용상승에 매우 큰 영향을 주었다.

정부정책은 때로는 사회적으로는 긍정적인 의도의 법이더라도 이것이 다른 곳에 있는 시장에는 이처럼 큰 영향을 주게 되는 것이다. 수많은 자영업자들에게 상가 임대차법에 대한 변화 역시도 안전한 창업 환경을 만들어 주는 데 긍정적으로 작용하기도 하지만 이 또한 다른 명암을 주기도 한다. 각종 세금 관련 정책의 변화, 식품위생법의 변화, 일회용 품목에 대한 규제 강화도 이러한 창업 환경에 영향을 주는 요인이 된다고 할 수 있다. 특히 대형 베이커리 카페 창업을 고민해야 한다면, 지금 얘기한 정부의 여러 가지 정책들이 창업에 어떻게 영향을 주고 있는지 꼼꼼히 체크해 볼 필요가 있다.

② 국내경제 요인

창업환경 안에서 경제적인 요인들은 여러 부분에서 창업자에게 영향을 미친다. 경제가 침체되면 소비에 영향을 주게 된다. 그러면 이것은 매출에 영향을 주게 되고 결국 수익성을 악화시키는 요인으로 작용하게 된다. 최근 국내경제에 미치는 요인들은 여러 가지를 얘기해 볼 수 있다. 특히 베이커리 카페를 운영하고자 하는 예비 창업자 입장에서 물가상승 요인은 매출과 수익성에 직결되는 요인이다. 특히 해외에서 벌어진 여러 사건들이 국내경제에 영향을 미치면서 에너지 비용의 상승, 곡물가의 상승을 통해 다양한 물가 상승 작용을 연쇄적으로 일으켰다. 이 외에도 인건비

상승, 임대료 상승 등 다양한 요인들도 영향을 미치게 된다. 환율의 상승은 금융경제에 영향을 미치게 되면서 대출금에 대한 이자 상승요인으로 작용하였다. 또한 금융경제의 마비는 경기침체를 더욱 가속화시키고, 신규 투자에 대해 보수적으로 돌아서게 되어, 창업을 준비하는 예비 창업자가 과거에 비해 투자를 받기 어려운 상황이 될 수 있다.

이런 부정적인 변화의 요인도 있지만 긍정적인 요인도 있다. 인터넷을 기반으로 한 온라인서비스의 성장과 발전, 테크놀로지의 기술적 진보는 업종에 따라 시장의 생태계를 바꾸는 역할을 했다고 할 수 있다. 배달앱은 외식의 소비행태를 크게 흔들어 놓았고, 키오스크 시스템은 창업 시 비용과 경영 효율성 측면에서 큰 변화를 주는 요인으로 작용했다고 할 수 있다.

③ 사회문화적 요인

사회문화적 요인은 여러 가지 다양한 요인들을 생각해 볼 수 있다. 인구구조의 변화, 환경문제, 인터넷과 테크놀로지의 발전, 정보의 공유가 만든 소비자의 트렌드, 소비자 욕구의 빠른 변화, 질병의 유행 등을 얘기해 볼 수 있다.

인구구조의 변화는 소비자들의 소비 행태와 구조의 변화를 가져왔다고 할 수 있다. 한국은 이미 초고령화 단계 접어들었다. 출산인구의 저하와 고령화 인구의 증가는 소비활동을 하는 인구의 변화에 크게 영향을 미친다. 연령이 높아질수록 소비를 줄이는 경향이 크므로, 외식을 하는 비율이 줄어 든다. 반면 소비를 주도하는 젊은 층의 인구가 줄어든다는 것은, 젊은 층 인구가 많았던 과거와 비교하여 시장의 고객이 줄어든다는 의미와 같다고 할 수 있다.

환경문제는 앞서 얘기한 일회용품 규제 같은 제도적인 법률로 창업환경에 영향을 미치기도 하며, 미세먼지는 외출을 꺼리게 만들고, 온난화로 인한 농업생태계의 변화는 식재료 공급에도 영향을 미치게 된다. 인터넷과 테크놀로지의 발달은 소비자에게 소비에 대한 다양한 정보와 선택에 대한 유용성을 더욱 높였다. 특히 정보의 공유에 대한 확장성은 소비자의 트렌드 변화를 더욱 가속화했다고 할 수 있다. 정보에 쉽고 빠르게 접근할 수 있는 부분들은 소비자의 욕구에 대해 민감하게 작용하고, 소비자의 변화를 빠르고 다양하게 만들었다. 이러한 부분은 고객의 상품과 서비스에 대한 반응에 더욱 신속하게 대응해야 하는 점을 일깨워주고 있다.

최근 코로나로 인한 질병의 유행이 사회경제적인 모든 분야에 엄청난 변화를 주었으며, 창업환경에는 더욱 큰 영향을 주었다고 할 수 있다. 대중적으로 파급력이 큰 질병이 최근 여러 번에 걸쳐 우리에게 영향을 주었다. 광우병, 구제역, 조류 독감 등 식재료와 연관되는 질병의 문제는 공급과 유통에 영향을 주게 되고 이런 부분은 원가 상승에까지 영향을 미쳐 가격 상승을 이끄는 요인이 된다.

(2) 해외요인

① 세계 정치경제

지금까지 수차례의 글로벌 경제 위기는 우리 경제에 너무나 큰 영향을 미쳤다고 할 수 있다. 과거 1·2차 오일쇼크, IMF, 글로벌 금융위기, 미중 무역갈등, 세계경제의 위축으로 인한 환율상승 등 세계경제에서 일어나는 수많은 사건들은 우리 경제에 엄청난 파급 효과를 주었다. 최근 벌어진 우크라이나와 러시아의 전쟁은 세계 에너지 경제에 영향을 미쳐 에너지 값의 엄청난 상승을 불러일으켰다. 또한 전 세계 밀생산의 30% 이상을 차지하는 두 나라에서 곡물 수출이 중단되면서 세계 밀가루 가격의 엄청난 상승을 불러일으켰다. 중요한 것은 과거와는 이 파급의 양상이 달라졌다는 것이다. 과거에는 해외의 정치 경제적인 사건이 우리에게 영향을 미치기까지는 시간이 오래 걸렸었다. 그렇지만 지금은 세계경제가 금융경제를 시작으로 단일한 글로벌 경제권으로 묶이고, 공급유통망의 연결이 밀접히 이루어지면서 정치 경제적인 사건이 우리에게 너무나 빠른 속도로 영향을 미치게 되었다. 특히 앞서 말한 우크라이나와 러시아의 전쟁이 그 예이다. 글로벌 경기침체를 가속화하는 사건은 여러 부분에 있어 우리의 창업에 직간접적으로 영향을 미치게 되었다. 이러한 상황은 창업자에게 위기일 수도 있지만 기회요인이 될 수도 있다.

② 환경문제

전 세계적으로 환경문제는 우리의 식생활에 너무나 큰 영향을 미치고 있다고 할 수 있다. 베이커리 카페와 연결된 문제만 보더라도 명확히 알 수 있다. 지구 온난화로 인한 날씨의 변화는 각 나라들이 오랫동안 유지되어 오던 계절적인 요인들에 큰 영향을 미치고 있다. 전 세계적으로 지속되는 건조한 날씨는 각국에서 대규모 산불을 일으켰으며, 이것은 엄청난 농작물에 피해를 주었다. 결국 이러한 부분들은 전 세계 곡물가를 상승시키는 요인이 되었다. 또한 브라질의 대규모 산불은 커피재배 농가에 엄청난 피해를 입혔으며, 이 또한 생두 가격의 상승요인으로 작용하여 결국 소비자들이 지불하는 커피 값의 인상요인이 되었다. 이 문제는 베이커리 카페 창업 자들에게 바로 영향을 주는 요인이 되는 것이다. 어떤 지역은 너무 많은 비가 내려 수많은 지역에 큰 홍수를 만들었다. 홍수는 농작물 재배지를 삼키고 이 또한 다양 한 농작물의 가격 상승요인으로 작용하게 된다.

최근 10년간 전 세계는 다양한 전염병으로 인한 엄청난 피해를 보고 있다. 메르 스, 에볼라, 신종플루의 유행이 외식업 시장에 직간접으로 영향을 미쳤으며, 특히 코로나는 전 세계 모든 사람들의 삶을 일시 정지시켰으며, 3년에 이르는 기간이 지 나도 그 여파는 계속되고 있다. 이는 외식시장에 엄청난 변화를 일으켰으며, 창업자 들에게는 너무나 큰 고통의 시간이었다. 이러한 사태가 전 세계의 외식 문화를 바꾸 어 버렸다. 과거에는 상상할 수도 없는 일이지만 후진국의 시골에서도 배달 앱을 통 해 주문하면 어디든 배달이 되는 문화가 생겨났다. 이 외에도 구제역, 광우병, 조류 독감 등 다양한 동물들에게서 발생하는 전염병도 외식산업에는 전반적으로 영향을 미치게 된다. 이 모든 것들이 전 세계적으로 일어나는 환경문제의 일환이라 볼 수 있다. 이러한 문제들은 한 지역에만 국한되는 것이 아니라 전 세계 모든 나라들에 연결되어 베이커리 카페를 포함한 외식시장 전반에 파급효과를 미치고 있다.

2) 창업 후의 다양한 환경 요인

(1) 창업의 내적인 요인

창업환경을 이해하는 것 중에 경영적인 부분에 대한 다양한 이해가 필요하다. 창 업을 준비하는 분들 중 많은 분들이 창업 후 힘들어 하는 것은 사람과 관련된 문제 이다. 이처럼 인적자원관리의 문제는 채용부터 교육, 직원들을 관리하는 것까지 많 은 고민이 필요하다. 세무와 회계적인 이해의 부족이 가져오는 어려움도 있다. 상품 과 서비스에 대한 질적인 부분도 중요한 부분을 차지한다. 이러한 상품과 서비스의 문제는 고객의 대응과도 연결되기 때문이다. 홍보와 마케팅의 요인, 매출과 연결되 는 판매관리에 대한 문제 등은 많은 창업자들이 현실에서 부딪히는 부분으로 창업 을 준비하는 데 있어 창업 운영과 경영 부분에 영향을 미치는 내적인 요인을 이해할 필요가 있다.

① 인적자원관리의 문제

창업자들이 창업 직후부터 가장 어렵게 느끼는 문제가 바로 직원의 채용과 관리의 문제이다. 베이커리 카페의 규모가 크다면 주방과 홀의 직원들을 많이 선발해야한다. 이때 직원채용에 있어서 다양한 직원들의 경험들과 자질을 제대로 평가하고 선발할 수 있어야 한다. 채용에서의 선발 기준과 원칙을 고민해야 하는 것이다. 그렇지만 많은 창업자들은 급하다 보니 직원들의 역량과 인성을 제대로 꼼꼼하게 평가하지 못하고 뽑는 일들이 많다. 급하게 채용하여 벌어지는 문제들은 결국 높은 이직률로 이어지고 이러한 상황은 매장 운영에 매우 어려운 상황들을 만들게 된다. 다양한 성향의 직원들을 채용하다 보니 직원과의 소통에서도 어려움을 느끼는 창업자 분들을 많이 보게 된다. 또한 제대로 된 교육프로그램이 없다면 직원들의 숙련도를 올리는 데 어려움이 있다. 부실한 교육과 직원들과 소통이 제대로 안 되어 발생하는 다양한 문제들은 결국 고객에게 그대로 전달될 수밖에 없다.

② 세무와 재무관리의 문제

창업을 하는 데 있어 세무와 재무관리에 대한 기본적인 이해와 지식을 가지고 있지 않다면 사업 초기부터 큰 어려움을 겪게 된다. 부가세 관리의 중요성을 인식하지 못해 낭패를 보는 초보 창업자를 보게 된다. 이런 경우는 종합소득세를 낼 때도 문제가 되는 경우가 많다. 개인사업자의 경우 초반에 재무관리에 대한 이해가 부족해서 벌어지는 일이다. 사업이 급격하게 커지게 된다면 재무적 이해를 바탕으로 한 관리가 더욱 중요해진다. 반드시 세무나 회계 전문가로부터 사업 초기부터 도움을 받을 필요가 있다.

③ 상품과 서비스의 질적 문제

창업 초기에 경험이 풍부하지 않아 상품과 서비스에 대한 질을 높이는 데 어려움을 겪는 창업자를 보게 된다. 충분한 준비과정을 통해 상품과 서비스에 대한 질과 수준을 올려 놓아야만 고객으로부터 좋은 반응을 창업 초기부터 얻을 수 있다. 준비가 충분하지 못한 상황에서의 상품과 서비스는 고객에게 큰 실망감을 줄 수 있으며, 다시는 고객이 방문하지 않게 될 수 있다. 그리고, 이 고객이 다른 고객들에게 부정적인 피드백을 전파한다면 파장은 더욱 커진다. 이러한 상황들이 개선되지 못한다면 지속해서 고객의 불만이 온라인에 쌓이게 될 수 있다. 결국 상품과 서비스의 질적 문제는 사업을 중단하게 만들 수도 있다.

④ 고객서비스의 문제

창업 매장 영업에 있어서 철저한 고객서비스 교육과 대응 매뉴얼을 준비하는 것이 중요하다. 다양한 고객들이 방문하면 고객들은 상품과 서비스에 대한 직간접적인 여러 가지 피드백을 내어 놓는다. 이러한 점들을 빠르게 받아들이고 개선시켜 나가지 않는다면 언젠가는 더 큰 문제를 초래할 수도 있다. 언제든지 있을 수 있는 고객들에 대한 불편 사항들을 대응할 수 있는 매뉴얼을 갖추고 직원들에게 교육이 이루어져야 한다.

⑤ 홍보와 마케팅의 문제

최근 창업에서는 홍보와 마케팅이 사업의 초기 성패를 가르는 아주 중요한 요인이 되었다. 이러한 점을 소홀히 한다면 하염없이 창밖만 바라봐야 하는 상황이 생길수 있다. 다양한 온라인 마케팅 방법을 이해하고, 또한 이것의 활용이 매장의 홍보에 어떠한 영향을 주고 매출에도 어떤 영향을 미치는지 상관관계를 잘 따져봐야 한다. 어떤 매장에서 효과가 있던 홍보 마케팅 방법도 다른 아이템에서는 전혀 효과를 발휘하지 못하는 경우가 있기 때문이다.

⑥ 판매관리의 문제

베이커리 카페 창업에서는 상품에 대한 판매관리 문제가 매우 중요한 부분이다. 특히 빵의 경우는 신선식품에 해당되기 때문에 판매가 되지 않는다면 폐기해야 되는 일이 발생한다. 식재료관리부터 상품 판매관리까지 꼼꼼하게 챙기지 않는다면 재고관리에서도 큰 어려움을 겪게 될 수 있다. 상품 생산과 판매에 대한 효율성을 제고하기 위해 효율적인 판매관리 기법을 배우는 것이 필요하다.

(2) 새로운 트렌드의 변화

트렌드의 변화는 창업환경에 영향을 주는 가장 강력한 요소라 할 수 있다. 지금당장 잘되고 있더라도 트렌드라는 이름하에 나의 사업이 놓여 있다면 어느 누구보다 빠르게 한순간에 쇠퇴할 수도 있다. 반대로 지금은 매장운영에 어려움이 있더라도 한순간에 트렌드의 물결에 올라타서 상상도 못하는 매출 성과를 만들 수도 있다. 이러한 새로운 트렌드의 변화를 이끌고 있는 핵심 요인인 정보통신과 기술을 통한 온라인 정보 소비에 대해서 이해하는 것이 필요하다. 또한 이를 주도적으로 활용하는 새로운 세대에 대해 이해할 필요가 있다, 이들은 새로운 트렌드를 출현시키고 트렌드의 흥망성쇠를 좌우하는 매우 중요한 소비자들이다. 새로운 트렌드를 이끌고 있는 이들의 관심사가 무엇인지 이들이 어떠한 시장에서 행동 변화의 패턴을 보이는지를 읽는 것이 바로 트렌드를 읽는 것이라 할 수 있다.

① 정보통신과 기술의 발전

정보통신과 기술의 발전은 우리에게 많은 변화를 가져다 주었다. 생활의 편리함뿐만 아니라 과거에는 소수가 정보를 독점하였지만, 이제는 누구나 쉽게 정보에 접근하고 자신의 정보를 누구에게나 전파할 수 있는 세상이 되었다. 이러한 변화는 외식시장의 트렌드 변화를 매우 빠른 속도로, 그리고 과거와는 비교가 안 될 정도로 넓은 범위로 전파시키고 있다. 트렌드를 변화를 이끄는 것은 개인의 취향의 변화일수도 있지만 정보 통신과 기술의 발전으로 온라인의 다양한 플랫폼들이 이 트렌드를 바꾸는 데 결정적인 역할을 수행하고 있다고 본다. 과거의 트렌드 변화는 매우 느린 속도로 진행되었으며, 그 트렌드를 주도하는 사람들은 소수였다. 그렇지만 지금은 수많은 고객들이 자신이 온라인채널을 통한 다양한 플랫폼 안에서 트렌드를 이끌고 주도하고 있다.

또한 교통망과 교통수단의 발달도 이러한 트렌드를 주도하는 하는 요인이다. 고객들은 특정한 곳에 대한 정보를 자신의 플랫폼을 통해 누구보다 빨리 파악하고 그곳을 빠르게 경험한다. 온라인을 통해 빠르게 예약하고 다양해진 교통수단을 통해 가고 싶은 장소와 상품을 빠르게 소비한다. 그리고 그곳에 대한 피드백을 모든 사람들과 다양한 플랫폼을 통해 공유한다.

② 새로운 세대의 출현

요즘의 젊은 세대들은 과거의 고객들이 가지고 있는 소비 행동 패턴에서 탈피한 매우 빠른 소비와 패턴의 변화를 보여주고 있다. 이들은 트렌드의 변화를 주도하고 있으며, 우리가 생각하지 못하는 시장에서의 파급력을 가지고 있다. 이제는 연예인이 아니더라도 일반 소비자 고객이 인플루언서로서 온라인상에서 많은 사람들에게 자신의 정보와 의견을 전파하고 있다. 이것은 엄청나게 빠른 정보의 전파력을 가진다고 할 수 있다. 이들은 상품의 소비에 영향을 미치는 것뿐만 아니라 특정 장소를 소비하는 것을 통해 상권을 이동시키기도 한다. 과거의 전통적인 상권들이 쇠퇴하는 이유는 바로 이들이 이끄는 장소의 소비가 가장 큰 역할을 한다고 생각한다. 실제로 지금의 핫플레이스는 지속적인 핫플레이스를 의미하지 않는다. 지금의 빠른 소비를 하고 있는 소비자들은 특정한 장소에 대한 경험을 하고 나면 바로 다른 곳으로 이동하는 경향을 보이기 때문이다. 어느 정도 소비가 끝난다면 바로 그곳은 소멸할 수 있는 것이다. 이러한 트렌드 변화는 특정한 상품 아이템뿐만 아니라, 특정한 장소, 특정한 상권을 가리지 않는 최근의 패턴들이다. 새로운 세대들은 기존의 소비 장소를 몰락하게 만들고 새로운 상권들을 출현시킨다. 그렇지만 새롭게 탄생한 상권들도 새로운 핫플레이스들이 탄생하면 금방 썰물처럼 사람들이 빠져나가는 모습을 종종 보게 된다.

이렇게 다양한 소비의 빠른 패턴을 보여주는 젊은 세대들이 바로 새로운 트렌드를 지속해서 만들고 트렌드를 소멸시키는 것이다. 이들은 세대를 넘나들며 영향을 주고 있으며, 그 지역의 범위는 국내를 넘어 전 세계적으로 다양한 곳에서 영향을 미치고 있다. 이들은 인플루언서로서 인스타, 유튜브, 블로그, 트위터, 페이스북 등 다양한 소셜미디어를 통해 자신의 관심사를 표출한다. 그렇지만 이것은 젊은 세대만에 국한되지는 않는다. 연령대별로도 추구하는 특성에 대한 차이만 있을 뿐이지 다양한 연령대에서 트렌드를 주도하는 인플루언서들이 출현하고 있고, 꼭 인플루언서가 아니더라도 다양한 소셜미디어를 통해 자신이 가진 경험과 정보를 사람들에게 공유하고 전달하고자 하는 사람들이 점점 늘어나고 있다는 것이 중요한 점이다. 이들이 가진 가치와 속성을 이해하는 것이 창업환경을 이해하는 핵심적인 부분이 되었다.

③ 트렌드 예측

매년 다양한 기관에서 향후 트렌드의 변화를 예측하는 의견들을 내어 놓는다. 정부는 한국농수산물유통공사를 통해 다음 연도의 외식 트렌드 분석 보고서를 내어놓는다. 이 자료는 전국의 인구통계학적 기반에 따른 소비자의 외식에서의 다양한 행동 조사를 통해 자료 결과를 발표하고, 이에 따른 향후 트렌드를 예측하는 보고서를 내어 놓는다. 트렌드 예측에는 여러 의견들이 다를 수가 있지만, 이런 자료를 통해 시장의 방향을 예측할 수 있다. 물론 이러한 예측이 다 정확한 정보라고 할 수는 없다. 때로는 사설기관에서 발표하는 자료는 시장을 새롭게 재편하고자 하는 것에 따라 트렌드를 의도적으로 만들고자 하기도 한다. 그렇지만 이 모든 정보들은 창업환경의 변화를 예측하는 데 중요한 정보가 될 수 있다.

제2절 베이커리 카페 시장의 이해 ───

❶ 베이커리 카페의 변화

1) 베이커리 카페의 개념

베이커리 카페는 기존의 베이커리와 카페의 형태가 결합된 매장을 의미한다. 베이커리는 제과와 제빵 메뉴들을 중심으로 생산과 판매가 이루어지는 매장이며, 카페는 커피를 기본으로 한 다양한 음료 메뉴를 제조하여 판매하는 매장이라 정의할수 있다. 베이커리 카페는 베이커리와 카페가 결합한 형태로 매장에서 다양한 베이커리 메뉴를 직접 생산하고 동시에 매장에서 판매하며, 고객은 이렇게 생산된 베이커리 제품을 매장에서 구매하는 것뿐만 아니라 매장에 다양한 음료 메뉴와 베이커리 메뉴를 함께 즐길 수 있는 공간을 의미한다.

베이커리 카페와 기존의 카페의 가장 큰 차이는 커피나 다른 음료가 중심이 아닌다양한 제과제빵 메뉴들이 중심이 되는 것이 가장 큰 특징이라고 할 수 있다. 기존의 베이커리 문화가 제과와 제빵 메뉴를 구매하여 집에서 먹었다면 현재 베이커리 카페는 친구, 지인, 연인, 가족들, 남녀노소 상관없이 매장에서 직접 빵과 음료를먹고, 분위기를 즐기고 여유를 즐길 수 있는 행복한 공간으로서 하나의 문화로 자리 잡고 있다. 고객의 입장에서는 베이커리, 베이커리 카페, 카페, 커피전문점, 디저트카페, 브런치 카페 등을 명확하게 구분하기 쉽지는 않다. 그렇지만 창업자 입장에서 베이커리 카페는 베이커리 메뉴를 중심으로 하여 서비스 스타일, 메뉴구성 등의차이로 구분할 수 있으며, 베이커리 상품과 커피를 중심으로 가벼운 음료를 제공하는 하나의 레스토랑의 형태라고 볼 수 있다. 최근에는 베이커리 카페에서 브런치 메뉴, 샌드위치, 샐러드 메뉴 등을 판매하는 매장이 많이 늘어나고 있으며, 이는 베이커리 카페를 이용하는 고객들의 다양한 니즈가 반영된 것이라 할 수 있다. 특히 여성고객들을 중심으로 식사 대용으로 다양한 베이커리 카페의 메뉴들을 이용하는 고객들이 점차 증가하고 있다. 이제 단순히 고객들은 식사 후 디저트와 음료를 먹는 공간의 인식에서 벗어나 베이커리 카페에서 간단한 식사를 즐길 수 있다는 확장된 개념으로 정의할 수 있다.

2) 베이커리 카페의 성장

(1) 다양한 베이커리 카페의 등장

베이커리 카페는 일반적인 베이커리와 카페와는 다르게 다양한 제과와 제빵 메뉴를 포함하여 판매하며, 카페의 다양한 음료 메뉴를 함께 판매한다는 특징이 있다. 베이커리 카페는 반드시 베이커리의 전문적인 생산인력을 통해 다양한 베이커리 메뉴를 생산한다는 의미는 아니다. 최근의 소형 베이커리 카페의 경우는 전문가가 아닌 사람도 직접 생지 등을 이용한 소규모 베이킹을 하거나 쿠키제조 등을 통해 직접 생산하는 형태의 베이커리 카페도 점점 많아지고 있다. 또한 생산 공장으로부터 케이크, 디저트메뉴, 빵 등을 납품 받아 베이커리 카페를 운영하는 곳도 늘어나고 있다.

베이커리 카페는 직접 생산부터 판매와 납품까지 진행하는 토털 베이커리 카페의 형태도 있으며, 기존의 일반적인 제과제빵의 모든 메뉴를 판매하거나 자신만의 특수성을 살린 시그니처 메뉴 위주로 생산과 판매를 하는 베이커리 카페들도 다양하게 등장하고 있다. 또한 최근에는 베이커리뿐만 아니라 로스팅을 통해 전문적으로 커피도 함께 생산하는 대형 베이커리 카페도 많아지고 있다. 최근의 베이커리 카페는 다양한 유형의 제과와 제빵을 포함하여 커피와 다양한 음료 메뉴를 판매하는 곳으로 통칭할 수 있다.

베이커리 카페의 유형도 매우 다양해졌다. 과거의 베이커리 메뉴 구성에서 탈피하여 지금은 간단한 쿠키 디저트류를 만들거나 케이크, 마카롱, 타르트, 카스텔라, 프리첼, 발효빵, 크루아상 등의 한 분야만을 전문적으로 생산하는 곳들도 많아져서 이 모든 분야를 크게 베이커리 카페 범주에 모두 포함할 수 있다.

다양한 베이커리 카페의 등장은 해외의 여러 나라들에서 전문적인 제과제빵 공부를 한 분들도 많이 늘어났으며, 국내 제과제빵 산업의 성장과 함께 국내의 전문기술 교육기관의 확대도 영향을 주었다고 할 수 있다. 이러한 영향으로 과거와는 다른 더욱 다양한 제과제빵 메뉴들의 개발이 이루어지고 있는 것이다. 또한 다양한 식자재의 유통이 원활해진 것도 한몫한다. 과거와는 달리 해외의 다양한 식자재들의 수입과 유통이 원활해지면서 다양성을 더욱 확대시켰다고 할 수 있다.

(2) 베이커리 카페 이용 문화의 변화

최근에 다양한 식생활의 변화와 라이프 스타일의 변화는 고객의 베이커리 카페의 공간 활용의 개념을 바꾸고 있다고도 할 수 있다. 외식의 패턴이 바뀌면서 빵을 주식으로 먹는 고객들이 점점 증가하면서 베이커리 메뉴에 대한 소비도 증가하였을 뿐만 아니라 베이커리 카페에서 간단히 식사와 차를 즐기는 고객들이 늘고 있으며, 그에 따라 베이커리 카페들도 빵을 기본으로 하는 브런치 메뉴, 샌드위치, 샐러드 메뉴들을 개발하고 포함하여 판매하고 있는 매장들이 많아지고 있다. 이처럼 베이커리 카페가 과거의 빵과 음료만을 이용하는 공간 개념에서 탈피하여 간단한 식사 등을 즐기면서, 베이커리라는 공간을 통해 고객들이 친구, 가족, 연인, 지인들의 모임들을 통해 즐겁고 행복한 시간을 보내는 다양한 목적으로서의 복합적인 공간으로 자리잡아가고 있다고 할 수 있다. 베이커리 카페에서는 다양한 문화적 공간으로서의 의미를 더하는 곳들도 점차 증가하고 있다. 식물원, 전시장의 형태로서, 책과 취미의 공간을 더한 형태로서 복합적인 기능들을 가진 베이커리 카페들이 계속해서 등장하고 있다.

(3) 식사 대용의 기능

베이커리 카페 매장의 메뉴 구성은 장소와 주변 여건에 따라 크게 달라진다고 할 수 있다. 최근 직장인들이 많이 분포하는 곳의 베이커리 카페는 아침 시간대와 점심 시간대를 중심으로 식사 대용의 메뉴들을 생산하고 판매한다. 최근에는 건강과 웰빙에 대한 관심이 높아지면서, 다양한 샐러드 메뉴와 샌드위치 메뉴들을 개발하여 판매하고 있으며, 특정 시간대에 고객들을 유입하기 위해 세트메뉴로도 판매하고 있다. 아침에는 간단히 즐길 수 있는 식사 대용 메뉴를 커피나 음료와 함께 세트 메뉴로 판매하는 곳들도 많다. 도심의 주거지를 중심으로 분포하는 베이커리 카페는 늦은 오전시간부터 브런치 메뉴들을 판매하는 곳들도 점차 증가하고 있다. 최근 오픈하는 대형 베이커리 카페들은 대부분 브런치 메뉴를 함께 판매하고 있다. 학생을 등교시킨 젊은 주부들을 대상으로 하는 메뉴들이다. 이처럼 베이커리 카페가 과거와는 달리 식사를 제공하는 공간으로서의 의미도 커지고 있다.

(4) 다양한 메뉴의 등장

최근의 베이커리의 메뉴들은 점점 다양해지고 있다. 기존에 많이 알려져 있는 제과나 제빵 메뉴외에도 티라미수, 프리첼, 타르트, 마카롱, 크로플, 추로스, 카스텔라 등 특정 나라에서만 판매되던 메뉴들이 대중성을 가지고 전문 매장의 형태로 생기고 있다. 또한 웰빙과 건강 등의 관심이 높아지며 고구마, 감자, 단호박 등의 우리 농산물을 이용한 빵, 다양한 견과류를 넣어 만든 빵, 다양한 건조과일이나 생과일을 넣고 만든 빵, 치즈를 사용한 빵, 허브를 이용한 빵, 천연발효종을 이용한 건강빵, 밀가루만 사용하지 않고 통밀, 호밀가루, 쌀가루 등 다양한 곡물가루를 이용하여 만든 빵을 전문으로 하는 매장들도 생겨나고 있다. 이러한 매장들이 과거의 베이커리 형태가 아닌 카페의 기능도 함께 추가한 베이커리 카페로도 오픈하는 곳들이 생기고 있다.

다양한 메뉴에 대한 고객의 관심이 높아지면서 베이커리 메뉴들도 다양하게 등장하였다. 바게트, 크루아상, 브뢰첸, 포카치아, 깜파뉴, 프리첼, 판도로, 슈톨렌, 파네토네, 사워도우, 페이스트리, 머핀, 시나몬 등의 전문 매장들이 등장하였으며, 건강을 생각하는 사람들의 증가로 곡물빵, 발효빵 등의 다양한 제품들에 대한 고객의 수요도 꾸준히 증가하고 있다. 또한 한과 등의 전통 메뉴에 대한 관심이 높아지면서 이런 다양성에 대한 수요로 전통한과나 약과 등을 주력메뉴로 하는 베이커리 카페들도 생겨나고 있다.

(5) 다양한 디저트 메뉴 등장

해외에서 공부하거나 해외 여행객들이 증가하면서 다양한 디저트 메뉴에 대한 고객의 니즈가 커지면서 다양한 디저트 메뉴들이 등장하였다. 초콜릿, 타르트, 에클레르, 스콘, 케이크, 마카롱, 머랭, 브라우니, 판나코타, 휘낭시에, 까눌레, 티라미수, 키슈로렌, 호두파이, 마들렌, 로세, 잘루시 등 다양한 디저트 메뉴들이 등장하였으며, 각 디저트 메뉴들도 다양한 시도와 재료의 결합을 통해 더욱 다양한 메뉴로 개발되었다. 케이크도 고객들이 다양한 케이크를 원하다 보니 종류가 매우 다양해 졌다. 타르트케이크, 당근케이크, 뉴욕치즈케이크, 초코시폰케이크, 녹차시폰케이크,

생크림케이크(딸기, 레몬, 키위), 블랙포레스트케이크, 초콜릿케이크, 레드벨벳케이크, 과일파운드케이크, 모카파운드케이크 등 케이크만을 전문으로 판매하는 베이커리 카페도 많아졌다. 보통 이런 경우는 디저트 카페라고도 하는데 이러한 범주도 제과의 분야이기 때문에 베이커리 카페의 범주로 분류할 수 있다.

(6) 시그니처 메뉴: 빵과 음료 메뉴의 구성

베이커리 카페 메뉴는 커피 음료와 잘 어울리는 베이커리 메뉴를 구성하는 것이 중요하다. 많은 종류의 제품보다 제품의 종류는 적지만 자신만의 베이커리 카페가 가진 특성을 잘 살린 품질 좋고 맛이 좋은 제품을 특성화하여 대표메뉴를 전략적으로 판매하는 곳들이 많아지고 있다. 이러한 대표 전략 메뉴를 '시그니처' 메뉴라 한다. 이것은 베이커리 메뉴만을 의미하지 않는다. 커피나 음료들도 다양한 메뉴 개발을 통해 대표 시그니처 음료 메뉴를 전략적으로 판매하는 곳들이 늘고 있다. 이러한 전략은 대량생산을 통해 생산원가를 줄이고, 대표 메뉴를 통해 마케팅 효과를 보는 장점도 가지고 있다. 최근에는 대표 메뉴를 계절이나 특별한 시즌 메뉴로 개발하여 마케팅을 통해 계절이나 시즌에 판매량을 극대화하기도 한다.

(7) 고품질의 베이커리 카페 메뉴의 성장

다양한 유형의 베이커리 카페는 가치 소비 중심의 트렌드를 반영한 것으로 볼 수 있으며, 다양한 전문점 형태의 베이커리 카페 시장은 앞으로도 지속적으로 확대될 것으로 보인다. 또한 밸런타인데이, 화이트데이, 크리스마스, 연말 파티 등 수요를 고려해 다양한 베이커리 카페 안에서 다양한 메뉴들이 지속적으로 개발되고 있다. 이러한 다양하고 독창적이고 신선한 신메뉴들은 젊은 고객층에게는 브랜드 인지도를 높이는 데 큰 역할을 하고 있으며, 고품질의 높은 가격대의 프리미엄 디저트들도 계속 등장하고 있어 베이커리 카페 시장이 지속적으로 성장할 것으로 보인다. 강남이나 호텔 등의 베이커리 카페를 중심으로 애프터눈 티 세트의 유행이나 고급 초콜릿 카페의 등장, 통곡물 등을 활용한 발효빵 시장의 성장은 이러한 고품질의 제품을 원하는 고객들의 니즈가 반영된 모습이라 할 수 있으며, 향후 이러한 시장의 성장을 의미하기도 한다.

3) 다양한 베이커리 카페의 유형

베이커리 카페의 유형에 대한 정의는 과거의 베이커리 형태에 카페의 기능이 추가된 형태로 볼 수 있기 때문에 베이커리에 대한 유형을 먼저 설명하는 것이 의미가 있다. 또한 최근에는 베이커리의 특성을 살리고 자신이 가진 전문성에 맞는 제품에 집중하는 베이커리 카페들도 많기 때문에 이들을 중심으로 베이커리 카페의 유형을 분류해 볼 수 있다.

(1) 생산 형태에 따른 베이커리의 분류

① 양산 베이커리

현재의 양산 베이커리는 대기업 위주로 운영된다고 말할 수 있다. 베이커리 생산공장으로서 대량 생산 시스템을 통해 도매업으로 전국 판매망을 가지고 완성된 제품을 판매하거나 납품하는 곳이라 할 수 있다. 최근의 양산 베이커리 업체들은 자체적인 브랜드를 통해 베이커리를 운영하거나 베이커리 카페 브랜드를 통해 시장에 진입하였다고 할 수 있다. 과거 1970년대 이후 삼립식품, 샤니, 기린, 서울식품 등이 한국의 양산 베이커리 산업을 이끌었다. 그러나 제과제빵 시장이 급격하게 성장하며 1980년대 중반 이후 고려당, 신라제과, 뉴욕제과 등도 자체 프랜차이즈뿐만 아니라 양산 베이커리 시장에 진입하였다. 최근에는 다양한 중소형 양산 베이커리 회사들도 등장하여 자신들이 가진 전문성을 바탕으로 베이커리 카페에 납품하고 있는 곳들도 늘어나고 있다. 해외 브랜드를 가지고 들어와 납품을 전문으로 하고 있는 곳들도 있다. 베이크플러스는 델리 프랑스(Delifrance)를, 삼양식품은 쿠프드 팟(Co up de Pates) 등과 손잡고 국내에 공급하고 있다. 지금은 호텔뿐만 아니라 소형 베이커리 카페들도 여기로부터 다양한 베이스들을 납품 받아 제품을 생산하고 있다.

② 독립(윈도우) 베이커리

독립창업을 통해 직접 매장에서 다양한 베이커리 제품을 생산하는 곳을 말한다. 일반적으로 윈도우 베이커리라고 말하며 국내의 대부분의 독립창업자들의 베이커리를 통칭하여 말한다. 고객들이 제품을 만드는 과정을 직접 볼 수 있도록 매장 안에 주방을 함께 차려 놓고 주방과 매장의 구분을 유리 창문으로 가로막아 놓아 개인이 운영하는 매장을 볼 수 있도록 하였다는 데서 윈도우 베이커리라 말한다. 생산 규모와 근무 인원에 따라 대형 베이커리와 소형 베이커리로 나눌 수 있다. 대형 베이커리는 많은 제품을 생산할 수 있는 역량과 시스템을 갖추고 있으며, 베이커리 주방에서 팀의 체계를 갖추고 10명 이상의 인원이 제품을 생산하는 규모이다. 중/소형 베이커리는 한정된 제품이나 전문성 있는 제품을 생산하고 판매하는 곳으로 소수의 인원으로 창업자가 직접 만들고 운영하는 곳을 말한다. 독립 베이커리는 매장의 모든 제품을 직접 생산하고 판매하므로 제품을 자신만의 특별하면서 개성 있는 레시피와 기술로 다양한 제품을 선보일 수 있고, 고객의 다양한 요구와 주문 생산으로 제품의 변화가 쉽다는 장점이 있다. 프랜차이즈와 할인점이 점차 늘어나면서 독립 베이커리는 큰 위협을 받았으나 최근에는 베이커리 카페 시장의 성장으로 전통적인 독립 베이커리 매장들은 베이커리 카페의 형태로 전환하여 매장을 운영하고 있다. 서울의 대표적인 브랜드인, 태극당, 리치몬드 과자점, 김영모 과자점, 나폴레옹 과자점 등도 직접 생산과 판매뿐만 아니라 다양한 커피와 음료 메뉴를 제공하는 베이커리 카페 형태로 운영하고 있다. 이처럼 독립 베이커리는 제품의 독창성과 매장의 고급화와 디자인 등을 통해 다양한 경영전략과 마케팅으로 변화를 시도하고 있으며, 베이커리 카페 형태로의 전환을 통해 재성장하고 있다고 할 수 있다.

③ 프랜차이즈 베이커리

프랜차이즈 기업에서 운영하는 베이커리이다. SPC 그룹의 '파리바게트'와 CJ의 '뚜레쥬르'가 대표적인 브랜드이다. 지금도 국내 시장의 성장과 함께 유럽과 미국, 동남아 등 다양한 해외진출을 통해 지속해서 성장하고 있다. 이러한 프랜차이즈 베이커리는 다양한 브랜드 전략과 마케팅의 힘을 통해 고객의 선호도가 가장 높은 베이커리라 할 수 있다. 프랜차이즈 시스템을 통해 제품을 본사로부터 공급받고 상호나 상표 등을 사용을 통해 지역에서 제품과 서비스를 판매한다. 경영지원과 운영 노하우를 제공받기 때문에 상품과 서비스에 대한 매장 관리가 용이하다는 장점이 있다. 최근에 이 두 대형브랜드들도 베이커리 카페 시장을 일찍부터 선도하고 있다. '카페 파리바게트'와 '카페 뚜레쥬르' 등이 베이커리 카페의 형태로 운영되고 있다고 할 수 있다. 다양한 음료 메뉴를 갖추고 있으며, 테이블과 좌석을 통해 고객들이 매장에서 빵과 음료를 즐길 수 있도록 하고 있다.

프랜차이즈 브랜드의 베이커리 카페는 1968년 뉴욕제과의 신세계백화점 프랜차이즈 1호점을 시작으로 고려당, 태극당, 신라제과, 크라운베이커리들도 시내 중심가나 백화점등에서 베이커리 카페의 형태로 영업을 하고 있었다고 할 수 있다. 특히 지방 도시들의 중심에 위치했던 지역 빵집들도 테이블과 의자를 갖추고 빵과 음료 등을 판매하고 있었기 때문에 특정한 시기에 어떤 브랜드가 베이커리 카페를 시작했다고 보긴 어렵다.

④ 호텔 베이커리

호텔 베이커리는 호텔 내의 베이커리 매장뿐만 아니라 각 레스토랑 및 연회 등을 지원하는 중요한 역할을 담당한다. 호텔 베이커리는 독립된 판매 공간을 확보하여 호텔 내 직영 제과점을 운영하고 있다. 과거에는 외부에서 구할 수 없었던 고급재료로 고급과자와 빵 등을 만들어 호텔 내부업장을 지원하고, 호텔 고객을 중심으로 판매하였다. 호텔 베이커리 파트는 베이커리 카페의 다양한 메뉴뿐만 아니라 레스토랑의 조식과 세트메뉴의 후식, 연회의 빵과 쿠키, 초콜릿, 페이스트리, 후식을 제공하고 뷔페(buffet)와 각종 파티의 식전과 식후를 담당하는 베이커리 부서로서 중요한 위치를 점하고 있다.

최근에는 베이커리 시장 성장과 함께 호텔 내에서도 중요한 비중을 차지하고 있다. 매장의 제품도 초창기 델리카트슨은 단순 고객을 위한 빵 중심의 판매에 불과했으나 지금은 제품 종류도 다양하고 판매의 형식도 다양해졌다. 매출을 극대화하기 위해 밸런타인데이, 크리스마스 등 각종 이벤트·계절제품 등의 특별한 판매 방법 등을 통해 베이커리 제품의 고급화에서 중요한 역할을 하고 있다.

⑤ 인스토어 베이커리

인스토어 베이커리는 대형 할인점이나 큰 슈퍼마켓, 백화점 등 대형 매장 내에 소규모 제조 공장이 있어 매장에서 생산과 판매를 할 수 있는 중/소형 베이커리를 말한다. 이마트, 코스트코 등의 대형 할인유통점을 중심으로 각 브랜드들이 직영으로 운영하고 있다. 매장 수의 증가와 함께 인스토어 베이커리의 수는 증가하였다. 수많은 방문객이 방문하므로 대량생산을 통해 판매하고 있으며, 다양한 제품의 묶음 상품 등을 할인 판매하는 것이 특징이다.

⑥ 오븐 프레시 베이커리

오븐 프레시 베이커리는 다양한 냉동반죽 생지의 유통이 활발해지면서 생겨났다고 할 수 있다. 냉동냉장 보관의 기술 발달과 유통망의 발달을 통해 성장했다고 할 수 있다. 막 생산한 빵을 신선하게 고객에게 제공한다는 의미도 있지만, 냉동생지를 공급받아 냉동상태로 보관하고 필요에 따라 해동, 발효하여 오븐에 구워 판매하는 형태라 할 수 있다. 최근 많이 생겨나고 있는 다양한 소형 베이커리 카페들 중 생지를 베이스로 하는 전문점들이 오븐 프레시 베이커리에 들어간다고 할 수 있다. 크루아상 전문점이 대표적이라 할 수 있다.

(2) 스페셜 베이커리

스페셜 베이커리는 기존의 다품종 생산을 목적으로 하는 베이커리 브랜드와는 달리 소품종으로 전문화된 스페셜 베이커리 메뉴를 중심으로 다양하고 독창적인 응용 메뉴를 개발하여 운영하는 곳이다. 최근에는 이러한 스페셜 베이커리 메뉴들이 카페와 결합하여 스페셜 베이커리 카페로서 많이 등장하고 있다.

① 발효빵 전문점
② 마카롱 전문점
③ 카스텔라 전문점
④ 케이크디저트 전문점
⑤ 크루아상 전문점
⑥ 티라미수 전문점
⑦ 쿠키 전문점
⑧ 도넛 전문점
⑨ 베이글 전문점
⑩ 추로스 전문점
⑪ 크로플 전문점
⑫ 프리첼 전문점
⑬ 전통한과 전문점
⑭ 타르트 전문점
⑮ 수플레 전문점

❷ 베이커리 카페의 역사

1) 베이커리의 역사와 성장

(1) 태동기부터 1980년대까지

한국 베이커리 산업의 시작은 해방 이후 1945년 삼립식품의 전신인 삼미당, 태극당과 고려당의 창업으로부터 출발했다고 할 수 있다. 이후 산업화가 본격적으로 추진된 1960년대 이후 더욱 발전하기 시작하였다. 삼립, 샤니, 기린 등이 제과제빵 산업을 초창기에 이끌었으며, 특히 삼립은 1968년 대규모 생산 공장을 국내에 처음 세우고 본격적인 대량생산 시대를 열었다. 1970년대 후반에 들어서면서 소득 수준 향상에 따라 식생활의 형태가 바뀌기 시작하면서 대도시를 중심으로 고려당, 뉴욕제과, 신라명과 등 준양산업체를 위시한 베이커리 업계가 부상하기 시작했다. 고급화된 베이커리 제품들을 본격적으로 시장에 내어 놓으면서 80년대 중반 이후 베이커리 업계가 양산제빵업계를 앞지르기 시작했다. 양산제빵회사의 매출도 계속 성장하고 있었지만 매일 생산하여 바로 제공되는 신선하고 고급스러운 베이커리 제품에 고객 호응이 더 커졌다. 이는 대도시 중심으로 식생활 패턴과 소득 수준의 향상 등으로 고객들의 소비 패턴이 바뀌기 시작했기 때문이다.

(2) 1980년대 중반 이후 1990년대 전까지

1980년대 중반 양산업계의 샤니가 베이커리 산업에 신규 진출하며 '파리크라상'이라는 브랜드로 프랜차이즈 사업을 복격적으로 시작하였다. 이 밖에 삼립식품이 일본의 후지빵과 합작으로 '에뜨와르'와 '쉐마땅뜨'를 출범시키기도 하였다. 이 밖에도 다양한 양산제빵회사들이 브랜드를 런칭하였으나 지금까지 '파리크라상'을 제외하고는 성공을 거두지 못했다. 이 시기를 중심으로 다양한 독립 베이커리와 프랜차이즈 브랜드들도 생겨나기 시작했다.

1945년 창업한 고려당이 1973년 경영의 현대화를 꾀하며 가맹점 사업을 본격적으로 시작한 것을 국내 프랜차이즈의 시작이라고 볼 수 있다. 특히 이들 프랜차이즈 업체의 매출이 제과업계 전체 매출의 1/3가량을 차지할 정도로 큰 영향력을 발휘하게 되면서 프랜차이즈 업체들은 베이커리 업계가 양산제빵을 앞지르는 데 선도적인 역할을 하게 되었다. 이러한 프랜차이즈 업계의 변화를 통해 오랜 전통을 지닌 제과점들이 프랜차이즈 시스템으로 하나둘씩 전환하게 된 계기가 되었다.

1973년 같은 해 태극당이 시내에 분점을 열기 시작했으며, 1945년 독립 제과점으로 시작한 뉴욕제과가 1974년 강남에 5층 건물을 신축하고 분점망 모집에 뛰어들었다. 1983년 신라호텔 제과부에서 독립해 나와 본격적인 베이커리 영업을 시작한 신라명과, 1986년 크라운제과에서 베이커리 사업본부로 독립한 크라운베이커리, 1988년 유럽식 고급 매장을 선보인다는 취지 아래 샤니에서 단독법인으로 출범한 파리크라상 등이 차례로 가세하면서 프랜차이즈 업계는 현재의 프랜차이즈 산업으로 본격적으로 성장하기 시작했다.

(3) 1990년대 이후 2000년대까지

프랜차이즈 업계는 1990년대부터 고급화된 고객들의 소비 경향에 맞춰 제품 개발에 힘쓰는 한편, 제품의 진열방식을 비롯해 점포 인테리어나 제품의 포장을 세련되게 개선하는 등 고급스러운 매장 디자인과 인테리어 등에 관심을 가지게 되었다. 이러한 시장 차별화 전략은 결국 고객들의 호감을 얻음으로써 성공을 거두었고, 고급빵 시장이 형성되기에 이른다. 1990년대 이후 프랜차이즈 업계는 이러한 성장과 함께 다양한 기술적인 개발에도 역량을 쌓기 시작했으며, 다양한 해외 브랜드와의 기술제휴를 통해 다양한 브랜드를 출시하기도 하였다. 이후 제과제빵 산업에 진출하는 대기업들이 증가하였으나, 이 중 가장 대표적인 것이 1997년 제일제당의 '뚜레쥬르'라 할 수 있다. 2000년 들어오면서는 SPC '파리바게뜨'와 함께 대표적인 프랜차이즈 브랜드로 자리를 잡게 된다.

2000년 이후부터는 프랜차이즈 베이커리 브랜드의 성장과 함께 대형 할인마트들이 본격적으로 생기면서 홈플러스의 '홈플러스 베이커리', 이마트의 '데이앤데이'들이 생겨났다. 이후에 백화점과 호텔을 중심으로 한 고급 베이커리들이 등장하기 시작했다. 신세계백화점의 '달로와요', 현대백화점의 '베즐리', 롯데백화점의 '보네스뻬' 등이 생겨났으며, 호텔을 중심으로 한 베이커리는 조선호텔의 '베키아 에 누보', 그랜드힐튼의 '알파인 델리', 워커힐호텔의 '고메샵 더 델리', 그랜드 하얏트의 '델리'들이 대표적인 브랜드로 자리 잡았다. 현재에도 전국의 백화점과 대형 할인 마트에는 다양한 베이커리들이 입점하여 함께 경쟁하고 있다.

2) 현재의 베이커리 카페 시장의 현황

(1) 대기업 프랜차이즈 브랜드 중심의 성장

2000년대 이후 베이커리 카페의 본격적인 성장이 시작되었다고 할 수 있는 시기이다. 이미 2000년대 초부터 베이커리와 카페가 결합된 매장들이 본격적으로 생겨나기 시작하였다. 스타벅스의 출현은 가장 강력한 커피 브랜드의 출현이었는데, 다양한 음료와 함께 다양한 케이크 디저트와 샌드위치, 쿠키 등의 메뉴들을 함께 제공하는 베이커리 카페의 형태로 시작했다. 이후 커피 프랜차이즈들은 커피와 함께 다양한 베이커리 메뉴들을 함께 제공하기 시작했다. 투썸플레이스는 케이크 디저트를 통해 시장의 가장 강력한 케이크 디저트 메뉴의 강자로 떠올랐다. 프랜차이즈 커피 브랜드뿐만이 아니라 베이커리 브랜드인 '파리바게뜨'도 '카페 파리바게뜨' 매장을 통해 베이커리 카페의 형태의 매장을 출점시키기 시작했다. 1994년 1호점을 오픈했던 '던킨도넛'은 커피시장의 성장과 함께 2000년 들어 매장을 900개까지 출점시키며 성장을 해 왔다. 2004년 '크리스피 크림 도넛'이 오픈하면서 도넛 전문점 시장이 본격적으로 성장하기 시작했다. 이처럼 프랜차이즈 브랜드들은 커피 중심의 음료 메뉴에 다양한 디저트 메뉴들을 결합하여 베이커리 카페의 형태로 전략을 바꾸기 시작했다. 지금은 대부분의 프랜차이즈 브랜드들은 베이커리 카페의 범주에 들어가는 매장으로 구분할 수 있다.

(2) 스페셜 베이커리 카페의 성장

2000년대 이후 한국의 커피 시장이 엄청난 속도로 성장하기 시작하였다. 그렇지만 커피메뉴만으로는 객단가가 낮다 보니 수익성을 만들기가 어려웠다. 독립 카페들을 중심으로 베이커리 메뉴를 결합한 브랜드들이 출현하기 시작하며 다양한 베이커리 카페의 본격적인 성장이 시작되었다. 특징적인 것은 이 시기에 등장하는 베이커리 카페들은 전문화된 스페셜한 베이커리 메뉴와 함께 등장하기 시작했다는 것이다. 2013년 롤링핀은 발효빵을 전문으로 한 베이커리 카페로 시작되었으며, 2014년 마포에서 전문 바리스타와 베이커리 전문가들이 만나 '프릳츠'가 탄생하였다. '프릳츠'는 커피를 전문으로 하면서 고객들에게 소품종의 베이커리 메뉴를 제공하기 시작했는데, '프릳츠'의 모델을 시작으로 커피를 전문으로 하는 브랜드들은 베이커리 메뉴를 함께 제공하기 시작했다. 특히 생지가 시장에 본격적으로 공급되기 시작하면서 간단한 베이커리 메뉴를 함께 제공하는 형태로 베이커리 카페들이 창업하기 시작했다. 2015년 광화문에 1호점을 오픈한 '포비'는 호주식 커피와 베이글의 결합으로 베이글 전문 베이커리 카페로 탄생했다. 윈도우베이커리의 형태로 밖에서 베이글을 생산하는 모습을 볼 수 있어 볼거리를 제공하여 고객들의 관심을 끌었다. 도넛 전문 브랜드 '노티드'는 2017년 강남 도산공원에 1호점으로 시작했다. 처음에는 제과점으로 시작했으나 도넛이 인기를 끌면서 아예 도넛만 전문으로 하는 브랜드로 자리 잡았다.

이 밖에도 마카롱 전문 베이커리 카페, 타르트를 전문으로 하는 베이커리 카페 등 다양한 형태의 스페셜 베이커리 메뉴를 중심으로 카페와 결합한 베이커리 카페들이 본격적으로 성장하기 시작하였다. 스페셜 베이커리 카페들은 대부분 소형 베이커리 카페의 형태로서 작은 매장을 중심으로 운영하고 있는 곳들이 대부분이라 할 수 있다.

(3) 대형 베이커리 카페의 성장

최근에는 대형 베이커리 카페가 서울 외곽이나 대도시 주변, 유명 관광지를 중심으로 계속 생겨나고 있다. 카페 중심적인 형태에 베이커리를 결합한 형태의 매장도 있으며, 이러한 매장들은 많은 베이커리 메뉴를 다양하게 갖고 있다기보다 전문화된 메뉴로 소품종 생산을 통한 형태로 운영하고 있다. '테라로사'는 커피브랜드로 출발했지만 최근 오픈하는 곳들은 대형 베이커리 카페 형태로 다양한 커피메뉴와 베이커리 메뉴를 함께 제공하고 있다. 반면 베이커리 전문가가 오픈한 대형 베이커리 카페는 다양한 베이커리 메뉴를 중심으로 한 카페 형태로 매장을 운영하고 있다. 이러한 베이커리 카페들은 '토털베이커리'의 형태로 다양한 제품의 생산과 판매가 가능한 시설과 인원, 공간을 갖추고 있으면서 시설은 100평 이상으로 주차장을 반드시 완비하고 매장을 운영하고 있다.

대형 베이커리 카페의 역사는 오래되었다고 할 수 있다. 1970년대부터 '고려당'과 '태극당'은 시내에 건물 증축을 통해 건물 전체를 생산공장과 매장으로 꾸미고, 테이블과 의자를 갖춘 매장에서 다양한 베이커리 제품과 함께 음료 메뉴를 본격적으로 판매하기 시작했다. '태극당'은 장충동에서 아직까지 대형 베이커리 카페의 모습

으로 운영하고 있다. 1980년대 중반부터 2000년까지 강남역의 '뉴욕제과'는 빼놓을
수 없는 대형 베이커리 카페라 할 수 있다. 젊은 청춘들의 강남역 약속 장소로도 유
명했던 곳으로 대형매장에 다양한 베이커리 메뉴와 음료를 판매했었다. 2000년대
초에 '뉴욕제과'의 부도와 함께 역사 속으로 사라졌다.

서울의 대표적인 베이커리인 '김영모제과점', '리치몬드제과점', '나폴레옹제과점'
도 이미 대형 베이커리 카페 형태로 영업하고 있으며, '김영모제과점'은 최근 서울
외곽에 '김영모제과점 파네트리'라는 이름으로 베이커리 메뉴뿐만 아니라 브런치 메
뉴까지 함께 다양한 음료를 고객에게 제공하는 매장 형태로 대형 베이커리 카페를
오픈하였다. 대구의 유명한 빵집인 '우즈베이커리'는 아산의 신정호에 대형 베이커
리 카페를 열어 지역의 유명한 장소로 자리 잡았다. 이후 전국에 여러 개의 대형 베
이커리 카페를 오픈하였다. 2001년 강남에서 대형 베이커리 카페 '마인츠돔'을 열어
인기를 끌었던 홍종흔 베이커리는 최근 동탄에 초대형 베이커리 카페인 '골드헤겔'
을 오픈하였다. 이 밖에도 '나인블럭'은 수도권 도시 외곽에 창고형 매장 콘셉트로
대형 베이커리 카페 매장을 지속적으로 오픈하고 있다.

이러한 대형 베이커리 카페들의 성장과 발전은 최근 고객들의 다양한 요구의 결
과라 할 수 있다. 도시가 팽창하고 대중교통 수단이 발달하면서 수도권 외곽의 거
주 인구들이 증가하였다. 이러한 고객들은 좀 더 특별한 공간에 대한 경험을 중요시
하고 SNS 감성을 느낄 수 있는 공간이 중요해졌다. 또한 편리하고 넓은 주차장은
대형 베이커리 카페의 필수적인 요소가 되었다. 대부분 차를 가지고 이동하는 문화
가 확산되면서 주차장은 대형 베이커리 카페의 필수적인 요소가 되었다. 도심 외곽
뿐만 아니라 유명한 관광지에서 대형 베이커리 카페가 계속해서 생겨나고 있으며,
베이커리 카페의 역할은 고객들에게 좋은 제품과 서비스뿐만 아니라 즐거움과 휴식
을 줄 수 있는 대중적인 복합 공간으로 자리 잡아가고 있다.

베이커리 카페 성공 브랜드 사례 소개

서울에서 가장 오래된 베이커리 카페 '태극당'

1946년 개점한 태극당은 서울에서 가장 오래된 베이커리이며 장충동에서 현재까지 운영되고 있다. 광복의 기쁨을 담아 태극당이라고 이름을 지었으며, 무궁화를 태극당의 심벌로 삼았다. 과거에 유명했던 뉴욕제과, 파리제과, 독일빵집, 신라명과, 크라운베이커리, 고려당 등의 베이커리들이 역사 속으로 사라졌지만 70년 세월을 꿋꿋하게 예전 모습 그대로 지켜내고 있는 베이커리 카페이다. 태극당은 1973년 장충동으로 이전하며 지금의 모습을 그대로 유지하고 있다. 이때부터 태극당은 매장에서 생산과 판매뿐만 아니라 고객들이 음료와 빵을 먹을 수 있는 공간을 갖추고 영업을 시작했다. 태극당은 3대째 전통의 모습을 그대로 이어오며 서울을 대표하는 베이커리 카페로서 자리를 잡았다고 할 수 있다.

태극당은 개업 초기에는 양갱이나 단팥빵이 주 메뉴였으나 1947년 모나카 아이스크림이 인기를 끌며 알려지기 시작했다. 이후에는 시즌별 상품 개발을 통해 명성을 이어나갔다. 크리스마스 시즌에는 크리스마스 케이크 주문을, 입시철에는 수험생 찹쌀떡을 사려는 사람들로 문전성시를 이뤘었다. 이러한 상품개발 전략은 지금도 계속되고 있다. 오래된 빵집의 맛을 지금도 맛보고 싶어 하는 단골 고객들을 겨냥해 모나카 아이스크림, 버터케이크, 단팥빵, 야채 샐러드빵 등 태극당의 대표 메뉴들을 강화했다.

그림 1-2 '태극당'의 초창기 매장 모습(자료: 태극당 홈페이지)

뉴트로한 감성을 살려 과거의 제품들을 유지하며 선물세트 등을 판매하고 있다. 또한 음료도 강화하여 커피도 전문 로스팅 업체로부터 공급계약을 맺고 젊은 사람들의 감성에 맞는 상품전략도 함께 병행하고 있다. 최근에는 브랜드에 대한 고민을 통해 브랜드 리뉴얼 작업을 진행하여 성공을 거두었다. 태극당이 가진 정체성은 유지하며 서체를 새로이 개발하고, 패키지 디자인을 바꾸고, 브랜드 캐릭터를 만드는 등 브랜드 리뉴얼을 하였다. 건물 리모델링을 통해 과거의 감성 그리고 빵과 맛의 본질을 유지하고 이를 통해 상품과 서비스를 고객에게 전달하는 전략을 선택하였다. 또한 브랜드 스토리를 통해 고객에게 태극당을 홍보하는 전략을 강화하였다. 이러한 뉴트로전략은 성공을 거두어 젊은이들이 단팥빵과 모나카 아이스크림을 좋아하고 찾는 메뉴로 만들었다. 서울에서 옛날 감성을 느낄 수 있는 매장으로 알려지면서 젊은이들 사이에서 인기 있는 장소가 되었다. 지속적으로 젊은 세대들에게 가게를 알리기 위해 다양한 브랜드와 협업도 진행했다. 패션브랜드와 컬래버를 통해 패션아이템 제작, 온라인 쇼케이스, 다양한 전시회를 매장에서 기획하여 복합문화공간으로서 역할도 수행하고 있다. 이러한 노력을 통해 젊은이들에게 서울에서 반드시 가봐야 하는 빵순례지로 자리를 잡았다.

70년을 이어온 '태극당'의 성공은 오랫동안 좋은 재료를 선택하고 기존의 대표제품들을 통해 우수한 제품과 서비스를 유지하고, 가장 기본을 지키고자 했던 부분과 새로운 세대에 대한 트렌드를 읽고 이러한 트렌드에 맞는 다양한 마케팅 전략을 통해 젊은 세대들에게 다가가고자 했던 노력이 지금의 태극당이 한 자리를 오래도록 지키고 있는 힘이라 생각한다.

그림 1-3 '태극당'의 대표상품 모나카 아이스크림(자료: 태극당 홈페이지)

제2장

베이커리 카페
창업가로서 준비

창업을 준비하는 과정에서 창업의 4요소인
창업자, 아이템, 자본, 기술을 이해하는 것은
매우 중요하다.

제1절 베이커리 카페 창업 준비

❶ 베이커리 카페 창업 프로세스의 이해

1) 창업 준비 단계

창업에 성공하기 위한 조건으로 창업의 3요소를 '창업자, 아이템, 자본'이라 이야기한다. 창업에 성공하기 위해 매우 중요한 요인이라 할 수 있다. 그렇지만 베이커리 카페 창업에 성공하기 위해서는 여기에 '기술'을 포함하여 창업의 4요소가 중요하다. 특히 베이커리 카페를 창업하여 장기간 지속적으로 성공시키기 위해서는 기술적인 요소가 아주 중요하다.

아무리 대단한 경영능력을 가지고 있어도 기술에 대한 이해가 부족하다면 창업에 어려움이 있다. 자본이 부족해도 문제가 된다. 아무리 좋은 아이템이어도 나머지 부분들이 뒷받침되어 주지 못하면 창업의 성공을 장담하기 어렵다. 창업의 4요소를 잘 갖추었어도 창업을 준비하는 과정에서 꼼꼼하게 단계별로 창업을 준비해 나가지 못한다면 이 또한 성공적인 창업을 만들어 가는 데 어려움이 있을 것이다.

2) 창업의 4요소 창업자/아이템/자본/기술

창업을 준비하는 과정에서 창업의 4요소인 창업자, 아이템, 자본, 기술을 이해하는 것은 매우 중요하다.

(1) 창업자

창업자는 자신이 정한 창업의 목표를 달성하기 위해 창업을 위한 모든 준비와 실행을 주도적으로 해야 한다. 다양한 시장조사를 통해 창업 아이템을 정하고 아이템을 고객들에게 잘 어필할 수 있는 콘셉트와 브랜드를 개발하고, 다양한 정보를 확보하고 사업성 분석을 통해 창업의 성공 가능성을 평가할 수 있어야 한다. 창업계획을 체계적으로 수립하고 실행에 옮겨야 한다. 창업을 실행하기 위해 창업 준비 단계에서 창업에 필요한 지식을 습득하고 사업전망, 상권분석 및 경쟁자 분석, 구매수요 파악, 영업에 필요한 법적인 제한여부, 메뉴계획, 투자금액을 예상하고, 예상 매출분석과 수익성 분석을 할 수 있어야 한다. 창업 후에는 운영관리와 사업을 성공적으로 발전시켜 나가기 위한 경영적인 역량을 갖추는 것이 중요하다. 창업가로 더 큰 성장을 만들기 위해서는 기업가 정신이 무엇인지 이해하고 기업가로서 갖추어야 할 각 역량의 장단점을 파악하고 부족한 역량을 키우도록 노력하여야 한다. 창업가는 사업의 성패를 좌우하는 가장 중요한 요소이므로 끊임없는 노력을 통해 사업을 키워가고 성공적인 사업을 만들기 위해 자신의 역량을 지속적으로 계발하고 성장시켜 나가야 한다.

(2) 아이템

아이템은 사업을 성공으로 만드는 중요한 핵심적인 요소이다. 베이커리 카페를 하기로 했다고 해서 아이템이 결정 난 것은 아니다. 베이커리 카페는 유형에 따라 고객들에게 전혀 다른 관점으로 비춰지기 때문이다. 대중적인 베이커리 형태로 모든 제과와 제빵을 다 하는 베이커리를 할 것인지, 케이크, 도넛, 추로스, 베이글, 타르트, 쿠키, 크루아상, 다양한 디저트 등 전문성을 살린 베이커리 카페의 형태인지, 건강한 빵만을 고집하는 발효빵 전문인지 등을 고민해 봐야 한다. 한동안은 케이크 중심의 디저트카페가 주로 유행하던 때가 있었지만 지금은 베이커리 카페의 그 다양성이 훨씬 넓어졌다고 할 수 있다. 이러한 아이템을 어떻게 짤 것인지, 또한 카페의 기능은 어느 부분에 포인트를 두고 아이템을 선택하여야 할지도 중요하다. 로스팅과 커피를 결합시킬 것인지, 커피베이스의 전문성을 살릴 것인지, 대중적인 음료를 전부 다룰 것인지, 홍차 위주로 혹은 다양한 티를 전문으로 할지 등 음료의 범위를 설정하는 것도 중요하다. 특히 최근에는 각 매장의 특성을 강하게 어필할 수 있는 시그니처 메뉴가 필요하다. 음료나 베이커리 안에서도 우리 매장의 장점을 가장 잘 살릴 수 있는 시그니처 메뉴를 개발하는 것이 매우 중요해졌다. 이런 과정에 대한 충분한 고민을 통해 아이템을 선택해야 한다.

(3) 자본

창업을 준비하는 데 있어 자신이 가지고 있는 자본의 규모에 따라 창업의 유형과 규모가 달라진다고 할 수 있다. 물론 충분하지 않은 자본이어도 다양한 고민을 통해 얼마든지 자신의 개성을 살린 매장을 만들 수 있다. 자본은 내가 선택할 수 있는 옵션을 다양하게 만드는가, 제한적으로 만드는가를 결정하는 매우 큰 요소이다. 자본의 규모에 따라 베이커리 카페의 메뉴의 가짓수도 달라질 수 있다. 매장의 위치나 규모도 준비된 자본의 크기에 따라 다르게 결정된다. 청년들은 적은 자본으로 창업을 하는 경우가 대부분이고, 그렇다 보니 이렇다 할 인테리어 없이 창업하는 경우도 보게 된다. 또한 자본이 충분한 경우는 세련된 디자인과 화려한 인테리어를 선보이는 곳도 있다. 물론 자본의 크기가 창업의 성공을 보장하는 절대적 기준은 아니다. 그렇지만 자본은 내가 가지고 있는 경험과 기술을 보여주기 위한 실행에 없어서는 안 될 매우 근본적인 요소이다. 창업 준비단계에서 본인의 자본에 따라 창업 과정을 실현하는데 합리적인 선택이 필요하다. 자본이 부족하여 투자를 받아야 한다면, 정부와 각 지자체의 창업 지원 프로그램을 통해 자금을 받는 것도 좋은 방법이 될 수 있다.

(4) 기술

창업을 실현하는 데 내가 가진 기술이 부족하다면 어떻게 될까? 창업의 과정을 통해 연습을 한다는 것은 말이 안 되는 일이다. 그렇지만 많은 분들이 기술학원에서 배운 것을 가지고 바로 창업에 옮기는 경우를 보게 되고, 때론 프랜차이즈 가맹점을 통해 아주 짧은 기술 교육을 받은 후 창업을 감행하는 것을 보게 된다. 지금의 시대는 창업 후 연습을 허락하지 않는다. 고객들은 미숙한 기술로 만든 상품과 서비스를 이용하는 것에 매우 냉정한 평가를 내린다. 베이커리 카페는 더 숙련된 기술적 경험을 요구한다. 충분한 경험을 통해 기술적인 숙련도를 높인 후 충분한 준비가 되었을 때 창업을 시도해야 한다. 창업 후 주변 경쟁업소와의 경쟁력에서 기술적 우위를 선점하는 것만이 고객들로부터 긍정적인 평가를 받고, 이를 통해 재방문 고객을 만들 수 있다. 베이커리 카페는 고객으로 하여금 주기적인 방문을 유도해 단골 고객을 얼마든지 만들 수 있으며, 이러한 단골 고객이 충성고객으로 발전할 수 있는 것은 확실한 대표 아이템이 있어야 한다. 즉 충분한 경험을 통해 기술적인 실력이 뒷받침되어야만 가능한 것이다.

3) 창업준비 프로세스

창업을 위한 다양한 고민이 끝났다면 창업 계획을 실행하기 위해 구체적인 창업준비 프로세스를 명확히 알고 있어야 한다. 각 단계별로 어떤 부분을 중점적으로 진행해야 할지를 파악하고, 그에 따른 준비를 꼼꼼하게 진행하여야 한다. 창업은 창업자의 역량을 통해 사업목적과 아이템과 자본과 기술을 결합하여 사업운영이 지속적으로 가능하도록 만들어야 한다. 이러한 창업을 진행하는 과정은 생각보다 쉽지 않다. 그래서 많은 사람들이 프랜차이즈를 선택하기도 한다. 그렇지만 각 단계별로 창업을 준비하는 과정을 명확히 알고 실행에 옮긴다면 얼마든지 독립적인 창업이 가능하다. 이 과정을 통해 창업의 방향을 명확히 설정하고 구체적으로 어떻게 창업을 추진해야 하는지 방법과 진행 프로세스를 알고 진행한다면 훨씬 체계적으로 창업목표를 달성할 수 있다.

(1) 창업상황 분석

창업자로서 먼저 자신의 주변 상황을 정확히 판단하고 자신이 가진 창업자질과 적성, 경험과 기술, 경영역량, 자금조달 여부 등을 파악하고 자신에게 창업이 바람직한 것인가를 냉철하게 판단해 보아야 한다. 또한 자신이 가진 자원이 창업하기에 충분한지, 창업 시기는 적당한지에 대해서도 미리 생각해 보아야 한다.

첫째로 창업환경과 시대흐름을 정확하게 읽고 자기분석을 통해 강점은 극대화하고 약점을 극복하는 자세를 가져야 한다. 경제와 사회는 빠르게 변하고 이런 변화와 함께 창업환경도 빠르게 변화한다. 인터넷의 발달로 기존의 창업이 지닌 개념과 가치를 바꾸고 있는 것이 현실이므로 여기에 맞는 판단을 통해 자신의 창업 원칙과 가치를 통해 창업을 주도적으로 이끌어야 한다. 창업은 철저한 준비가 필요하다. 창업은 시작하면 후퇴란 있을 수 없으며, 오로지 앞으로 나아갈 수밖에 없다. 성공적인 창업을 위해서는 우선 창업환경을 폭넓게 이해하고 관련지식과 정보를 통해 책임 있고 성실하게 실행하는 것이 무엇보다 중요하다. 또한 창업을 위한 지금까지의 준비 상황을 최종적으로 점검해 보고, 지금이 적절한 창업시기인지 판단해 보아야 하며, 충분한 창업자금에 대한 준비여부도 따져 보아야 한다. 경험적인 부분과 창업에 도움을 줄 수 있는 인적자원의 확보도 충분히 따져보아야 한다. 창업은 인생의 매우 중요한 판단을 해야 하는 순간이므로 가족의 동의와 협조도 무엇보다 중요한 부분이 된다.

(2) 창업목표 설정

창업을 하기 위해서는 이 사업을 왜 하는지에 대한 명확한 이유가 있어야 한다. 창업의 분명한 목표에 대한 정의는 사업의 방향을 결정하고 지속시켜주는 중요한 원동력이다. 창업자가 가진 창업의 정신과 가치에 따라서 어떤 아이템을 가지고 사업을 하는가에 따라서도 달라질 수 있다. 베이커리 카페 창업을 준비한다면 자신이 왜 베이커리 카페를 해야 하는지에 대한 분명한 이유를 생각해 보고 궁극적으로 베이커리 카페의 운영을 통해 얻고자 하는 목표를 명확히 해야 한다. 이 목표에 따라 베이커리 카페의 유형과 규모가 결정된다고 할 수 있다. 사업의 목표는 콘셉트를 결정하는 데도 중요한 기준이 되며, 어떠한 고객을 목표로 할 것인지, 어떠한 상품과 서비스를 통해 목표고객에게 가치를 제공할 것인지도 바로 창업의 명확한 목표로부터 출발한다고 할 수 있다.

(3) 시장조사 및 분석

시장조사와 분석은 창업의 성공을 결정짓는 가장 기본적인 초석이 될 수 있다. 다양한 시장조사를 통해 이를 꼼꼼히 분석하는 것은 우리의 상품과 서비스가 어떠한 고객에게 어떠한 방법으로 어떻게 판매되는 것이 좋을지는 결정짓는 중요한 토대이다.

베이커리 카페 창업을 준비한다면, 베이커리 카페뿐만 아니라 베이커리와 카페의 전반적인 시장상황을 파악하고 트렌드의 변화를 조사하여야 한다. 시장조사는 베이커리 카페 시장에 대한 조사이기도 하며, 경쟁자들에 대한 조사이기도 하다. 특히 우리가 판매하고자 하는 상품과 서비스와 유사한 곳들에 대한 충분한 시장조사는 더 좋은 상품과 서비스를 기획하고 준비하는 데 매우 중요한 부분이 된다. 우리 상품과 서비스를 이용하는 고객을 대상으로 고객이 원하는 상품과 서비스의 수준과 질에 대해 조사하고 이를 만족시킬 수 있는 상품과 서비스를 기획하고 준비할 수 있어야 한다. 이러한 시장조사는 창업 준비과정에서 여러 부분에 의미 있는 결정에 영향을 줄 뿐만 아니라, 창업 후에도 고객이 원하는 상품과 서비스를 제공할 수 있는 중요한 단서가 된다.

(4) 창업계획 및 사업계획서 작성

베이커리 카페를 준비하기 위한 창업에 대한 계획을 문서화하는 것이 필요하다. 창업계획에서 검토하여야 하는 사항들을 정리하고 준비과정에서 필요한 사항들이 무엇인지 점검하고 이를 꼼꼼하게 정리해야 한다. 창업 준비가 체계적이고 계획적으로 진행되기 위해서는 사업계획서를 작성해야 한다. 사업계획서를 체계적으로 작성하여 각 단계별로 문서화하여 준비해 나간다면 이 사업계획서는 창업을 본격적으로 실행하는 단계에서는 매우 의미 있고 큰 힘을 발휘할 것이다. 사업계획서는 각 단계별로 구체적인 사항들을 확인하고 점검할 수 있는 중요한 서류이므로 철저한 사업계획서는 성공적인 창업을 만드는 매우 중요한 단초가 된다. 또한 사업계획서는 나의 사업을 다른 관련자들에게 구체적으로 알려주는 중요한 안내서가 될 수도 있다. 사업계획서는 사업의 내용, 경영방침, 사업비용 지출항목, 시장성, 매출전망, 수익성, 소요자금 조달 및 운영계획, 인력 충원계획 등이 포함되어야 한다.

(5) 상권 및 입지 조사

계획하고 있는 베이커리 카페의 적절한 상권과 입지를 찾는 것은 향후 사업을 지속적으로 키워 나가는 데 매우 중요한 요인이다. 여러 후보지의 상권과 입지에 대한 분석을 통해 최적의 매장 위치가 될 수 있도록 다양한 조사를 실시해야 하며, 종합적으로 분석하여 최종 후보지를 선정해야 한다. 우리의 상품과 서비스를 구매해 줄 수 있는 고객이 누구인가를 명확히 하고, 우리의 고객이 풍부하게 분포하는 지역 상권과 입지인지도 따져봐야 한다. 상권에 대한 철저한 시장조사와 입지 타당성 조사를 한 후에 임대 계약을 체결해야 한다. 매장의 조건을 꼼꼼히 확인하여 계약 후 권리침해 부분은 없는지 조사하고, 임대료와 권리금은 다른 점포에 비하여 적당한지 등을 검토한 후에 조달 가능한 자기 자본에 맞춰 매장을 확정한다.

(6) 사업타당성 분석

창업 준비과정에서 예상되는 매출을 통한 수익성 검토가 너무나 중요하다. 사업타당성 분석은 수익성 분석, 시장성 분석을 가장 기본으로 하며, 창업자의 사업 진행 역량, 창업 경쟁 위험정도 등을 통해 사업의 안정성과 지속적인 발전 가능성을 검토하는 단계이다. 사업 진행 시 현금 흐름과 재무 관리를 통해 투자금액의 회수기간을 검토하고 언제부터 영업이익을 달성하고 순수익을 만들지 꼼꼼히 체크하여야 한다. 사업이 안정적으로 운영되기 위해서 월별매출이 꾸준하게 나와야 한다. 이러한 매출이 가능한지에 대한 부분도 체크하여야 한다. 계획하는 베이커리 카페가 주력으로 하고 있는 아이템이 시장 안에서 성장단계가 어디인지를 체크하여야 한다. 트렌드에 영향을 받지 않고 지속적인 성장하고 발전하는 아이템인지도 예측해 보아야 한다. 지금 도입기이거나 성장기에 놓여 있다면 진입을 해도 괜찮다고 평가할 수 있다. 아이템이 쇠퇴기에 접어들었다면 진입하면 안 되는 시장이다.

(7) 창업자금 확보

창업과정 안에서 사업성 분석을 통해 사업이 향후 유망하다고 판단되면 이를 실행하기 위한 인적·물적 자원을 조달하고 확보하는 것이 매우 중요하다. 인적자원의 조달은 창업 팀을 만드는 데서 시작한다. 창업 팀은 창업의 목표 및 범위를 결정하고 상품을 설계하며 사업규모와 입지 선정, 인테리어, 설비, 건물의 선정, 소요자금액 및 자금조달계획 등과 같이 새로운 사업시작에 관련한 의사결정과정에 함께 참여한다면 더 좋은 방향의 사업계획을 실행해 나가는 데 큰 힘이 된다.

창업 자금은 사업에 들어가는 매장 임대, 시설, 인테리어, 홍보와 마케팅, 재료, 인적자원 등을 확보하는 데 필요한 가장 원천적인 자원이기 때문에 꼭 필요한 자금을 확보하는 것은 매우 중요하다. 창업자금은 자금의 용도에 대하여 시설자금과 운영자금으로 크게 분류한 뒤, 다시 임차보증금, 권리금, 인테리어 비용, 인건비, 재료비, 경비 등으로 세분하여 산출하며, 조달에 대하여도 자기자금 규모, 정책자금 또는 은행 차입가능금액 등을 세부적으로 산출하여 조달가능성을 검토한다.

창업 자금이 부족하다면 어떻게 추가적인 자본을 조달할 것인지 계획을 세워야 하며, 창업자금은 매장을 오픈하는 데 투여되는 자금을 포함하여 매장이 정상적인 매출 목표를 통해 수익이 나는 데까지 필요한 운영자금을 포함하여 자금계획을 세워야 한다. 여기에는 창업 전 부족한 부분을 컨설팅 받거나 창업 후에 홍보와 마케팅에 들어가는 자금도 포함되어야 한다. 부족한 자본은 정부의 다양한 정책자금을 지원받는 방법도 생각해 볼 수 있다.

(8) 창업계획 실행 – 인테리어와 내부 공사와 시설 준비

매장에 대한 계획이 완료되었다면, 본격적이고 구체적인 창업계획이 실행되는 단계이다. 사전에 기획된 베이커리 카페가 가지고 있는 콘셉트와 브랜드에 따라 인테리어가 진행되어야 한다. 브랜드 네임을 정하고 구체적인 인테리어 콘셉트를 통해 공사가 진행되어야 한다. 주변의 다른 경쟁 매장들과 차별화된 콘셉트를 통해 고객에게 선보일 수 있어야 한다. 주방을 포함 한 매장 내·외부 공사가 진행되고, 이와 함께 주방과 홀에 들어갈 시설과 장비가 확보되어야 한다. 인테리어 공사 기간에 각종 집기와 인쇄홍보물, 전기, 가스, 인터넷, POS 등 부대적인 요소들을 준비한다. 각종 집기나 비품, 인쇄물, 개업기념품 등을 발주할 때도 몇 군데 업소의 비용을 비교 검토하여 정하고 초기에 필요한 부분들은 발주도 넣어야 한다. 미리 직원들을 채용하여 필요한 인력을 확보하고, 베이커리 파트와 홀 중심의 카페 파트를 나누어 교육을 진행해야 한다. 이러한 준비 과정을 통해 개업과 동시에 정상영업이 가능하도록 준비한다.

(9) 창업 행정절차

베이커리 카페 창업을 위해서는 다양한 행정절차 안에서 준비해야 할 것들이 있다. 먼저 사업자등록증을 관할 세무서에서 만들어야 하며, 구청을 통해 영업신고 절차를 마쳐야 한다. 소방설비 신고, 정화조 점검, 인허가사항 등을 검토하여 행정적으로 미리 처리하여야 한다. 창업자를 포함하여 직원들의 위생교육과 건강검진을 통해 보건증도 미리 발급받아야 한다. 위생교육은 대한제과협회에서 수료하면 된다. 간판설치 시 법규에 따라 저촉되는 것은 없는지 해당 관할 구청을 통해 확인해야 한다. 다양한 창업과정에서 행정절차들을 이해하고 이를 빠짐없이 준비할 수 있어야 한다.

(10) 오픈 준비

　인테리어와 주방과 홀에 대한 시설 준비가 모두 끝났다면 모든 창업준비는 끝났다고 할 수 있다. 본격적인 오픈 준비를 하여야 한다. 홍보와 마케팅을 통해 우리 베이커리 카페의 상품과 서비스를 알려야 한다. 주변 지역 고객들을 대상으로 하는 개점행사 등의 다양한 이벤트를 준비하는 것도 필요하다. 베이커리 카페의 경우는 상품 진열과 구성, 종업원 교육, POS 운영, 상품과 서비스의 제공 등 최종 점검들을 실시해야 한다. 베이커리 카페로서 베이커리 상품에 대한 재고판매계획, 가격관리전략 등을 미리 점검해야 한다. 가오픈 기간을 통해 정상적으로 오픈하였을 때 고객들에게 상품과 서비스가 제대로 제공되는지 사전 점검해야 한다. 이때 문제가 발생할 수 있는 부분들을 미리 점검하여 수정하고 보완해야 한다.

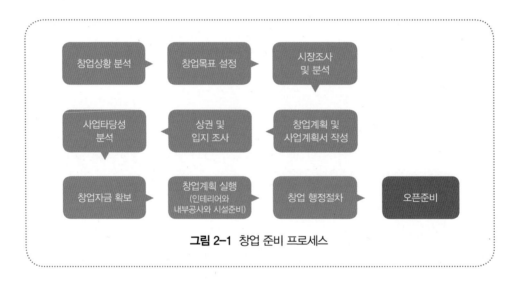

그림 2-1 창업 준비 프로세스

4) 창업교육을 통한 준비

　매년 수많은 창업자들이 창업에 도전하지만 오랫동안 창업을 이어가지 못하고 폐업에 이르는 악순환이 지속되고 있다. 2017년 서울시 자료에 따르면 서울시 창업자들의 평균 창업기간은 2.3년이다. 이처럼 창업의 세계는 매우 냉정하고 실패한다면 그 대가는 가혹하다고 할 수 있다. 많은 창업자들은 창업준비 기간이 짧고, 제대로 준비 없이 창업을 하는 경우가 대부분이라 해도 과언이 아니다. 그만큼 준비 없는 창업이 성공할 확률은 매우 낮다. 국내 자영업자 수는 세계에서 인구대비 최고 수준으로 알려져 있다. 이것은 그만큼 시장의 경쟁이 매우 치열하다는 의미이다. 이렇게 경쟁이 치열한 시장에서 생존하기 위해서는 철저하게 창업을 준비한 자만이 성공에 다가갈 수 있다.

철저한 창업 준비는 성공적인 창업을 위한 매우 중요한 요인이라 할 수 있다. 창업을 준비하는 단계에서 창업에 필요한 다양한 교육을 수료하고 이를 적용할 수 있어야 한다. 창업가로서 창업과 경영, 전문적인 기술에 대한 지식을 충분히 쌓고 경쟁력을 갖추어야 한다. 베이커리 창업을 위해서는 특히 기술적인 지식과 경험이 너무나 중요하다. 충분한 준비기간을 통해 경험을 쌓고, 이 기간을 통해 창업을 위한 다양한 교육을 통해 성공적으로 창업할 수 있도록 준비하여야 한다. 시장환경을 조사하고 분석할 수 있는 역량을 길러야 하고, 입지 및 상권에 대한 이해, 홍보와 마케팅 역량, 회계 및 재무에 대한 이해, 유망 아이템을 발굴하고 콘셉트와 브랜드를 개발할 수 있는 역량을 키워야 한다. 이러한 역량은 올바른 사업타당성을 평가하는 데도 중요하게 작용한다. 직원들을 채용하고 관리하는 인사조직관리에 대해 이해하고 있어야 한다. 이를 통해 직원들을 개발하고 직원들이 고객에게 최상의 서비스를 제공할 수 있는 환경을 만들어야 한다. 이 모든 것은 바로 창업자로서 성공하겠다는 마인드에서 비롯되어야 한다. 이런 역량은 바로 교육을 통해서 충분히 만들어 갈 수 있다. 창업자로서 성공하기 위해서는 반드시 창업 관련 교육을 통해 차근차근 준비해 나가야 한다.

소상공인진흥원을 통해 다양한 창업 무료 교육을 받을 수 있으며, 다양한 정부관련 기관들과 지자체에는 창업 준비과정에 대한 다양한 교육들이 있다. 창업 준비 단계에서 실무적인 부분에 대한 교육뿐만 아니라 전반적인 사업을 이끌어 갈 수 있는 경영능력을 키우는 교육을 체계적으로 받는 것은 성공적인 창업을 만드는 출발점이 될 수 있다.

5) 사업계획서를 통한 준비

사업계획서는 사업을 시작하기 전에 창업을 위해 준비한 모든 부분을 체계적으로 정리한 보고서라 할 수 있다. 사업계획서는 창업 준비를 통해 조사된 내용을 정리하고 분석하여 사업타당성의 여부를 결정하기 위한 내용과 실제 창업 준비와 실행 단계에서 준비하여야 할 사항을 정리한 내용으로 크게 구분된다.

창업환경과 창업하고자 하는 업종과 아이템에 대한 시장조사와 분석, 창업을 실행하기 위한 상권과 입지 분석, 시장 조사를 바탕으로 한 콘셉트와 브랜드 개발, 창업준비 과정에서 필요한 자금을 예측하고 자금의 구체적인 운영계획과 사용 항목, 매출 분석과 수익성 분석 등을 통해 종합적으로 사업타당성을 분석한 내용을 체계적이고 논리적으로 작성하여야 한다. 또한 인테리어와 시설 및 집기 구입, 홍보와 마케팅 계획, 다양한 행정적인 절차 준비, 직원채용과 교육, 매장 전반의 운영관리에 대한 내용들을 통해 실제 창업준비와 진행에 필요한 종합적인 내용이 포함되어야 한다.

사업계획서는 창업자의 사업성공의 가능성을 높여주는 중요한 요인이 될 뿐만 아니라 체계적이고 계획적 창업이 진행될 수 있도록 한다. 사업계획서는 창업기간을 단축하여 주며, 계획된 사업의 진행을 모니터링하고 성공적인 창업 준비가 가능하도록 한다. 또한 추가적인 투자를 통해 창업에 도움을 줄 수 있는 금융권, 관공서, 제3의 투자자에게 구체적인 사업의 개요와 성공적인 사업 진행을 위한 설득 자료로도 매우 유용하게 사용될 수 있다.

따라서 베이커리 카페 창업을 위한 사업계획서 작성은 정확성과 객관성을 바탕으로 체계적으로 작성되어야 하며, 베이커리 카페 분야의 전문성과 독창성을 갖춘 사업으로서 성장가능성을 예측할 수 있도록 작성해야 한다. 베이커리 카페의 사업계획서에 대한 내용은 제4장에서 자세히 다루도록 하겠다.

❷ 베이커리 카페의 창업 유형

1) 독립 창업 및 프랜차이즈 창업 유형별 특징

베이커리 카페 창업을 준비하는 단계에서 본인이 직접 모든 것을 기획하고 조사하고, 콘셉트와 브랜드를 개발하고 베이커리와 카페의 모든 내용을 준비하여 창업을 할 것인지 여부를 결정해야 한다. 창업자가 혼자 창업 준비를 하는 것이 어렵다면 창업 준비 부분을 프랜차이즈 회사를 통해 모든 도움을 받고, 창업자는 자금투자와 창업 후 운영관리만 맡을지 여부도 고민해 볼 수 있다. 창업 준비 단계에서 창업자는 자신이 창업자로서 역량에 따라 어떤 부분을 준비할 수 있는가의 고민을 통해 창업의 유형을 결정하여야 한다. 창업 유형은 독립창업과 프랜차이즈 창업으로 분류하는 것이 일반적이다. 본 장에서는 독립창업과 프랜차이즈 창업의 장단점을 간략하게 살펴보고, 창업자가 본인의 다양한 상황에 적합한 베이커리 카페 창업유형을 선택하는 데 필요한 정보를 제공하고자 한다.

(1) 독립창업

① 독립창업의 정의

창업자가 창업의 모든 과정을 직접 기획하고 준비하여 실행하는 유형을 독립창업이라 말한다. 독립창업을 하기 위해서는 많은 준비가 필요하다. 본인이 직접 창업의 하나하나를 준비해 나가야 하기 때문에 다양한 조사를 통해 본인에게 맞는 창업이 무엇인지 파악하고 이를 통해 체계적으로 준비를 해 나가야 한다. 독립창업은 창업자가 모든 결정을 해야 하기 때문에 각 준비단계별로 신중하게 결정해야 한다.

② 독립창업의 장단점

독립창업은 기술적인 경험과 매장 운영 경험이 있는 창업자에게 매우 유리한 창업이다. 콘셉트와 브랜드, 인테리어, 상권과 입지 선택, 매장의 설비 선택, 메뉴개발 등 모든 과정을 스스로 결정하고 진행해야 한다. 또한 오픈 준비과정에서의 가격 결정과 홍보 마케팅, 직원선발 및 교육까지도 모두 직접 진행해야 한다. 상호를 결정하는 데 본인의 독창성과 트렌드를 고려하여 직접 결정할 수 있다. 식재료의 선택과 구매도 모두 자율성을 가지고 선택이 가능하므로 본인이 원하는 메뉴의 질을 유지할 수 있다. 경영능력에 따라 수익성이 결정되므로 창업자가 성공적인 창업을 만들어 갈수록 큰 수익성을 만들 수 있다. 프랜차이즈와 비교하여 가장 큰 장점은 창업비용을 많게는 20% 줄일 수 있다. 창업자가 가지고 있는 개성이 브랜드에 충분히 드러나게 만들 수도 있다. 반면 단점은 모든 것을 창업자가 스스로 결정해야 하며, 창업자가 경영성과에 무한 책임을 져야 한다. 특히 초보 창업자들의 경우 이런 부분을 혼자 해내는 것은 쉽지 않은 과정이다.

베이커리 카페를 독립창업으로 운영하기 위해서는 긴 시간 많은 준비를 해 나가야 한다. 창업자가 가지고 있는 장점들도 있지만 부족한 부분은 찾아서 스스로 개발해야 한다. 준비과정에서 본인이 약한 부분들이 있다면 도움을 받아 이를 보완할 수 있다. 기술적인 경험과 운영관리 경험, 마케팅, 메뉴개발 부분에 있어서도 다양한 교육과정과 전문 컨설턴트의 도움을 통해 독립창업을 기획하고 만들어 나갈 수 있다.

(2) 프랜차이즈 창업

① 프랜차이즈의 정의

프랜차이즈 가맹본부로부터 가맹점 계약을 통해 가맹금을 지급하고 가맹본부와 가맹자가 독립된 사업자로서 계약을 맺는 것을 프랜차이즈(franchise)라고 한다. 프랜차이즈 가맹 본부를 프랜차이저(franchiser)라고 하고, 가맹점주를 프랜차이지 (franchisee)라고 한다. 가맹본부는 가맹계약을 통해 가맹점주는 프랜차이즈 가맹본부의 영업표지 인상표와 상호, 판매 운영 관리시스템을 사용할 수 있도록 하며, 품질기준에 따른 상품 또는 서비스에 대한 노하우를 제공 받는다. 이러한 가맹계약에 관한 부분은 공정거래위원회가 정한 법률적 규정에 따라 진행되며 가맹점주는 이와 관련한 법적인 보호를 받을 수 있다.

프랜차이즈 가맹본부와 가맹점주는 자본을 달리하는 독립된 사업자로 상호 협력하는 시스템을 통해 가맹본부는 사업을 확장하는 효과를 누릴 수 있으며, 가맹점주는 검증된 사업시스템을 통해 창업에 대한 리스크를 줄일 수 있다.

② 프랜차이즈 장단점

프랜차이즈 시스템은 단순화, 표준화, 규격화를 통해 비용을 절감하고 상품과 서비스를 표준화를 통해 전국의 가맹점에 동일한 상품과 서비스를 제공하고, 고객들은 이를 경험할 수 있다. 이것이 프랜차이즈의 가장 중요한 경쟁력이라 할 수 있다.

프랜차이즈 시스템은 가맹본부와 가맹점 상호 간의 이익에 시너지 효과를 얻을 수 있다는 장점이 있다. 본사 지원으로 다양한 경영상의 어려움에 대한 도움을 받을 수 있다. 홍보와 마케팅 측면에서도 전국적인 브랜드의 경우는 대중적인 인지도를 빠르게 만들어 준다는 점에서 큰 장점이 될 수 있어, 창업초기부터 다양한 고객을 흡수할 수 있다. 창업준비부터 교육, 오픈 준비까지 전 과정을 가맹본부가 책임지고 도와주기 때문에 오픈 후 영업에만 집중할 수 있다.

그렇지만 여러 가지 단점을 가지고 있다. 특히 계약에 의해 진행되는 관계이므로, 상호 간에 계약과 관련 문제가 발생 시 다양한 분쟁이 일어날 수 있으며, 이런 경우 가맹본사와 갈등으로 소송까지 가는 경우도 있다. 창업 시 가맹본부로부터 브랜드와 상호 등을 가져다 써야 하므로 독창성과 자율성을 통해 창업주가 직접 차별화를 추구하기가 어렵다. 지속적으로 로열티를 지불하는 구조가 많고, 창업 후 수익성이 낮은 경우가 많다. 때로는 인테리어와 브랜드의 변경 등으로 지속적으로 투자가 일어나기도 한다. 가맹본부로부터 가격 및 메뉴에 대한 관리 운영은 가맹본부에 정책에 따라야 하며, 특히 재료 구입 등도 가맹본부에서만 조달 받아야 하는 것도 단점이 될 수 있다. 특히 가맹본부에 영향을 받게 되므로 외부적으로 가맹본부에 문제가 생긴다면 매출에 큰 영향을 주게 된다. 프랜차이즈 가맹본부를 통한 창업을 고민하기 전 공정거래위원회의 가맹본사 관련 자료를 통해 가맹본부의 다양한 부분들을 따져보고 검증하여 신중하게 결정해야 한다.

표 2-1 독립창업과 프랜차이즈 창업의 특징 비교

분류	독립창업	프랜차이즈 창업
사업운영	경험자 유리	가맹계약을 통해 가맹본사의 관리
창업비용	창업 비용의 절감 효과가 큼	가맹본사 기준에 따라 진행
수익률	경영능력에 따라	외부영향과 경영능력
상호	자율/개성	가맹본사의 상호 사용
인테리어	독창성/트렌드	본사 기준에 따라 진행
상품구매	자율적인 선택과 구매	본사 운영 기준에 따라
홍보/마케팅	직접 기획 진행	공동마케팅 지원
상권조사	직접 조사 및 분석	가맹본사가 상권 및 입지 조사
경영노하우	독자적인 노하우 습득	가맹본사의 경영 노하우
시장의 변화	고객요구나 시장변화에 빠르게 대처	대응이 느리고 본사의 의사결정이 중요

(3) 베이커리 카페의 프랜차이즈 창업 시 주의사항

베이커리 카페의 프랜차이즈 창업은 초보자도 자본만 있다면 쉽게 할 수 있다는 장점이 있다. 많은 창업자들이 국내의 유명 브랜드를 통해 창업을 진행한다. 프랜차이즈 창업은 계속해서 성장하고 발전하고 있어 경험과 노하우가 부족한 창업자들에게는 긍정적인 선택 방법이 될 수 있다. 그렇지만 최근 수많은 프랜차이즈 브랜드들이 생겨나며 다양한 문제들이 존재하기도 한다. 베이커리 카페 창업자가 프랜차이즈 창업을 고려한다면 다음의 사항에 잘 따져보고 신중하게 선택해야 한다.

① 프랜차이즈 가맹본사의 브랜드는 경쟁력을 가지고 있는가?
② 공정거래위원회에 정보공개서를 공개하고 있으며 그 내용은 신빙성이 있는가?
③ 직영점과 가맹점의 비율과 각각의 매출 평균은 어느 정도인가?
④ 가맹점의 평균 점포 운영 기간과 폐점률/양도양수율은 어떠한가?
⑤ 가맹점 교육시스템과 오픈 지원 시스템은 어떠한가?
⑥ 오픈 후 슈퍼바이저를 통한 운영관리 지원 시스템이 체계적인가?
⑦ 가맹본사의 경영상태가 어느 수준인가?
⑧ 가맹본사가 체계적인 운영관리 매뉴얼을 가지고 있는가?
⑨ 가맹본부의 홍보 마케팅 비용은 어떠한가?
⑩ 가맹본부의 임원진의 프랜차이즈 분쟁 및 폐해 사례는 없는가?
⑪ 전국적인 물류유통구조가 구축되어 있는가?
⑫ 가맹점들의 수익성은 어느 정도인가?
⑬ 과도한 지원과 혜택을 약속하고 있는가?
⑭ 원재료와 상품 서비스 개발 능력이 있는가?
⑮ 유사한 업종의 브랜드를 다수 운영하고 있는가?

2) 베이커리 카페 유형의 선택

(1) 베이커리 카페 창업유형 선택

베이커리 카페의 창업자는 창업을 준비하는 과정에서 본인이 가지고 있는 다양한 상황 등에 따라 독립창업을 진행할 것인지, 프랜차이즈 창업을 할 건인지 결정하는 것이 매우 중요하다. 현장 실무경험이 많은 베이커리 카페 창업자일지라도 본인이 체계적이고 계획적으로 독립창업을 준비할 수 있는 지식과 역량이 부족하다고 판단되고, 창업 후에도 운영관리에 대한 자질이 부족하다고 판단된다면 이때는 프랜차이즈 창업도 신중히 고려해 볼 수 있다. 반면 기술적인 경험이 부족하더라도 체계적인 준비가 가능하고 운영과 경영 전반적인 관리역량이 있다면 얼마든지 독립창업을 고려할 만하다. 어떠한 베이커리 카페의 형태를 결정하는가에 따라서도 기술적 경험이 부족하다고 하더라도 충분히 독립창업이 가능하다고 할 수 있다. 창업자로서 베이커리 카페의 창업환경을 충분히 이해하고, 자신에 대한 창업자로서 역량에 대해 객관적인 진단을 통해 자신에게 맞는 베이커리 카페 유형을 찾아내야 한다.

독립창업이나 프랜차이즈 창업의 결정에 있어서 본인이 가지고 있는 역량과 투자자금 등을 종합적인 부분을 검토하고 베이커리 카페 유형을 결정하여야 하며, 이때는 독립창업과 프랜차이즈 창업에 대한 수익성, 안정성, 성장성 등도 따져 최종적인 사업타당성 검토를 통해 결정할 필요가 있다.

이를 위해서는 독립창업과 프랜차이즈 창업에 대한 다양한 시장조사를 통해 시장규모, 예상 시장점유율 및 매출액 등의 유용한 데이터를 수집하여 신중한 분석을 통해 사업타당성이 가장 높게 나타난 유형을 최종적으로 선택하는 것이 좋은 방법이다.

(2) 창업자의 역량과 트렌드에 대한 고민을 통한 아이템 선택

베이커리 카페 유형을 결정할 때 창업자의 성향에 따른 장·단점이 큰 변수가 된다. 많은 창업자들은 창업 시 다양한 부분에 대한 검토보다는 어떠한 창업유형이 높은 수익을 만들어 줄지에 대한 부분에만 관심이 높다. 많은 창업자들은 아주 단순한 결정을 통해 창업하는 경향을 보게 된다. 창업 학원을 통해 배운 짧은 지식과 경험을 바탕으로 전문성이 없는 상태에서 창업을 하게 되는 경우가 많다. 베이커리 카페의 창업은 단순한 형태의 베이커리 카페를 창업한다고 하더라도, 상품과 서비스에 대한 이해와 전문성이 부족하다면 창업에서 실패할 가능성이 매우 높다. 지금은 좋은 상품과 서비스라도 트렌드를 타는 아이템이거나 마케팅의 다양한 활용 방법에 이해가 없다면 초기에 창업을 정상 궤도에 올려 놓기가 쉽지 않다.

창업은 베이커리와 카페 양쪽에 대한 충분한 이해와 전문성을 갖추어야지만 창업에 성공할 수 있으며, 지금 시장에서 성공적인 모습을 만들고 있는 베이커리 카페의 아이템이어도 창업자의 역량, 전문성과 충분한 경험이 바탕이 되지 못한다면 이것은 창업자에게 좋은 수익성을 만들어 줄 수 있는 아이템이 될 수는 없는 것이다.

(3) 창업유형 선택 시 고려사항

베이커리 카페 창업자는 자신의 창업환경을 고려하여 신중하게 창업을 결정해야 한다. 창업에 필요한 적절한 자본금을 보유하고 있는지, 충분한 기술적 경험과 경영관리운영 역량이 있는지, 가족들이 창업을 충분히 지원하고 협력할 수 있는 환경인지가 중요하다. 창업 후에 생각보다 사업이 빠르게 안정적인 수익을 만들지 못한다면 창업은 고통스러울 수밖에 없다. 어떠한 어려움이 있어도 긍정적인 마인드로 끈기 있게 사업을 이어나갈 수 있어야 한다. 본인이 베이커리 카페의 기술적 경험을 포함한 다양한 경력이 갖추어질수록 창업의 성공가능성은 높아진다. 프랜차이즈 창업은 경험이 낮아도 가맹본사로부터 다양한 지원을 받는다는 장점 때문에 사업이 안정화되는 데 도움이 될 수 있다. 그렇지만 독립창업을 기획한다면 어떠한 형태의 베이커리 카페인지에 따라서 경험의 부분이 매우 크게 작용할 수 있다. 베이커리 주방의 규모가 있고, 카페 기능에서도 로스터리 형태의 카페를 지향한다면, 창업자가 운영관리에 대한 경험이 부족하다면 매우 높은 수준의 기술적 경험을 가진 전문가들이 함께 해야 한다. 이 외에도 창업자는 다양한 부분에 있어서 창업준비 정도를 반드시 평가하여야 한다. 창업 유형의 결정은 자신이 가진 창업투자금에 따라 어떠한 형태의 베이커리 카페가 적절할지도 종합적으로 평가해 보아야 한다. 특히 다양한 시장조사를 통해 목표고객을 명확히 하고 이에 따른 적절한 상품과 서비스가 기획될 수 있도록 준비해야 한다. 창업자들은 초기에 가족의 적극적인 지원과 동의가 필요하다. 특히 사업초기에는 가족들의 도움은 인건비에 큰 영향을 주므로 수익성에 가장 큰 영향을 주는 요인이 된다. 초기에는 가족들이 적극적으로 도와주고, 사업이 안정기에 접어들어 적절한 수익성 목표가 달성될 때까지가 도움이 필요한 중요한 시기이다. 이러한 종합적인 검토를 통해 사업타당성을 분석하고 자신에게 맞는 창업 유형을 선택하는 것이 바람직하다.

제2절 베이커리 카페 창업의 성공과 실패

베이커리 카페 창업을 성공적으로 하기 위해서는 어떠한 요인들이 복합적으로 작용하는지 알아야 한다. 창업의 성공과 실패의 요인은 고객의 관점에서 평가되는 외부적인 요인과 창업자와 관련한 내부적인 요인으로 크게 나누어 살펴 볼 수 있다. 고객의 관점에서는 고객들이 느끼는 맛, 메뉴, 가격, 마케팅, 서비스, 고객관리, 브랜드와 콘셉트 등이 창업의 성공에 영향을 미치는 중요한 부분이 된다. 내부적인 요인으로는 직원관리, 운영관리, 재무관리, 고객관리 등이 큰 영향을 주게 된다. 내부적이거나 외부적인 모든 요소에 가장 크게 영향을 주는 가장 중요한 요인은 창업자의 문제이다. 이 요인들을 중심으로 창업의 성공과 실패에 대해 알아 보자.

❶ 베이커리 카페 창업의 성공과 실패 원인

1) 창업 실패 원인

창업자들이 실패하는 가장 큰 원인은 창업자 자신의 문제에서 기인하는 경우가 대부분이라 할 수 있다. 결국 창업자가 성공적인 창업을 만들기 위해 어떤 부분이 중요한지 파악하고, 전체적인 관점에서 종합적인 역량을 발휘하여야 한다. 사업 초기에 문제가 많이 발생하여 실패하는 것은 대부분 준비 없이 창업을 감행해서 벌어지는 일이다. 특히 경험이 없음에도 무리한 판단을 통해 창업을 진행하는 것이다. 본인이 잘 하고 있고 자신이 있는 부분이 있어도 매우 신중하게 접근하는 것이 필요하고, 창업 후에도 여러 요소들이 문제 없이 진행될 수 있도록 세심하게 챙기는 것이 중요하다. 다음은 창업자가 창업에 실패하는 원인들을 정리한 것이다.

① 준비없이 창업한다. 기술적 경험뿐 아니라 서비스업 경험도 없이 창업한다.
② 재무적 사고를 하지 못한다. 수입과 지출에 대한 개념이 없다. 돈에 대한 관리가 되지 않는다.

③ 창업을 너무 쉽게 생각한다. 돈만 있으면 창업할 수 있다고 너무 쉽게 생각한다.

④ 창업 시 상권과 입지를 전혀 고려하지 않는다.

⑤ 창업자가 가진 한 가지 경험으로 모든 것을 다 잘할 수 있을 것이라 착각한다.

⑥ 창업자금의 대부분을 빌려서 창업한다. 높은 이자는 수익성을 나쁘게 만든다.

⑦ 창업자로서 자질과 역량이 부족하다. 좋은 아이템이라고 창업이 적성에 맞지 않는데 창업한다.

⑧ 사업에 대한 자신감이 없고, 부정적이고 비판적인 사고를 가졌다. 이는 고객과 직원과 갈등의 원인이 된다.

⑨ 직원들을 가족이라 생각하지 않고 소모품처럼 취급한다.

⑩ 프랜차이즈 가맹점으로 창업하면 가맹본부가 다 알아서 해줄 것이라고 믿는다.

⑪ 프랜차이즈 가맹점 창업 시 충분히 알아 보지 않고 부실한 가맹본부와 계약을 맺는다.

⑫ 직장보다 창업이 더 쉽고 시간이 자유로울 것이라 생각한다.

⑬ 시장과 고객에 대한 이해가 전혀 없다.

⑭ 좋은 상품과 좋은 서비스를 제공하는 것의 중요성을 무시한다.

2) 베이커리 카페의 성공 요인

(1) 맛과 메뉴

고객이 매장을 결정할 때 가장 우선적으로 고려하는 것이 바로 맛이다. 맛과 메뉴가 고객이 매장을 방문하는 데 가장 크게 영향을 미치는 요소이기 때문에 맛을 철저하게 유지하는 것이 핵심이라 할 수 있다. 베이커리 카페 창업 후 성공적으로 매장을 운영하고 있는 곳들은 그 매장의 대표 메뉴가 있다. 매장이 가지고 있는 중요한 베스트 상품이나 시그니처 상품은 고객이 그 매장을 선택하는 데 가장 중요한 요인이다. 그렇지만 이 메뉴의 맛이 변한다면 어떻게 되겠는가? 고객들이 그 매장을 다시 방문하지 않는 이유는 맛이 변했거나, 예전처럼 그 메뉴에 대한 매력이 사라졌기 때문이다. 고객은 그 매장의 맛의 변화를 가장 먼저 알고, 이제는 그 맛의 변화를 다양한 SNS를 통해 다른 고객들에게 빠르게 전달한다. 과거 잘나가던 곳의 매출이 하락하고 결국 폐업하게 되는 과정에는 고객의 냉정한 평가가 숨어 있다. 일관성 있는 철저한 재료 관리를 통해 일관성 있는 맛을 유지하는 것이 성공한 베이커리 카페의 가장 핵심적인 요소이다. 고객의 트렌드에 맞는 다양한 시그니처 메뉴를 개발하고 유지하는 것이 창업의 성공과 실패를 가르는 중요한 요인이다.

(2) 가격

가격을 결정하는 요인은 여러 가지가 있다. 가격의 결정에는 식재료의 납품 단가, 상권과 입지, 목표고객, 상품의 질, 서비스의 질, 경쟁품과 비교 등 여러 요소가 영향을 미치게 된다. 좋은 식재료를 싸게 사서 합리적인 가격에 판매하는 것은 모든 창업자가 원하는 것이다. 좋은 식재료를 공급하는 신뢰할 만한 거래처를 확보하는 것도 안정적으로 가격을 유지하는 방법이 된다. 어떤 상권과 입지에서 어떤 고객에게 상품을 파는가도 가격에 결정적 영향을 주게 된다. 고객은 입지에 따라서도 가격에 대한 저항이 있다. 입지가 좋은 곳이라면 그것에 맞는 상품과 서비스를 통해 높은 가격을 받을 수도 있지만, 입지가 좋지 못한 곳에서 높은 가격을 책정한다면, 고객들의 저항은 높을 수밖에 없다. 이러한 다양한 점을 고려하지 않고 가격을 책정하는 것도 성공과 실패를 결정짓는 요인이 된다.

물가상승, 인건비 상승, 임대료 상승 등을 통해 수익성을 확보하지 못한다면, 이때도 가격에 대한 고민을 하게 된다. 많은 경우에 고객에 대한 가격의 민감성 때문에 상품의 가격을 올리기보다는 식재료의 변화와 서비스의 질을 낮추는 것을 통해 원가 구조를 바꾸고자 한다. 베이커리 카페를 운영하는 데 있어서 맛의 변화는 결국 지금까지 고객에게 쌓아온 신뢰를 무너뜨리는 결정적인 요인이 된다. 고객은 냉정한 판단을 통해 언제든지 외면할 수 있다. 원가 요인이 상승한다면 고객에게 이를 명확히 공지하고 가격을 올리는 것이 더 고객의 신뢰를 지키는 것이라는 점을 명심해야 한다.

(3) 상권과 입지

베이커리 카페의 규모와 유형에 따라 상권과 입지 전략은 달라져야 한다. 우리 상권과 입지 주변에 분포하는 고객이 누구인지, 그 타깃 고객들은 어느 정도의 적절한 지출이 합리적이라고 생각하는지 이런 부분들을 미리 시장 조사 단계에서 잘 따져 봐야 한다. 상권에 우리 베이커리 카페를 이용할 고객이 너무 없다면 초창기부터 사업을 안정화하는 데 어려움이 있을 것이다. 베이커리 카페에서 상권과 입지의 선택은 초기에 사업을 얼마나 빨리 안정화하는가를 결정하는 요인이다. 입지의 선택에 있어서 다양한 선택과 고민이 필요하다. 유흥시설이 많이 분포하거나 주변에 주거인구가 없다면 이는 매장을 안정적으로 만드는 데 어려움이 있을 수 있다. 베이커리 카페의 규모와 유형에 따라 때로는 전통적인 상권과 입지 분석이 중요하지 않은 경우도 있다. 지금은 과거와는 달리 매장이 들어설 적절한 입지가 아니어도 교통의 발달과 인터넷의 발달로 상권의 범위를 크게 확장시켰다고 할 수 있다. 주변에 차로 이동이 가능한 풍부한 소비 인구를 품고 있는 지역이라면 베이커리 카페를 성공시키기에 충분한 여건이라고 할 수도 있다.

(4) 홍보와 마케팅

고객이 우리 베이커리 카페를 인식하고 지속적으로 방문하게 만들기 위해서는 다양한 홍보와 마케팅 방법을 이해하고 베이커리 카페의 특성에 맞는 홍보와 마케팅 방법을 활용할 수 있어야 한다. 온라인 마케팅의 다양한 활용 전략뿐만 아니라, 이벤트성의 마케팅, 단골 고객을 위한 다양한 프로모션 전략 등을 고려하고 실행할 수 있어야 한다. 많은 창업자들이 다양한 홍보와 마케팅 방법을 이해하지 못하고 있으며, 알고 있더라도 적극적인 활용을 위한 노력을 하지 않는 모습을 보게 된다. 베이커리 카페가 초창기에 빠르게 고객에게 매장을 알리는 방법은 지금의 다양한 SNS를 활용한 온라인 마케팅이 가장 효과적인 방법임은 분명하다. 지금은 비용적인 부담을 들이지 않고도 창업자 스스로가 얼마든지 마케팅을 할 수 있는 세상이 열렸다. 다양한 마케팅 커뮤니케이션 방법을 이해하고 이를 잘 활용하는 창업자가 지속적인 성공을 만드는 창업자라 할 수 있다.

(5) 고객서비스와 관리

베이커리 카페를 창업하는 준비과정부터 고객에게 어떤 서비스를 통해 고객감동을 전하고, 고객이 우리 매장을 지속적으로 방문하여 단골 고객을 만들것인가에 대한 고민을 시작하고 방법을 준비하여야 한다. 고객은 베이커리 카페조차도 너무나 빨리 소비해 버리는 경향이 있다. 최근 고객들이 카페를 소비하는 패턴에서 한 번만 가고 다시는 가지 않는 현상이 벌어지고 있다. 카페의 경우 핫플레이스라 하더라도

그 수명이 너무 짧은 것을 보게 된다. 한 번은 가봐야 하지만 다시 갈 필요가 없는 매장도 너무 많기 때문이다. 이러한 고객의 재방문을 이끌어 낼 수 있도록 고객에 대한 서비스를 기획하고 추가적이고 연속적인 서비스가 전달되도록 준비해야 한다. 처음 오는 고객의 정보를 얻고 이를 통해 고객이 다시 우리 매장을 찾을 수 있도록 고객에게 우리의 다양한 상품과 서비스의 정보를 제공하는 마케팅을 하는 것이다. 고객에게 감동은 직원들의 철저한 서비스 마인드에서 나온다. 사전 교육을 통해 고객에게 진심 어린 서비스를 전하는 교육이 필요하다. 특히 베이커리 카페는 고객을 다시금 오게 만들 수 있는 다양한 상품을 가지고 있어야 한다. 고객이 한 번 방문하고 이 매장에 대한 매력을 더 이상 느끼지 못한다면 그 매장은 결국 실패한 매장이 될 수밖에 없다. 따라서 철저한 고객관리 시스템과 고객에 따른 차별화된 마케팅을 통해 고객이 우리 매장의 충성고객이 되어 우리 매장을 적극적으로 홍보하는 단계까지 만들 수 있도록 다양한 고민을 해야 한다. 이것이 베이커리 카페를 장기적인 성공적으로 만드는 가장 중요한 요인이다.

(6) 콘셉트와 브랜드

베이커리 카페 창업의 성공적인 시작은 많은 고민을 통해 만들어진 콘셉트와 브랜드라 할 수 있다. 고객들은 잘 만들어진 콘셉트와 브랜드에서도 강한 매력을 느끼게 된다. 그렇기 때문에 사람들의 기억에 오래 남는 콘셉트와 브랜드를 개발하는 것이 매우 중요하다. 장기적인 성공을 만들고 있는 베이커리 카페들은 잘 기획된 매장의 콘셉트와 브랜드를 통해 고객에게 매장의 상품과 서비스를 전달한다. 잘 만들어진 콘셉트는 매장의 인테리어와 상품의 질을 결정한다. 잘 만들어진 브랜드는 고객에게 좋은 이미지로 각인되어 고객의 마음에 포지셔닝된다. 매력 있는 콘셉트와 브랜드를 경험한 고객은 이 매장의 특징을 담은 다양한 정보를 SNS를 통해 다른 고객들에게 전달한다. 잘 만들어진 콘셉트와 브랜드는 다양한 시너지를 만들기도 한다. 베이커리 카페 고유의 상품뿐만 아니라, 확장성을 가진 굿즈(Goods)를 만들 수 있고 이를 통해 부가적인 매출을 끌어내기도 한다. 한 나라의 작은 매장에서 출발하여 글로벌 매장을 만들어가고 있는 곳들은 바로 콘셉트와 브랜드를 만든 힘에서 출발했다고 할 수 있다. 그만큼 지금의 시대는 콘셉트와 브랜드의 시대이기도 하다.

제2장 베이커리 카페 창업가로서 준비 **65**

(7) 매장관리

베이커리 카페의 매장관리는 베이킹이 이루어지는 주방과 상품과 서비스를 통한 고객과의 접점이 이루어지는 홀로 나눌 수 있다. 주방은 관리는 매장을 장기적으로 운영하는 데 있어서 가장 핵심적인 요인이다. 철저한 청결을 통해 좋은 상품이 생산될 수 있는 환경을 만들어야 한다. 철저한 운영관리를 통해 매장 운영에 차질이 생기지 않도록 하는 것이 매우 중요하다. 홀은 고객이 직접 매장의 서비스를 경험하게 되는 가장 중요한 공간이므로 매장의 청결 관리는 매우 중요하다. 또한 우리가 자주 신경을 쓰지 못하는 화장실 등의 공간도 고객에게는 이 매장의 인식을 결정짓는 아주 중요한 부분이 될 수 있다. 고객이 느끼는 청결은 우리가 소홀할 수 있는 아주 작은 부분까지도 신경을 써야 한다. 또한 주방과 홀에 있는 다양한 장비와 시설, 비품들도 철저하게 관리하여 매장의 운영에 차질이 발생하지 않도록 신경을 써야 한다. 맛과 메뉴가 보장되는 곳이어도 청결하지 못한 부분 때문에 고객은 다시금 이 매장을 찾지 않게 된다는 것이다. 베이커리 카페의 매장운영에 있어 성공과 실패는 청결이 가장 우선적인 부분임을 명심해야 한다.

(8) 직원관리

베이커리 카페의 유형과 규모에 따라서 직원이 많거나 적을 수도 있다. 직원이 적다면 여러 면에서 교육과 관리가 용이할 수도 있지만, 직원이 많다면 여러 면에서 어려움이 있을 수 있다. 직원들이 책임감을 가지고 성실하게 임하여 우리 매장에 주인의식을 가지고 고객에게 서비스할 수 있도록 철저히 교육하는 것이 중요하다. 매장의 관리운영 규칙과 규정에 대해서 교육하고 근무 중에 반드시 지킬 수 있도록 해야 한다. 그렇지만 관리만 한다고 직원들이 주인의식을 가지고 일하는 것은 아니다. 창업자는 여러 방법을 사용하여 직원들을 동기부여하고 의욕을 높여 직원들이 긍정적인 방향으로 역량을 향상할 수 있도록 해야 한다. 직원들에게 휴가와 휴식을 보장하거나 매출 증가에 따른 보너스를 지급하거나, 이 밖에 함께 편안한 분위기에서 서로 소통할 수 있는 자리를 자주 만드는 것도 방법이다. 특히 직원 개개인들이 업무에 잘 적응하는지 살피고 애로 사항이 있다면 함께 해결하고자 노력하는 것도 중요하다. 친절하고 좋은 서비스 마인드를 가진 직원은 우리 매장의 핵심역량이라는 것을 잊어서는 안 된다. 고객이 처음 우리 매장에서 만나게 되는 직원이 고객에게 전달하는 밝고 긍정적인 분위기는 베이커리 카페의 성공에 가장 핵심적인 부분이다.

(9) 재무관리

과거에는 원가의 비율을 줄여 매출이익을 극대화하는 것이 수익을 좋게 하는 방법인 시절이 있었다. 그렇지만 베이커리 카페에서 기존 상품의 질을 유지시키는 재료를 바꾼다는 것은 매출과 이익을 감소시키는 가장 큰 요인이 된다. 상품과 서비스의 질은 유지하되 다양한 곳에서 비용이 과도하게 지출되거나 불필요하게 지출되는지를 살피는 것이 더욱 중요하다. 특히 과도한 차입금은 많은 이자비용을 발생시킨다. 매출을 통해 수익이 발생한다면 차입금을 빠르게 줄이는 것이 건전한 재무구조를 만드는 지름길이다. 창업자가 재무적 사고를 통해 꼼꼼히 관리하는 것이 중요하다. 직원의 효율적인 배치를 통해 인건비를 관리하는 것도 방법이다. 상품관리를 잘못해서 불필요한 재고가 발생하거나 식재료를 폐기하는 일들은 큰 문제가 될 수 있다. 이 모든 것이 비용이기 때문에 내부적인 운영관리의 점검을 통해 불필요한 지출이 발생하지 않도록 관리하는 것이 필요하다. 창업자가 재무관리에 무지하여 창업을 실패하는 경우를 많이 보게 된다. 창업자는 반드시 수입과 지출에 대한 철저한 점검으로 매출과 수익관리를 해야만이 지속적인 창업 성과를 만들어 나갈 수 있다.

(10) 상품전략

베이커리 카페 운영에 있어서 어떠한 상품을 어떻게 구성하고 판매전략을 어떻게 세우는가에 따라 수익구조에 중요한 영향을 준다. 이러한 결과는 결국 베이커리 카페의 성공에 큰 요인으로 작용하게 된다. 매장의 규모와 유형에 따라 판매 상품의 종류가 결정되고, 베이커리 종류뿐만 아니라 카페 메뉴와 보조 메뉴들을 결정해야 한다. 상품에 대한 판매량을 예측하고 관리하는 것이 재고비율을 줄이는 방법이고 베이커리 특성상 제품을 폐기해야 하는 부분이 있기 때문에 적절한 상품 가짓수와 판매량 관리는 매우 중요한 상품 전략의 한 요소이기도 하다. 이러한 관리 운영의 문제로 많은 제품을 폐기한다면 이는 비용지출의 큰 부담이 될 수 있다. 카페 메뉴에서도 잘 판매되지 않는 메뉴의 재료를 과다하게 보유하는 것도 문제가 된다. 상품의 판매량을 측정하고 이를 통한 상품 판매의 관리는 매장의 수입과 지출에 큰

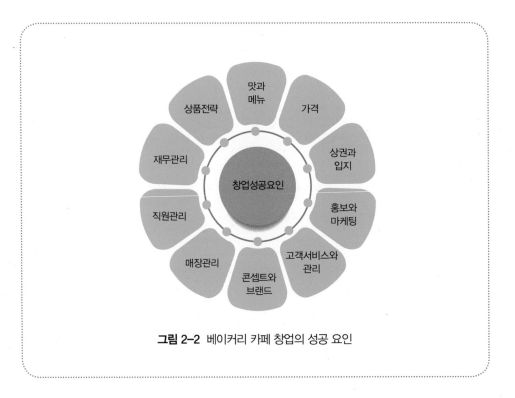

영향을 주는 요소이므로 철저히 관리하여야 한다. 또한 상품 전략의 일환으로 세트 메뉴를 판매하는 것도 부가적인 매출을 올리는 데 중요한 역할을 한다. 매장의 규모가 크지 않다면 베이커리 판매 종류나 카페 메뉴를 전략적으로 선택하여 매장운영의 효율성을 높이는 것도 좋은 방법이 될 수 있다. 이러한 상품의 생산과 관리 운영에 대한 점검 없이 상품을 관리한다면 불필요한 지출을 계속 늘리게 되며, 이것은 매장 경영에 어려움을 주는 가장 큰 원인이 된다. 베이커리 카페 운영에서 상품전략은 장기적인 성공과 실패를 가르는 중요한 요인이다.

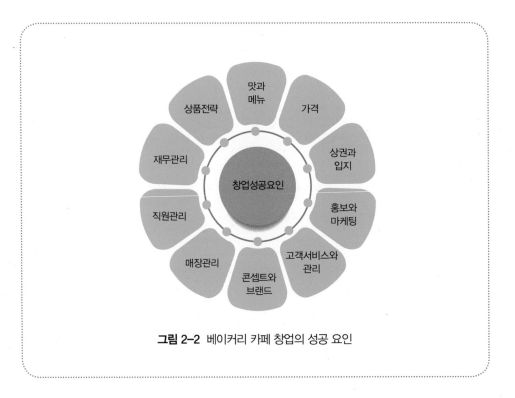

그림 2-2 베이커리 카페 창업의 성공 요인

❷ 창업하기 좋은 시기

1) 경험을 통한 창업 준비

(1) 실무경험

창업의 적절한 시점은 과연 언제일까? 창업은 과연 언제가 적절한 시점이 될까? 물론 창업자가 원하는 시점이 창업의 시기일 수도 있다. 그렇지만 시장에 대한 이해가 낮고, 기술적인 경험이 부족하다면 우선적으로 충분한 실무 경험을 통해 창업하는 것이 중요하다. 특히 베이커리 카페 창업을 계획한다면, 베이커리 카페 실무에 대한 공부와 실무경험이 무엇보다 중요하다.

베이커리 카페는 베이커리 영역과 카페영역으로 구분할 수 있으며, 이는 명확히 다른 실무 경험을 요구한다. 베이커리 카페 창업을 위해서는 다른 창업과 달리 준비 시간이 오래 걸릴 수 있다. 베이커리 주방에서 실전 경험을 통해 지식과 경험을 갖추어야 할 뿐만 아니라, 카페실무에 대해서도 충분한 지식과 경험이 있어야 한다.

실무 경험은 직장생활이나 아르바이트를 통해 매장 경험을 충분히 하고 창업하는 것이 필요하다. 실제로 매장 근무를 통해 매장 운영과 경영의 전반에 대한 지식을 가지고 창업하는 것이 많은 시행착오와 경험미숙으로 인한 물적/시간적인 손실을 줄일 수 있다.

특히 베이커리 영역은 기술적 경험이 매장 오픈 후 아주 크게 영향을 주기 때문에 충분한 경험은 매장 운영관리의 효율성을 높이는 데 크게 작용한다. 판매 경험이 없다면 판매 과정에서 이루어지는 서비스 관리에 어려움이 있을 수 있다. 카페에서 일을 해 본 경험은 카페 영역과 판매 부분에서의 운영관리에 큰 도움이 된다. 베이커리 카페의 매장에서 근무한 경험은 물품 발주 및 납품, 재고관리 등의 운영관리를 배울 수 있는 좋은 경험이 된다. 특히 베이커리 카페에서 매니저 역할까지 경험해 보는 것은 매장의 운영관리뿐만 아니라 직원 채용에 있어서도 좋은 경험이 될 수 있다. 직무에 적합한 장점을 가지고 있는지, 이 직무를 수행하는 데 있어 단점은 무엇인지 등에 대해 매니저 경험을 통해 직원을 직접 채용하고 관리하는 과정을 배울 수 있기 때문이다. 창업과정에서 좋은 역량을 가진 직원을 선발하는 데 이 경험은 매우 도움이 된다. 매니저가 되는 것은 매장을 조직적으로 관리할 수 있는 위치에 있다는 것이다. 베이커리 카페의 경우 규모가 커질수록 체계적으로 조직을 운영하는 것이 중요해진다. 이때 이런 경험은 큰 도움이 된다.

(2) 베이커리 카페 경영시스템의 이해

베이커리 주방과 매장의 홀 영역뿐만 아니라 상품의 기획과 관리 등에 있어서 효율적인 시스템을 운영할 수 있는 역량은 많은 경험을 요구한다. 개인 매장보다는 프랜차이즈 회사나 호텔 등 좋은 교육프로그램과 시스템을 가진 곳에서 일을 배운다면 그곳의 노하우를 나의 창업에 적극 활용할 수 있다.

이런 다양한 경험은 베이커리 카페 매장을 경영하는 데 있어서 매우 중요한 역량을 쌓게 만들어 준다. 베이커리 카페 경영시스템이 잘 갖추어진 직장에서 절대적인 시간을 통한 노력과 경험은 성공적인 창업을 만들어 가는 데 매우 중요하다. 경험과 준비기간이 길수록 창업에 대한 성공 확률은 높아지게 된다. 베이커리 카페 창업은 실무적인 준비기간을 포함하여 최소한 6년에서 7년 이상의 경험을 쌓은 후 도전하는 것이 바람직하다고 할 수 있다.

(3) 창업자금의 준비

어느 정도 기간의 직장 생활을 통해서 창업 자금을 착실히 모으는 것도 필요하다. 창업규모와 유형에 따라 창업자금의 규모가 달라지겠지만, 적어도 자신의 창업 목표를 고려하여 창업 자금을 정하고 직장경험 안에서 기술적 경험과 함께 창업 자금을 착실히 만들어 나가는 것도 중요한 부분이 될 수 있다. 창업자금이 충분하지 않은 상황에서 무리하게 차입을 통해 창업 자금을 조달하여 창업을 했다가 실패 한다면 더 큰 경제적 어려움을 초래할 수도 있다.

2) 창업에 적합한 시기

(1) 주니어 창업

창업시기는 연령대별로 다르다고 할 수 있다. 젊은 청년인 주니어 창업자의 경우, 특히 학교를 졸업하고 바로 창업을 고민하는 분들이라면 창업의 문제를 심각하게 고민해 볼 필요가 있다. 충분한 경험이 없다면 그만큼 창업 후 많은 시행착오를 겪어야 한다. 많은 젊은 창업자들의 실패 확률이 큰 이유이다. 최소 6~7년 이상의 충분한 경험과 준비 기간을 통해 20대 후반 또는 30대 초반에 창업하는 것이 가장 적합한 시기라 생각한다.

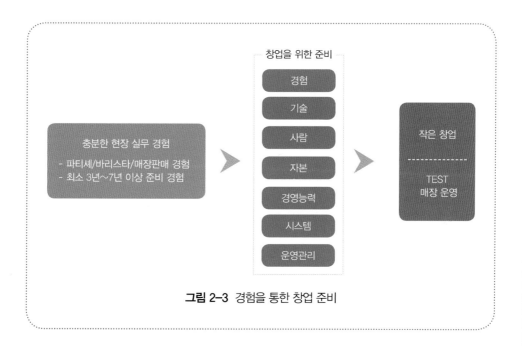

그림 2-3 경험을 통한 창업 준비

(2) 시니어 창업

시니어 창업자들은 기술적 경험이 부족한 경우가 많다. 충분한 자금력을 통해 창업을 계획하다 보니, 프랜차이즈 창업을 선택하는 분들도 많다. 이 경우도 기술적 경험을 보완할 수 있는 명확한 방안이 마련된 창업이 아니라면 창업을 피하는 것이 좋다. 충분한 정보와 신중한 검토를 통해 부족한 경험을 보완해 줄 수 있는 좋은 프랜차이즈라면 창업 준비기간을 통해 많은 도움을 받을 수 있기 때문에 좋은 도전이 될 수도 있다.

그렇지만 독립창업을 준비하여야 한다면 주니어 창업자처럼 시니어 창업자도 동일한 창업 과정을 통해 준비해야 한다. 작은 창업을 해서 테스트 매장식으로 운영을 해 보는 것이다. 즉, 최소한의 장소에서 최소의 인원으로 창업을 준비하는 것이다. 이 때 혼자 시작하는 창업이어도 좋다. 작은 매장을 통해 부족한 기술적 경험과 매장 운영 경험을 쌓는 것도 바람직하다. 시행착오의 크기를 줄이는 방법이다. 고객서비스를 처음으로 경험해 본다면 작은 창업은 더욱 좋은 기회가 될 수 있다. 고객을 알아가고 고객의 니즈를 파악하고 고객이 원하는 것을 빠르게 파악할 수 있는 방법이 된다. 작은 창업은 운영관리를 포함한 여러 상황에 대한 대응도 빠르게 할 수 있기 때문에 초기 창업자들에게 적극적으로 권장한다. 수많은 성공한 창업자들도 처음은 매우 미약하였다. 기술적인 노력과 고객을 알아가는 과정들을 거치면서 상품과 서비스에 대해 고객으로부터 신뢰를 얻고 이를 바탕으로 매장을 확장해 나간 것이다. 작은 창업은 초기에는 수익성은 낮을 수 있지만 1년 이상의 경험을 통해 부족한 부분들을 충분히 보완해 나간다면 다음 단계로 한 단계 발전한 비즈니스 모델을 만들어 갈 수 있다.

제3장

콘셉트와 브랜드

콘셉트는 브랜드를 만드는 데 가장 큰 영향을 미치는 요소이다.
콘셉트는 브랜드의 정체성과 이미지를 만든다고 할 수 있다.

제1절 콘셉트의 이해와 중요성

베이커리 카페의 콘셉트는 '베이커리 카페를 구성하는 상품과 서비스에 관한 기본적인 아이디어를 어떠한 고객에게 어떻게 판매할 것인가를 결정하는 매우 중요한 가치'라고 정의할 수 있다. 베이커리 카페를 구성하는 모든 것이 콘셉트의 구성요소가 될 수 있으며, 콘셉트는 베이커리 카페의 상품과 서비스뿐만 아니라 고객이 베이커리 카페를 선택하는 고객의 속성에도 중요한 근거가 된다. 콘셉트는 브랜드를 만드는 중요한 근거가 되며, 상품과 서비스, 디자인과 인테리어, 상품의 패키지, 가격에까지 여러 분야에 영향을 미친다. 베이커리 카페의 콘셉트를 정의하고 콘셉트가 어떠한 부분에 영향을 미치고, 콘셉트의 구성요소에 대해 알아보도록 하자.

❶ 콘셉트의 개념과 중요성

1) 콘셉트의 정의

베이커리 카페 창업을 준비하는 데 있어서 어떻게 사업을 영위할 것인지를 결정하고 그것을 현실로 구현하기 위해서는 콘셉트를 이해하는 것이 매우 중요하다. 이러한 콘셉트는 내가 운영하고자 하는 베이커리 카페 사업의 방향성을 결정하는 데 가장 우선하는 요소라고 할 수 있다. 콘셉트란 고객에게 상품이 가지고 있는 속성과 특성을 명확히 인식시키는 중요한 장치이며, 콘셉트를 통해 목표 고객은 누구인지를 명확히 하고, 고객이 우리의 상품 선택하게 하는 고유한 속성을 만들어 준다.

콘셉트는 사업이 지향하는 방향성을 제시해 줄 수 있으며, 어떠한 고객을 통해 우리의 상품과 서비스를 전달할 것인지에 대한 비전과 미션을 만들어 주기도 한다. 이렇게 우리가 고객에게 전하고자 하는 가치가 콘셉트로 정의되고 이것은 브랜드를 만드는 데도 매우 중요한 기준점이 된다. 이렇게 만들어진 콘셉트와 브랜드는 우리 상품과 서비스가 전달되어야 하는 목표시장을 명확하게 만들어 줄 수 있다. 이러한 단계를 통해 만들어진 브랜드는 고객에 대한 포지셔닝에도 매우 큰 영향을 미치게 된다. 콘셉트와 브랜드는 브랜드 로고, 상품의 서비스의 디자인, 인테리어, 상품 패키지 등 다양한 것에서 시각적으로 고객에게 전달되는 데 큰 영향을 준다. 이것은 또한 마케팅의 방향성에도 큰 영향을 미친다. 콘셉트가 확실할수록 브랜드에 대한 강력한 로열티가 형성된다. 이는 충성 고객을 만드는 데 영향을 주고, 충성 고객의 입소문이 더 큰 매출을 만드는 데 중요한 부분이 되기도 한다. 창업을 준비하는 데 있어서 창업자가 원하는 베이커리 카페를 만들어 가기 위해서는 콘셉트와 브랜드에 서부터 출발하는 것이 가장 중요하다.

2) 콘셉트의 중요성

브랜드는 브랜드 이미지, 브랜드 철학, 브랜드 핵심가치, 상품의 차별화 등 브랜드 스토리를 구성하고 있는 요소는 콘셉트를 바탕으로 한다. 차별화된 브랜드의 가치 창출과 고객 경험을 이루어 내는 핵심은 콘셉트로부터 출발한다고 할 수 있다. 강력한 로열티를 가진 브랜드가 되려면 고객의 마음속에 파고들어 고객의 기억 속에 브랜드 특징을 심어주는 콘셉트가 필요하다. 콘셉트는 마케팅 전략뿐만 아니라 매장이 가진 공통된 목표나 매장을 이끌어 나가는 운영과 경영에도 반드시 필요한 요소이다.

소비 시장의 트렌드는 빠른 속도로 변화하고 있으며, 상품과 서비스의 품질은 상향 평준화되었다. 더 이상 가성비를 따지는 시대는 지났다. 고객은 개인의 생각을 존중받고 싶어 한다. 고객이 자유롭게 자신만의 개성을 표현하는 가치 소비 시대인 것이다. 가치 소비 시대에서 고객에게 구매 결정에 큰 영향을 주는 것은 상품과 서비스가 가진 브랜드이며 콘셉트인 것이다. 브랜드는 차별화된 콘셉트로 상품과 서비스, 다양한 공간적 소비까지 제공한다. 브랜드가 가진 콘셉트와 개인의 콘셉트가 일치한다면 고객들은 기꺼이 감성적인 공감을 통해 콘셉트에 빠르게 반응하고 브랜드 특성에 열광하고 지지를 보낸다. 서울대학교 소비자학과 김난도 교수와 서울대학교 소비자 트렌드 센터가 최근 발간한 『트렌드 코리아 2019』에서 대한민국 소비 시장에서 주목할 10가지 키워드 중 첫 번째 키워드로 콘셉트를 꼽았다. 이제는 고객들이 직관적으로 느끼게 만들고, 상품과 서비스, 공간과 디자인 등 고객의 트렌드에 맞춰 고객의 호응을 이끌어 낼 수 있는 콘셉트를 개발하는 것이 매우 중요해진 시대이다.

콘셉트를 외부와의 소통이라는 관점에서 바라볼 수 있다. 콘셉트를 고객에게 명확하게 전달하기 위해서는 콘셉트의 독창성이 있어야 하며, 고객의 머릿속에 오래도록 남을 수 있는 지속성이 필요하다. 이렇게 만들어진 콘셉트는 외부적인 요인인 고객에게만 영향을 미치는 것이 아니다. 콘셉트는 내부적인 부분에도 많은 영향을 주게 된다. 매장을 구성하는 분위기, 인테리어 등 다양한 곳에 영향을 주게 되며, 조직문화에도 영향을 미치게 되고, 창업자가 매장을 이끌어가는 가치와 비전에도 영향을 미치게 된다.

3) 콘셉트와 브랜드

콘셉트는 브랜드를 만드는 데 가장 큰 영향을 미치는 요소이다. 콘셉트는 브랜드의 정체성과 이미지를 만든다고 할 수 있다. 브랜드에 대한 철학, 매뉴얼, 로고와 심벌, 컬러, 디자인 등의 형태에 영향을 미치며, 브랜드의 정체성은 브랜드에 대한 고객과의 약속이기도 하다. 브랜드 이미지는 브랜드를 실현하는 상징이 된다. 그 대표적인 것이 매장의 로고이다. 로고가 곧 매장의 브랜드가 되기도 한다. 이처럼 콘셉트로부터 출발한 브랜드는 고객에게 전달되는 구체적인 결과이기도 하다. 우리 베이커리 카페가 가지고 있는 상품과 서비스를 고객과 연결시켜주는 것은 콘셉트이며, 브랜드가 그 출발점이 된다.

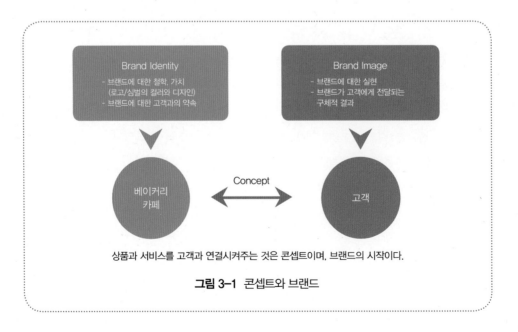

그림 3-1 콘셉트와 브랜드

4) 콘셉트가 필요한 이유

콘셉트가 필요한 이유는 고객의 구매를 자극하여 상품과 서비스를 구매하도록 유도하고, 고객이 우리의 상품과 서비스를 경험하고 만족하여 재구매하도록 만드는 것이다. 결국 고객이 우리 상품과 서비스를 선택하도록 만드는 출발점은 콘셉트로부터 시작된다. 콘셉트를 통해 만들어진 상품과 서비스는 고객의 구매를 유도하며, 경쟁브랜드와 비교하여 차별화를 통해 우리 상품이 선택되도록 만들 수 있다. 또한 고객으로 하여금 우리 매장에 대한 호기심을 불러일으켜 매장 안으로 이끌고 고객의 기억 속에 매장의 공간과 디자인이 각인되도록 하여 구매에 대한 기대감을 높이는 것이다. 브랜드에 호감을 느껴 상품과 서비스를 구매한 고객은 그 경험이 기억에 남아 구매 만족도가 커지며 '성공적인 구매'라는 안도감을 느끼게 된다. 이러한 구매 후 고객의 경험은 고객이 매장을 다시 방문하도록 유도하고 재구매를 시도하고 지속적인 방문을 통해 충성 고객이 되도록 만든다. 즉 콘셉트는 이러한 고객에게 구매의 기대감을 불러일으키고 구매 후의 만족감을 만드는 중요한 장치인 것이다.

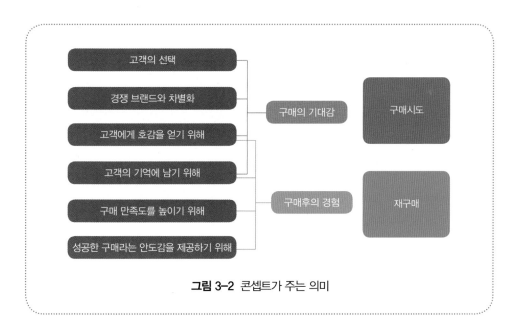

그림 3-2 콘셉트가 주는 의미

❷ 베이커리 카페 콘셉트의 속성

베이커리 카페를 선택하게 만드는 콘셉트의 속성은 크게 4가지를 통해 고객에게 영향을 준다고 할 수 있다. 상품이 가지는 특성, 공간과 이미지, 서비스, 마케팅 커뮤니케이션이 고객의 구매 동기에 영향을 주는 콘셉트의 속성으로 나누어 볼 수 있다.

1) 상품의 특성

상품의 맛과 질이 가장 대표적인 상품의 특성이다. 고객에게 무엇보다 중요한 판단 기준이 된다. 이러한 상품을 청결하고 위생적인 공간에서 전문가가 직접 만든다는 것은 매우 중요한 부분이 된다. 최근 베이커리 카페는 이러한 창업자의 전문성을 강조하여 고객에게 어필하는 모습을 자주 보게 되는데 바로 상품의 특성이 주는 부분을 콘셉트와 잘 연결시킨 것이다. 상품의 맛과 질뿐만 아니라 합리적이고 적절한 가격도 중요한 요인이 된다.

2) 공간과 이미지

매장이 가지는 콘셉트와 브랜드가 잘 반영된 공간과 이미지의 속성이다. 독창성 있고, 트렌디하며, 멋진 디자인을 통해 고객의 시선을 사로잡고, 쾌적하고 세련된 공간 구성은 고객들에게 긍정적인 이미지를 불러일으킨다. 최근에는 취향에 따라 공간 디자인과 분위기도 다르게 작용하다 보니, 과거의 멋과 현대의 세련됨이 공존하는 다양성이 반영되고 있다. 인테리어, 조명, 매장에 쓰고 있는 다양한 장비와 비품, 매장에서 흘러나오는 음악도 콘셉트에서 출발하며 고객의 이미지에 영향을 미치는 요인이다. 공간과 이미지를 만드는 모든 것들은 콘셉트와 브랜드의 독창성이 반영된 것이라 할 수 있다. 최근에는 접근성 좋은 위치, 편리한 교통, 넓은 주차장도 콘셉트를 결정하는 중요한 요소가 되었다.

3) 서비스

친절하고 밝고 명랑한 분위기에서 고객을 맞는 잘 훈련된 서비스 전문 직원들의 모습도 콘셉트의 중요한 속성이 된다. 고객을 맞는 직원들의 유니폼, 고객을 위한 친절한 서비스, 먼저 다가가는 감동 서비스, 신속하고 정확한 고객 서비스, 고객에 대한 철저한 관리, 충성 고객에 대한 다양한 마케팅 프로모션 등을 통해 고객에게 이 모든 것들이 잘 전달된다면 고객으로부터 긍정적인 피드백을 만들 수 있으며, 이러한 서비스도 콘셉트의 중요한 속성이 되는 것이다.

4) 마케팅 커뮤니케이션

고객이 재방문을 고려하게끔 만드는 것은 고객이 경험한 맛, 서비스, 공간, 이미지 등이 있다. 그뿐만 아니라, 마케팅 커뮤니케이션으로 고객이 지속적인 재구매를 유도하게 만드는 것도 콘셉트의 중요한 속성이라 할 수 있다. 다양한 고객관리 프로그램을 통해 고객들을 챙기고, 다양한 이벤트를 통해 고객들을 유도하는 프로모션 전략을 실행하는 것이다. 고객의 의미 있는 날을 챙기는 것, 고객에게 재방문을 유도하는 다양한 쿠폰, 고객에게 다양한 이벤트 정보를 전달하는 것, 특히 충성고객인 VIP 고객들에게 차별화된 혜택을 제공하는 것도 고객이 매장에 대한 이미지를 결정하고 재방문하게 만드는 중요한 속성이 된다.

제2절 브랜드의 이해와 중요성

❶ 브랜드의 개념

기업뿐만 아니라 독립창업에서도 브랜드가 너무 중요해진 중요한 시대이다. 브랜드를 처음에 어떻게 만들고 시도하는가에 따라 사업이 성공적으로 자리를 잡게되고, 브랜드에 대한 인지도도 높아지게 되며 그 파급효과도 굉장히 크다고 할 수있다. 강력한 브랜드는 매우 큰 힘을 가지게 되며, 고객의 의사결정에 매우 큰 영향을 미친다고 할 수 있다. 지금은 브랜드가 곧 마케팅인 시대가 되었다. 브랜드를 통해 다양한 마케팅 활동을 전개할 수가 있으며, 이를 다양한 방법으로 고객들에게 노출시킬 수 있는 시대가 되었다. 독립창업도 창업자가 특별한 노력들을 통해 다양한 SNS 매체를 이용한다면 브랜드를 마케팅 비용이 없이도 얼마든지 노출시키고 퍼트릴 수 있게 되었다. 이렇게 노출된 브랜드를 고객들은 다양한 형태로 기억하게 된다. 특히 많은 고객들은 브랜드 로고를 통해 기억하게 된다. 고객이 우리 브랜드를 받아들이는 첫번째 요소이기 때문이다. 브랜드의 디자인과 독창성, 색깔이 고객들에게 이미지화되고, 이런 이미지들이 고객의 뇌리에 자리잡고 이것이 확장되면, '브랜드 힘'이 되어가는 시대가 됐다. 그렇기 때문에 브랜드에 대한 이미지를 고객들에게 효과적으로 노출시키고 전달하여 브랜드 이미지를 고객의 마음 안에 남게 만드는 것이 너무 중요한 부분이 되었다.

1) 브랜드의 정의

미국마케팅협회(AMA)에서는 브랜드란 '판매자 개인이나 단체가 재화와 서비스를 특징 짓고 이것을 경쟁자의 재화와 서비스로부터 차별화할 목적으로 만들어진 이름, 어구, 표시, 심벌, 디자인 이 모두를 포함하는 조합'이라 정의한다. 베이커리 카페의 브랜드는 우리 매장의 상품과 서비스를 구분하는 데 사용되는 상호, 어구, 표시, 심벌, 서비스, 디자인 등 모두를 포함하여 말한다. 상호는 즉 브랜드의 이름이라 할 수 있으며, 이것은 우리가 브랜드 이름에 기호나 동물, 사람 이름 등이 다양한 형태의 디자인으로 표현된 것을 브랜드 로고라고 말한다. 브랜드는 시장에서 새로운 이름, 로고, 심벌들이 나올 때마다 새로운 브랜드가 만들어져 왔다. 시장에서 인지도와 독창성, 상품에 대한 우수성 등이 브랜드를 통해 창출되었다고 할 수 있다. 브랜드는 우리 매장이 만든 상품을 다른 매장이 만든 동일한 쓰임의 상품과 구별하기 위한 수단으로써 오랫동안 사용되어 왔다. 브랜드의 핵심은 우리가 만들고 있는 상품을 특징 짓고 그 상품을 다른 경쟁 상품과 차별화하기 위한 이름, 로고, 심벌, 디자인 등을 통해 고객이 선택하도록 만드는 것이다. 브랜드는 고객에게 신뢰의 개념으로 발전되었다고 할 수 있다. 상품과 서비스가 가지는 고객의 신뢰가 브랜드로 발전한 것이다.

2) 브랜드의 역할과 필요성

좋은 브랜드는 고객이 원하는 근원적인 욕구를 충족시켜준다. 그렇지 못한 브랜드는 시장에서 소멸하는 것이다. 브랜드는 고객의 관점에서 상품에 대한 신뢰를 제공한다. 상품의 신뢰는 상품의 올바른 생산과정, 신선하고 올바른 재료 선택 등을 보장하며, 상품을 만드는 매장은 좋은 상품을 생산해야 되는 책임감까지 갖추게 한다. 이런 점은 고객으로 하여금 상품 선택에 대한 위험을 감소시키는 역할을 한다. 브랜드는 고객으로 하여금 다양한 상품을 선택하고 구매하는 데 있어 비용을 절감시키기도 한다. 베이커리 카페를 선택하는 데 있어서 상품과 서비스의 신뢰는 고객이 다른 베이커리 카페를 찾아 시간을 낭비하는 것에 대한 손실도 줄여 준다는 것이다. 브랜드는 신뢰를 상징하는 매장의 중요한 도구가 되는 것이다. 브랜드는 고객을 만족시키는 품질 수준을 결정하기도 하며, 상품이 가지는 독창적인 면을 연상시키기도 한다. 경쟁 브랜드와 차별화하고 경쟁 우위에 서게 만드는 중요한 역할을 한다. 결국 좋은 브랜드는 고객의 신뢰를 바탕으로 매출상승을 통해 이익을 실현하는 원천이기도 하다. 브랜드는 상품과 서비스가 가지는 특성들을 법적으로 보호하는 수단이 되기도 한다. 최근에는 상표등록을 통해 브랜드를 보호받을 수 있다. 브랜드가 가지는 독창적인 이름이나 로고 등을 다른 사람들이 도용할 수 없게 법적으로 보호해 주는 것이다. 또한 특허등록을 통해 상품이 가지는 고유한 특성을 다른 브랜드가 침해하는 것을 법적으로 보호하고 있다.

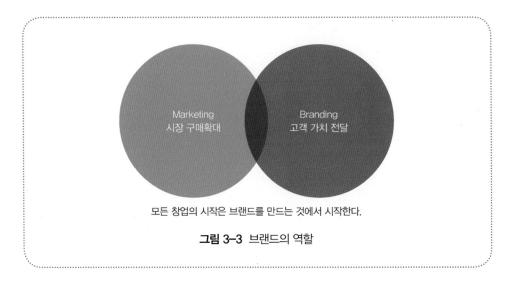

모든 창업의 시작은 브랜드를 만드는 것에서 시작한다.

그림 3-3 브랜드의 역할

3) 브랜드의 구축

브랜드는 고객에게 상품이 가지는 특성을 알려주는 중요한 역할을 하기도 하지만 고객이 상품 구매결정 시 발생하는 위험을 줄여 주는 요인이 되기도 한다. 이처럼 고객이 브랜드로부터 얻는 이익은 크다. 강력한 브랜드를 만들기 위해서는 다양한 시도와 노력이 중요하다. 가장 우선적인 것은 우수한 상품과 서비스가 항상 일관성 있게 전달되는 것이다. 고객으로 하여금 이 매장은 항상 변함없이 동일한 상품과 서비스가 제공된다는 것을 인식하도록 만들어야 한다. 브랜드는 사업이 확장되면서 더욱 큰 힘을 발휘하게 된다. 유명 프랜차이즈 브랜드들은 오랜 경험을 통해 체계적인 시스템으로 어느 매장에서나 동일한 상품과 서비스를 제공한다. 고객이 여러 매장에서도 동일한 상품과 서비스를 제공받고 느낄 수 있도록 만드는 것이 브랜드가 가지는 힘이라 할 수 있다. 스타벅스나 맥도널드처럼 전 세계에 퍼져 있는 브랜드들은 어느 곳에서나 동일한 품질의 상품과 서비스로 고객을 만나게 된다. 처음 가는 해외의 여행지에서도 고객은 구매에서 있어서 스타벅스나 맥도널드를 선택한다면 구매결정 시 발생하는 위험을 줄여주는 한 방법이 되는 것이다. 전 세계 모든 사람들이 동일하게 느끼는 것이 브랜드의 힘이다.

4) 브랜드의 기능

브랜드는 다양한 기능적 역할을 하게 된다. 브랜드의 서비스표지나 상표출원을 통해 등록이 되었다면 베이커리 카페 매장을 상징하는 이름으로서 고유 기능을 가지게 된다. 이런 브랜드 이름은 경쟁 브랜드와 구별하는 기능을 가지게 된다. 브랜드가 가지는 상품과 서비스에 대한 디자인과 상품 패키지들도 타 브랜드와 구별하는 차별화하는 기능을 가지게 된다. 고객이 느끼는 인지도뿐만 아니라 고객의 충성도의 크기도 브랜드로 표출된다고 할 수 있다. 고객이 느끼는 신뢰도도 브랜드에 영향을 주게 된다. 고객이 경험한 상품과 서비스는 마음속에서 경쟁 브랜드와 비교하여 위치를 결정하게 되며, 이것은 인지도와 충성도로 표출된다고 할 수 있다. 브랜드는 고객의 신뢰의 지표인 것이다. 베이커리 카페 입장에서는 고객이 만들어 준 브랜드의 위상이 브랜드의 자산으로서 기능을 하게 된다. 고객의 충성도와 인지도가 높은 브랜드는 경제적으로도 매우 높은 가치로 평가된다. 높아진 브랜드의 자산 가치는 베이커리 카페의 기업 평가에서 엄청난 힘을 발휘하는 평가요소가 된다.

❷ 브랜드 구성요소와 관리

1) 브랜드 구성요소

(1) 브랜드 이름

브랜드의 이름은 우리가 말로써 표현하는 것이다. 단어, 문자, 숫자, 기호 등으로 표현되어 만들어진다. 브랜드의 이름은 상품과 서비스를 차별화는 가치를 지니게 된다. 좋은 브랜드가 되기 위해서는 신중한 고민을 통해 브랜드 이름을 지어야 한다. 브랜드 이름은 사람의 이름, 식물, 동물, 의미, 외국어의 특정한 표현, 문장 등 다양한 것들이 이름이 될 수 있다. 경쟁 브랜드와 차별화하며 독창성 있는 이름을 짓거나, 브랜드 이름이 담고 있는 의미나 가치, 스토리 등은 좋은 브랜드 이름을 만드는 데 긍정적 요소가 된다. 브랜드 이름은 법적으로 보호를 받는 것이 중요하다. 브랜드 이름이 우리의 상호가 되기도 한다. 상표 등록을 하기 전에 독점적인 권리를 확보할 수 있는 이름인지 아닌지를 먼저 검토해야 한다.

좋은 브랜드 이름을 만들기 위해서는 다음 사항을 유의하는 것이 좋다. 브랜드 이름은 사업에 대한 실질적이고 정서적인 느낌을 모두 집약해야 할 뿐만 아니라 고객에게 제공할 상품과 서비스에 대한 느낌, 실질적이고 정서적인 느낌을 줄 수 있어야 한다. 사업의 성격을 가장 먼저 떠올리게 하고 이미지를 함축적으로 나타낼 수 있는 수단이다. 브랜드 이름은 신중하게 고민하고 결정해야 한다. 다양한 베이커리 카페 관련 물품 등에 인쇄하여 계속 사용해야 하기 때문에 오랫동안 유지될 수 있는 이름과 로고로 결정하는 것이 좋다. 매장의 이름이 곧 브랜드인 시대다. 고객으로부터 사랑받고 고객으로부터 호감을 불러일으키는 브랜드 이름을 짓는 것이 필요하다.

① 이름만 들어도 매장의 성격이 명확히 드러나도록 하면 좋다.
② 고객에게 친근한 느낌을 주는 이름이 좋다.
③ 독창성을 통해 특정한 이미지가 창출되도록 한다면 더 좋다.
④ 부정적인 연상 이미지는 피하는 것이 좋다.
⑤ 발음이 잘되고 일상적으로 사용할 수 있는 쉬운 이름이면 좋다.
⑥ 지나치게 직설적이거나 선정적인 상호는 피한다.
⑦ 채팅용어, 은어, 속어는 피한다.
⑧ 유명업체와 유사성을 갖지 않도록 한다.
⑨ 너무 긴 이름이나 장난스러운 이름은 피한다.
⑩ 시대의 흐름을 반영하는 이름이 좋다.
⑪ 외우기 쉽고 특별한 느낌을 가지는 상호명이 좋다.

그림 3-4 다양한 브랜드 이름과 로고(자료: unsplash.com)

(2) 브랜드 로고

브랜드의 로고를 만드는 것은 창업의 시작을 알리는 첫 과제라 할 수 있다. 브랜드는 상품과 서비스의 이미지를 구축하고, 브랜드의 정체성을 만들어가는 출발점이 브랜드 로고라고 할 수 있다.

브랜드 로고는 고객의 기억에 선명하게 남게 만들어야 하기 때문에 차별화가 필요하다. 창의적이고 독창적인 디자인을 통해 브랜드만의 특징을 쉽게 기억할 수 있게 만들어야 한다. 로고는 글자와 기호, 색, 도형, 동물, 식물, 다양하고 독창적인 상징 등 다양한 시각적인 요소들을 사용하여 디자인된다. 고객의 호감과 공감을 얻을 수 있는 로고만이 고객의 마음에 브랜드 이미지로서 각인된다. 로고는 매장이 가지는 특성과 브랜드를 표현할 수 있는 모든 것들 중에 가장 압축적인 효용성을 가진다고 할 수 있다.

로고는 우리 베이커리 카페가 존재하는 이유를 고객에게 설명하는 것이라 할 수 있다. 고객에게 보여주는 로고는 매장이 가지는 심벌로서 브랜드의 이미지를 창조하는 데 가장 중요한 역할을 한다. 로고는 창업자가 가진 창업 정신과 가치를 담은 상징이고, 더 좋은 브랜드로 성장시키기 위해 신중하게 결정해야 할 과제이다.

그림 3-5 스타벅스 로고의 변화(자료: newbostoncreative.com)

2) 브랜드 관리

　신중하고 다양한 고민을 통해 만들어진 브랜드는 베이커리 카페의 소중한 자산이다. 강력한 브랜드로 성장하게 된다면 고객의 구매결정에 큰 영향력을 미치게 된다. 베이커리 카페의 브랜드는 매출 상승의 효과뿐만 아니라 브랜드를 포함한 기업의 가치도 상승하게 만든다. 고객의 브랜드 충성도를 확보했다면 시장에서 새로운 도전을 통한 브랜드 확장에 매우 효과적인 전략이 된다. 브랜드 확장 단계에서 브랜드의 이미지는 더욱 강화되어야 한다. 기존의 상품과 서비스가 일관성 있게 유지될 수 있는 시스템이 확립되어 있어야 한다. 사업 전개 과정에서 브랜드의 철저한 관리는 결국 매출과 수익성으로 연결되기 때문에 브랜드 관리를 위한 충분한 준비가 되어 있지 않은 상태에서의 무리한 확장은 기존 브랜드에 악영향을 줄 수 있으므로 브랜드 확장은 매우 신중하게 결정해야 한다.

　철저한 브랜드 관리를 통해 전문성을 갖춘 인력들이 매장 전체의 운영에 대한 시스템을 확보한 상태에서 브랜드를 확장하는 것이 중요하다. 철저한 브랜드 관리는 브랜드를 좋은 자산으로 키울 수 있다. 브랜드 자산은 고객의 마음속에 긍정적인 이미지로 브랜드가 인식되고, 브랜드에 대해 고객이 신뢰를 보낼 때 가치를 얻게 되는 것이다. 브랜드 자산으로서 가치가 발휘된다는 것은 고객의 마음에 브랜드에 대한 신뢰가 쌓여 있으면서, 자사의 상품과 서비스에 대해 호의적이고 강한 믿음과 함께, 경쟁 브랜드와의 차별화된 브랜드 이미지를 가질 때 가능하다.

❸ 상표등록

1) 상표출원 개요

브랜드를 법적으로 보호받기 위해서는 상표를 출원해야 한다. 상표란 상품을 식별하기 위해 사용하는 일체의 감각적인 표현수단을 의미하지만 이런 상표를 모두보호하는 것은 법적으로 어렵기 때문에 상표법에서는 보호가 가능한 상표의 구성요소를 제한하고 있다.

상표권의 보호대상은 시각적으로 보여지는 로고, 심벌, 이미지 등뿐만 아니라 색채상표, 입체상표, 또는 색채의 조합만으로 된 상표, 홀로그램 상표, 동작 상표 및그 밖에 시각적으로 인식할 수 있는 모든 유형의 상표를 상표법으로 보호하고 있다. 상표출원과 상표등록은 구분되어야 한다. 상표출원을 하여 특허청에 등록여부를 심사 요청하면 1년 정도의 특허 심사기간을 거쳐 상표등록 여부를 결정하게 된다. 상표출원은 특허전문 사무실을 통한 위탁출원과 본인이 직접 서류절차를 처리하는 직접출원이 있다.

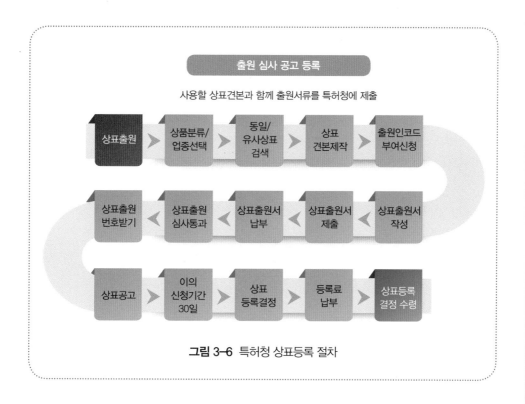

그림 3-6 특허청 상표등록 절차

ⓑ

2) 상표출원 및 등록 절차

(1) 상표검색

상표검색은 인터넷으로 검색할 수 있다. 특허청 홈페이지(www.kipris.or.kr)에 접속한 후, 특허정보 검색서비스에서 원하는 상표를 검색한다. 상표검색을 통하여 상표의 등록 유무 등을 확인할 수 있다.

직접 상표검색을 진행할 경우 상표를 선정하는 데 도움이 되지만, 상표 출원절차를 통해 진행할 때는 특허관련 사무실을 통해 의뢰하고 상담을 통해 확인하는 것이 훨씬 효율적이다. 향후 상표를 출원의 가능여부를 창업자가 직접 판단하기 어려운 경우도 있기 때문이다. 고민을 통해 결정한 상표가 출원이 어렵다면 곤란하기 때문에 등록 가능성이 높은 상표를 찾아야 하고 이러한 검토는 전문적인 지식을 가진 특허관련 사무소의 도움을 받는 것이 좋다.

(2) 상표출원

상표검색이 완료되어 창업자가 만든 상표의 등록 가능성이 높다고 판단되면 출원절차를 밟으면 된다. 상표출원을 받기 위해서는 특허청에 관련서류를 작성하여 제출하면 된다. 상표출원은 본인이 직접 하는 경우도 있지만 등록 시 가능성 여부를 사전에 평가받고 출원하는 것이 좋기 때문에 특허 관련 사무실을 통해 출원을 의뢰하는 것이 좋다. 특허 관련 사무실을 선택할 때에는 향후 상표등록이 거절되었을 경우에 대응해 주는 서비스 수준에 대한 점검도 필요하다. 상표에 대한 준비가 완료되었다면 상표 견본과 함께 출원서류를 작성하여 특허청에 제출하면 된다.

(3) 심사 및 공고

출원된 상표의 등록 가능여부에 대해 특허청에서 심사를 하게 된다. 심사는 일반심사와 우선심사로 나누어지는데 일반심사의 경우 심사 결과를 알 수 있는 기간이 약 8~11개월 정도이다. 다만 중간에 의견 제출통지서가 발송되는 경우 기간이 더 소요될 수 있다. 우선심사는 카탈로그, 홈페이지, 제품 샘플 등이 구축되어 있는 경우 청구가 가능하고 심사기간은 약 3~4개월 정도면 등록여부를 확인할 수 있다. 상표심사는 특허법을 따르며 심사의 기준이 모호한 부분이 있는 경우에는 심사관에 따라서 심사견해가 다를 수 있다. 하지만 특허법 중 명백한 적용기준을 알아 두면 상표등록 가능성을 높일 수 있다. 이렇게 해서 심사가 통과되면 특허에 대한 공고가 이루어지고, 이의신청 기간에 문제가 없다면 상표등록이 결정된다.

(4) 상표등록

상표심사가 완료 후 이의신청 기간을 거쳐 상표등록 결정을 통보 받으면 등록료를 납부하면 된다. 이 후 최종적으로 상표등록증을 수령하면 된다. 이렇게 등록된 상표는 지적재산권의 배타적 권리를 최장 10년간 행사할 수 있다. 추후에 10년 경과 후 상표권 존속을 원한다면 '상표권 존속기간 갱신등록'을 신청하면 된다.

베 이 커 리   카 페   창 업 과   경 영

제4장

창업을 위한
사업계획서

사업을 통해 제공하고자 하는 상품과
서비스에 대한 사업계획을 설명하고 어떻게 이익을 만들 것인가를
구체적으로 일목요연하게 표현하는 것이 사업계획서이다.

제1절 사업계획서의 작성

❶ 사업계획서의 정의

　사업계획서를 통해 창업자가 하고자 하는 사업의 목표를 명확히 제시하고, 사업을 통해 어떠한 상품과 서비스를 제공할 것인지 정의할 수 있어야 한다. 또한 추진하고자 하는 사업에 대한 명확하고 세부적인 계획을 통해 사업의 구체적 내용과 특징을 설명할 수 있어야 한다. 사업을 통해 제공하고자 하는 상품과 서비스에 대한 사업계획을 설명하고 어떻게 이익을 만들 것인가를 구체적으로 일목요연하게 표현하는 것이 사업계획서이다. 사업계획서에는 사업의 구체적인 내용, 창업자의 구체적인 정보와 기술적 경험, 콘셉트와 브랜드, 매장의 상권과 입지 분석, 상품과 서비스 전략, 자금확보와 구체적인 자금 사용계획, 인테리어와 디자인, 매출과 수익성 분석을 통한 종합적인 사업타당성 분석, 매장 운영 관리, 홍보와 마케팅 계획, 고객 서비스 전략, 인적자원관리, 오픈 준비 등의 내용이 포함된다. 사업계획서의 작성은 사업에 대한 전반적인 사항을 구체적이고 객관적으로 작성함으로써 창업자가 창업 가능성, 사업 타당성, 수익성을 분석하여 성공적인 창업을 준비하는 과정이다.

　창업을 준비하면서 사업계획서는 반드시 작성하여야 한다. 많은 창업자들이 창업을 할 때 생각만 하고 구체적으로 문서화하지 않는 경우가 많은데 이런 경우에는 창업이 계획한 방향으로 진행되지 않을 수 있으며, 다양한 진행상에서 문제에 부딪칠 때 대응력이 약할 수 있다. 따라서 사업계획서의 작성은 창업과정에서 생길 수 있는 다양한 문제를 예상해 볼 수 있으며, 진행상의 문제 발생 시에 적극적인 해결과 대처가 가능하다. 창업을 성공적으로 이끌고, 효율적인 과정을 통한 창업을 목표로 한다면 체계적인 사업계획서 작성은 반드시 필요하다.

❷ 사업계획서의 필요성

사업계획서는 사업의 방향성을 잡아주는 역할을 한다. 창업 준비를 하다 보면 처음의 구상과 다르게 엉뚱한 방향으로 흐르는 경우가 있다. 이런 경우 잘 정리된 사업계획서는 사업의 기본 방향과 목적을 명쾌하게 알려주는 지침서의 역할을 할 수 있다. 창업 진행 과정에서 문제점을 빠르게 파악하고 신속하게 대응방안을 마련할 수도 있으며, 미리 예상되는 부분도 사업계획서를 통해 예측이 가능하므로 전체적인 사업계획서 작성을 통해 창업 과정의 장·단점을 파악할 수 있다. 이를 통해 사업계획을 수정 보완하고, 미리 사전에 단점에 대한 대응방안을 수립할 수 있게 된다. 잘 작성된 사업계획서는 투자 유치나 대출을 받을 때 유용한 설명 자료가 된다.

사업을 시작하려는 사람들이 겪는 문제 중 하나가 바로 투자 자금의 조달인데, 부족한 자금을 조달하기 위한 방법으로는 투자를 유치하거나 금융기관에서 대출을 받아야 한다. 이럴 때 가장 설득력 있는 유용한 자료가 바로 사업계획서이다. 투자자나 금융기관은 매출과 이익에 대한 자료를 통해 사업을 판단한다. 구체적이고 설득력 있으며, 사업의 성공 가능성을 매출과 이익의 숫자로 명확히 전달할 수 있는 사업계획서는 투자자나 금융기관의 긍정적인 판단을 이끌어 내는 데 중요한 역할을 하게 된다.

❶ 사업계획서는 성공 창업을 위한 수단이다.
❷ 생각하고 고민한 아이디어를 체계화하는 것이 사업계획서이다.
❸ 사업계획서는 사업의 목적을 통해 명확한 사업방향을 제시한다.
❹ 사업계획서를 통해 자신의 사업을 외부에 알리고 설명할 수 있다.
❺ 사업계획서 작성으로 사업성/수익성 평가하고 사업타당성을 검증할 수 있다.
❻ 사업계획서는 기회와 위험요소를 사전에 점검하는 것을 통해 시행 착오를 줄일 수 있다.
❼ 사업계획서를 통해 투자자에게 신뢰를 주고 이를 통해 사업 자금을 조달할 수 있다.
❽ 사업계획서를 통해 사업 진행에서 장단점을 파악하고 이에 대한 대응책을 마련할 수 있다.

그림 4-1 사업계획서의 필요성

❸ 사업계획서 작성방법

사업계획서는 사업의 목적과 기본방향을 중심으로 사업계획서를 구체적이고 체계적으로 작성하여야 한다. 작성방법과 작성내용을 정확히 알고 작성한다면 좋은 사업계획서를 만들 수 있다. 사업계획서는 누구에게 어떻게 보여지는가에 따라 작성 방법이 조금씩 다를 수 있다. 관공서나 금융기관에서 요청하는 사업계획서는 소정 양식에 따라 작성하게 되어 있다. 정해진 양식이 없다면 자신만의 방식으로 사업계획서를 구성하여 만들어도 된다. 기본적인 내용이 포함된 사업계획서를 프레젠테이션 양식에 작성하여 그림, 표, 디자인을 가미하여 다양한 정보를 포함한다면 좋은 사업계획서를 만들 수 있다.

1) 사업계획서 내용 구성

사업계획서를 어떻게 활용할지가 결정되었다면 어떠한 내용을 포함할지를 정하고 사업계획서의 목차를 정리해야 한다. 예를 들어 일반적인 사업계획서에는 사업의 일반현황, 사업개요, 시장현황과 분석, 상품의 판매계획, 자금운용계획, 예상매출과 수익성 분석, 조직 및 인원계획, 창업추진일정을 기본 내용으로 한다. 베이커리 카페의 사업계획서를 작성한다면 여기에 콘셉트와 브랜드, 인테리어와 디자인, 구체적인 베이커리 카페의 주방과 홀에 사용되는 자금계획, 매장의 전체적인 운영관리, 베이커리 카페의 상권과 입지, 경쟁점포 분석, 홍보와 마케팅 방법, 고객서비스 전략, 운영관리 매뉴얼, 구체적인 오픈 전부터 오픈까지의 준비사항, 사업진행계획표 등이 포함된다. 또한 다양한 시장조사에 대한 내용도 포함된다면 더 좋은 자료가 될 수 있다. 구상하고 있는 사업과 관련하여 시장규모 및 전망, 경쟁점 상황, 유통경로, 주요 납품거래처 등 시장조사를 실시한다. 조사된 내용들을 정리하여 사업계획서에 반영한다.

2) 본문내용 작성 방법

　다양한 조사를 통해 수집된 정보나 자료를 토대로 본문내용을 작성한다. 작성방법은 목차에서 결정한 기본내용을 순서에 따라 작성하며 세부적인 항목들은 보유한 자료나 그림, 사진, 표 등을 이용하여 일목요연하게 시각적으로 보일 수 있도록 작성하면 된다. 사업계획서에는 사업계획의 내용을 증명할 수 있는 참고자료가 첨부되어야 한다. 특히 자금투자를 요청하기 위한 목적에 사업계획서가 쓰여진다면 구체적으로 필요한 자금과 그 자금의 집행에 필요한 구체적인 증빙 자료가 요구될 때도 있다. 또한 관공서에서는 구체적인 사업의 인·허가 기관에서는 규정에 의하여 필요한 구비서류를 요구하는 경우가 있다. 이러한 금융기관 또는 관공서에서 요청하는 구비서류들은 신청자격 여부의 결정과 사업 심의과정에서 평가요소로 반영되기 때문이 반드시 준비해 두어야 한다. 작성된 사업계획서는 여러 번의 재검토 과정을 통해 수정 보완할 수 있으며, 특히 내용관련 부분의 오류사항이 있다면 재검토 과정에서 수정하여야 한다. 특히 소요자금계획, 매출과 수익성 분석 등 숫자로 표기되는 부분들은 오류가 발생하지 않도록 주의해야 한다. 이러한 오류는 사업계획서의 신뢰를 떨어뜨리는 부분이 된다.

❹ 사업계획서의 주요 내용

　사업계획서의 주요 내용은 사업계획서를 어떠한 목적으로 사용하는가에 따라 내용이 달라질 수 있다. 금융기관이나 관공서에 제출하는 경우는 정해진 소정양식에 따라 사업계획서를 작성해야 하는 경우가 있으므로 이때는 정해진 양식에 충실하게 작성해야 한다. 그렇지만 이 경우를 제외한 사업계획서는 다음의 주요내용들이 사업계획서에 반영되면 된다. 필요에 따라 내용을 추가하거나 뺄 수도 있다. 기본적으로 사업계획서 작성의 목적은 사업계획의 전체적인 과정을 체계적으로 정리하고 이를 통해 사업의 구체적인 진행계획들을 세부적으로 정리하는 목적이 있으므로 사업계획 단계에서 검토되어야 하는 모든 내용을 작성하고 꼼꼼하게 구체적으로 작성하는 것이 필요하다. 사업계획서의 경우는 다음의 구성내용을 참조하여 창업자의 상황에 맞게끔 구성내용에 변화를 주어 작성한다.

1) 베이커리 카페의 사업계획서 내용

(1) 사업의 일반현황

업체명, 대표자, 설립일자, 업종, 업태 등 일반적인 창업자의 회사의 개요를 기록한다. 창업자의 소개와 경력이 포함되어야 하며, 주요 주주나 임원이 있다면 작성한다. 주요 직원들의 경력을 작성하는 것도 중요하다. 특히 베이커리 카페의 경우 창업자의 기술적 경험을 작성하는 것이 중요하며 핵심적인 직원들의 주요 경력 작성도 중요하다. 베이커리 파트나 카페 파트를 담당하는 직원의 주요 경력은 사업의 진행에서 구체성을 입증하는 중요한 요인이 된다.

(2) 사업개요

창업자가 계획하는 베이커리 카페의 구체적인 사업내용과 성장가능성 및 향후 사업전략 등을 통해 사업의 방향성을 제시하는 것이 중요하다. 투자자 관점에서 사업계획이 평범하다고 판단된다면 나머지 부분에 흥미를 느끼지 않게 된다. 그렇기 때문에 창업의 목적과 목표, 베이커리 카페가 가지는 차별화된 특징들이 명확히 제시되어야 한다.

(3) 시장분석과 전망

다양한 시장조사로 현재 시장현황과 분석을 통해 향후 전망에 대해서 작성한다. 현재의 시장 상황을 통해 향후 성장 가능한 매력적인 시장을 제시하는 것이 필요하다. 고객에 대한 조사와 분석을 통해 시장에 대한 규모를 예측하고 이를 통한 매출성장을 제시할 수 있어야 한다. 경쟁시장에 대한 조사를 통한 향후 차별화된 전략 등의 정보를 제공하는 것도 중요하다.

(4) 콘셉트와 브랜드 전략

베이커리 카페의 콘셉트는 베이커리 카페를 구성하는 상품과 서비스에 결정짓는 중요한 가치라 할 수 있다. 베이커리 카페를 구성하는 모든 것이 콘셉트의 구성요소가 될 수 있으며, 콘셉트는 베이커리 카페의 상품과 서비스뿐만 아니라 고객이 베이커리 카페를 선택하는 속성에도 중요한 근거가 된다. 콘셉트는 브랜드를 결정짓는 중요한 출발이다. 브랜드는 상품과 서비스를 구분한 로고와 디자인 등을 표현하는 것이다. 베이커리 카페의 속성이 잘 표현된 브랜드는 향후 매장의 가치를 결정 짓는 중요한 요인이 된다. 그러므로 사업계획서를 통해 우리 매장이 가지는 콘셉트와 브랜드의 가치를 설명할 수 있어야 한다.

(5) 메뉴와 메뉴전략

베이커리 카페에서 판매하는 상품의 구성을 보여주어야 한다. 베이커리 메뉴와 카페 메뉴는 어떻게 구성되어 있으며, 대표상품인 시그니처 메뉴가 있다면 어떤 상품인지 보여 줄 수 있어야 한다. 어떠한 상품 판매 계획이 있는지도 구체적으로 설명되어야 한다. 다양한 메뉴 전략을 통해 고객들을 지속적으로 매장을 방문할 수 있는 방법을 제시할 수 있어야 한다.

(6) 상권과 입지조사

베이커리 카페는 어떠한 상권에 위치하고 최종적으로 어떠한 장점을 가진 입지에 매장이 위치하게 되는지 구체적으로 제시할 수 있어야 한다. 철저한 상권과 입지 조사를 통해 각 후보지의 장단점을 파악하여 최종 확정된 상권과 입지가 제시되어야 한다. 상권에는 우리 베이커리 카페를 소비할 수 있는 풍부한 고객들이 있어야 하며, 입지는 베이커리 카페의 유형과 규모에 따라 고객에게 쾌적한 서비스를 제공할 수 있는 입지 환경을 가지고 있어야 한다. 이러한 상권과 입지에 관한 내용들이 사업계획서에서 구체적으로 설명되어야 한다.

(7) 경쟁업체와 비교 전략

베이커리 카페의 상권과 입지를 정해졌다면 주변의 경쟁업체를 조사하고 각 경쟁업체가 가지고 있는 상품과 서비스, 마케팅 전략, 주요 이용 고객, 상품의 가격대, 매장의 특장점 등을 조사하여 비교하고, 우리 매장이 경쟁 매장과 비교하여 가지는 차별화 포인트를 통해 향후 어떻게 방향성을 가질지에 대한 전략을 사업계획서를 통해 제시할 수 있어야 한다.

(8) 디자인과 인테리어

매장의 디자인과 인테리어는 콘셉트와 브랜드의 전략에서 기인하다고 할 수 있다. 매장이 가지는 콘셉트의 방향성에 따라 디자인과 인테리어가 결정되며, 이를 통해 매장 내 다양한 시설에도 영향을 미치게 된다. 고객에게 매력 있는 디자인과 인테리어가 될 수 있도록 하여야 한다. 최근에는 고객들의 SNS 소통으로 매장의 디자인과 인테리어가 전파된다. 이러한 점들을 고려하여 매장의 디자인과 인테리어를 특징을 살려 보여 줄 수 있어야 하며, 사용되는 모든 비품들과 상품에도 매장의 콘셉트와 브랜드를 잘 살린 디자인으로 패키지를 구성할 수 있어야 한다. 사업계획서에도 이러한 매장의 디자인과 인테리어 모습들을 이미지로 보여주는 것이 중요하며, 다양한 상품 패키지의 디자인도 제시되어야 한다.

(9) 홍보와 마케팅 전략

베이커리 카페의 오픈 전부터 고객에게 브랜드를 알리기 위한 다양한 홍보 방법을 선택하고 시도하여야 하며, 오픈 후에도 고객들에게 어떠한 마케팅 커뮤니케이션을 통해 고객이 지속적으로 재방문하도록 유도할지에 대한 마케팅 전략을 세워야 한다. 이처럼 홍보와 마케팅 전략에 대한 구체적인 실행 계획을 제시될 수 있어야 한다.

(10) 고객과 고객서비스 전략

우리 매장을 주로 이용하는 목표 고객은 누구인지 정의하고, 핵심고객에게 포커스 된 고객서비스 전략을 보여 줄 수 있어야 한다. 베이커리 카페는 넓은 범위의 고객을 포함하기도 하기 때문에 상권과 입지에 따라서도 고객의 범위가 결정될 수 있다. 주로 이용 가능한 고객의 연령대에 따라서도 고객에게 맞는 다양한 서비스 전략들이 제시되어야 한다. 중요한 것은 목표 고객에 대한 고객서비스 전략이 잘 준비가 되지 않는다면 고객의 재방문을 유도하기 어렵다. 사업계획서를 통해 이러한 고객을 정의하고 고객서비스 전략을 제시하여야만 오픈 후 바로 실행할 수 있다.

(11) 소요자금과 지출계획

베이커리 카페를 창업하는 데 많은 자금이 소요될 수 있다. 규모와 유형에 따라 베이커리 파트 주방에 필요한 다양한 시설들이 결정되고, 카페 파트에서도 주요 시설들이 결정되었다면 전체적인 시설 투자에 대한 비용이 정해질 것이다. 콘셉트와 브랜드 전략에 따라서도 디자인과 인테리어에 들어가는 비용은 달라질 수 있다. 규모에 따라 초기에 들어가는 보증금, 월세, 인건비 등 다양한 비용들이 정해진다. 구체적인 항목별 소요자금을 예측하고 이에 따라 구체적인 지출 계획이 제시되어야 한다. 정확한 투자금을 예측하고 자금 사용에 대한 구체적인 내용이 사업계획서에 명확히 보여지는 것은 특히 사업계획서를 통해 의사 결정을 필요로 하는 창업자 자신에게나 투자자들에게도 가장 중요한 자료가 된다.

(12) 예상매출과 수익성 분석

다양한 시장 조사는 오픈 후 예상되는 매출을 측정 가능하게 한다. 매출 예상을 통해 월간 매출과 연간 매출을 예상해 볼 수 있으며, 이를 통해 총 소요되는 예상 지출을 추정하고 수익성을 예상해 볼 수 있다. 이를 통해 1~5년까지의 추정손익계산서를 평가해 보고, 비용과 매출 및 이익 등을 분석하는 것이 매우 중요하다. 이때 투자금에 대한 회수 기간을 예측해 볼 수 있다. 이 내용은 사업타당성을 가늠해 보는 가장 중요한 지표이다.

(13) 운영관리

매장의 오픈 전 준비 사항부터 오픈 후 운영관리까지 포함하는 다양한 내용들이 작성되어야 한다. 오픈 전 준비사항들을 구체적으로 나열하고, 각 준비상황들을 어떻게 준비해 나갈지를 제시하여야 한다. 특히 인테리어 공사 기간에 따라 매장 운영을 위한 준비 시간이 결정된다. 이때 종업원 채용과 교육이 이루어져야 하며, 오픈 전에 필요한 다양한 인허가와 행정사항들을 처리하여야 한다. 사업자등록증과 영업허가증도 이 시기에 준비되어야 한다. 구체적인 매장의 운영관리 계획은 창업자가 사업계획을 얼마나 잘 준비하고 꼼꼼하게 체계적으로 실행해 나갈 수 있는지에 대한 중요한 판단 기준이 될 수 있다.

(14) 오픈준비

오픈준비는 오픈 디데이를 기점으로 90일, 60일, 45일, 30일, 15일, 7일 등에 따라 각 준비 기간별로 오픈 전 준비 내용이 달라진다고 할 수 있다. 인력계획, 상품 생산계획, 물품사입계획, 직원의 기술 및 서비스교육 등이 이 기간에 단계별로 이루어져야 한다. 베이커리 카페 오픈을 주변 고객들에게 사전에 홍보하기 위해 준비하고 실행하여 관심을 유발할 수 있어야 한다. 정식 오픈 30~15일 전부터는 가오픈 기간에 매장을 시험적으로 운영해 보는 계획도 포함되어 있어야 한다. 또한 오픈 당일 이벤트 등의 준비 계획도 포함되어 있어야 한다.

(15) 사업진행 일정표

사업계획의 각 단계별에 따라 구체적으로 세분화하고 이를 일정표에 따라 진행 사항을 체크할 수 있는 구체적인 사업진행 일정표를 작성해야 한다. 사업진행 일정표를 통해 각 단계별로 일정에 따라 준비가 잘 되어 가는지도 확인할 수 있으며, 준비 과정에서 부족한 부분들에 체크해 볼 수도 있다. 사업 진행을 한눈에 확인할 수 있으며, 전체적으로 오픈까지 체계적이고 계획적으로 창업이 준비되는 데 중요한 기능을 하게 된다.

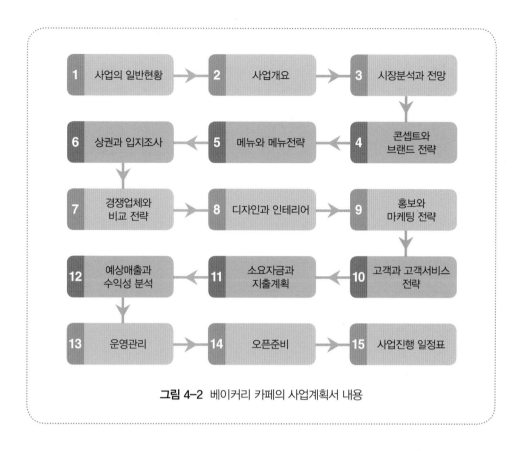

그림 4-2 베이커리 카페의 사업계획서 내용

2) 사업계획서를 통한 사업타당성 분석

(1) 베이커리 카페 창업의 사업타당성 분석

베이커리 카페의 창업을 위한 사업타당성 분석은 베이커리 카페의 규모와 유형에 따라 사업 진행 시 창업자의 사업 목표 달성 여부와 수익성 확보를 통한 사업의 성공 가능성을 미리 예측해 보는 단계이다. 객관적인 자료를 통한 사업타당성 분석을 거치지 않고 사업을 진행한다면, 향후 예측하지 못한 다양한 사업상의 어려움을 겪게 될 수 있다. 베이커리 카페 창업을 위한 사업타당성 분석은 창업자의 역량과 상품성, 시장성, 사업의 장기적인 성장 가능성을 평가해 볼 수 있다. 이 외에도 적정한 투자자금의 평가, 목표로 하는 수익성, 투자금 회수기간, 예상 가능한 매출액, 평균적인 고정비와 변동비의 지출 등을 종합적으로 평가해 볼 수 있다. 사업타당성 분석은 사업계획서를 꼼꼼하게 준비하는 것을 통해서 종합적으로 점검하고 평가할 수 있다.

(2) 사업타당성 분석의 필요성 및 중요성

사업타당성 분석은 창업준비 단계에서 반드시 거쳐야 하는 아주 중요한 부분이다. 사업계획서를 통해 조사한 내용에 대해 객관적, 체계적 분석을 통해 창업 성공률을 높이는 데 사업타당성 분석은 반드시 필요하다. 사업타당성 분석은 치열한 시장 환경의 변화를 예측해 보고, 이에 대한 대비가 가능하도록 만들어 준다. 사업이 진행되는 과정에서 위험 요소들을 평가해 볼 수 있다.

창업자의 사업추진능력, 상품의 생산과 판매에 따르는 기술적인 문제, 시장조사를 통한 판매가능 수요의 예측, 예상되는 매출에 대한 평가, 이를 통한 손익구조의 달성 등을 통해 창업 준비과정에서 부족한 부분들을 평가해 줄 수 있는 것이 바로 사업타당성 분석이라 할 수 있다. 사업타당성 분석은 창업을 실패로부터 지켜줄 수 있는 가장 좋은 장치이며 모든 창업자가 반드시 이 과정을 통해 사업성을 냉정하게 평가해 보아야 한다. 베이커리 카페의 규모가 작은 소규모 창업이어도 필수적으로 사업계획서를 작성해 보고 사업타당성을 종합적으로 검토해 보아야 한다. 사업계획서를 통한 사업타당성 분석은 사업 진행상에서 벌어지는 수많은 시행착오를 줄일 수 있는 방법이다.

사업타당성에 대한 종합적인 분석을 통해 투자금의 회수기간이 길고, 충분한 수익성을 확보하기에 어려움이 있다고 판단이 된다면, 먼저 사업 규모와 유형, 사업의 구조를 다시금 점검하여 수정하는 것이 필요하다. 그래도 사업에 대한 성공 가능성이 낮다면 냉정하게 사업을 포기할 것인지 판단해야 한다. 장기적으로 수익성이 확보되지 못하고 투자금 회수기간이 장기화될 것으로 판단된다면 이 사업은 포기하는 것이 바람직하다.

(3) 사업타당성 분석의 평가와 프로세스

베이커리 카페의 사업타당성을 평가하는 프로세스는 먼저 창업자의 사업수행능력을 평가하여야 한다. 다음으로는 베이커리 카페의 유형에 따른 시장성 분석, 상품과 서비스에 대한 분석, 수익성 분석, 적절한 투자비용 분석 순으로 사업타당성 분석을 진행해야 한다. 다음은 사업타당성 분석 프로세스에 따른 평가항목이다.

① 창업자의 사업수행능력

창업자는 창업을 수행하기에 적절한 역량과 적성이 있는지 평가해 보아야 한다. 특히 베이커리 카페를 창업한다면 베이커리 파트의 기술적 경험과 노하우가 충분히 있는지, 카페 파트의 운영 가능한 경험과 지식을 가지고 있는지 평가해 보아야 한다. 또한 구체적인 사업계획을 체계적으로 진행하는 수행능력이 있는지도 평가해 보아야 한다. 다양한 경험을 통해 매장에 대한 운영관리, 고객에 대한 이해, 서비스 역량, 직원관리 경험, 홍보와 마케팅에 대한 실행 등 다양한 부분을 이해하고 있는지 평가해 보아야 한다. 또한 이를 바탕으로 사업 진행에 있어서 위험을 이겨내고 장기적으로 사업을 수행할 수 있는지에 대한 창업가로서의 경영능력도 평가해 보아야 한다.

② 시장성 분석

베이커리 카페 시장 특성을 이해하고 있고, 시장의 변화와 트렌드를 파악하고 있으며, 다양한 경쟁상황을 분석하고 이에 대해 대응력을 가지고 사업을 수행할 수 있는지 평가해야 한다. 특히 외식시장은 변동성이 크고 경쟁이 치열한 분야이다. 베이커리 카페는 최근 더 많은 경쟁을 요구하고 있다. 시장의 변화에 따른 원가구조의 변화에 대응하고 트렌드 변화에 따른 새로운 상품 개발 등이 가능한지도 중요한 평가 부분이라 할 수 있다. 목표시장과 목표 고객을 명확히 분석하고 고객이 원하는 상품과 서비스의 수준을 제공할 수 있는 역량도 평가해 보아야 한다.

③ 상품성 분석

베이커리 카페 창업은 고객의 냉정한 평가를 받아들여야 하는 시장이다. 상품에 대한 높은 품질과 맛은 고객의 첫번째 평가 대상이 된다. 높은 상품의 질을 유지할 수 있는 기술적인 수준과 경험이 중요하다. 이런 생산 역량을 갖추기 위해서 적절한 시설과 인력을 확보할 수 있어야 한다. 좋은 상품의 유지를 위한 좋은 원재료의 조달도 중요하다. 다양한 상품과 유사제품에 대한 경쟁이 항상 있기 때문에 더 좋은 상품의 질을 유지하고 개발할 수 있는 역량도 중요한 평가 대상이 된다. 베이커리 카페의 상품성은 상품만 국한되지 않으며, 상품뿐만 아니라 서비스의 질도 함께 평가 받기 때문에 그 수준을 함께 평가해 보아야 한다. 상품성 분석에서는 좋은 상품을 만드는 것뿐만 아니라 상품을 판매하기 위한 판매전략과 홍보 마케팅 방법도 함께 평가해 보아야 한다.

④ 경제성 분석

베이커리 카페 창업의 사업타당성 평가에서 가장 중요한 부분은 바로 사업 전체에 대한 수익성을 평가하는 것이다. 경제성의 의미는 수익성분석을 포함하는 것뿐만 아니라 적절한 투자자금과 자금운영계획, 향후 예상 매출 전망, 투자대비 수익률의 전망, 현금 흐름의 전망, 손익분기점, 5년 정도의 추정손익계산 등 다양한 경제성 요소를 평가할 수 있어야 한다. 법인사업자로 사업을 진행한다고 계획한다면 추정재무재표를 통한 검토도 필요하다. 차입금이 있는 경우에는 차입금의 상환 능력도 검토되어야 하며, 특히 사업의 성장 전망이 중요한 부분이 될 수 있다. 사업을 장기적인 관점에서 판단할 수 있어야 하며, 단기적인 수익 전망만 보는 것이 아니라 사업을 장기적으로 끌고 갔을 때 예상되는 모든 부분을 종합적으로 검토하는 경제성 평가가 반드시 이루어져야 한다.

⑤ 위험요소 분석

베이커리 카페의 창업을 준비하고 진행하는 과정에서 다양한 위험 요인들이 있을 수 있다. 이러한 부분들을 사전에 점검하고 이러한 요인들이 사업의 장기적인 전망에 어떻게 영향을 미치는지 평가하는 것이 중요하다. 특히 투자자금의 차입 비중이 높고 적절한 시기에 투자금의 조달이 어렵다면 사업이 중도에 좌초될 수도 있다. 상권과 입지가 주변의 개발 계획 등은 베이커리 카페를 장단기적으로 운영하는 데 제한적인 요인으로 작용할 수 있다. 과도한 시장의 물가상승, 인건비 상승, 임대료 상승 등은 장기적인 상품판매에도 영향을 미칠 수 있다. 아이템이 트렌드에 민감한 상품이라면 경우 지나친 시장경쟁 때문에 어려움이 있을 수도 있다. 정부의 정책 변화나 경기악화로 인한 소비심리 위축도 위험요인이 될 수 있다. 다양한 위험요인을 평가하고 예측하는 것은 장기적인 사업의 타당성을 분석하고 예측해 보는 데 매우 중요한 부분이다.

3) 사업계획서 작성 시 유의사항

사업계획서 작성에 있어서 몇 가지 유의사항에 대해 검토해 볼 필요가 있다. 사업계획서는 객관적이고 정확한 자료를 통해 사업이 체계적이로 진행될 수 있도록 하는 중요한 요소이기도 하지만 사업 성공 가능성을 예측해 볼 수 있는 자료이기도 하다. 사업계획서를 체계적으로 준비하여 지나친 낙관론은 피하고 사업 계획을 냉정하게 평가할 수 있어야 한다.

① 사업계획서는 사실에 근거하여 객관성 있게 작성해야 한다. 사업계획의 내용을 과대 포장하거나 창업자의 주관적인 판단이 지나치게 들어간다면 사업성을 올바르게 평가하는 데 문제가 된다. 또한 무리하게 사업을 추진하여 진행한다면 사업 진행과정에서 생기는 다양한 어려움에 대처능력이 떨어지게 된다. 또한 시장성과 사업성을 너무 과대 포장하게 된다면, 사업을 평가하는 투자자나 금융기관 등으로부터 신뢰를 얻는 데도 문제가 생길 수 있다. 사업계획서는 창업자의 이익실현이 중요한 목적이기는 하지만, 자칫 잘못하여 지나친 사업 성과에 대한 낙관론은 현실에서 어려움을 초래하고 사업의 실패에 이르게 할 수 있다는 점을 명심하여야 한다.

② 시장상황을 지나치게 낙관론으로 보아서도 안 된다. 지금 유행하는 아이템이 지속적으로 유행하리라는 근거는 없다. 특히 트렌드한 아이템을 따라가는 것은 매우 위험한 일을 초래할 수 있다. 특히 젊은 소비자들을 주 고객으로 하는 베이커리 카페 사업계획의 경우 특히 이 부분을 신중히 검토하여야 한다. 시장의 다양한 부분에 대한 사업성 검토를 통해 베이커리 카페가 대중적이며 장기적인 관점에서 고객들에게 좋은 상품과 서비스가 제공될 수 있는 사업으로 설계되는 것이 중요하다. 경쟁점포 조사에서 경쟁점포를 과소평가해서는 안 된다. 경쟁자의 특장점과 단점을 객관적인 자료를 통해 올바르게 평가하고 거기에 맞는 사업 전략을 세워야 한다. 특히 상품의 질과 가격경쟁력, 판매수익, 판매량, 시장점유율, 고객평가 등을 예측할 때는 지나치게 낙관적인 자세로 임해서는 안 되며 예상되는 경쟁관계에서 우위를 점할 수 있는 상품과 서비스 전략을 사업계획서에 담고 있어야 한다.

③ 사업계획서를 통해 투자대비 수익성분석을 통한 종합적인 경제성 평가가 이루어진다. 이때 사업투자를 원활하게 받기 위해 수익성 실현이 가능한 것처럼 무리하게 부풀려 보여준다거나, 매출을 과대하게 포장하는 것은 사업계획서의 신뢰성을 떨어뜨리고, 향후 사업의 진행 시에도 다양한 문제들을 초래할 수 있는 출발점이 된다. 경제성을 평가를 통해 손익분석, 예상매출, 사업성장성 등의 다양한 요소들은 정확한 숫자를 통해 객관적이고 보수적으로 보여줄 필요가 있다. 사업투자에 대한 자금조달 운용계획은 정확하고 실현 가능해야 한다. 자금운용에 차질이 생기면 사업 진행에 큰 영향을 줄 수밖에 없고 잘못되는 경우는 큰 위험을 초래할 수 있다. 다양하게 예상되는 위험요인을 예방하기 위해서는 정확한 사전조사를 통해 소요자본이나 운영비를 정확히 예측하여 사업계획서를 작성하는 것이 중요하다.

표 4-1 가장 기본적인 사업계획서의 양식

회사 개요	업체명		창업(예정)일	
	종업원		자본금	
	업태		종목	
	사업장 주소		전화번호	
대표자	성명		주민등록번호	
	자택주소		전화번호	
	학력 및 경력			
사업 개요	사업동기			
	업종 선택 이유			
	사업 목표			
	사업진행계획			
상권 입지	점포선택 및 선택이유			
	경쟁점포 분석			
	경쟁점포 분석			

인력 계획	종업원 현황 및 채용계획	
	담당직무기술	
	교육훈련 계획	
상품 분석	디자인 및 형태	
	경쟁상품과의 차별화	
생산 계획	생산시설 현황	
	생산공법 및 생산공정	
	식재료의 조달 및 생산 계획	
판매 계획	경쟁력 분석	
	판매전략 목표	
	마케팅 전략	
재무 계획	예상 매출	
	예상 지출	
	수익성 분석	
	손익분기점 분석	
자금 계획	예상 투자자금	
	예상 자금사용 계획	
	자금 조달 및 상환 계획	

〈자료: 창업다이어리, 소상공인진흥원〉

제 2 절 창업자금 조달

베이커리 카페 창업을 계획하고 사업을 추진하는 단계에서 창업 자금의 확보는 사업 진행을 위해 필수불가결한 가장 중요한 부분이다. 자신이 창업자금을 전부 조달할 수 있다면 좋겠지만, 부족한 창업자금을 조달하기 위해서는 투자자를 구해야 한다. 가족이나 주변 지인, 금융기관으로부터 가능하겠지만, 금융기관의 경우 본인의 신용도나 사업진행 여부 등 까다로운 심사를 통해 사업자금을 받아야 하기 때문에 특히 젊은 청년 창업자들에게는 현실적인 어려움이 있을 수도 있다. 투자금을 유치하는 가장 현실적이고 좋은 방법은 정부의 다양한 기관에서 진행하는 창업자금을 지원받는 방법이 있다. 이때는 정부의 지원을 통해 낮은 금리로도 창업자금을 빌릴 수 있기 때문에 초기 창업자들에게 아주 유용한 투자자금 조달 방법이다.

❶ 자금계획

베이커리 카페 창업을 위한 자금계획은 언제부터 어떻게 수립하는 것이 좋을까? 창업자가 충분한 자금준비를 하지 않은 채 주변의 지인에게 차입을 하거나 가족에게 도움을 요청한다. 이후에도 부족한 자금이 생기면 은행이나 창업지원기관의 지원자금을 대출받아서 힘겹게 창업을 한다. 이렇게 창업을 주변으로부터 빌려 창업을 하게 된다면 어떤 결과를 낳게 될까? 다행히 사업이 정상적으로 진행이 된다면 문제가 없겠지만 그렇지 않다면 엄청난 큰 고통의 시간이 다가올 수도 있다. 차입금은 최대한 낮추고 자신의 자본을 사전에 준비하는 철저한 창업자금계획을 통해 창업을 준비하는 것이 바람직하다.

1) 자금계획 시 고려사항

창업을 위해 필요한 자금을 계획할 때는 반드시 다음과 같은 사항을 고려해야 한다.

① 투자금의 대부분을 자기 자금으로 준비한다. 100% 자기 자금으로 창업하는 것이 어렵다면 차입금이 20% 이상 되는 것은 피해야 한다.

② 예비비는 카페 창업 후 3~6개월간의 운영경비를 확보해야 한다. 창업 후 손익분기점에 도달하는 시기는 천차만별이다. 최소 3개월에서 최장 1년 또는 2년의 세월이 걸릴 수도 있다. 평균적으로 3~6개월은 걸린다고 추정한다. 운영자금이 부족해서 성공가능성이 있는 사업을 창업하고도 사업이 정상적으로 성장하지도 못한 채 조기에 폐업을 해야 하는 상황은 없어야 한다.

③ 창업 이후 마케팅 비용을 고려한다. 창업을 준비하는 과정에서 창업자들은 준비한 투자금을 모두 소진하고 창업 후 광고, 홍보, 할인행사와 같은 마케팅을 위한 자금이 부족하여 어려움을 겪는 경우가 많다. 이를 고려한 자금 계획이 필요하다.

④ 높은 이자의 차입금은 절대로 이용하지 말아야 한다. 급전이 필요하다고 금리가 높은 금융기관에서 차입금을 들여온다면 더 큰 피해를 당하게 될 수 있다.

❷ 창업 자금조달

베이커리 카페 창업에 소요될 창업투자비를 추정하였다면 자금을 조달해야 한다. 자금을 조달하는 방법은 크게 자기자본으로 창업 자금을 마련하는 방법과 조달자본으로 창업자금을 확보하는 방법이 있다. 자기자본으로 조달하는 경우는 창업자가 직접 자금을 조달하는 방법과 투자자를 모집하는 방법이 있다. 자기자본은 이익이 발생하는 경우 수익금에 대해 내부 배당압력을 받을 가능성이 높지만 차입금 등의 이자비용에 따른 추가비용이 발생하지 않는 장점이 있다. 반면, 타인자본의 경우 수익금에 따른 배당압력은 없지만 이자비용이 발생하는 단점이 있다.

자금을 조달하는 경우 사업자는 가능한 한 자기자금의 비율을 높이는 것이 안정적인 창업을 만들 수 있으며 최소한 80% 이상의 자기자본으로 창업하는 것이 좋다. 베이커리 카페 창업의 자금조달 시 다음과 같은 요소를 고려해야 한다. 먼저 자본비용이다. 차입금 중 은행에서 대출을 받는 경우는 초기창업자에 대한 정부의 금리 혜택이 있는 창업자금을 받는 것이 좋으며, 상환기간이 장기인 대출을 통해 자금을 조달하는 것이 안전하다. 단기간에 상환해야 하는 차입금의 경우 자금압박을 초래하기 때문에 안정적을 창업을 만들어 나가기 어렵다.

① 자기자본: 창업자 본인의 자금으로 추가 비용이 들지 않음
② 조달자본: 외부에서 조달하는 자금으로 추가적인 비용을 지불함
③ 운전자금: 임대료 및 관리비 재료 및 물품 구입비, 인건비, 기타 경비, 지급이자 (금융비 등)
④ 시설자금: 임대보증금, 사무집기, 비품비 가맹비, 인테리어 공사비, 권리금, 비 및 시설자금

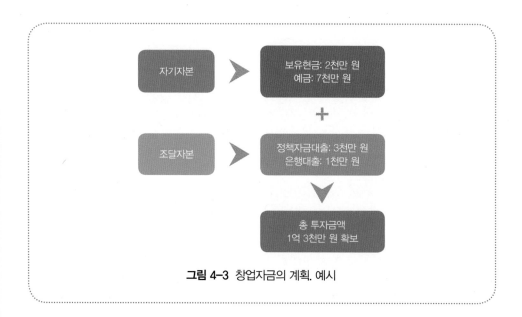

그림 4-3 창업자금의 계획. 예시

❸ 창업자를 위한 창업지원금

1) 창업자금 조달방법

창업과정에서 부족한 자금을 정부에서 진행하는 창업자금 지원 프로그램을 통해 도움을 받는 것도 한 방법이다. 베이커리 카페의 경우 일반적으로 소상공인진흥공단의 소상공인정책자금(ols.sbiz.or.k)에서 진행하는 다양한 소상공인 창업지원 자금을 확인하고 창업자에게 적합한 지원금을 신청하면 된다. 베이커리 카페 창업 시에는 다양한 장비와 시설이 들어가게 되므로 신사업창업사관학교 연계자금, 소상공인 특화자금, 성장촉진자금, 일반자금 등을 통해 창업진행에 활용할 수 있다. 청년의 경우는 청년고용연계 자금을 통해 창업지원금을 받는 방법이 있다. 이러한 창업지원금은 창업 후 초기에 시설 확장 등 운영관리에 필요한 자금으로도 신청이 가능하기 때문에 상황에 맞게끔 신청하여 활용할 수 있다. 또한 각 지자체별로도 다양한 소상공인 지원 자금을 운영하고 있기 때문에 각 지자체 홈페이지를 통해 지역 소상공인 지원 프로그램을 확인할 수 있다. 코로나 이후 매년 정부 정책자금에 대한 내용과 운영, 대출 금리 등이 조금씩 달라지므로 소상공인진흥공단 홈페이지를 통해 꼼꼼히 확인하는 것이 필요하다.

2) 소상공인진흥공단의 소상공인 정책자금

(1) 소상공인 정책자금

소상공인 정책자금의 경우 직접대출과 대리대출로 구분된다. 소상공인진흥공단 홈페이지를 통해 정책자금별로 신청 가능여부를 확인할 수 있으며 온라인으로 간편 서류 제출을 통해서 대상자 여부 및 신청에 대한 절차를 밟을 수 있다. 작게는 2,000만 원 많게는 2억 원에 달하는 소상공인 정책자금 신청이 가능하다. 대출지원 제도에 따라서 금리는 상이할 수 있으나 금융권보다는 훨씬 더 낮은 금리로 대출이 가능하다.

직접대출으로 지원하는 경우 소공인특화자금(제조업을 영위하는 10인 미만의 소상공인), 성장촉진자금 (업력이 3년 이상, 자동화설비를 도입 혹은 운영하고자 하는 인원) 등 여성/ 창업초기/사업전환 대출 등 다양한 서비스들을 제공하고 있다.

정책자금대출은 낮은 금리로 높은 한도로 정부지원 대출을 신청할 수 있다. 정부에서 지원하는 자금인 만큼 자금이 소진된다면 조기 마감될 수 있다. 소상공인 정책자금 대출은 여러 가지 종류가 있으며 일반경영 안정자금, 긴급경영 안정자금, 위기지역 지원자금, 성장촉진자금, 청년 고용연계자금 등을 받을 수 있다. 정책자금의 종류마다 신청할 수 있는 자격조건과 금리와 한도가 다르게 측정된다. 대부분 연초에 신청을 받기 때문에 소상공인진흥공단 홈페이지를 통해 확인하여 신청하면 된다. 대리대출의 경우는 분기별로 신청을 받으며, 자금 소진 시 신청이 어렵다.

(2) 소상공인 정책자금 대상

베이커리 카페를 창업한다면 소상공인 정책자금 대상의 경우 공통 지원자격으로는 상시근로자 5인 미만 업체의 소상공인 혹은 제조업으로 분류된 경우 상시근로자 10인 미만인 경우 정책자금을 받을 수 있다. 소상공인 정책자금 대출 지원제도별로 대상자 및 기준이 다르기 때문에 소상공인진흥공단 홈페이지에 가입 후 자신에게 맞는 정책자금을 확인할 수 있다. 창업자금의 경우는 최근에 창업 후 매출이 발생해야 신청 대상이 되는 경우가 있으므로 사전에 잘 확인해 볼 필요가 있다. 창업 소상공인은 신사업창업사관학교 연계자금을 통해 정책자금 신청이 가능한데 반드시 창업사관학교를 졸업해야 한다.

표 4-2 2023년 소상공인 정책자금과 지원절차

구분	자금명	대상	대출금리	대출한도
직접대출	소공인특화자금	제조업 영위 소공인	기준+0.6%p(변동)	1억 원 (시설 5억 원)
	성장촉진자금	자동화설비 도입(예정) 업력 3년 이상 소상인	기준+0.4%p(변동)	2억 원
	소상공인 · 전통시장자금	저신용(744점 이하) 소상공인	2.0%p(고정)	3천만 원
	신사업창업사관학교 연계자금	사관학교 졸업 1년 이내 창업 소상공인	기준+0.6%p(변동)	1억 원
대리대출	일반자금	업력 3년 미만 소상공인	기준+0.6%p(변동)	7천만 원
	성장촉진자금	업력 3년 이상 소상인	기준+0.4%p(변동)	1억 원
	장애인기업 지원자금	장애인기업	2.0%p(고정)	1억 원
	위기지역 지원자금	고용 · 산업위기지역 소상공인	2.0%p(고정)	7천만 원
	긴급경영 안정자금	재화확인증 발급받은 소상공인	2.0%p(고정)	7천만 원
	청년 고용연계자금	업력 3년 미만 청년대 표 또는 청년고용 소상 공인	2.0%p(고정)	7천만 원

지원절차	지원절차		신청접수	대출(보증)심사	대출실행
	직접대출	신용대출	지원대상 여부 판단 (공단) ⇨	신용 · 사업성 평가 (공단) ⇨	대출(공단)
	대리대출	보증부대출	⇨	신용 · 사업성 평가 후 보증서 발급(보증기관) ⇨	대출 (금융기관)
		신용 · 담보부 대출	⇨	신용 · 담보 평가 (금융기관) ⇨	

〈자료: 소상공인진흥공단 소상공인 정책자금 홈페이지〉

베이커리 카페 창업과 경영

제5장

상권과 입지

전통적인 방법의 상권과 입지 조사 방법에서 탈피해서
더 광범위한 방법의 조사를 통해 상권과 입지 전략을
검토해야 하는 방향으로 바뀌었다고 할 수 있다.

제1절 상권과 입지의 이해와 분류

❶ 상권과 입지의 이해

1) 상권과 입지의 변화

현재의 상권과 입지의 조사는 과거의 전통적인 상권과 입지 분석방법에서 벗어나 다양한 부분을 종합적으로 검토하고 고민하여 결정해야 하는 시대로 바뀌었다고할 수 있다. 최근에는 라이프스타일과 소비 행태의 변화로 인해 소비자의 의사결정에 영향을 미치는 요소들이 매우 다양해졌으며, 생활 안에서의 기술적인 진보는 우리에게 다양한 선호와 선택이 가능하도록 만들었다. 내비게이션과 네이버나 카카오지도 앱의 활용이 활발해지고, 모바일과 SNS을 통한 다양한 정보 검색은 전국 어떤 곳이든지 찾아갈 수 있는 환경을 만들었다. SNS와 온라인을 활용한 다양한 마케팅 기법이 활용되면서 소비자의 선택 범위 또한 훨씬 더 광범위해졌다고 할 수 있다. 이러한 변화는 전통적인 상권과 입지의 분석 방법에도 큰 영향을 미쳤으며, 때로는 기존의 상권과 입지 전략이 의미가 없는 경우도 많아졌다. 특히 베이커리 카페의 경우는 이러한 전통적인 방법의 상권과 입지 조사 방법에서 탈피해서 더 광범위한 방법의 조사를 통해 상권과 입지 전략을 검토해야 하는 방향으로 바뀌었다고 할수 있다.

베이커리 카페 창업의 경우는 베이커리 카페의 유형과 규모, 주요 목표고객, 운영방법에 따라 전통적인 상권과 입지가 아직도 유효하다고 할 수 있다. 특히 베이커리의 기능이 얼마나 강한가에 따라서 상권과 입지의 다양한 조사와 고려를 통해충분히 의미 있는 선택을 할 수 있다. 그렇지만 최근의 베이커리 카페의 다양한 성공 사례를 분석해 보면 꼭 상권이 형성되어 있지 않더라도 어떤 입지에 들어가는가에 따라서 베이커리 카페의 성공이 가능한 곳들이 많아지고 있다. 이처럼 과거와는비교할 수 없는 좀 더 광범위한 지역적 범위와 특수한 여러 가지 조건들이 베이커리카페의 성공요인이 되기도 한다. 베이커리 카페 창업을 준비할 때 상권과 입지에 관

Bakery Cafe Start-up and Management

한 다양한 조건을 검토해 보아야 하며, 베이커리 카페가 가지고 있는 콘셉트와 브랜드의 특성에 따라 어떤 지역에서 어떤 고객에게 더욱 매력적으로 다가갈지를 고민해보고 상권과 입지를 선택해야 한다.

2) 상권의 정의

상권은 상품과 서비스가 판매가능한 지역범위로서 점포들이 서로 연계성을 가지고 모여 있는 지리적 범위를 상권이라고 한다. 상권은 내포하고 있는 상권의 특성에 따라 분류하기고 한다. 상권이 형성되는 지역의 기능적인 부분이 될 수도 있다. 이런 경우는 교통의 편의성에 의해 형성되는 경우를 포함한다. 또한 그 지역을 형성하는 연령대와 유동인구 특성에 따라서도 분류될 수도 있다. 학생들이 많이 분포하는지, 회사원들이 많이 분포하는지, 또는 쇼핑하러 오는 사람들이 많이 분포하는지 등에 따라서도 달라지기도 한다. 역세상권, 아파트 상권, 오피스 상권, 주택가 상권 등 전통적으로 주거나 교통을 중심으로 하여 인구가 분포하는 범위를 기준으로 한 상권이 일반적인 상권이나, 최근에는 학원가 상권, 쇼핑 상권, 먹자골목 상권, 문화관광 상권 등 최근의 소비형태에 따라서 형성되는 특수상권도 존재한다. 그렇지만 최근의 특수상권을 장기간에 걸쳐 살펴 보면 상권이 형성되면 이런 상권들은 상권의 수명주기가 뚜렷이 나타나는 것을 많이 보게 된다.

3) 입지의 정의

입지는 상품과 서비스를 판매하기 위한 적합한 가게의 위치이며, 우리의 상품과 서비스를 판매하는 곳이기도 하다. 입지는 고객으로부터 소비가 이루어지는 곳이기도 하다. 올바른 입지 선택은 매우 중요한 창업의 요소가 된다. 베이커리 카페의 입지에 따라 매출에 많은 영향을 줄 수 있기 때문이다. 어떤 입지에 들어가는가에 따라 베이커리 카페는 많은 경쟁자들을 주변에 포함할 수 있고, 때로는 전혀 주변에 경쟁자가 없는 상황을 만들기도 한다. 최근은 너무나 다양한 곳의 입지에 다양한 콘셉트로 창업하는 베이커리 카페를 보게 된다. 이러한 선택은 인터넷을 통한 다양한 정보의 활용, 교통수단과 교통망의 발전이 고객들의 다양한 선택을 가능하게 만

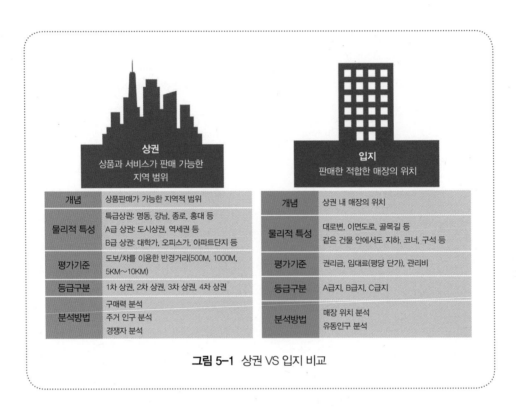

든 부분 때문이라 할 수 있다. 또한 홍보와 마케팅의 다양한 발전은 고객들에게 더 많은 정보를 더 빨리 전달하게 만들었다. 이러한 요인들이 과거 입지가 가지고 있던 제한점들을 충분히 극복하게 만들었다.

개념	상품판매가 가능한 지역적 범위
물리적 특성	특급상권: 명동, 강남, 종로, 홍대 등 A급 상권: 도시상권, 역세권 등 B급 상권: 대학가, 오피스가, 아파트단지 등
평가기준	도보/차를 이용한 반경거리(500M, 1000M, 5KM~10KM)
등급구분	1차 상권, 2차 상권, 3차 상권, 4차 상권
분석방법	구매력 분석 주거 인구 분석 경쟁자 분석

상권
상품과 서비스가 판매 가능한 지역 범위

개념	상권 내 매장의 위치
물리적 특성	대로변, 이면도로, 골목길 등 같은 건물 안에서도 지하, 코너, 구석 등
평가기준	권리금, 임대료(평당 단가), 관리비
등급구분	A급지, B급지, C급지
분석방법	매장 위치 분석 유동인구 분석

입지
판매한 적합한 매장의 위치

그림 5-1 상권 VS 입지 비교

4) 상권과 입지의 조사의 중요성

베이커리 카페 창업을 성공적으로 하기 위해서는 창업 준비 시기부터 상권과 입지에 대한 이해와 개념을 명확히 알 필요가 있다. 상권과 입지에 대한 철저한 조사를 통해 분석하는 목적은 창업의 성공을 만들어 내는 가장 첫 번째 단추가 될 수 있다. 좋은 아이디어로 콘셉트와 브랜드를 잘 만들었다고 하더라도 창업 초기에 콘셉트에 맞는 적절한 고객들을 유치하지 못한다면 사업을 정상 궤도로 올려 놓기가 너무나 어려운 상황이 되기 때문이다. 지금은 다양한 홍보와 마케팅 수단을 활용하면 이런 부분들을 개선시켜 나갈 수 있지만, 그렇더라도 기본적으로 베이커리 카페는 상권과 입지의 여러 가지 부분들에 영향을 받지 않을 수 없기 때문이다. 상권과 입지 선택을 위한 프로세스를 명확히 이해하고 철저한 상권과 입지 조사를 통해 최종적으로 베이커리 카페의 콘셉트와 특성에 맞게 상권과 입지를 선정하여야 한다. 또한 철저한 상권과 입지 조사 분석은 창업 후 발생할 수 있는 매출과 수익성을 추정해 볼 수 있는 중요한 자료이기도 하다. 또한 그 상권이 향후 어떠한 방향으로 변화되고 바뀔지에 대한 부분도 매우 중요하다. 상권이 계속해서 팽창한다면 더없이 좋은 곳이 되겠지만 계속해서 유입인구가 줄고 쇠락하고 있다면 신중하게 고려해 보아야 할 것이다. 또한 최종적으로 입지를 선택함에 있어서도 입지가 가지고 있는 장단점들을 비교하여 최종적으로 신중하게 선택해야지만 미처 예상하지 못한 어려움으로부터 사업을 보호할 수 있다. 그래서 상권과 입지 조사는 시간을 두고 다양한 부분을 검토하여 신중하게 결정하여야 한다. 상권과 입지를 조사하는 가장 큰 목적은 사업계획을 종합적으로 검토하는 단계에서 사업타당성을 분석하는 데 매우 중요한 요인으로 작용하기 때문이다.

❷ 상권과 입지의 조사목적

(1) 투자금액 예측

상권과 입지에 따라 창업 투자금액이 결정된다고 할 수 있다. 특히 입지는 창업 시에 가장 많은 비용이 투자될 수 있는 부분이므로 상권과 입지에 대한 다양한 조사와 분석을 통해 예상 투자 비용을 산출해 볼 수 있다. 만약 창업준비를 위한 비용 예산이 어느 정도 정해져 있다면, 상권과 입지를 계획한 비용에 맞추어 찾아보는 것도 방법이 될 수 있다.

(2) 베이커리 카페의 유형

어떠한 콘셉트를 가졌는가에 따라서, 또 어떤 유형의 베이커리 카페를 운영할지에 따라서도 상권과 입지는 달라질 수 있다. 베이커리 카페의 유형과 방향성은 적절한 상권과 입지를 찾고 결정하는 데 영향을 미치게 된다. 또한 베이커리 카페가 가지고 있는 특성에 따라서도 선택이 달라질 수 있다. 베이커리 카페의 상품과 서비스의 객단가에 따라서도 적절한 상권과 입지가 고려될 수 있다. 그 지역 상권 고객들의 소비성향에 따라서도 고객의 저항이 생길 수 있기 때문에 상권과 입지를 고려할 때 이런 점도 고민해 봐야 한다.

(3) 부동산 계약

상권과 입지 조사는 최종적으로 부동산 임대차 계약을 진행할 때 그 적정성을 판단하기 위해서도 매우 중요한 역할을 한다. 해당 부동산의 권리금과 임차보증금, 임대료, 관리비 등이 적절한지를 판단할 수 있다. 창업자가 가진 예산의 범위에서도 판단할 수 있고, 창업자가 반드시 원하는 위치가 있다면 주변의 다양한 부동산 임차 물건의 조사를 통해서 비교가 가능하다. 상권과 입지에 대한 다양한 조사와 분석은 때로는 창업자가 원하는 좋은 계약 조건을 임대인과의 협상을 통해서도 만들 수가 있다. 특히 권리금의 타당성은 매우 정하기가 어렵다. 그렇지만 주변 입지에서 비슷한 조건의 다양한 임차 물건들을 비교하여 조사해 본다면 어느 정도 합당한 금액을 찾을 수 있다.

(4) 사업성 분석

상권과 입지를 조사하는 가장 중요한 목적은 사업성 분석이라 할 수 있다. 상권과 입지에 따라 예상되는 매출액을 추정해 볼 수 있다. 입지가 가진 특성과 특수성에 따라서 베이커리 카페를 어떤 유형으로 창업할지 결정할 수 있고, 특히 이때 어떠한 상품과 서비스를 구성하여 고객에게 전달하는가에 따라서도 매출은 달라질 수 있다. 예상 매출 추정을 통해 투자하는 자금 규모와 비교하여 수익성을 분석할 수 있으며, 이러한 추정 가능한 자료를 종합하여 최종적으로 사업타당성을 예측해 볼 수 있다.

(5) 운영관리

베이커리 카페의 상권과 입지를 고려할 때 최근에 매우 중요한 것은 주변에서 적절한 인력 채용을 할 수 있느냐는 것이다. 최근에는 교외지역이나 문화관광지 주변에 창업하는 베이커리 카페가 늘어나고 있는 상황이다. 이때 베이커리 카페는 전문성을 갖춘 파티시에나 바리스타를 채용하는 데 있어서 어려움을 겪는 경우를 많이 보게 된다. 창업자가 직접 이 역할을 수행하여 소규모 창업을 준비한다면 문제가 없겠지만 규모가 큰 대형 베이커리 카페를 준비한다면 지역적 특성에 따라서 교통 편의성을 제공하거나 기숙사 등이 필요할 수 있다.

(6) 목표고객

베이커리 카페를 창업하는 데 있어서 우리 매장이 보유한 상품과 서비스의 특성에 따라 목표고객이 정해진다. 이때 우리 매장을 이용하고 충성고객을 많이 확보해 나갈 수 있는 충분한 상권과 입지인지를 조사하는 것도 중요하다. 상권과 입지에 맞는 목표 고객이 주변에 많이 분포하고 있다면, 이러한 목표고객의 분포는 홍보와 마케팅 방법을 결정하는 데도 영향을 미치게 된다. 유동인구가 풍부하다고 해서 반드시 좋은 상권이나 입지가 되는 것은 아니다. 유동인구가 머물지 않고 빠져나간다면 신중히 고민해 볼 수 있을 것이다. 상권과 입지에 분포하는 고객이 어떠한 소비 성향인지도 중요하다. 평균적으로 지출하는 소비금액에 따라서도 객단가에 영향을 받기 때문에 상권과 입지 조사에 있어서는 이곳에 분포하는 고객의 소비 특성을 명확히 함께 분석하는 것이 중요하다.

(7) 접근과 이용의 편의성

최근에는 많은 고객들이 다양한 교통수단을 통해서 매장을 찾아온다. 이때 대중교통 수단을 이용한 접근이든 자가 교통수단을 이용한 접근이든 매장이 가지고 있는 특성에 따라 다양한 고객들이 우리 매장을 어떻게 이용하게 될지가 정해진다. 매장이 교외에 위치한다면 주차를 매우 고민해야 한다. 대형 베이커리 카페를 계획한다면 주차는 더더욱 중요해진다. 고객은 주차가 불편하거나 접근성이 어렵다고 느껴지면 다시는 방문하지 않겠다고 결정할 수 있다. 시내에 위치하고 있다면 대중교통 이용 시 편의성이 장기적인 매장의 성패에 영향을 주게 된다. 걸어서 이동하는 시간이 많이 걸린다면 처음 방문이 만족스러웠어도 다음 번 방문을 어렵게 만들 수 있다. 상권과 입지를 조사할 때는 접근과 이용의 편의성도 고민하여 결정해야 한다.

(8) 상권의 변화

상권과 입지 조사 시 주변에 개발 계획이 있는지 사전에 잘 살펴보는 것이 매우 중요하다. 매장을 오픈한 후 주변에 대규모 개발 계획으로 주거 인구가 대량으로 빠져 나간다면 개발 계획이 끝나는 수년간 영업에 많은 타격을 입을 수 있다. 좋은 입지라 생각하고 계약하여 매장을 오픈했는데 옆건물이나 앞건물이 헐리고 신축을 하게 되는 경우도 있을 수 있다. 베이커리 카페를 운영해야 한다면 이런 상황은 매출에 장기적으로 어려움을 줄 수 있기 때문에 반드시 상권과 입지 조사 시 이런 부분들도 주변 탐색 조사를 통해 꼼꼼히 체크해 봐야 한다. 물론 반대로 장기적으로 상권이 팽창할 수 있는 여러 요건들도 있을 수 있다. 지역의 새로운 변화들이 유입 인구를 증가시키는 경우들도 많이 있기 때문에 상권과 입지를 분석할 때 이런 다양한 부분에 대한 조사가 필요하다.

❸ 상권과 입지의 분류

상권과 입지를 조사하고 분석하는 데 있어서 상권과 입지가 가지는 특성을 파악하고 분류방법을 이해할 필요가 있다. 베이커리 카페의 상권과 입지 분류 방법에 따라서 창업자가 얻고자 하는 상권과 입지 정보를 명확하게 파악할 수 있으며, 이러한 조사를 통해 얻은 정보로 그 상권과 입지가 가지는 특성을 쉽게 파악할 수 있다.

1) 베이커리 카페의 상권 분류

상권은 구매능력을 지닌 고객의 수요가 분포하고 있는 공간으로 정의할 수 있다. 과거의 전통적인 상권 분류에 따라서는 상권 내 발생하는 매출액의 비율과 거리에 따라 상권의 분류가 가능했다. 그렇지만 최근에는 자가 교통수단의 이용빈도가 높아지고 라이프스타일의 변화로 인한 외식의 형태들이 다양화하고 변화하면서 그 의미가 크게 적용되지 않는 상권도 있다. 고객의 이동거리와 분포에 따른 상권 분류와 상권이 가지고 있는 형태와 특성에 따른 분류 방법으로 나누어 상권을 정의해 볼 수 있다.

(1) 상권의 형태에 따른 분류

① 역세권

전철역 주변으로 대중교통을 이용하는 유동인구가 많은 상권으로 풍부한 유동인구를 보유하고 있는 상권이다. 그렇지만 유동인구가 많다고 하더라도 대부분 대중교통을 이용하는 고객이 환승하거나 교차하는 곳이라면 이 상권은 매력이 없을 수도 있다. 또한 출퇴근 시간에만 유동인구가 많이 분포하는 경우도 있다. 반드시 역세권이라고 해서 유동인구가 풍부하지는 않은 곳도 많다. 역세권은 상권 조사 시 유동인구가 그 지역을 중심으로 어떻게 흘러가고 있는지를 잘 살펴볼 필요가 있다. 가장 좋은 역세권은 역세권을 중심으로 지상에서 활동하는 유동인구가 많은 곳이다. 역세권에 분포하는 고객에 따라 베이커리 카페의 형태와 유형에 따라 매출의 차이가 달라질 수 있다.

② 주택가 상권

주택가는 유동인구보다는 단골 고객과 지역주민을 주로 상대하므로 그 지역의 인구분포와 그 지역의 고객들의 소비행태를 충분히 분석하는 것이 필요하다. 그 지역의 생활수준 및 경제능력을 파악한 뒤 그에 맞추어 베이커리 카페의 유형을 선택해야 한다. 최근에는 생활수준에 따른 소득이 상관 없으며, 상권의 특성을 잘 이용하여 창업을 성공적으로 만들어가고 있는 베이커리 카페들이 있기 때문에 현재 상권이 가지고 있는 생활 수준과 소비 행태는 절대적인 요소라고 할 수 없다.

③ 대학가 상권

전통적으로 상권과 입지 분석에 있어서 업종에 영향을 많이 받는 상권이다. 대학가 상권은 도심부에 있느냐 외곽에 있는가에 따라서도 많은 영향을 받게 된다. 대학가 주변은 고객 대부분이 학생이므로 가격에 민감하다고 할 수 있다. 특히 대학가 상권은 방학 때 매출에 아주 큰 영향을 받게 된다. 대학가 상권을 고려해야 한다면 방학이나 주말에도 어느 정도 유입되는 유동인구가 있는지를 파악해야 하며, 적절한 소비 패턴 분석을 통해 매장 이용 시 합리적인 객단가를 만들 수 있도록 고려하여야 한다. 최근에는 대학생들이 학교 앞에 매장을 이용하기보다는 다양한 곳으로 이동하여 소비하는 패턴이 늘어나고 있어서 최근 대학가 상권은 많은 고민을 해 봐야 하는 상권이다. 특히 스쿨버스를 통해 이동하는 학생이 많다면 더 신중히 고려해야 한다.

④ 아파트 상권

아파트단지를 중심으로 하는 상권은 다양한 소비가 이루어지는 풍부한 유동인구를 가지고 있는 상권이라 할 수 있다. 특히 요즘 새로 생기는 신도시는 주변에 적게는 몇천 세대에서 많게는 2만 세대까지를 품는 상권을 형성한다. 신도시는 상가지구를 중심으로 아파트가 반원형으로 분포하거나, 대단위 아파트 중심에 편의시설 등 중심상권을 포함하는 단지가 형성된다. 이 중심상권은 안에는 교통, 학원, 다양한 편의시설을 포함하기 때문에 자연스럽게 풍부한 유동인구가 형성된다.

⑤ 오피스 상권

사무실이 밀집한 상권을 오피스 상권이라 말한다. 상권과 입지 선택에 있어서 최근 가장 신중하게 고려하여야 할 상권이 되었다. 오피스 상권은 직장인의 라이프스타일의 변화에 따라 많은 변화를 해 왔다고 할 수 있다. 베이커리 카페를 오피스 상권에 창업해야 한다면 철저한 시장 조사를 통해 상품과 서비스를 기획하여야 한다. 특히 베이커리 상품은 맛과 유행에 민감하기 때문에 콘셉트가 매우 중요하게 영향을 미친다고 할 수 있다. 직장인들은 적극적인 소비성향이 있으므로 객단가가 있더라도 매장의 특징이 분명하다면 얼마든지 충성고객이 될 수 있다. 오피스 상권에서 베이커리 카페를 운영한다면 영업 시간대를 잘 설정하는 것이 중요하다. 매장 이용객이 빈번한 시간과 요일을 고려하여 영업시간을 정하는 것이 좋다. 최근에는 오피스 상권 내에서 주말에 영업을 하지 않는 매장들도 늘어가고 있으며, 평일도 저녁시간때는 유동인구가 없는 경우가 많아 일찍 영업을 종료하는 곳들도 많아지고 있다.

⑥ 도시외곽 교외상권

도시외곽에 위치하는 상권을 말한다. 교통 접근성이 용이한 곳에 위치한 곳을 말하며 전통적으로 과거부터 먹자 거리가 형성되어 있는 곳의 상권이라 할 수 있다. 특히 수도권이나 대도시 주변에는 과거부터 형성된 먹자 거리들이 많이 있는데 주거인구의 밀도는 낮으나 유동인구의 유입이 많고 특히 평일 낮이나 주말에 유동인구 유입이 많은 상권이다. 최근 도시외곽의 교외 상권에서 유명한 음식점 주변에 베이커리 카페들이 많이 들어서고 있다.

⑦ 쇼핑몰 상권

대형 복합 쇼핑몰에 위치하거나 쇼핑몰 주변을 포함한 상권을 말한다. 최근에는 도심 외곽에 대형 쇼핑몰들이 많이 생겼다. 대형 복합 쇼핑몰 안에도 다양한 편의시설을 갖추고 있으며, 그 쇼핑몰을 중심으로 주변에도 상권이 형성되어 다양한 음식점과 카페들이 형성되고 있다. 특히 주말에는 유입인구가 많아 주변부 상권도 이에 많은 영향을 받는다.

⑧ 학원가

요즘은 각 도시들이 도시 중심 기능에 학원가를 포함하고 있는 경우가 많다. 대도시뿐만 아니라 중소 도시들도 학원을 중심으로 한 상권들이 형성되었고, 그 안에는 학원을 이용하는 학생들을 중심으로 한 다양한 기능들이 포함되었다. 특히 학생들의 소비가 늘어나면서 이러한 학생상권은 매우 중요한 상권으로 부각되었으며, 학생들이 최근에 주로 밖에서 음식을 소비하는 패턴의 증가와 함께, 빵과 음료에 대한 소비가 늘어나면서 학생상권은 베이커리 카페가 위치하기에 매우 중요한 상권으로 부각되고 있다. 프랜차이즈 브랜드의 경우 학원가에 반드시 입점하는 브랜드들이 있다.

⑨ 문화관광지 상권

주변에 유명한 관광지를 포함하거나 또는 지역의 좋은 자연경관을 포함하는 상권을 말한다. 이 경우는 관광지 바로 앞의 편의시설 지구만을 의미하지는 않는다. 관광지를 중심으로 차로 가깝게 이동할 수 있는 곳이면 자연스럽게 조그만 상권들이 형성된다. 도심에 위치한 문화관광지는 그 주변부를 중심으로 상권을 형성하고 팽창되는 경우가 많아졌다. 이는 다양한 지방 도시에서도 확인할 수 있다. 또한 최근 자동차로 이동하여 여유시간을 즐기는 인구가 점점 많아지면서 지금은 유명 관광지뿐만 아니라 지역의 작은 명소들도 다양한 카페나 식당들이 모여 상권의 모습을 형성하고 있다. 유명한 문화유적지나 좋은 자연 경관을 품고 있는 곳에 다양한 형태의 베이커리 카페들이 생기기 시작했다.

(2) 고객의 이동거리와 분포에 따른 상권분류

고객의 분포에 따라 도심 상권을 분류하는 것은 과거에 아주 유용한 상권 분류 방법이었다. 지금은 라이프스타일 변화와 소비형태의 다양성이 커지면서 유효성이 떨어지기는 하지만 도심부에 위치하거나 특정한 아이템에 있어서는 아직도 유효한 상권 분류 방법이다. 베이커리 카페도 베이커리 기능 혹은 카페 기능이 더 강한가에 따라서 아직 유효하다고 할 수 있다. 지금도 고객 분포에 따른 상권 분류 방법은 상권과 입지를 결정하는 데 충분히 검토될 수 있다.

최근은 도시의 형태와 역할이 바뀌면서 과거에 비해 외식을 소비하는 범위가 넓어졌다고 할 수 있다. 대중교통과 자동차 문화의 발달은 상권을 더욱 확장시켰으며, 고객의 거주지를 중심으로 이동하는 거리의 관점에서 살펴보는 것도 중요해졌다고 할 수 있다. 상권 내의 고객분포 비율은 과거의 관점에서 유효하며 지금은 배달문화의 발달과 자동차를 이용하는 외식문화가 넓게 퍼지면서 고객의 분포 비율은 의미가 없어졌다고 할 수 있다.

① 1차 상권

매장이 위치한 입지를 중심으로 도보로 10분 이내의 위치해 있으며 입지와 거리는 보통 500~1,000m 내외라 할 수 있다. 많은 고객들이 걸어서 이용할 수 있는 위치라 할 수 있다. 일반적으로 유동인구가 많이 발생하며 고객들의 이용빈도가 빈번한 지역이 될 수 있다.

② 2차 상권

매장이 위치한 입지를 중심으로 20분 이내이며, 자동차로는 5분 거리이다. 거리로는 1,000~1,500m 내외에 위치한다. 도보로 이동도 가능한 거리이지만 최근은 자동차로 이동하는 고객들도 많아지고 있다.

③ 3차 상권

매장이 위치한 입지를 중심으로 도보로 20~30분 이내이며, 자동차로는 10분 내외 거리이다. 거리로는 1,500~2,000m 이내의 거리를 말하다. 최근에는 도보 30분 이상의 거리일 경우는 대부분 교통 수단을 통해 이동하는 경우가 많아 주차가 가능하지 않으면 이용 빈도가 떨어지는 곳이기도 하다. 최근에는 배달을 통한 주문이 늘면서 3차 상권의 고객들의 이용 빈도도 증가하고 있다.

④ 4차 상권

매장이 위치한 입지를 중심으로 고객의 분포와는 상관없이 차로 이동 시 20~30분 이내의 거리로 2km 이상 10km 이내의 거리를 말한다. 고객들은 자동차를 이용하여 얼마든지 이동이 가능해졌기 때문에 다양한 선택을 할 수 있다. 특히 고객이 이동에 대한 부담을 적게 가지면서 선택에 대한 폭이 넓어지게 되어 고객분포에 대한 상권의 의미는 더욱 확장되었다고 볼 수 있다. 베이커리 카페의 상권 범위에 있어서는 입지를 중심으로 자동차 이동거리가 적당하다면 얼마든지 고객들이 이용할 수 있는 목적성이 다양해지므로 상권의 범위를 자동차로 이동 가능한 범위로 확장하여 고려해 볼 수 있다. 최근에는 평일 낮에도 주부들이 차로 이동하여 외식이나 카페를 즐기는 문화가 유행하고 있어 상권 범위를 설정하는 데 있어 더욱 중요해지고 있다.

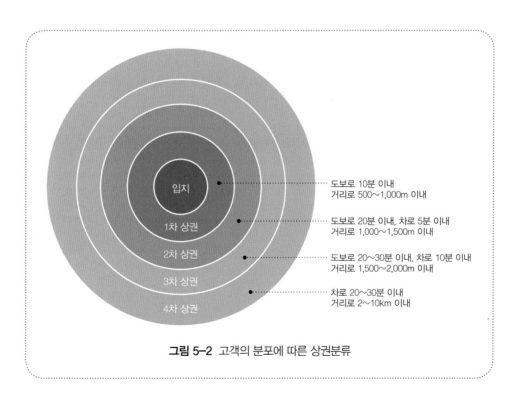

그림 5-2 고객의 분포에 따른 상권분류

2) 베이커리 카페 입지의 분류

상권 분석의 분류 기준은 다양한 요인들로 이루어진다고 할 수 있으나 입지를 분류하는 기준은 중요한 기준들을 중심으로 간단하게 분류할 수 있다. 입지는 어떠한 업종인가에 따라서 좋고 나쁨이 결정된다고 할 수 있다. 일반적으로는 상권 내에서 가장 좋은 입지부터 나쁜 입지 순으로 A급지, B급지, C급지로 구분할 수 있다. 입지를 분류할 때는 고객의 상권 내 이동의 흐름, 이용목적과 구매 패턴 등이 작용하며, 고객의 접근성이 용이한지, 고객으로부터 가시성이 확보되는지 유무 등이 좋은 입지를 결정하는 요인이 되기도 한다. 또한 소비자인 고객의 관점이 아닌 창업자 입장에서도 매장의 외부와 내부적인 공간을 어떻게 활용하고 이용하는가에 따라 좋은 입지와 나쁜 입지로 나눌 수도 있다.

표 5-1 상권범위에 따른 입지 분류

구분	특성		상권 범위	내용
A급지	가시성 홍보성 접근성	모두 좋음	넓다	유동인구의 흡수가 쉬운 시내 중심가, 대규모 아파트단지, 대규모 상가의 입구, 대형 쇼핑몰 주변, 역세권, 대로변 버스정류장 근처, 사거리 주변 등, 임대료와 관리비가 높음
B급지	가시성 홍보성 접근성	한 가지 또는 두 가지 조건만 좋음	중간	유동인구의 일부만 흡수하며 배후지 거주민이 주로 이용하는 입지, 상품과 서비스 품질로 승부
C급지	가시성 홍보성 접근성	모두 나쁨	좁다	유동인구 적은 주택가, 골목 안쪽에 위치한 입지, 시설투자비가 적게 소요되는 장점도 있으나, 다양한 마케팅 전략이 필요한 곳으로 상품과 서비스의 품질로 승부

〈자료: 김영갑(2017), 성공창업을 위한 상권분석론 참고하여 재구성〉

(1) 상권의 범위에 따른 입지분류

① A급지

A급지는 고객의 접근성이 뛰어나고 고객이 매장을 잘 찾을 수 있는 가시성이 매우 높은 곳이다. 유동인구가 풍부한 대로변 중심가 등이 여기에 해당한다. 시내 중심가, 대규모 아파트단지 상권, 대형 쇼핑몰 주변, 역세권과 대로변 버스정류장, 유

동인구가 많이 교차하는 사거리 등이 이에 해당된다.

② B급지

B급지는 접근성이나 가시성이 중간 단계인 곳으로 접근성이나 가시성 둘 중 하나만 좋은 곳이다. 유동인구의 흐름이 많은 곳의 주변부나 배후지를 말한다. 유동인구가 많은 대로변의 뒷골목 상권이 이에 해당한다.

③ C급지

C급지는 접근성과 가시성이 모두 나쁜 곳으로 유동인구가 거의 형성되지 않는 곳을 말한다. 일반적인 주택가가 보통 여기에 해당된다고 할 수 있다. 이곳은 임대료가 상대적으로 낮다 보니 초기 창업 투자비가 적게 든다.

(2) 입지의 활용 목적에 따른 분류

① 건물 1층

입지에 있어서 가장 유리한 곳이다. 고객들의 눈에 가장 잘 띄는 위치에 있으면서 좋은 인테리어와 고객에게 호감가는 상품이 잘 진열되어 있다면 고객의 호기심을 불러일으킬 수 있다. 이용이 편리한 1층이라는 장점 때문에 고객들을 매장안으로 유도하기가 용이하다. 유동인구가 많은 중심상권에 입지가 위치한다면 고객을 쉽게 끌어들일 수 있으므로 임대료와 권리금이 높게 형성된다. 중심부와 멀어질수록, 접근성과 가시성이 떨어질수록 1층도 임대료와 권리금은 중심부보다는 낮게 책정된다.

② 건물 2층

최근에는 건물의 2층은 1층보다 임대료가 상대적으로 낮기 때문에 최근에는 베이커리 카페를 2층에 오픈하는 경우가 많다. 베이커리는 주방 공간을 확보하는 것이 중요하므로 1층의 넓은 공간에 주방이 자리잡게 된다면 비용 효율성이 떨어질 수 있다. 2층은 시야적으로 창가 주변은 밝고 편안한 공간을 제공한다는 점이 장점으로 작용할 수 있다. 주변 경관이 좋다면 훨씬 더 고객에게 좋은 서비스를 제공할 수 있을 것이다.

③ 건물 지하층

지하는 상대적으로 임대료가 낮다. 베이커리 카페를 창업하는 데 있어 투자 비용이 많이 고민이 된다면 합리적인 선택이 될 수 있는 입지이다. 고객이 매장을 방문할 때 편의성은 떨어지지만 저렴한 임대료로 충분한 공간을 확보할 수 있는 이점이 있을 수 있다

④ 복합적 활용

건물의 1층과 지하를 또는 건물의 1층과 2층을 활용하는 것도 투자 비용 등을 고려한다면 좋은 방안이 될 수 있다. 베이커리 카페를 창업한다면 주방의 크기가 매장의 많은 부분을 차지하게 된다. 충분한 공간 활용이 용이하지 않고, 1층의 매장을 많이 확보하는 것은 초기 투자 비용을 상승시키는 요인이 되므로, 지하에 베이커리 주방을 위치시키고, 1층에 베이커리 디스플레이와 홀을 갖추는 것도 방법이다. 또는 1층에 베이커리 디스플레이와 고객 주문 장소를 만들고 홀과 베이커리 주방을 2층에 갖추는 것도 좋은 방안이 될 수 있다. 최근에는 건물의 3층 이상에도 매장을 여는 경우가 많은데 상권과 입지의 여러 가지 상황에 따라서 검토해 볼 만 하다.

(3) 좋은 상권과 입지 VS 나쁜 상권과 입지 정답은 없다

좋은 입지와 나쁜 입지의 정답은 있는가? 결론적으로 정답은 없다고 할 수 있다. 지금은 과거 다르게 많은 요인들이 창업의 성공에 중요한 요인들로 작용하다 보니 유동인구가 없는 한적한 구도심의 골목에서도 다양한 단골을 확보하고 상품과 서비스를 제공하는 베이커리 카페를 최근에는 많이 보게 된다. 또는 주변에 아무도 오지 않을 것 같은 시골의 논밭을 보고 있는 뷰이거나 시골의 저수지를 보고 있는 뷰임에도 베이커리 카페로서 성공을 거두고 있는 곳들이 많다. 주변의 경관이 좋거나, 베이커리 카페로서 기능에 충실하여 좋은 상품과 서비스를 제공한다면 고객들은 어느 곳에 위치하든지 상관없이 찾아갈 수 있는 것이다. 이것이 가능하게 된 가장 큰 이유는 인터넷과 자동차 문화의 발달 때문이다. 다양한 검색 기능, 모바일을 통한 지도 앱 서비스, 많은 정보를 전달하는 다양한 SNS, 또한 자동차의 보급과 도로망의 발달은 좋은 입지와 나쁜 입지를 구분하지 않게 되었다고 할 수 있다.

제 2 절 상권과 입지 조사분석

❶ 상권과 입지 조사분석 단계별 접근

상권과 입지를 꼼꼼히 조사하고 면밀히 분석하기 위해서는 다음과 같은 단계별 접근이 필요하다. 또한 한 곳의 상권과 입지만 조사하는 것이 아니라 여러 후보지를 정하고 조사하는 것이 중요하다. 여러 후보지에 대한 다양한 정보를 조사하고 분석하는 것을 통해 후보지의 상권과 입지가 사업적으로 타당성을 가지는지를 최종적으로 판단한 후 결정하는 것이 필요하다. 상권과 입지 분석은 [그림 5-3]과 같이 단계별로 접근하는 것이 필요하다.

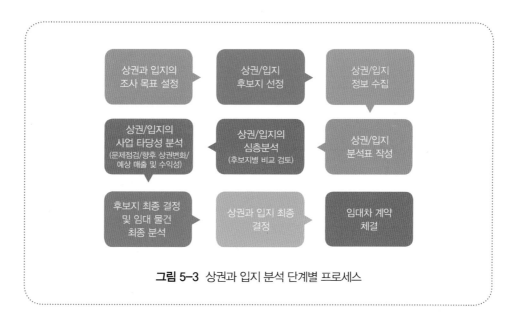

그림 5-3 상권과 입지 분석 단계별 프로세스

1) 상권과 입지의 조사 목표 설정

베이커리 카페 유형이나 규모, 투자 금액의 규모, 콘셉트에 따른 목표 고객에 따라 상권과 입지는 달라질 수 있다. 다양한 검토사항을 토대로 상권과 입지 조사의 목표를 명확히 설정하는 것이 중요하다. 창업에 대한 목표가 명확하다면 거기에 맞는 우선적인 조건들을 고려하여 상권과 입지 후보지를 결정해야 한다.

2) 상권과 입지의 후보지 선정

베이커리 카페 창업을 위한 후보지를 결정하기 위해서는 다양한 사전 조사를 통해서 후보지를 결정할 필요가 있다. 인구통계학적인 요소, 상권의 형태, 유동인구 분포, 후보지의 목표 고객 유무, 상권 내 소비지출, 임대료 분석 등 조사 분석을 위한 기초 자료를 통해 후보지를 몇 군데 선정하여 조사하는 것이 중요하다. 이때 다양한 상권 정보시스템을 통해 기초 정보를 얻을 수 있다.

3) 상권과 입지 후보지별 조사

상권과 입지 후보지가 정해졌다면 현장 조사를 통해 조사할 항목들을 미리 체크하여 꼼꼼하게 조사해야 한다. 현장 조사에서는 베이커리 카페의 유형과 어떤 콘셉트인가에 따라 조사해야 할 요소들은 달라진다고 할 수 있다. 현장 방문 시 공인중개사를 통해 주변 상권과 입지에 대한 다양한 정보를 얻는 것도 중요하다. 상권 조사 분석은 상권범위를 지정한 후 상권환경 조사, 고객분포 조사, 경쟁점포 조사, 상권분석 등에 중점을 둔다. 각각의 항목에 대한 좀 더 구체적인 내용은 다음과 같다.

(1) 상권범위의 지정

상권을 분석하기 위해서는 영업의 영향이 미치는 상권의 범위를 정하는 것이 중요하다. 네이버지도나 카카오맵 등을 통해 지역 내 검색을 통해 미리 범위를 설정하고 방문하는 것이 좋다. 상권범위는 베이커리 카페 유형 및 규모 등에 따라 달라질 수 있다.

(2) 상권환경 조사

상권의 범위를 지정한 후에는 지정된 범위 내의 상권의 환경을 조사하여야 한다. 상권의 환경에는 상권의 중심지, 상권의 중심지에 분포하는 가게, 거주 및 유동인구의 소비력, 유동인구의 분포, 유동인구의 연령대, 교통의 흐름 등은 이 상권 안에 분포하는 잠재고객에 대한 성향을 파악하는 데 중요한 기초 정보가 된다. 상권환경 조사에 따라 고객에 대한 마케팅 전략과 적절한 상품과 서비스의 가격대가 달라질 수 있다. 아래 내용들을 검토하는 것이 좋다.

① 인구통계학적자료: 성별/연령대별 인구수, 세대수, 주거형태, 생활수준
② 상권형태와 규모: 주간상권, 야간상권, 종일상권, 주중상권, 유동상권
③ 유동인구: 소비력, 구매력, 유동인구의 연령분포, 시간대별 유동인구, 요일별 유동인구
④ 차량흐름: 차량의 통행량, 시간대별 차량흐름, 요일별 차량흐름

(3) 고객 분포조사

상권환경 조사에서 수집된 정보를 통해 고객특성을 파악하는 것이 매우 중요하다. 우리 베이커리 카페가 타깃으로 하는 목표고객의 분포, 지역 내 고객의 구매력, 지역 내 고객의 가격 민감도 등을 파악한다. 이러한 조사를 통해 상품을 기획하고, 상품의 가격대를 설정할 수 있으며, 홍보와 마케팅의 방법을 결정하기도 한다. 상품의 디자인과 인테리어의 결정에도 영향을 주는 정보를 얻을 수 있다.

(4) 경쟁점포 조사

조사하는 상권에 분포하는 경쟁점포를 조사하는 것은 매우 중요하다. 특히 경쟁점포들 중 매출이 높은 곳이 있다면, 이곳에 대한 철저한 분석이 필요하다. 이 매장이 어떠한 장점을 가지고 있는 철저히 조사하여야 한다. 이 경쟁점포를 조사하는 것으로도 고객의 특성, 고객의 선호도 등을 가늠해 볼 수 있다. 경쟁점포를 조사할 때에는 위치, 영업시간, 정기휴일, 면적, 메뉴, 종업원의 수, 테이블 수, 고객서비스, 시간대별 고객 수 등을 조사한다. 이러한 정보는 계획하는 매장의 장점과 차별화 전략 수립에 중요한 정보가 된다. 경쟁매장이 가지는 상품과 상품의 가격, 맛에 대한

평가, 서비스 수준에 대한 평가, 주 방문 고객의 연령대와 시간별 방문자수, 주력제품, 마케팅전략 등을 종합적으로 조사하여 분석한다. 자신의 경쟁매장이라 생각되는 리스트를 작성하여 지도 위에 위치를 표시하고, 매장 후보지와의 거리와 유동인구의 흐름 등을 확인하는 것도 중요하다.

(5) 상권의 향후 전망조사

상권후보지가 향후 어떻게 변화될 것인가에 대한 전망을 조사하여야 한다. 모든 상권은 시간의 흐름 안에서 항상 변하기 때문이다. 상권이 확대될지 축소될지 여부와 주변 건물의 신축, 철거여부 등을 조사한다. 상권의 변화는 상권의 확장일 수도 있지만 상권의 축소일 수도 있다. 도시개발계획과 재개발/재건축 진행여부, 대형 쇼핑몰 건설 계획, 횡단보도나 지하철공사 등도 상권의 변화에 영향을 미치기 되므로, 도시계획을 미리 조사해 보는 것은 매우 중요하다. 재개발을 통해 새로운 아파트 단지가 건설되는 대규모 공사가 지속된다면 장기적으로는 큰 상권을 형성할 수 있는 입지가 될 수도 있지만, 단기적으로 보면 공사가 진행되는 몇 년간은 영업에 막대한 지장을 줄 수 있다. 또한 대형쇼핑몰, 지하철 공사나 도로 공사 등은 주변의 교통의 흐름과 고객의 흐름에 변화를 줄 수 있는 요인이며, 이는 상권의 변화에 영향을 미칠 수 있다. 반드시 구청이나 주변 부동산을 통해 지역의 개발계획이나 변화의 정보를 미리 확인하여 상권과 입지에 어떤 영향을 줄 수 있을지를 평가한다. 상권에 유입되는 고객의 변화도 모니터링해 보는 것이 좋다. 고객은 익숙한 곳을 찾기도 하지만 계속 새로운 곳을 찾아가는 것이 고객의 속성이다. 이 부분도 상권의 변화를 촉진시키는 요인이기도 하다. 수많은 먹자골목과 카페 거리들이 상권이 이러한 변화를 거쳐 쇠락해 왔기 때문이다.

❷ 상권 분석시스템의 활용

1) 상권 분석시스템 이용한 정보 분석

상권 분석시스템을 이용한 정보분석에서는 우리의 상품과 서비스를 이용해 줄 고객이 어디에 많이 분포하고 있고, 이 고객들이 유사한 상품과 서비스를 어디에서 많이 소비하고 있는지를 찾는 것이 가장 중요한 목적이 될 수 있다. 최근의 상권 분석시스템은 다양한 데이터를 기반으로 하여 많은 정보를 제공하고 있다. 창업 준비 과정에서 상권 분석시스템을 활용하여 다양한 상권의 조건을 통해 많은 정보를 얻을 수 있으며, 이것을 활용하여 상권을 분석한다면 올바른 판단을 하기 위한 기초 자료가 될 수 있다.

2) 소상공인마당 상권분석

소상공인시장진흥공단의 소상공인마당(sg.sbiz.or.kr)에 접속하면 다양한 정보를 활용한 분석이 가능하다.

① 간단분석과 상세분석을 통해 다양한 상권분석/입지분석/경쟁분석을 제공한다.
② 상권현황 분석을 통해 해당 상권의 국세청 통계자료를 통해 업소현황, 매출지수, 배달지수, 임대료 현황을 확인할 수 있다.
③ 창업 및 폐업률 현황까지 다양한 정보를 제공하고 있다.

그림 5-4 소상공인시장진흥공단 소상공인마당 상권분석시스템
(자료: 소상공인시장진흥공단 홈페이지)

상권 및 입지 성공 사례분석

우즈베이커리 카페 _ 충청남도 아산시 신정호수 주변에 위치

우즈베이커리 카페는 대구에서 시작하여 대구 지역에서 유명한 베이커리로서 명성이 있는 곳으로 새로운 분점을 오픈하였다. 충청남도 아산시 주변 신정호수에 위치한 우즈베이커리 카페는 오픈 초기 여러 지역적인 특성상 상권과 입지로서의 열악한 환경에 대한 우려가 있었지만, 주변의 이러한 인식에도 불구하고 대형 베이커리 카페로서 특성을 살린 콘셉트와 브랜드 전략을 통해 성공을 거둔 매장이라 할 수 있다. 아산시만 본다면 오래된 온천 관광지로서 역할만을 가지고 있었지만 아산시는 주변에 풍부한 유동인구를 가지고 있는 곳이라 할 수 있다. 7개의 대학이 차로 20~30분 거리에 분포하고 있으며, 대표적인 소비 도시인 천안시가 차로 20~30분 거리에 있다. 우즈베이커리 카페는 이러한 주변의 풍부한 유입 인구를 통해 성장했다고 할 수 있다. 호수를 조망할 수 있는 전망 좋은 위치를 품고 있으며, 다양한 베이커리 제품과 음료 제품을 서비스하고 있다. 인테리어와 디자인이 세련되고 수준이 높으며 미국이나 호주에 있을 듯한 외관과 디자인이 큰 특징이다.

그림 5-5 우즈베이커리 카페 신정호점(자료: 우즈베이커리 카페 홈페이지)

요즘은 대학생들도 지방 캠퍼스에는 차를 가지고 이동하는 경우가 많다보니 신정호는 훌륭한 데이트 코스로서 역할을 할 수 있는 환경이다. 우즈베이커리 카페가 가지고 있는 다양한 특성들은 젊은 학생들에게 아주 매력적인 곳으로서 좋은 데이트 코스가 되었다고 할 수 있다. 우즈베이커리 카페를 찾은 많은 젊은 고객들은 SNS를 통해 우즈베이커리 카페의 다양한 인증 사진을 공유하였으며, 엄청나게 빠른 속도로 퍼져 나간 사진들은 또 다른 고객들을 끌어들이는 효과를 낳았다고 할 수 있다. 특히 젊은 고객들에게 합리적인 가격의 베이커리와 음료 메뉴를 제공한 것도 중요한 성공요인이다. 대부분 고객이 자동차로 이동하여 오기 때문에 넓은 주차장을 확보한 것도 중요한 성공요인의 한 부분이 되었다고 할 수 있다. 이러한 다양한 점들이 우즈베이커리 카페를 성공시키고 오래도록 고객들에게 사랑 받게 만든 요인이라 할 수 있다. 지금은 우즈베이커리 카페의 성공을 통해 신정호 주변에는 많은 카페들이 형성되었으며, 최근 들어서는 카페들은 대부분 베이커리 카페의 형태로 오픈되었다. 또한 우즈베이커리 카페는 이러한 성공에 힘입어 전국적으로 관광 명소를 중심으로 우즈베이커리 카페 지점을 오픈하였다. 또한 우즈베이커리 카페의 이러한 성공이 대형 베이커리 카페가 상권과 입지와 상관 없이 도심 외곽에서도 성공할 수 있다는 롤 모델로서의 역할을 했다고 할 수 있다.

그림 5-6 우즈베이커리 카페 주변의 대학과 도시 분포(자료: 네이버지도 검색)

우즈베이커리 카페의 성공요인

① 풍부한 주변 도시 인구: 천안/아산

② 유명한 관광지인 아산온천, 신정호 관광지

③ 주변 7개 대학교 분포로 젊은 고객층 유입

④ 호수 앞의 조망이 좋은 입지

⑤ 고객들의 주도적인 SNS 통한 다양한 소통

⑥ 합리적인 가격 전략

⑦ 다양한 베이커리와 음료 메뉴 제공

⑧ 넓은 주차장

베 이 커 리   카 페   창 업 과   경 영

제6장

디자인과 인테리어

매장의 디자인과 인테리어는
목표로 하는 고객의 라이프스타일이나 개성을 고려하여
설계하는 것이 필요하다.

제1절 베이커리 카페의 공간과 디자인 ——

베이커리 카페를 창업하는 데 있어 공간을 효율적으로 배치하고 운영하는 것뿐만 아니라 고객에게 보여지는 디자인과 인테리어를 통해 매력적인 공간으로 만드는 것은 매우 중요한 부분이 되었다. 지금의 소비를 주도하는 고객들은 매장의 디자인과 인테리어된 공간에 매력이 없다면 방문에 대한 흥미를 느끼지 않기 때문이다. 물론 상품과 서비스에 대한 특성도 중요하지만 고객의 방문 욕구를 일으키는 것은 시각적인 자극에서부터 시작된다고 할 수 있기 때문이다. 고객에게 매력적인 공간으로 다가가기 위해서는 베이커리 카페가 추구하는 콘셉트에 기초하여 방향성이 결정되어야 한다. 최근 고객들은 매장의 다양한 분위기와 매장의 상품에 대해서도 사진을 찍고 SNS에 공유하는 것을 즐긴다. 이러한 고객들의 성향이 반영된 콘셉트를 기반으로 디자인과 인테리어 전략을 수립하고, 베이커리 카페를 고객에게 매력 있는 공간으로서 편하고 즐겁게 이용할 수 있도록 만들어야 한다.

❶ 베이커리 카페의 공간연출

1) 베이커리 카페의 공간 개념

베이커리 카페의 공간을 연출하는 데 있어서 과거에는 단순히 공간을 이용하는 개념이었는데, 현재는 좋은 분위기의 매력적인 공간에서 즐겁고 편안함을 즐기며 맛있는 빵과 음료를 즐길 수 있는 가치를 제공하는 공간의 개념으로 바뀌었다. 다양한 소비 환경의 변화로 고객의 욕구는 높아지고 있으며, 고객이 찾는 베이커리 카페의 공간이 어떤 콘셉트로 고객에게 긍정적인 이미지를 줄 수 있는지가 구매에 영향을 미치게 되었다. 베이커리 카페의 이미지는 다양한 마케팅 전략의 결과로 형성되는데 점포의 입지, 메뉴, 분위기, 가격, 광고, 서비스 등이 가지고 있는 콘셉트를 통해 고객의 이미지 형성에 영향을 준다. 그러므로 베이커리 카페 창업자는 매장에 대한 이미지를 지속적으로 고민하고 고객의 취향을 읽어야 한다. 베이커리 카페를 장기적인 성과를 통해 성공적으로 운영하기 위해서는 매장의 디자인과 인테리어를 통해 목표로 하는 고객의 라이프스타일이나 개성을 고려하여 설계하는 것이 필요하다.

베이커리 카페의 분위기는 주로 물리적 특성인 건물 설계, 외관 디자인, 외부 인테리어, 공간의 레이아웃, 벽과 바닥의 재질, 조명, 컬러, 내부 인테리어 등에 대한 인식으로부터 형성되며, 베이커리 카페의 이미지를 결정 짓는 요소이기도 하다. 베이커리 카페의 분위기는 고객의 감정적인 상태에 영향을 미치고, 고객의 구매 행동에 긍정적이거나 부정적인 영향을 주며 최종적인 구매 행동에 영향을 미치게 된다. 최근은 젊은 고객뿐만 아니라 연령과 상관없이 다양한 고객층에서 이와 같은 물리적 환경이 매장을 선택하는 데 중요하게 작용하면서 공간에 대한 중요성이 커지고 있다고 할 수 있다.

베이커리 카페의 공간의 개념은 다음과 같다. 공간 안을 이용하든 공간 밖의 장소를 이용하든 베이커리 카페의 상품과 서비스를 이용하는 모든 곳을 공간이라고 정의할 수 있다. 베이커리 카페가 가자고 있는 다양한 공간적인 배치와 영역에 대한 범위가 확대되고 있어 베이커리 카페를 구성하는 어떤 환경이든 공간 창출이 가능하다. 최근 도시 외곽에 생기는 베이커리 카페는 내부적인 공간 외에도 다양한 공간 형태를 통해 상품과 서비스를 제공하고 있으며, 이러한 특색 있고, 독창적인 공간은 고객들에게 매우 매력 있는 곳이 되기도 한다. 책과 공간/인테리어 전시관과 공간/목공소와 공간/야외 숲속의 정원 같은 공간/식물원 안의 공간/야외에서 호수를 바라보는 공간/갤러리 전시관과 공간/시골의 논이나 풍경을 바라보는 공간 등 다양한 형태로 공간이 연출되고 있다.

2) 베이커리 카페의 공간의 중요성

(1) 고객이 소통하는 문화적인 공간

베이커리 카페는 고객들의 음료와 빵을 소비하기 위한 1차적인 심리적인 욕구를 충족시켜주는 중요한 기능과 함께 친구/가족/지인이 함께 소통하는 공간이며 문화적인 교류의 공간이기도 한다. 베이커리 카페를 경험의 측면에서 접근하는 고객들도 있지만 베이커리 카페의 가장 중요한 공간적 의미는 친한 사람들과 함께 즐겁고 편안하게 행복한 시간을 보낼 수 있는 소통의 공간의 의미가 가장 크다고 할 수 있다. 지금은 모임의 성격이 매우 다양해지다 보니 독서모임, 공부모임, 취미모임, 북콘서트, 전시회 등 베이커리 카페는 문화적인 공간으로서도 의미 있는 기능을 하고 있다.

(2) 생산과 판매 서비스가 동시에 이루어지는 기능적인 공간

베이커리 카페는 제품의 생산과 함께 바로 판매와 서비스가 이루지는 특성이 있다. 공간 설계 시 이러한 특성을 반영하여 기능적으로 설계하는 것이 중요하다. 제품의 생산이 이루어지는 베이커리 주방과 다양한 음료의 제조가 이루어지는 카페 바 구역, 다양한 제품이 전시되어 있는 베이커리 디스플레이 공간, 고객이 편하게 즐길 수 있는 테이블과 의지가 배치된 객석 공간 등을 고려한 효율적인 배치가 매우 중요하다. 이러한 공간들은 서로가 유기적으로 연결되어 있다 보니, 베이커리 주방이나 카페 바 공간 안에서는 직원들이 자신의 역할과 기능을 잘 수행하도록 동선이 겹치지 않아야 하며, 객석과 베이커리 디스플레이 공간에서도 고객 간의 동선이 겹치지 않도록 공간이 잘 만들어져야 한다.

(3) 베이커리 카페 공간 연출의 방향성

베이커리 카페의 공간 연출은 너무나 중요한 부분이 되었다. 인테리어를 기획하는 단계부터 많은 고민을 통해 고객들에게 사랑받는 공간이 되어야 한다. 소비 수준과 라이프스타일의 변화는 고객들이 더 높은 수준의 제품과 서비스뿐만 아니라, 이용하는 공간에 대한 수준까지 요구하게 되었다. 다양한 공간 연출을 통해 고객에게 매력적인 공간을 제공하는 베이커리 카페들이 유행하고 있으며, 이제는 장르를 가리지 않는다. 복고, 뉴트로, 모던, 세련된 다양한 공간 연출이 돋보이는 매장들이 많이 생겨나고 있다. 특히 SNS 사용이 증가하면서 공간에 대한 중요성이 더욱 커졌다고 할 수 있다. 고객들은 매장의 다양한 곳에서 다양한 사진들을 찍어 SNS에 인증한다. 이러한 인증 사진은 매우 빠른 속도로 전파되고, 사람들은 자신도 그 공간의 그 포인트에서 동일한 인증을 하고 싶어 하는 성향이 있다. 이러한 점들 때문에 초기부터 베이커리 카페의 콘셉트와 브랜드는 공간 연출의 방향성에 중요한 요인이 되며, 목표 고객이 가진 선호와 특성을 고려하여 공간을 설계하고 연출하는 것이 매우 중요해졌다.

3) 베이커리 카페의 디자인

(1) 베이커리 카페의 디자인이란

베이커리 카페의 디자인은 고객의 매장 방문과 구매 결정에 너무나 큰 영향을 주는 요인이다. 카페를 이용하는 고객들이 다양해지고 카페의 규모와 유형에 따라서도 고객들은 다양한 선택을 하게 된다. 특히 베이커리 카페는 기존 카페와는 달리 베이커리의 특성이 함께 고객에게 전달되어야 하기 때문에 더 많은 고민과 신경을 쓸 수밖에 없다. 베이커리 카페의 디자인은 수많은 경쟁자들과 고객으로부터 차별화를 만드는 첫 번째 요인기도 하며, 특히 고객에게 전달되는 시각적 요인의 차별화를 결정짓는 요소 중에 하나로 받아들여진다. 베이커리 카페의 디자인은 콘셉트와 브랜드를 고객에게 전달하는 가장 중요한 요인이기도 하다. 창업 초기부터 이러한 부분은 매우 중요하게 고려되어야 하고 창업 후 장기적인 매출 성과를 만들어 가는 데 있어서도 디자인 요소는 중요하게 작용하게 된다. 베이커리 카페에서 디자인은 매장의 모든 공간적인 요소를 결정하는 아주 중요한 부분이다. 디자인은 매장의 로고에 영향을 주고, 매장의 전체적인 인테리어와 같이 가야 하는 요소이다. 디자인은 매장의 소모품과 상품 패키지에도 적용된다. 고객이 상품과 서비스를 구매하기 위한 출발부터 마지막 단계까지 디자인은 모든 요소에 관여하기 때문에 베이커리 카페는 창업 준비 단계부터 콘셉트를 고려하여 많은 고민을 통해 결정되어야 한다. 잘 디자인된 요소들은 고객을 자극하고 이를 통해 호감을 느낀 고객은 매장의 방문을 결정하게 되고, 상품과 서비스를 구매하게 된다.

(2) 디자인의 조건

① 감성적 관여

디자인은 고객의 시각적, 청각적, 후각적, 촉각적, 미각적 부분에 모두 관여를 한다. 오감의 관여는 고객의 감성을 자극하게 되고 이 감성은 매우 주관적이지만 많은 고객들이 비슷하게 느낀다. 고객의 감성을 자극하는 디자인은 고객의 상품과 서비스에 대한 구매결정에 큰 영향을 준다.

② 독창성

우리 베이커리 카페가 고객에게 보여주는 모습은 상품과 서비스뿐만 아니라 디자인 적인 다양한 요소에서도 창조적이고 경쟁업체와 차별화되는 독창성이 있어야 한다. 디자인이 들어가는 모든 매장의 상품과 서비스뿐만 아니라 다양한 요소에서 차별적 포인트를 반영하여야 한다.

③ 경제성

디자인은 경제성을 고려하여야 한다. 창업 시 충분한 자금을 보유하고 있다면, 실력 있는 디자이너를 통해 좋은 결과물을 만들어 낼 수도 있겠지만, 대부분의 창업자들은 그렇지 못하기 때문에 최소의 경비를 통하여 최대의 만족이 이루어질 수 있도록 디자인을 하여야 한다. 요즘은 초기 창업 시 다양한 정부나 지자체 지원 프로그램을 통해 비용을 절감할 수 있다.

④ 균형성

베이커리 카페의 디자인은 매장을 구성하는 모든 요인과 균형성을 이루어야 한다. 한 부분이 지나치게 강조되거나 지나친 독창성으로 매장의 전체적인 분위기가 맞지 않는다면 고객들도 그런 부분을 불편하게 느낄 수 있다. 매장을 구성하는 모든 요인이 동일한 디자인 패턴과 분위기로 연출되도록, 공간이 조화로운 공간으로서 역할을 할 수 있도록 만들어야 한다.

(3) 공간의 색채 디자인

고객의 소비성향 연구에 의하면 고객들은 87%가 보고 구매한다고 한다. 사람의 오감 중에서 시각의 영향력이 그만큼 절대적인 것을 보여주는 조사이다. 고객은 시각전달 매체인 컬러에 매우 민감한 반응을 보인다는 의미이다. 그러므로 매장의 컬러, 로고의 컬러, 상품의 컬러, 디자인 등은 상품판매 등에 중요한 구매 결정요인이 될 수 있다. 색에는 독특한 심리적 의미가 담겨 있으며, 색깔이 주는 이미지는 고객이 그 브랜드를 인식하는 데 매우 중요하게 작용한다. 콘셉트를 기획할 때는 브랜드가 가지는 고유의 색채를 정하고 그것이 고객에게 일관되게 전달되도록 하는 것이 필요하다. 스타벅스처럼 초록색을 통해 브랜드가 가지는 특징을 명확히 전달하는 것과 같은 것이다. 최근 국내에서도 큰 인기를 얻고 있는 블루보틀은 파란 하늘색을 통해 브랜드 이미지를 전달하고 있다.

BLUE BOTTLE
COFFEE

STARBUCKS®

그림 6-1 블루보틀과 스타벅스 로고(자료: 블루보틀/스타벅스 홈페이지)

매장이 주는 전체적인 디자인을 결정하는 색도 고객의 관심에 영향을 주는 요인이 되는 것이다. 이처럼 색채는 인간에게 강한 심리적 자극을 주는 요소로 감정을 일으키는 심리적인 효과를 일으킨다. 색채에 따라 그 브랜드를 인식하게 되고 구매를 촉진하는 효과가 있다고 알려져 있으며, 디자인에 반영되는 색채는 매장에 대한 호감도에도 영향을 준다고 할 수 있다. 베이커리 카페 매장의 전면부의 특징을 색채로 결정할 수 있으며, 매장 내의 공간 인테리어도 콘셉트를 반영하여 고객에게 호감을 얻는 적절한 디자인과 색채가 입혀진다면 고객은 이러한 특별한 색채에 의한 심리적 자극을 통해 공간을 편안하게 느끼게 만드는 데 매우 효과적일 수 있다.

❷ 베이커리 카페의 공간 구성

　베이커리 카페의 공간은 서비스가 이루어지는 공간뿐만 아니라 베이커리 주방과 카페 바, 고객이 이용하는 홀 등 모든 공간을 포함한다. 고객과 상호작용이 이루어지는 공간이며, 고객은 베이커리 카페의 다양한 공간을 통해 감성적으로 자극받게 된다. 이때 매장을 방문한 고객의 감성에 가장 중요한 영향을 주는 것이 인테리어라고 할 수 있다.

1) 베이커리 카페의 공간의 정의

　베이커리 카페의 공간은 고객이 우리의 상품과 서비스를 만나게 되는, 고객과의 서비스 접점이 이루어지는 곳이다. 고객은 이 공간의 경험을 통해 구매결정을 하게 된다고 할 수 있다. 이때 공간이 주는 느낌은 여러 가지 자극이 되고, 이때 시각, 후각, 미각, 촉각, 청각 등 다양한 오감의 감각에 영향을 미치게 된다. 이러한 고객의 감각을 자극하는 부분들은 매장이 가지고 있는 공간에 대한 콘셉트일수도 있으며, 브랜드가 주는 로고 심벌일 수도 있다. 콘셉트가 반영된 인테리어가 될 수도 있다. 또한 매장의 다양한 상품들일 수도 있으며, 매장이 사용하는 플레이팅을 위한 다양한 도구일 수도 있다. 이러한 부분들은 고객의 시각적인 부분을 자극하게 된다. 베이커리 주방에서 다양한 빵 작업을 하고, 매장에 들어섰을 때 베이커리 디스플레이에 전시되어 있는 다양한 빵들은 고객의 후각을 자극하게 된다. 고객이 가장 중요하게 생각하는 상품에 대한 맛은 미각이라는 가장 원초적인 자극을 불러일으킨다. 상품에서 느껴지는 식감은 촉각의 한 부분일 수 있다. 매장에서 흘러나오는 음악은 매장의 분위기를 더욱 돋보이게 만들 수 있다. 이러한 부분은 청각적인 부분을 자극하기도 한다. 이 감각을 자극하는 것은 베이커리 카페가 가지고 있는 공간에서 오감을 자극하는 모든 것을 포함하고 있으며, 매장이 고객에 전달하는 상품과 서비스로부터 출발한다고 할 수 있다. 고객에게 긍정적인 자극을 주는 모든 것들은 베이커리 카페가 가진 콘셉트에 기반하여 공간을 구성하는 모든 부분에서 시작한다.

2) 베이커리 카페의 공간이 주는 중요성과 영향

베이커리 카페의 공간은 직원과 고객 모두에게 중요한 영향을 미친다고 할 수 있다. 직원과 고객은 매장의 공간 안에서 상호작용을 하게 된다. 이때 직원이 가진 작업 환경은 고객 서비스와 상품의 품질에 고스란히 전달된다고 할 수 있다. 직원들이 좋은 작업 환경에서 일할 수 있도록 충분한 공간을 만들고 직원을 지원하는 편의시설이 설계에 반영하는 것이 매우 중요하다. 직원이 고객에게 전달하는 좋은 상품과 서비스는 고객만족에 대한 평가를 만들게 하고 재방문을 통해 구매의향을 만들게 한다. 이처럼 고객에게 직접적인 영향을 주는 공간을 구성하는 다양한 부분들은 고객의 상품과 서비스에 대한 인식을 불러일으키고 고객의 구매의사의 태도를 결정하는 중요한 요인이 된다. 고객이 만족할 만한 공간이라고 느끼게 된다면 공간에 머무르는 시간에도 영향을 주고, 그 공간을 다시 이용하고 싶은 마음이 들게도 한다. 맛과 공간에 대한 만족을 느낀 고객은 반드시 재방문할 뿐만 아니라 결국 이러한 만족의 반복된 경험으로 충성 고객이 되는 것이다. 이러한 공간은 지속적으로 그 매력이 유지되도록 관리해야 한다. 시즌별로 다양한 이벤트가 기획되고 변화를 주는 것이 중요하며, 지속적인 관리를 통해 좋은 공간이 유지될 수 있도록 해야 한다. 베이커리 카페의 공간이 직원들에게도, 고객에게도 만족감을 준다는 것은 매장의 브랜드 가치를 높여주는 가장 중요한 요인이며, 직원도 매장에 대한 자부심을 가지고 주인의식을 가지고 일을 할 수 있는 환경이 될 것이다. 또한 고객에게도 공간을 통해 전달된 고객만족감은 반복적인 방문과 구매뿐만 아니라 친구, 가족, 지인 등과 함께 이 공간을 경험하게 만드는 확장된 효과를 만들어 줄 것이다.

3) 베이커리 카페의 공간의 구성요소

베이커리 카페의 공간을 구성하는 요소들은 서로 유기적으로 연결되어 있다고 할 수 있다. 공간의 외부적인 요인들은 고객으로 하여금 공간을 이용하고자 하는 호감을 불러일으키는 부분이 되고 공간의 내부적인 요인들은 고객이 상품과 서비스를 이용하는 것뿐만 아니라 매장 안에서 이용하는 다양한 시설은 고객의 이용 편의성과 기분, 감정에까지도 영향을 미친다. 특히 내부적인 공간의 작업구역은 직원들의 업무적인 효율성뿐만 아니라 직원들이 일하는 만족감에도 영향을 주기 때문에 베이커리 카페의 공간을 구성하는 요인들이 주는 특성을 파악하고 공간 설계에 잘 적용할 필요가 있다.

(1) 베이커리 카페의 외부적 요소

베이커리 카페의 외부적 요소는 내부공간을 구성하는 요소를 제외한 매장이 포함된 건물, 매장의 전면부, 외벽, 창문, 간판, 출입구, 테라스, 주차장, 외부 공간의 풍경과 전망 등으로 구성된다. 특히 매장의 전면은 고객이 처음으로 우리 베이커리 카페와 소통이 형성되는 곳이라 할 수 있다. 매장 앞을 지나다니는 수많은 사람들 중에 매장에 호감을 느껴 발걸음을 멈추게 만드는 이유이기 때문이다.

① 건물의 외관과 매장의 전면부

베이커리 카페의 외부적 요인들은 매장이 가지는 특성과 분위기를 고객에게 빠르게 전달하며, 우리 매장이 가지는 정보를 제공하는 중요한 역할을 한다. 고객은 외부 전면부에 대한 정보만으로도 방문을 결정하는 경우가 많이 있다. 고객은 매장의 건물 외관에서 풍기는 느낌이나 시각적인 면으로 이용 여부를 판단하는 경향이 있다. 간판과 로고, 매장의 심벌 등은 잠재적인 고객들의 감각적인 부분을 자극하기도 한다. 매장의 전면부에 보이는 다양한 요소가 매장의 분위기를 매력적으로 느끼도록 하여 들어가고 싶은 충동이 일어나도록 디자인해야 한다. 특히 최근에는 SNS를 통해서 소통하는 고객들이 많아지며 전면부가 고객들을 통해 전달되는 간접적인 마케팅 효과는 매우 중요한 부분이 되었다.

출입구는 고객이 자연스럽게 들어가고 나올 수 있도록 하는 것이 좋다. 지나친 화려함과 고급스러움은 대중적인 고객들에게는 부담스러움으로 다가올 수도 있다. 매장이 가지는 콘셉트를 기반으로 모든 것이 설계되어야 하며, 세련되면서 매장의 특성이 잘 드러나는 것이 좋다. 최근에는 다양한 특성들이 고객에게 어필하고 있기 때문에 올드하거나 촌스러움도 매장이 가지는 콘셉트와 연결된다면 크게 문제가 되지 않는다. 고객의 편의성을 고려한 출입구는 고객이 카페에 들어서자마자 편의성을 느끼게 되는 한 요소가 된다. 매장의 규모에 따라서도 출입문은 달라지겠지만 기본적으로 어떠한 매장을 운영하는지 특성에 따라서도 매장의 출입문과 전면부의 창문의 형태를 결정할 수 있다. 최근에는 전면부의 개방감을 주는 개폐식 창문을 설치하여 날씨가 좋은 날은 전면 창문을 다 열고 고객이 좋은 날씨를 함께 느끼면서 즐기도록 설계하는 경우가 많아졌다. 작은 매장이라도 회전이 빠른 매장의 특성을 가졌다면 넓은 출입문을 통해 고객이 쉽게 문을 이용하도록 만드는 것이 좋다. 매장의 규모와 유형에 따라 출입구의 수도 정해지며, 위치와 방향도 정해지게 된다. 이것은 건물이 가지는 특성을 고려하여 설계해야 한다.

그림 6-2 일본 오사카의 멜커피, 매장 전면의 다양한 인증 사진
(자료: 멜커피 인스타그램 홈페이지)

② 외부 공간이 가지는 풍경과 전망

베이커리 카페의 이용에 있어서 외부적인 공간이 가지는 장점이 있다면 매장의 특성을 살리는 데 매우 중요한 역할을 하게 된다. 좋은 풍경과 전망이 있다면 설계 단계부터 이 공간을 어떻게 살릴지를 결정하여야 한다. 도심의 건물이어도 매장 밖의 다양한 풍경을 조망할 수 있다면 고객의 시선에서 이 공간을 어떻게 바라볼지를 생각하고 설계에 반영하여야 한다. 매장 밖에 공원 또는 나무 풍경, 도심의 풍경, 도시적인 느낌 등 다양한 풍경적인 요소를 살릴 수 있다. 테라스 공간이 만들어질

수 있다면 더 좋다. 이 공간에서 고객들은 외부적인 풍경과 전망의 환경적인 요소를 통해서 매장에 대해 충분한 매력을 느낄 수 있기 때문이다. 최근에는 루프탑을 활용하는 사례가 많아졌다. 건물의 옥상을 활용하여 도심의 전경을 조망하거나 바다와 산, 숲, 호수 다양한 조망을 품고 있다면 매장이 가지는 특성을 최대한 활용하여 설계가 이루어져야 한다. 고객들은 좋은 상품과 서비스만을 원하는 것뿐만 아니라 더욱 다양한 부가적인 요인들의 서비스를 통해 특별한 경험을 원하기 때문이다. 도심 외곽이나 도심과 멀리 떨어진 곳에 베이커리 카페를 기획한다면 이러한 다양한 환경적인 요인을 특징으로 살려내는 콘셉트를 가진 베이커리 카페를 만드는 것이 중요하다.

그림 6-3 주변의 자연 경관을 조망하도록 만든 설계

③ 주차장

최근 고객의 베이커리 카페 방문은 시작단계가 주차에서부터 이루어지는 환경이 만들어졌다고 해도 과언이 아니다. 베이커리 카페가 위치한 상권이나 입지가 주차를 하기에 불편하다면 어떨까? 한 번은 가 볼 수 있을 것이다. 좋은 상품과 서비스를 경험하였더라도 주차여건이 좋지 않았다면 재방문은 너무 고민스러운 부분이 될 것이다. 매장의 규모가 커질수록 주차장에 대한 부분은 반드시 고민해 봐야 하는 부분이며, 규모가 작은 매장인 경우 반드시 주차장을 보유할 필요는 없다. 그렇지만

매장이 위치한 건물에 주차가 가능하다면 상관없겠지만 주차장이 충분하지 않고, 없다면 주변에 주차가 가능한 환경이 갖추어져야 한다. 대형 베이커리 카페를 도심 외곽에 기획한다면 고객들이 매장을 판단하는 외부적 요소 중에서 아주 큰 부분을 차지하게 된다. 충분한 주차장이 확보되고, 주차요원이 주차장을 유도할 수 있는 환경이 만들어져야 한다. 좋은 환경적인 조망을 가지고 있거나 특별한 매력을 가진 공간이며, 좋은 상품과 서비스를 가지고 있더라도 올 때마다 주차에 어려움을 느끼고 불편함이 있다면 고객은 이 매장을 다시금 찾는 것에 고민을 하게 될 것이다. 충분한 주차 공간은 비용적인 부분을 발생시키지만, 고객이 이용하는 데 불편함이 없는 환경을 만들어 주는 것은 중요하다. 대형 베이커리 카페의 주요 고객들은 대부분 차로 이동한다는 것이며, 이때 주차장의 문제는 베이커리 카페를 선택하는 외부적인 요인에 큰 영향을 준다는 것을 인식해야 하고, 이것은 재방문을 결정하는 중요한 부분이 되기도 한다.

(2) 베이커리 카페의 내부적 요소와 공간

① 베이커리 카페의 내부적인 공간설계와 배치

베이커리 카페의 공간을 구성하는 것은 결국 고객이 우리 매장을 느끼고 이용하는 데 감성적인 자극을 통해 가치 있는 소비 경험이 만들어지도록 하는 부분이 중요하다고 할 수 있다. 고객이 한 잔의 커피가 값을 지불할 때 비싼 커피값을 지불하여도 이 공간에서 느끼는 상품과 서비스가 만족스러웠다면 고객에게 감동을 주었다고 할 수 있는 것이고, 고객이 지불하는 비용에 비해 공간이 주는 만족감과 상품과 서비스의 질이 만족스럽지 못하다면 고객은 지불하는 금액과 비교하여 불만을 느끼는 감정이 달라질 것이다.

고객이 우리 베이커리 카페 매장 안에서 머무르는 시간 동안 긍정적 감정과 부정적 감정을 결정하는 것은 매장의 브랜드가 주는 다양한 요소들, 특히 공간 설계와 배치 등을 통해 느끼는 편안함과 즐거움도 중요한 요소가 된다는 것이다. 고객의 오감을 자극하는 내부의 모든 장식과 조명, 집기, 시설 등 모든 것이 콘셉트에 잘 맞추어져야 한다. 베이커리 카페의 공간 설계와 배치는 고객에게는 쾌적한 환경을 통해 시설을 편하게 이용할 수 있도록 하며, 직원들은 효율적인 공간에서 일에 대한 만족감을 높이도록 만드는 데 매우 중요한 부분이다.

② 베이커리 주방과 카페 바

베이커리 카페의 공간설계와 배치는 베이커리 파트가 어느 정도의 규모를 통해 매장에서 역할을 하는가에 따라 크게 달라진다고 할 수 있다. 공간설계에 있어서 베이커리 파트와 카페 파트가 가지는 기능적 변수들이 두 공간의 크기를 결정하게 되고, 가구의 배치, 장비와 기구의 크기와 형태가 중요하게 작용한다. 각각의 공간 안에서도 장비, 가구, 다양한 시설들이 어떻게 배치될 것인지도 중요하다. 각 파트의 직원들이 효율적으로 일하고 좋은 생산성을 만들기 위한 환경과 작업 동선이 나오도록 설계되어야 한다. 결국은 베이커리와 카페 파트가 적절한 생산력을 확보하고 매장이 정상적으로 영업이 이루어질 때 영업 성과에 직접적으로 영향을 미치는 요소가 되므로 설계 단계부터 신중하게 고민하고 설계에 반영하여야 한다.

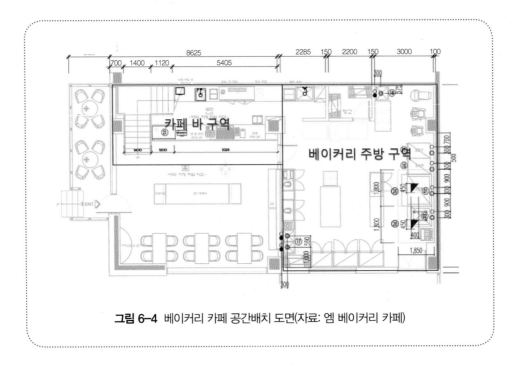

그림 6-4 베이커리 카페 공간배치 도면(자료: 엠 베이커리 카페)

③ 로고, 심벌

베이커리 카페의 로고와 심벌은 고객에게 브랜드가 가지는 가치를 전달하고 소통하게 만드는 매우 중요한 부분이다. 이러한 로고와 심벌은 잘 디자인되어 매장 안의 다양한 곳에서 브랜드를 알리는 역할을 해야 한다. 결국 고객이 경험하는 브랜드의 경험은 바로 시각적으로 보여지는 로고와 심벌로부터 출발하기 때문에 고객이 베이커리 카페의 공간을 경험할 때 적절하게 고객의 시선에 로고와 심벌이 노출되는 것이 필요하다. 로고와 심벌을 표현하고 전달하는 것은 디자인적인 요소가 잘 적용되어 있어야 하며, 공간 안에서 이것이 힘을 발휘하는 것은 인테리어 단계에서 공간 안에 적절히 배치될 때 더 큰 힘을 발휘하게 된다. 이것은 고객에게 매장이 가지는 가치와 특별함을 전달하고 경험하게 하는 중요한 과정이 되는 것이다.

그림 6-5 블루보틀 커피의 로고와 심벌의 변화(출처: 블루보틀 커피 홈페이지)

④ 홀의 공간 배치

베이커리 카페의 홀 공간은 일반적인 카페와 다르다고 할 수 있다. 베이커리의 상품의 판매도 중요하다 보니 베이커리 디스플레이가 어디에 배치되는지도 중요하며, 이런 부분은 베이커리 카페의 규모에 의해 크게 좌우되기도 한다. 규모가 작다면 작은 공간에 베이커리 디스플레이가 설계되어야 한다. 규모가 크다면 홀의 공간 적절한 곳에서 고객이 베이커리 상품을 선택할 수 있도록 베이커리 디스플레이가 배치되어야 한다. 이때는 반드시 고객의 이동 동선이 우선적으로 고려되어야 하며, 계산대를 이용하거나 주문하는 다른 동선들과 겹치지 않도록 공간 배치를 효율적으로 설계하는 것이 중요하다. 매장 안에서 상품과 서비스를 이용하는 고객을 위한 좌석배치도 중요하다. 하루 중 최대 손님이 많이 찾는 시간대의 예상고객을 감안하여 사업 검토단계에서 좌석배치가 이루어져야 하며, 고객은 상품의 종류, 객단가에 따라 베이커리 카페의 내부 환경에 대한 기대치가 다르므로, 좌석수와 실내 환경을 면밀히 검토하여 설계해야 한다. 베이커리 카페를 찾는 고객들은 일반적으로 창가나 벽이 있는 주변부에 착석하려는 경향이 강하므로 매장 홀의 공간을 계획할 때는 매장의 특성을 반영하여 최대한 좌석과의 공간배열을 고려해야 고객이 좋아하거나 즐길 수 있는 환경이 만들어지도록 설계하여야 한다. 베이커리 카페의 특성상 베이커리 디스플레이의 위치에 따라 고객의 이동 동선도 달라지게 되므로 매장 내에서 고객의 주문과 서비스 동선도 고려하여 적절히 설계가 되는 것이 중요하다. 동선이 겹치거나 통로가 좁다면 고객과 고객, 직원과 고객 간에 이동 시 불편함이 발생할 수도 있다.

고객이 주문이 이루어지는 공간, 상품을 픽업하는 공간, 반납 공간 등도 매장을 구성하는 중요한 부분이 되므로 매장 설계 시 고객의 동선을 고려하여 위치를 잡을 필요가 있다. 홀이 크다면 이때는 직원의 서비스 동선을 최소화하는 것도 고려되어야 한다.

전체 공간 중 매장 내에서 고객을 위한 공간이 많이 필요하다면 전체적으로 베이커리 주방과 카페 바와 홀의 공간의 배치를 효율적으로 나누어야 한다. 매장의 규모가 크다면 다양한 서비스 공간들이 만들어질 수 있겠지만 매장의 공간이 크지 않다면 효율적인 배치가 설계 시 반영되도록 한다. 소형 베이커리 카페라면 더 많은 고민을 해야 한다. 이때는 매장이 가지는 특성과 상품의 구성에 따라 공간을 배치하는 것이 필요하다.

⑤ 좌석 그리고 테이블과 의자

테이블과 의자의 배치는 방문한 고객의 이용에 있어서 다양한 의미를 준다고 할 수 있다. 고객의 이용 목적과 연령대, 다양한 계층, 여성, 남성, 연인, 친구, 가족인가에 따라서도 공간 인지는 달라진다. 이때 테이블과 좌석의 배치, 매장 안에서의 적절한 좌석 공간 배치가 중요하게 작용한다. 베이커리 카페를 이용하는 대부분의 고객이 대화를 주요 목적으로 하기 때문에 공간 안에서 적절한 테이블과 의자의 배치를 통한 간격은 편안함과 즐거움을 결정하는 중요한 요인이다. 의자의 편안함의 정도, 테이블의 적절한 높이 등도 고민되어야 한다. 최근에는 심플한 형태의 테이블과 의자들이 등장하고 있다. 이것은 매장이 가진 콘셉트에 의해서 결정되는 것이고, 빠르게 공간을 이용하도록 하는 목적도 있다. 이것은 베이커리 카페의 콘셉트에 따라 결정하면 된다. 보통은 소형 베이커리 카페에 적용된다.

매장의 규모에 따라 홀 공간에 적절한 좌석세트를 만드는 것도 고민하여야 한다. 일반적으로는 4인용과 2인용 테이블이 많이 구성되지만, 공간의 활용과 특성에 따라 4인용과 2인용의 효율성을 높이는 레이아웃으로 다인용으로도 이용 가능하게 만들 수 있도록 배치하면 된다. 그러면 상황에 따라 자석배치가 가능하게 된다.

베이커리 카페가 주로 이용하는 고객의 타깃층에 따라 좌석의 공간 배치가 달라지기도 하는데, 컴퓨터를 이용하는 1인 고객층도 대상이 된다면 창가 또는 벽 쪽에 1인용 공간을 배치할 수도 있으며, 홀의 중앙 또는 다른 공간에 도서관식 테이블 형태를 배치하는 것도 방법이다. 이때 중요한 것은 조용한 공간을 원하는 고객들이 모이는 공간과 대화를 목적으로 하는 고객들의 공간이 분리되는 것이 좋다.

⑥ 음악

베이커리 카페의 매장에서 흘러나오는 배경음악은 매장의 성격을 고객으로 하여금 결정짓게 하는 중요한 요소가 되었다. 배경음악에 따라 이용고객층이 달라지고 매장의 고객이용 시간에도 영향을 준다. 빠르고 비트가 강한 음악은 고객이 매장을 빠르게 소모하게 만든다. 반면 잔잔한 재즈나 조용한 음악이나 발라드, 클래식 등은 고객이 매장에 머무르는 시간을 길게 만들기도 한다. 목표 고객의 연령대와 목표 고객이 선호하는 음악의 색깔을 고려하여 매장 내 배경음악을 선택하여야 한다.

⑦ 화장실

베이커리 카페의 공간 중 최근에는 화장실 인테리어도 청결하고 세련된 형태로 변화하고 있다. 아무리 좋은 상품과 서비스를 제공하더라도 화장실 공간이 지저분하고 관리가 안 된다면 고객은 어떠한 선택을 하게 될까? 고객들은 이 매장의 방문을 심각하게 고려하게 만들 것이다. 특히 여성 고객들은 화장실 이용에 대한 민감도가 매우 높고 화장실을 다양한 목적으로 사용하기 때문에 특별히 이 공간을 신경써서 설계하고 운영해야 한다. 특히 여성고객들은 화장실에서 화장을 고치거나 하는 경우가 있으므로 화장실에 고객들의 이용 편의를 위한 여러 가지 고려가 필요하다. 화장실은 베이커리 카페의 선택에서 매우 중요한 경쟁력 있는 요소가 될 수 있다. 특히 잘 만든 화장실도 관리가 잘 되지 않는 다면 아무 의미가 없다. 프랜차이즈 매장들은 직원들의 관리 매뉴얼에서 시간 단위로 화장실을 점검하고 청소하도록 하고 있다. 베이커리 카페의 화장실의 청결은 고객의 시각적인 이미지를 평가하는 데 절대적인 영향을 미치는 매우 중요한 요소이므로 화장실의 청결은 항상 신경 써야 한다. 매장 내부에 화장실이 있다면 상관이 없지만 건물 내부에 공용화장실을 같이 사용하여야 한다면 청결문제가 어떻게 관리되야 할지 고민해야 한다.

적정한 화장실의 규모도 고려되어야 한다. 적정 화장실의 규모는 매장의 규모와 일일 방문 고객수에 따라 달라질 수 있다. 좌석의 규모에 따라 남성 화장실과 여성 화장실의 규모가 달라진다. 여성 화장실의 규모를 남성 화장실보다 크게 확보해야 한다. 베이커리 카페 특성상 여성 고객의 이용이 많기 때문이다.

매장 내 화장실의 위치도 매우 중요하다. 공간을 설계할 때 이 부분은 특히 신경을 써야 한다. 화장실 입구 바로 앞에 좌석이 배치된다면 이 자리는 모두가 기피하는 좌석이 될 것이다. 화장실을 가는 동선도 고려하여 매장의 좌석 배치가 이루어져야 한다.

⑧ 상품의 패키지

베이커리 카페를 이용하는 고객에게 메뉴판이나, 상품을 포장하는 패키지나 매장 안에서 이용할 때 사용되는 플레이트와 컵 등 다양한 도구들도 고객의 시각을 자극하는 요소가 된다. 이 역시도 베이커리 카페의 공간을 구성하는 중요한 영역이므로 콘셉트와 브랜드가 잘 녹아 있는 디자인을 통해 고객에게 전달되도록 신경을 써야 한다. 베이커리 카페는 케이크나 빵을 좋아하는 고객들이 매장 이용과 함께 포장을 해 가는 경우가 많기 때문에 상품 패키지에 특별히 신경을 써야 한다. 잘 디자인된 상품의 패키지나 굿즈(Goods)는 매장이 가진 브랜드 가치를 외부로 전달하고, 고객들이 우리 매장을 대신 외부인들에게 광고해 주는 아주 중요한 역할을 한다.

⑨ 편의성

베이커리 카페를 이용한 고객들 중에는 어린 아이들이나 반려동물을 데리고 오는 사례들이 늘어나다 보니 베이커리 카페의 콘셉트에 따라 고객에게 이용에 대한 안내를 하고 있는 경우들이 많다. 베이커리 카페의 특성상 노키즈존이거나 반려동물의 출입이 제한되는 경우를 제외하고는 고객에게 이러한 편의 시설과 공간을 제공하는 것도 매우 중요해졌다. 대형 베이커리 카페라면 공간 설계에서 키즈존을 통해 아이들이 안전하고 즐겁게 이용할 수 있는 공간을 따로 설계할 수도 있으며, 엄마들은 여유 있게 즐길 수 있는 환경을 만들어 줄 수 있다. 외부 공간에 반려동물들이 따로 놀 수 있는 공간을 통해 매장 이용이 가능하다면 최근의 다양한 고객들의 요구사항이 반영되고 고객의 편의를 제공하는 훌륭한 매장이 될 수도 있다. 최근에는 이러한 요소를 고려하여 방문 목적을 정하는 고객들도 많아지고 있기 때문에 이 부분은 콘셉트에 따라 고객에게 전달하고자 하는 가치에 따라 공간을 설계하면 된다.

제2절 베이커리 카페의 인테리어와 시공

❶ 베이커리 카페의 인테리어

1) 베이커리 카페의 인테리어의 중요성

베이커리 카페 공간 설계에 있어서 인테리어는 가장 중요한 요인이다. 고객들의 기호와 취미, 욕구 수준들이 정말 다양해지고 있다. 특히 세련되고 멋진 공간을 선호하고 찾는 고객들이 젊은 층을 통해 확산되고 있으며, 카페투어나 빵순례 같은 취미를 통해 다양한 맛과 공간적인 경험을 SNS 통해 전달하는 고객들도 많아졌다. 그만큼 인테리어를 통해 매력적이며 멋있고, 깔끔하고, 편안한 매장을 만드는 것은 고객을 매장으로 유인하는 가장 중요한 부분이 되었으며, 공간을 이용하는 고객들에게 전달되는 인테리어의 느낌은 상품과 서비스를 경험하게 만드는 중요한 구매결정 포인트가 되었다. 베이커리 카페 매장의 인테리어를 위해서는 설계부터 각 요소의 디자인 결정, 조명, 색상, 다양한 집기와 시설까지 꼼꼼하고 세심하게 신경을 써야 한다. 인테리어 디자인은 콘셉트에 기반하여 브랜드의 특성이 잘 반영된 인테리어와 디자인이 구성되어야 한다

2) 베이커리 카페의 인테리어 디자인

(1) 베이커리 카페의 인테리어 시공업체 선정

베이커리 카페의 인테리어를 계획할 때는 여러 업체와의 사전 미팅을 통해 창업자가 원하는 충분한 시공 능력이 있는지를 판단해야 한다. 몇 군데 후보 업체를 선정한다. 그리고, 시공 능력을 검증하기 위해서는 기존의 다양한 시공 포트폴리오를 검토하고, 시공 견적서를 통해 업체 간 견적 내용을 비교하여 평가한다. 요즘은 대부분 3D로 입체적으로 도면이 나오므로 인테리어 후의 완성된 공간을 미리 충분히 검토해 볼 수 있다. 이때 입체적인 도면뿐만 아니라 평면도도 매우 중요하다. 특히 베이커리 카페는 주방설계나 카페 바도 매우 중요하므로 이때 각 장비나 시설이 배

치될 수 있도록 평면도를 통해 공간 배치를 확인하는 것이 필요하다. 업체마다 디자인 실력도 다르므로 충분히 비교해 보는 것이 필요하다. 업체 선택 방법 중 하나는 비용적인 절감을 위한 다양한 아이디어를 솔직히 말해 주는 곳이 좋다. 최종 후보 업체를 선택하기 전에 기존에 인테리어 시공이 진행되었던 곳을 방문하여 피드백을 들어 보는 노력도 필요하다. 무조건 싼 것은 절대 피하여야 한다. 싼 자재를 통해 부실 공사로 추가 비용을 더 지불해야 하는 경우가 생길 수도 있다. 기존의 견적을 싸게 한 후 공사 중에 추가 비용을 요구하는 업체도 있으니 반드시 최종 선정 전에 이전 시공 매장을 방문하여 공사 진행 과정상의 여부를 파악하고 선택해야 한다. 예산 문제가 아니라면 디자인과 시공 실력이 있으면서 시공 후 하자보수를 꼼꼼히 해 주는 시공업체를 선택하는 것이 좋다. 견적서에 각 자재별로 어떤 회사의 제품을 쓰는지 명확하게 제시하는 곳들이 정확한 견적이라 보면 된다. 반드시 최종 계약 단계에서는 공사비 지급과 공사 진행 시 상호 약속 사항이 명시된 공사 계약서를 주고받는 것이 중요하다. 향후 혹시라도 발생할 수 있는 문제들을 대비할 수 있다. 공사가 지연되거나 문제가 발생한다면 오픈 일정이 늦어지고 이는 영업적인 손실로도 이어질 수 있기 때문이다.

(2) 인테리어 공간분석과 프로세스

베이커리 카페를 기획할 때 우선 창업자가 구상하고 생각하는 입지에 맞는지가 중요하다. 창업자의 계획이 반영되는 정확한 공간이라면 인테리어 공사비를 예측할 수 있다. 추가적인 공간에 대한 변경사항이 있다면 임대인과 사전 협의가 이루어져야 한다. 추후에 계약 후 공사 진행하다 문제가 생길 수도 있다. 관련 법규나 규정에 어긋나 원하는 공간 배치와 디자인을 할 수 없는 경우도 있다. 전기증설, 급배수 시설, 화장실, 정화조, 가스, 냉난방 등을 체크해야 한다. 추가적인 공사나 새로 공사해야 한다면 생각보다 많은 비용이 발생할 수 있으므로 눈에 보이지 않는 설비도 철저히 체크해야 한다.

베이커리 카페의 공간 구성은 베이커리 주방설비공간, 카페 바의 주방과 주문/반납구역, 홀 객석 구역, 베이커리 디스플레이, 동선이 만들어지는 통로를 구분하여 나눈다. 베이커리 카페가 판매하고자 하는 상품과 서비스에 따라 주방 공간이 달라진다. 베이커리 카페의 경우 주방 비율이 높기 때문에 대형 베이커리 카페를 계획한다면 전체 면적의 30~40% 정도까지 설계하고, 매장의 규모나 생산하는 상품의 수가 적다면 주방 면적을 15~20% 정도로 설계한다. 베이커리 카페는 빵이 진열되는 베이커리 디스플레이가 필요하므로 카페 바의 주방이 먼저 자리를 잡은 후 통로와 테이블과 의자 배치에 따라 함께 설계가 이루어지는 것이 순서이다. 고객을 많이 받기 위해 주방을 적게 설계하면 오픈 후 공간 사용이 비효율적으로 이루어질 수 있다. 반대로 주방을 너무 크게 설계하면 그만큼 테이블을 덜 놓게 되어 고객을 덜 받게 되므로 판매하는 상품과 서비스에 따른 적절한 주방 설계가 필요하다. 소형 베이커리 카페를 계획한다면 최대한 공간을 효율적으로 배치하는 것이 중요하므로 필요한 필수 시설만 배치될 수 있도록 설계한다.

최근 베이커리 카페의 인테리어 디자인 설계는 콘셉트와 마케팅까지 갖춘 새로운 공간을 의미한다. 고객에게 구매하고 싶은 충동을 주는 것과 동시에 고객이 편하게 즐길 수 있는 공간을 제공하는 데 초점이 맞추어져야 한다. 따라서 주변 환경의 다양한 상황을 고려하여 경쟁력을 갖춘 디자인의 설계가 이루어져야 한다.

베이커리 카페의 인테리어는 기획과 준비, 공사진행의 두 단계를 거치게 되는데, 준비단계에서는 시공업체 선정과 함께 다양한 베이커리 카페를 방문하여 시장 분석을 하고 벤치마킹을 통해 전체적인 부분을 기획한다. 이때 베이커리 카페가 지향하는 가치가 반영된 콘셉트와 연결하여 설계되는 것이 중요하다.

(3) 베이커리 카페의 인테리어 시 고려사항

① 베이커리 카페의 매장이 가지는 콘셉트의 특성을 살려 인테리어 설계가 이루어져야 한다. 베이커리 카페가 규모 크고 작은가에 따라서도 매장의 공간 구성이 달라질 뿐만 아니라 베이커리 카페가 주력으로 하는 분야가 어떤 유형인가에 따라 관련 시설과 장비가 달라지므로 공간 설계 시 이러한 부분들을 충분히 고려하여 공간 설계가 이루어져야 한다. 생산량에 따라서도 주방의 크기도 결정된다. 소형 베이커리 카페이면서 판매하는 상품의 가짓수가 많지 않고, 시그니처 메뉴 위주의 영업을 한다면 공간을 효율적으로 설계해야 한다.

② 매장 전면이 고객의 호감을 불러 일으켜야 한다. 베이커리 카페의 매장의 전면은 고객이 매장의 분위기에 매력을 느껴 매장 안으로 들어 가고 싶은 마음이 들도록 독창적이고 다양하게 구상하여 전면을 설계하는 것이 좋다. 최근에는 개방감

있는 것을 선호하는 고객들이 많다. 출입구는 고객의 동선과 편의성을 충분히 배려한 위치에 만들어야 한다. 전면은 매장의 얼굴이므로 최근에는 매장 앞에서 인증샷을 찍는 고객들이 많아지고 있다. 전면을 다양하고 특색 있는 아이디어를 반영하여 연출하는 것이 중요해졌다.

③ 매장의 조명은 고객의 마음을 움직인다. 최근 카페 내부 공간에서 사진을 찍는 행위가 매우 중요해졌다. 매장이 주는 분위기도 조명이 좌우하지만 고객이 찍은 다양한 사진도 조명이 좌우하게 된다. 좋은 색감이 나올 수 있는 조명은 고객으로 하여금 또 다른 즐거움을 주게 되는 부분이다. 베이커리 카페의 특성상 매장이 밝고 활기차게 보이는 것은 고객으로 하여금 긍정적인 반응을 일으킨다. 물론 매장이 지향하는 브랜드의 모습에 따라 또는 매장이 목표로 하는 고객에 따라 분위기는 달라질 수 있다. 매장이 가지는 특성에 따라 조용하고 차분한 분위기로 만들 것인지, 아니면 밝고 활기찬 분위기로 만들 것인지를 고민할 수 있는데 이러한 이미지는 내부와 외부에 설치되어 있는 조명에 의하여 연출이 가능하다. 매장 내의 조명은 취급하는 상품에 따라 다소 다르지만 밝게 하는 것이 바람직하다. 특히 베이커리 카페는 쇼케이스에 있는 다양한 디저트 메뉴들이 눈에 잘 띄도록 조명을 밝게 하여 차별화할 필요가 있다.

④ 매장을 고객이 밖에서도 경험하게 하라. 매장이 건물 전체를 쓰고 있다면 고객이 매장의 외관을 보고 매장이 가지는 콘셉트를 한 번에 느끼도록 하는 것이 중요하다. 고객으로 하여금 어떠한 매장인지를 명확하게 보여 줄 필요가 있다. 최근 유행하는 도넛 전문점들은 이러한 도넛이 강조되는 다양한 디자인과 특징들을 내세워 매장을 고객이 느끼도록 강조한다. 다양한 매장들이 함께 위치하고 있다면 다른 점포와 차별화하여 독창적으로 보이도록 할 필요가 있다. 매장의 전면에 포인트를 두어 강조되도록 하는 것이 필요하다. 이것은 꼭 세련되거나 화려한 것을 의미하지는 않는다. 최근에는 뉴트로한 것들도 고객에게 많이 호응을 얻고 있기 때문에 최대한 고객에게 어필할 수 있고 고객을 매장 안으로 방문을 유도할 수 있도록 외관의 특징들이 강조하는 설계가 필요하다.

⑤ 매장 내 공간 배치와 동선은 고객 중심으로 설계한다. 이동통로는 고객 중심으로 설계하여야 한다. 동선 상에서 고객이 서로 부딪치거나 또는 직원과 동선이 겹치거나 하는 상황들이 자주 발생한다면 이것은 고객으로 하여금 불편함을 느

끼게 하는 부분이다. 베이커리 디스플레이와 카운터로 이어지는 동선의 배치도 중요하며, 이러한 동선이 서로 충돌하게 되면 고객의 혼란을 주게 된다. 동선은 최대한 단순하게, 고객의 동선을 고려하여 설계되어야 한다.

⑥ 고객이 사진찍기 좋은 공간을 연출하라. 요즘 고객들은 SNS를 통해 자신이 다녀온 곳을 사진을 찍어서 인증한다. 특히 공간이 주는 특별함은 고객들이 사진을 찍고 인증하기에 아주 좋은 곳이다. 최근의 오픈하는 카페들은 특히 고객이 특정한 사진을 찍을 수 있는 공간을 자연스럽게 연출하기도 한다. 매장의 전면부의 특징일 수도 있으며, 매장 안의 특정한 공간일 수도 있다. 또 조명은 이러한 사진의 연출이 큰 역할을 하기도 한다. 인테리어 단계에서 이러한 부분을 고려하여 매장을 설계하는 것이 매우 중요해졌다. 고객들이 바로 SNS의 이러한 사진을 보고 찾아오고 자신들도 같은 인증사진을 SNS에 남기기를 원하기 때문이다.

⑦ 베이커리 카페의 건축과 인테리어 공사 전 반드시 다양한 관련 법규를 확인하고 진행하여야 한다. 최근에는 리모델링과 건축물 구조 변경에 대한 관련 규정들이 까다롭게 바뀌었기 때문에 관련 부분들을 꼼꼼히 검토하고 공사를 진행해야 한다. 오픈 후에 문제가 된다면 영업에 막대한 손실을 초래할 수도 있다. 소규모로 진행하는 인테리어라면 상관없지만, 도심외곽의 대형 베이커리 카페나 도심의 넓은 평수를 임차하여 공사를 진행하는 경우는 다양한 관련 법규를 검토하고 시설물에 대한 사전 점검을 통해 공사에 반영하여야 한다. 특히 실외 배기관, 정화조, 소방시설에 대한 관련 법규, 실내외 구조물 변경, 실외 간판 등에 대한 규제와 규정 사항들을 철저히 점검해야 한다. 인테리어 시공업체 선정 시도 다양한 공사들을 많이 진행해 본 업체가 도움이 된다.

⑧ 매장 홀 객석의 구성과 배치가 고객의 이용에 불편함이 없도록 합리적으로 구성되어 있어야 한다. 베이커리 카페의 규모와 형태를 고려하여 의자나 테이블의 형태가 2인석, 4인석, 6인석으로 골고루 분포되어 있어야 한다. 대형 베이커리 카페의 경우는 단체고객이나 그룹 고객을 위한 룸(방) 등이 설치되어 있고 칸막이 등은 수시 변형할 수 있도록 설계되어 있으면 더욱 좋다. 테이블 형태가 4각형, 원형 등으로 배합되어 부드러운 환경이 연출되는 것이 중요하다. 한 가지 형태는 너무 경직된 분위기를 줄 수 있다.

❷ 인테리어 공사의 진행

베이커리 카페의 목표고객층의 취향에 맞는 콘셉트와 브랜드를 구현해 줄 인테리어 업체를 선정하여 일괄로 도급을 주는 것이 현명하다. 인테리어 업체는 충분한 준비와 미팅을 통해 미리 선정하여 늦어도 매장의 임대 계약일부터는 설계와 디자인의 검토를 시작해야 하며, 잔금지급일 당일부터는 공사가 바로 시작될 수 있도록 준비해야 한다. 가오픈 기간을 충분히 두는 것이 필요하기 때문에 정식 개업예정일 1달 전에는 공사가 마무리될 수 있도록 해야 한다. 이때는 공사진행표를 통해 세부적인 진행 일정이 관리될 수 있어야 한다. 매장 오픈일에 대한 안내 현수막을 공사 시작부터 걸고 공사를 시작한다. 잘 디자인된 현수막은 고객들에게 기대와 관심을 불러일으키는 중요한 부분이 된다.

1) 인테리어 공사 내용

인테리어 공사는 크게 목공사, 베이커리 주방설비, 카페주방, 위생시설(상하수도 및 화장실 설비), 냉온방기기 공사(배관 및 위치 선정), 도시가스 공사, 전기 공사(배선 및 전등), 실내공사(방수, 미장, 타일, 유리, 도배, 커튼, 바닥공사), 간판공사, 외부시설공사, 기타 시설공사(전화, 인터폰, TV, 전축, POS, 보안), 간판공사(외부 간판, 내부 안내판, 메뉴), 실내 구매물품(탁자, 의자, 인테리어 소품) 등의 순으로 인테리어가 구분되어 진행된다.

표 6-1 베이커리 카페의 인테리어 공사 내용

내용	세부항목	비고
목공사	천장, 벽, 붙박이 가구, 카운터	
베이커리 주방	냉장고, 냉동고, 데크오븐, 싱크대, 선반, 작업대, 믹서, 도우컨디셔너, 랙, 스파이럴믹서, 도넛기계, 기구의 위치, 후드, 덕트, 배기시설	
위생시설	상수도 및 화장실 설비	
카페주방	냉장고, 냉동고, 제빙기, 커피머신, 그라인더, 싱크대, 쇼케이스	
냉온방기 공사	배관 및 위치 선정, 설치	에어컨, 온풍기
도시가스공사	가스 공사를 통한 설치 연결	
전기 공사	배선 및 전통, 인터넷	동력확인, 추가 시 증설공사

실내공사	방수, 미장, 타일, 유리, 도배, 커튼, 바닥공사, 배기시설	
간판공사	외부, 내부, 안내판, 메뉴판	
구매물품	테이블, 탁자, 인테리어 소품, 베이커리와 카페 시설 및 장비	
기타 시설공사	전화, TV, 스피커, 신용카드 단말기, CCTV, 보안시설	
기타공사	필요시 정화조 공사	
외부 시설공사	테라스, 정원 등 외부 공사가 있는 경우	

〈자료: 인터그리트 F&B〉

2) 인테리어의 진행 절차

(1) 시장조사

다양한 경쟁업체의 벤치마킹과 시장의 트렌드 조사를 기반으로 브랜드의 가치가 잘 반영되는 디자인 콘셉트를 구상하여야 한다

(2) 시공업체 선정

베이커리 카페의 시공능력이 있으면서, 창업자가 원하는 브랜드의 가치를 잘 구현해 주는 디자인과 인테리어가 가능한 실력 있는 업체를 선정한다. 이때 다양한 인테리어 시공 업체들과 미팅을 통해 비교한다. 소규모 자본으로 창업을 기획한다면 셀프 인테리어도 가능하며 이때는 중요한 전문 공사인 설비, 전기 공사 등만 외주 업체에 따로 맡기면 된다. 직접 셀프 인테리어도 충분히 가능하므로 많은 비용을 절약할 수 있다.

(3) 인테리어 설계 도면 검토

기본 설계도면에 의해 수정과 보완작업을 거친 뒤 공사실사 도면을 작성한다. 3D 디자인을 통한 설계와 평면도 등을 통해 베이커리 카페가 어떠한 모습으로 탄생할 지에 대한 구체적인 논의 검토하는 단계이다. 이 과정을 통해 인테리어 디자인이 나오고 각 인테리어 단계의 항목과 비용들이 구체적으로 산출된다. 또한 주방 등 장비와 시설물들이 들어가는 배치도 이때 함께 구현되는 것이 필요하다. 이때는 주방전문 설계 업체도 있기 때문에 장비와 시설을 담당하는 주방업체로부터 주방 설

계와 장비 및 시설 비용을 따로 견적을 받아도 된다. 몇 평의 공간을 어떻게 구분하고 장비와 시설을 배치할지가 이 단계에서 결정되며, 주방의 경우 몇 명이 어느 정도의 생산량을 만들지에 대해서도 검토하고 공간을 구획하여야 한다. 서비스 동선과 고객의 동선을 고려하여 홀 객석을 배치하여 고객 분들이 쾌적하고 좋은 환경에서 매장을 이용할 수 있도록 만드는 것이 중요하다. 대형 베이커리를 계획한다면 평면도, 전개도, 상세부위 도면, 입면도, 단면도, 전기배선도, 주방도면, 창호도면, 흡배기 도면, 수도인입 도면, 배수도면, 가스인입 도면 및 주방 내 도면, 가구위치 도면, 기구표시도 등이 나와야 한다.

(4) 시공업체 계약과 공사 일정 협의

위의 과정을 거쳐 최종적으로 시공업체 계약을 완료한다. 이때 계약서를 통해 공사 진행 시 발생할 수 있는 문제를 최소화하여야 한다. 사후 A/S에 대한 부분들도 반영한다. 또한 공사일정을 이때 명확히 하여야 한다. 임대 계약이 완료되면 바로 공사를 시작해야 하며, 공사가 지연되거나 문제가 생기지 않도록 시공업체와 충분히 협의를 통해 일정에 따라 공사가 진행되도록 한다. 공사가 정해진 일정에 완료되지 못한다면 큰 영업손실이 발생할 수도 있으므로 충분히 협의하여 합리적인 공사 일정이 진행되도록 한다. 공사완료 후의 하자보증기간의 확인, 특히 건물이 오래되었다면 설비기구가 노후화되어 누수 등 긴급한 사항의 발생 시 대처방법 등을 확실히 한다.

(5) 공사를 위한 행정 절차와 보험

대형 베이커리 카페의 건축공사나 인테리어 공사를 시행함에는 반드시 공사에 따르는 소음과 원자재 입고 및 구축물 철거에 따르는 먼지 등으로 이웃과 문제가 발생하는 경우가 많으므로 공용도로 사용허가가 필요할 때는 해당관청에 미리 허가를 받아 공사를 집행하는 것이 좋다. 소음, 먼지 등에 대해서는 철저한 칸막이 공사와 민원이 발생하지 않도록 하는 모든 업무는 인테리어 업체의 책임하에 진행되도록 한다. 소형 베이커리 카페의 경우는 인테리어 공사기간 중 발생할 수 있는 위험을 대비하기 위한 화재보험, 산재보험 등에 가입하지 않는 경우가 많으나, 대형 베이커리 카페의 인테리어 공사에는 만약을 대비한 화재보험, 안전사고에 대비한 산재보험에 가입해야 한다. 이에 따른 행정절차는 시공업자가 행한다. 인테리어만의 공사일 경우는 산재보험에는 일반적으로 가입하지 않는다.

(6) 철거단계

기존 공간에 시설물이 있다면 철거 작업을 진행해야 한다. 이때 활용 가능한 시설들이 있다면 최대한 활용하는 것이 좋다.

(7) 공사단계

내부 공사와 외부 공사가 진행되는 단계이다 베이커리 카페의 인테리어 공사 세부 내용에 따라 공사가 진행된다.

(8) 입주청소

내부 인테리어에 대한 공사가 마무리되면 입주청소가 진행되어야 한다. 장비나 시설물이 자리를 잡으면 청소가 쉽지 않고, 특히 위생이 매우 중요하므로 청결한 입주 청소를 통해 내부 인테리어 공사를 마무리해야 한다.

(9) 장비와 시설물의 배치

인테리어의 내부공사가 어느 정도 마무리가 되면 주방과 홀의 각종 장비와 시설들이 배치되어야 한다. 이때는 각종 장비들이 자리를 잡고 홀에도 테이블과 의자, 가구들이 배치된다. 내부와 외부 메뉴판과 안내판들이 제작되고, 인테리어 소품, 벽면 등에 다양한 디자인과 그림, 사진들로 인테리어를 연출한다. 이때 POS, 인터넷, 보안 공사들도 마무리가 되면 된다.

(10) 가오픈 준비

모든 장비와 시설물을 가동을 하는 것을 통해 이상 유무를 점검하고 오픈을 대비하는 기간이다. 이때 오픈 시 효율적으로 매장이 운영될 수 있도록 함께 점검하는 것이 중요하다. 베이커리 카페의 경우는 베이커리 디스플레이가 매장에 배치되므로 고객의 동선을 점검하여 추후에 시설이용에 불편함이 없도록 점검해야 한다.

그림 6-6 창업을 위한 진행 프로세스

소형 베이커리 카페의 시공 사례

소형 베이커리 카페의 준비 단계에서 평면도와 3D 평면도를 통해 구역의 배치와 인테리어의 상황을 점검하여야 한다. 최근에는 실력 있는 업체들은 고객이 구상하는 인테리어를 3D 평면도로 실제 공사 후 모습을 이미지로 설계 단계부터 만들어 주기 때문에 공사 후 어떤 디자인으로 인테리어가 완성될지 쉽게 알 수 있다.

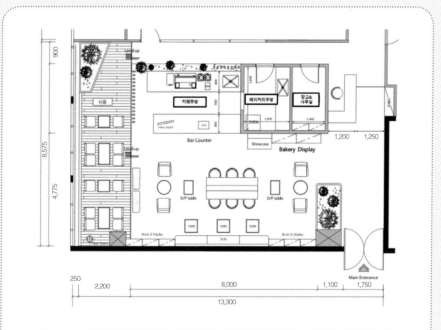

그림 6-7 소형 베이커리 카페의 인테리어 설계 평면도(자료: 디자인 베이시스 제공)

그림 6-8 인테리어 3D 평면도(자료: 디자인 베이시스)

그림 6-9 인테리어 후 실제 현장 사진(자료: 디자인 베이시스)

제7장

주방과 설비

효율적인 주방의 설계와 설비의 배치는
생산성을 높이는 데 매우 긍정적인 역할을 한다.

제1절 베이커리 카페의 주방과 주방관리

❶ 베이커리 카페의 주방

　베이커리 카페의 주방은 고객에게 제공되는 제과제빵 상품과 음료 상품을 만드는 공간이다. 주방은 다양한 상품들을 생산하기 위해서 다양한 장비와 시설들을 갖추고 있으며, 질 좋은 상품의 지속적인 생산을 위해 주방의 공간은 효율성과 효과성을 함께 가지고 있어야 한다. 또한 대량의 식재료를 다뤄야 하는 상황이 많으므로 위생적이고 안전하게 작업할 수 있는 공간이어야 한다. 베이커리 카페의 주방에 이루어지는 다양한 작업들이 안전하게 진행되도록 충분한 공간을 확보하고 있어야 한다. 주방은 식음료 상품의 질을 결정하는 공간이므로 청결 또한 매우 중요하다. 베이커리 카페 주방의 위치는 다양한 오염원과 차단되는 곳에 위치해야 하며, 주방의 환경은 다양한 식재료를 다루기 때문에 위생적인 공간으로 유지될 수 있도록 철저히 관리해야 한다. 베이커리 제품을 만드는 과정과 작업이 위생적으로 이루어지기 위해서는 작업의 흐름에 따라 공간을 기획하고, 필요한 장비 및 다양한 기기를 능률적으로 배치해야 하며, 효율적인 작업이 가능하도록 충분한 면적을 확보하고, 온도조절이 용이하도록 냉난방시설도 잘 갖추는 것이 중요하다. 주방 설계 시 주방 설비 공사는 현장 감독을 철저히 함으로써 바닥과 배수로의 물 빠짐이 용이하도록 하는 등 세심한 관리와 주의가 필요하다. 이렇게 주방을 효율적으로 잘 관리한다면 상품 생산성도 확보할 수 있다.

❷ 베이커리 카페의 주방기능

(1) 식재료 구매와 검수

　메뉴계획에 따라 상품별 생산 계획이 만들어지면 계획에 맞추어 식재료의 종류와 품질기준, 구매량 등을 결정한다. 구매 계획에 따라 거래처에 발주하여 구매를 진행한다. 특수한 식재료의 경우는 직접 방문하여 식재료를 구매하기도 한다. 최근에는 온라인을 통해 발주를 일반적으로 진행한다. 발주된 물품이 요청한 일시에 도착하면 배송된 물품의 리스트에 따라 검수작업을 실시한다. 검수관리는 배송된 식재료가 주문한 요건에 맞추어 품질, 선도 위생, 수량, 규격 등에 맞게 배송되었는지, 불량품이나 변질된 물품은 없는지 등을 확인하여 수령 여부를 결정하고 적절한 조치를 취하는 것을 의미한다.

매장으로 배송된 모든 식재료는 검수 후에 저장창고로 옮긴 후 주방으로 이동되기도 한다. 검수구역은 식재료 배송 차량의 진입로와 인접하여 운반이 편리한 곳이면서 창고 및 주방과 인접한 곳에 배치되는 것이 좋다.

〈검수과정〉

① 식재료와 거래명세서 대조: 배송된 물품과 주문한 내용의 일치 확인
② 식재료와 발주서, 거래명세서 대조 및 상품 확인: 수량, 중량, 품질, 냉장 및 냉동 식품 온도 확인
③ 물품의 검수를 통해 문제가 있는 재료는 반품하고 인수작업을 마무리한다.
④ 검수가 끝난 식재료는 즉시 전처리하거나 지정된 창고(냉장, 냉동, 상온)로 이동시켜 외부 포장(박스)을 제거한 후 보관한다.
⑤ 입고물품에는 검수날짜, 납품업자, 간단한 명세, 무게나 수량, 저장 장소, 가격 등 기록한 라벨을 부착한다.
⑥ 검수확인서 작성

(2) 저장

검수가 완료된 식재료들은 사용하기 전까지 식재료별로 보관기준에 따라 상온, 냉동, 냉장창고 등 적절한 저장 공간이나 창고에 보관한다. 저장은 검수 후 입고되는 식재료를 상품으로 생산되어 고객에게 제공할 때까지 검수하여 입고한 최적의 상태 그대로 보존 관리하는 작업을 의미한다. 이때 식재료의 운반 과정에서 오염과 파손이 일어나지 않도록 주의하여야 한다.

대형 베이커리 카페라면 저장구역의 크기는 일평균 생산량, 상품의 수와 식재료 배송빈도와 운영방침 등에 의해 결정된다. 일단 검수를 마친 후 입고되는 물품은 속

성에 따라 일반창고 또는 냉동·냉장실 등에 저장하면 된다. 이때 사용 시기 및 특성을 고려하여 구분하고 저장한다. 일반창고에는 설탕, 밀가루, 통조림, 병 제품 등을 보관한다. 냉장창고에는 과일과 채소, 계란, 유제품 등을 보관하고, 냉동창고에는 냉동식품을 보관한다.

저장 시에는 저장위치표를 만들어서 모든 식재료는 근무자가 쉽게 위치를 확인할 수 있도록 저장해야만 필요시 신속하게 찾아 사용할 수 있다. 식재료는 종류별, 규격별로 분류·저장되어야 한다. 식재료를 보관할 때는 입고 시의 품질을 사용하기 직전까지 유지하는 것이 매우 중요한 과제이다. 선입선출의 원칙을 지키는 것이 중요하다. 먼저 들어온 식재료를 먼저 사용해야 나중에 변질로 폐기되는 것을 막을 수 있다. 따라서 저장 시 나중에 들어온 물품을 현재 보관 중인 물품 뒤쪽에 보관한다. 냉장고 안에는 교차오염의 가능성이 있기 때문에 생선·육류 등의 식재료 구분하여 잘 보관하여야 한다. 냉장고는 주 1회 성에 제거 및 정기적 청소를 통해 위생적으로 관리하며 이때 식재료의 점검도 겸하는 것이 좋다.

(3) 생산

생산 과정의 첫 번째 단계는 전처리 단계로 식재료를 가공하고 처리하는 단계이다. 세척이 필요한 식재료는 세척을 통해 준비한다. 생산 상품의 재료를 계량하고, 제과의 경우는 팽창 형태에 따라 분류하고, 반죽은 외향이나 배합률, 상품의 특성에 따라 분류한다. 제빵의 경우도 각 생산 상품에 따라 제빵법을 결정하고 배합표를 작성하고 재료를 계량하여 준비하는 단계이다. 이렇게 준비된 상품은 반죽과 발효, 분할, 둥글리기, 중간 발효, 성형, 패닝, 2차 발효, 굽기 등의 단계를 거쳐 생산하게 된다. 생산이 완료되면 냉각을 거쳐 포장까지 하게 되면 상품의 생산이 완료되는 것이다. 또한 포장 없이 고객에게 전시할 상품들은 베이커리 디스플레이에 옮겨 놓는다.

(4) 세정

주방에서 모든 작업이 완료되면 세정 작업을 통해 사용하였던 도구, 주방 바닥 등을 깨끗하게 청소하고 관리하여야 한다. 세정구역은 사전작업 구역이기도 하다. 규모가 큰 베이커리 카페에서 전처리를 할 때에는 식재료에 따라 구역을 분리하여 작업하는 것이 좋다. 세정구역은 준비단계에서 세척이 필요한 식재료를 깨끗이 다듣는 구간이기도 하다. 세척은 사전작업 구역에서 진행된다. 식재료의 세척을 위해 물이 빈번하게 사용되기 때문에 급배수 시설이 구비되어야 하고, 바닥의 기울기를 일정하게 유지하여 한쪽으로 고이지 않도록 시공해야 하며, 미끄럼방지용 타일 등의 시공이 필요하다. 작업 진행 시 작업자가 이동하기 편리하도록 구성하는 것이 좋고, 교차오염을 예방하기 위하여 각 식재료를 구분하여 준비할 수 있도록 공간을 분리해야 한다.

(5) 휴게구역

주방의 근무자들은 근무시간의 대부분을 서서 일하며, 높은 온도와 습도 속에서 근무하는 경우가 많아 피로도가 높다. 따라서 휴식시간에 편안히 쉴 수 있는 휴게공간이 필요하다. 대형 베이커리 카페라면 주방 근무자를 위한 휴게구역에는 휴게실, 탈의실, 화장실, 샤워실 등이 함께 배치되는 것이 좋다. 휴게구역에 사무실이 비치되는 것도 필요하다. 식재료 관리와 메뉴계획, 인원관리와 일정관리, 회의 등 주방에서 필요한 사무를 진행한다. 사무실은 주방에서 일어나는 일을 볼 수 있도록 가까운 곳에 두는 것이 좋다.

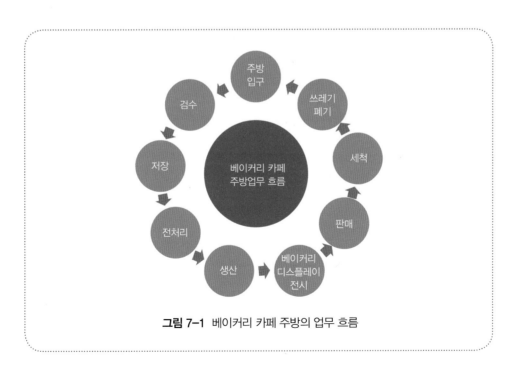

그림 7-1 베이커리 카페 주방의 업무 흐름

❸ 베이커리 카페의 주방 시설과 배치

1) 베이커리 카페 주방시설의 효율적 배치

베이커리 카페의 주방은 주방에서 작업하는 평균 인원 수와 생산량에 따라 규모가 달라진다. 주방의 모든 업무가 효율적으로 진행될 수 있도록 주방의 위치와 규모가 정해져야 한다. 주방에서 작업 시 동선이 겹치지 않도록 작업 동선을 고려하여 설계해야 한다. 장비와 시설의 규모에 따른 환기시설도 완비되어야 한다. 또한 주방의 작업환경도 매우 중요한데 항상 작업하기에 좋은 적절한 온도와 습도가 유지되도록 한다.

2) 베이커리 카페 주방의 시설

(1) 주방 바닥

베이커리 카페의 주방 바닥은 청소가 용이하고 내구성이 있으며, 미끄러지지 않고 쉽게 균열이 가지 않는 타일을 사용하여야 한다. 바닥은 급배수가 용이하도록 설계하며 미끄럽지 않아야 한다. 배수로는 전체를 스테인리스 스틸로 마감한다. 모든 바닥의 구조물은 청소가 용이하도록 설치되어야 한다.

(2) 주방 내벽

주방 내벽은 청소를 쉽게 할 수 있는 구조여야 한다. 또한 틈이 없고 평평하며, 오염여부를 쉽게 구별할 수 있도록 하얀색 타일로 하는 것이 좋다. 바닥에서 내벽 끝까지 전면타일로 시공하는 것이 좋다. 모든 내벽의 구조물도 항상 청소가 용이하도록 처리해야 한다.

(3) 천장

주방 천장의 높이는 바닥에서부터 2.8~3m 이상이 바람직하다. 천장의 재질은 내수성, 내화성이 있는 알루미늄 재질로 한다. 천장을 통과하는 배기덕트, 전기설비 등은 위생적인 주방 환경을 위해 천장의 내부에 설치하는 것이 바람직하나, 최근 층고가 높아 보이도록 노출로 마감을 하는 경우는 이에 맞게 알루미늄 재질로 마감을 해 주면 된다.

(4) 환기시설

베이커리 카페 주방 내에서 발생하는 가스, 매연, 증기, 습기 또는 먼지 등을 바깥으로 배출할 수 있는 충분한 환기시설을 갖추어야 한다. 공기의 흐름은 비오염구역에서 오염구역 방향으로 흘러가도록 한다. 도넛류 등의 생산이 많다면 기구 위에 설치하는 후드는 청소가 용이한 구조로 하고, 기름 받침 및 기름입자 제거용 필터를 설치하되, 후드의 재질은 스테인리스 스틸을 사용하도록 한다. 외부에 개방된 흡배기구 등에는 위생해충 및 쥐의 침입을 방지하기 위해 방충·방서 시설을 해야 한다.

(5) 창문

창문이 있다면 창문은 먼지가 쌓이지 않도록 창문 틀과 내벽이 일직선을 유지하는 것이 좋다. 개폐식 창문인 경우는 밖으로부터의 오염물질이 유입되지 않도록 주의해야 하며, 위생해충 유입을 방지하도록 방충망을 반드시 설치해야 한다

(6) 조명

베이커리 카페 천장에 설치되는 전등은 물이나 가스로부터 안전한 기구로 설치되어야 한다. 방수, 방폭 기능이 갖추어져야 하며, 오염을 방지하도록 보호장치가 있어야 한다. 적정한 조도를 유지하는 것도 필요하다.

(7) 출입구

대형 베이커리 카페의 경우 주방이 규모가 크고 식재료의 반입이 빈번하기 때문에 직원과 식재료 반입을 위한 출입구는 별도로 구분 설치하는 것이 좋다. 베이커리 카페 주방문은 평활하고 방습성이 있는 재질이어야 하며, 개폐가 용이하여야 한다. 출입문은 가급적 자동출입문을 설치하고 청소가 용이한 재질과 위생해충의 진입을 방지하기 위한 방충, 방서 시설 또는 에어커튼 등이 설치되어야 한다. 출입구에는 베이커리 카페 주방 전용신발로 갈아 신기 위한 신발장 및 발판 소독조와 수세시설

을 갖추어야 한다.

(8) 상온창고

베이커리 카페 저장창고는 주방을 통하지 않고 식재료 반입이 가능해야 하며 출입문은 항상 내부에서만 개폐할 수 있도록 한다. 청소 및 환기가 용이하여야 한다. 보관 선반은 물의 유입 시 제품 손상을 막기 위해 바닥으로부터 15cm 이상을 띄워야 한다.

(9) 사무실

외부로부터 베이커리 카페 주방을 통하지 않고 출입이 가능하면 좋다. 베이커리 카페 주방의 작업환경을 볼 수 있는 위치가 좋다. 업무 등을 진행하는 공간으로 역할을 하는 곳이므로 필요한 시설이 배치되어야 한다. 전기 배전판 등은 사무실에서 관리하도록 설치해야 한다.

(10) 휴게실

휴게공간은 직원들의 휴식시간에 이용할 수 있는 공간이며, 남녀 구분된 휴게실이어야 한다. 편하게 휴식을 취할 수 있는 공간으로서 직원들의 수에 따라 적정한 면적과 시설을 확보하고 냉난방시설이 설치되어야 한다.

(11) 탈의실/화장실/샤워장

베이커리 카페 직원의 수를 고려하여 남녀 구분된 시설이 완비되어야 한다. 탈의실에는 옷장과 필요한 설비를 갖추어야 한다. 외부와 연결된 환기시설이 있어야 한다. 사용 편의성을 위해 탈의실과 샤워실이 함께 있는 것이 좋다. 화장실은 주방과 통하지 않는 곳에 있어야 한다. 모두 청소가 용이한 구조여야 하며, 항상 청결이 유지되는 곳이어야 한다.

❹ 베이커리 카페의 주방관리

1) 주방관리의 이해

주방이란 일정한 공간을 중심으로 고객에게 제공될 상품을 가장 효율적이며 효과적으로 생산하여 최대의 생산성을 만들 수 있도록 인적자원과 물적자원을 관리하는 과정이다. 주방설계, 주방시설, 주방기기, 주방기물 등을 체계적으로 관리하는 것을 의미하며, 주방에서 이루어지는 생산과 관련한 모든 과정인 식재료의 구매, 검수, 저장, 출고, 재고 등의 구매관리, 인사관리, 메뉴관리, 원가관리, 위생 및 안전관리가 포함된 총체적인 관리활동을 의미한다.

2) 주방관리의 구성요소

(1) 메뉴관리

베이커리 카페의 주방에서 생산되는 모든 메뉴를 체계적으로 관리하는 활동으로 메뉴 계획과 개발, 메뉴 평가, 식재료 관리, 생산, 메뉴 운영 관리, 신메뉴 개발을 포함하는 모든 활동이다. 메뉴 관리에 따라 베이커리 카페의 수익성이 달라지므로 효율적인 메뉴관리가 필요하다.

(2) 구매 및 재고관리

베이커리 카페 주방의 구매 및 재고관리는 베이커리 카페에서 생산되는 모든 상품을 계획·통제·관리하는 중요한 활동으로, 생산 계획에 따라 상품의 콘셉트에 맞는 적합한 식재료를 구매하고 생산에 차질이 없도록 하는 활동이며, 이를 통해 생산시기와 생산량에 따라 적정한 재고관리 활동을 수반해야 한다. 특히 베이커리 카페에서 사용되는 식재료들은 수입되는 품목이 많으므로 식재료의 선정과 구매는 계절과 물가, 환율 등의 영향을 많이 받는다. 따라서 구매와 재고관리 활동은 식재료를 최적의 상태로 유지할 수 있는 효율적인 노력이 적극적으로 요구된다.

(3) 주방 장비 및 시설관리

베이커리 카페의 베이커리 파트에서는 다양한 제품이 생산되기 때문에 고가의 장비들이 설치되고 운영된다. 운영장비들을 종합적으로 관리하는 것을 통해 효과적인 생산활동이 이루어져야 하며, 장비의 관리 및 유지 활동은 매뉴얼을 통한 시스템에 의해서 관리되도록 운영해야 한다. 다양한 시설의 관리도 중요하다. 주방의 장비와 시설 관리가 소홀하여 문제가 생긴다면 생산에 차질이 생기고, 이것은 매출에도 영향을 주게 된다. 베이커리 카페 주방 장비들의 체계적인 관리 활동은 고객에게도 지속적으로 동일한 질의 좋은 상품을 공급한다는 목적과도 직결된다고 할 수 있다. 적절한 시설의 배치와 운영을 포함하는 모든 활동은 전체적인 운영시스템의 합리적 관리 아래 작동되어야 한다. 베이커리 장비들은 다양한 직원들이 공동으로 사용하고 있기 때문에 더욱 잘 관리될 수 있도록 노력해야 하며, 구매 초기부터 생산량과 활용도, 적합성을 고려하여 장비와 시설물을 선택하고 이후에도 장기적으로 잘 사용하기 위한 철저한 유지관리가 필요하다.

(4) 인적자원관리

베이커리 카페의 규모가 크다면 주방의 인적자원관리도 매우 중요해진다. 주방 조직에서 필요한 인력을 채용하고, 교육 훈련을 통해 직원들을 유지 및 관리하는 인사 행정을 활동을 말한다. 주방 인력의 지속적인 역량개발을 통해 장기적이며 안정적인 주방 조직을 운영하는 것이 필요하다.

(5) 주방환경관리

베이커리 카페에는 다양한 장비를 활용한 작업들이 많기 때문에 주방환경관리가 매우 중요하다. 주방의 환경을 관리하기 위해서는 실내 온도와 습도, 조도, 냄새와 소음 등이 좋은 환경하에서 작업이 이루어질 수 있도록 관리해야 한다. 환기 시스템과 조명, 공조 시스템 및 기타 요소들을 잘 관리해야 한다. 주방환경의 관리는 주방에서 일하는 직원들의 업무 효율성이나 직무 만족도 등에 큰 영향을 미친다. 직원들이 좋은 근무 환경을 통해 사고가 발생하지 않도록 세심한 관리가 필요하다.

(6) 위생관리

베이커리 카페에서 위생관리는 너무 중요한 부분이다. 식재료가 오염되지 않도록 모든 작업 과정 안에서 관리되어야 한다. 고객에게 제공하는 과정에서 고객에게도 문제가 발생하지 않도록 철저한 관리운영이 필요하고, 식품위생규정에 위배되지 않도록 식재료와 시설관리가 철저히 진행되어야 하며, 직원들의 위생관리도 매우 중요하다.

(7) 안전사고관리

베이커리 카페의 주방의 안전관리는 생산 관련 모든 작업수행 중에 일어날 수 있는 각종 산업재해를 예방하고, 위험한 시설물에 대한 안전장치를 설치하고, 직원의 안전교육을 통해 혹시나 있을 수 있는 상해나 화재 등의 인적·물적 사고를 방지하며, 피해를 최소화하기 위한 관리 활동이라 할 수 있다. 주방의 장비운영과 관련하여 전기와 가스 등은 잘못 취급하면 큰 사고로 이어질 수 있게 때문에 직원들의 안전관리 교육을 정기적으로 실시하여 다양한 안전사고를 사전에 예방하도록 노력해야 한다.

베이커리 카페 주방의 설계

❶ 베이커리 카페 주방 설계의 중요성

1) 베이커리 카페 주방설계의 이해

베이커리 카페의 주방설계란 주방에서 생산되는 다양한 메뉴를 효율적으로 생산하기 위해 주방공간을 효과적으로 배치하는 활동을 말한다. 식재료의 반입부터 생산, 포장, 서비스하는 모든 과정을 고려하여 주방 시설을 합리적으로 배치할 수 있어야 한다. 주방설계는 주방의 효율적 운영이 가능하도록 주방의 시설을 선정하고, 주방에서 작업 시 직원들이 효율적으로 움직이며 작업할 수 있도록 주방 동선을 기획하고, 주방 설비를 배치하는 설계 활동이다.

2) 베이커리 카페 주방설계의 중요성

(1) 베이커리 카페의 주방설계의 기본방향

베이커리 카페의 주방은 다양한 직원들이 일을 하는 공간이므로 업무의 효율성이 보장되고, 항상 동일한 품질의 상품을 생산할 수 있는 환경이 되어야 한다. 주방을 효율적으로 운영할 수 있도록 설계해야 생산성을 높일 수 있고, 다양한 비용절감 효과를 가져올 수 있으며, 직원들의 업무 만족도도 높일 수 있다. 잘 기획되고 설계된 주방은 혹시 있을 수 있는 다양한 위험을 방지하는 효과도 있다.

① 생산성

베이커리 카페에서 생산하는 상품수와 상품종류를 먼저 결정하는 것이 중요하다. 어느 정도의 생산력을 가지는가에 따라 주방의 장비와 시설을 결정할 수 있고, 장비와 시설이 들어가기 위한 주방의 공간이 결정되기 때문이다. 주방에서 생산부터 포장까지 모든 과정이 다 진행되는지 여부도 설계의 중요한 부분이 된다. 베이커리 파트와 카페 파트가 구분되므로 메뉴에 따라서 카페 구역에서 마무리 작업이 이루어질 수도 있으므로 두 공간의 활용도를 고려하여 설계가 이루어져야 한다. 생산량 예측은 최대 작업이 가능한 판매 개수도 미리 설정해야 장비가동 규모도 정확히 산출할 수 있다. 각 장비별 생산 능력 또한 체크해야 하며, 실제 매장 오픈 후에 생산 능력도 평가해야 한다.

② 장비와 시설의 배치

장비와 시설물의 배치가 중요하다. 오븐, 냉장고, 냉동고 등 큰 부피를 차지하는 장비들의 위치가 먼저 결정되어야 한다. 장비를 설치하기 전에 주방의 작업 동선을 고려해야 한다. 주방 면적 안에서 우선적으로 생산에 필요한 장비를 먼저 배치하고 다른 시설을 고민해야 한다. 저장창고, 휴게실, 사무실 등 기타 공간들은 추가적으로 배치해 보도록 한다.

③ 주방공사에 대한 고려

주방바닥과 주방 벽체의 마감재는 샘플을 보고 결정해야 한다. 각종 급배수 라인을 확인하고 온수 시설이 세척구역에 설치되도록 해야 한다. 전기용량이 충분한지 점검한다. 전기 증설이 필요한 장비들이 설치되므로 반드시 설계 시 확인한다. 후드 설비의 위치를 미리 정해야 한다. 내부적인 시설과 외부 환경을 고려하여 배치한다. 덕트 설비도 확인한다. 도시가스 라인에 따라서도 시설 위치가 정해지므로 설계 시 이 부분도 고려해야 한다.

④ 주방 설계의 결정

위의 고민들을 통해 주방의 구체적인 설계 도면을 작성한다. 베이커리 카페 경험이 충분히 많지 않다면 주방시설을 전문으로 기획하고 설치하는 회사의 도움을 받는 것이 좋다. 이런 종합적인 검토를 통해 주방 공간의 배치가 합리적으로 설치되었는지 체크해야 한다. 또한 주방기기의 종류, 규격을 기록한 리스트를 만들고 번호를 매겨, 도면에 번호를 통해 표시하여야 한다.

(2) 베이커리 카페의 주방 설계

규모가 큰 대형 베이커리 카페의 주방에 대한 설계 계획 단계가 필요하다. 창업자, 인테리어, 전기, 수도, 공조, 주방 전문가 등의 각 전문가들이 함께 논의하여 초기 설계 방향성을 잡는 것이 필요하다. 이 단계에서는 구체화된 설계에 따른 구체적인 비용 산정이 함께 진행된다. 주방 설계에 필요한 다양한 공사 재료, 다양한 시설 등의 비용 등을 면밀하게 산정할 수 있다. 주방 설계와 관련한 문서들을 작성하고, 세부적인 비용을 산정하여 최종 결정을 한다. 주방공사를 위한 세부 평면도가 만들어지며, 설비의 계획서, 장비와 다양한 시스템에 대한 설명서, 주문 제작하는 기기가 있다면 도면도 함께 만들어져야 한다. 이러한 문서들은 주방의 공사를 효율적이고 체계적으로 진행되도록 만들며, 창업자도 이 서류들을 통해 작업 진행사항을 체크하고 최종 완료 시 이를 통해 문제점을 체크할 수 있다.

❷ 베이커리 카페의 주방 시공

1) 베이커리 카페의 주방 시공

베이커리 카페의 주방 시공 단계에서는 주방의 기반시설에 해당하는 바닥과 벽, 천장 등의 주방 기초공사와 함께 공조 시스템, 급/배수, 전기, 가스, 수세시설 등의 설비 공사가 이루어진다.

(1) 주방바닥

베이커리 카페 주방의 바닥 시공은 미생물 번식의 요건이 될 수 있는 습기를 차단하고, 작업자의 업무효율을 향상시키기 위함이다. 원활한 배수가 이루어지고, 미끄러움으로 인한 부상이 방지되며, 위생적인 관리를 위해 청소가 쉽도록 하는 것이 바닥 시공의 핵심이다. 주방에 시공하는 바닥재는 물이나 기름 등에 미끄러지지 않게 해야 하며, 잦은 물청소 등에도 내구성이 좋으며 유지 관리가 편리한 타일을 설치한다. 또한 음식물 찌꺼기 등이 하수구로 흘러들지 않도록 트렌치를 설치해야 한다. 기름 및 음식물 찌꺼기 등을 제거하기 위한 그리스트랩이 설치되어야 한다.

(2) 주방 내벽

주방 내벽은 청소를 쉽게 할 수 있는 구조여야 한다. 또한 틈이 없고 평평하며, 오염여부를 쉽게 구별할 수 있도록 하얀색 타일로 하는 것이 좋다. 바닥에서 내벽

끝까지 전면타일로 시공하는 것이 좋다. 모든 내벽의 구조물도 항상 청소가 용이하도록 처리하여야 한다. 이물질이 흡수되지 않는 청소가 용이한 재료를 사용하며, 고온에 장시간 노출되더라도 독성을 나타내지 않고, 품질 변화가 적은 소재를 사용하여야 한다.

(3) 주방천장

천장의 재질은 내수성, 내화성을 가진 알루미늄 재질로 한다. 천장을 통과하는 배기덕트, 전기설비 등은 위생적인 주방 환경을 위해 천장의 내부에 설치하는 것이 바람직하다. 주방에 시공하는 천장은 습기에 강하고, 난연성이 있으며, 소음을 흡수할 수 있는 재질이나 구조로 된 재질을 사용하여야 한다. 색상은 오염이 잘 드러나고 청소하기 쉬운 밝은 색상의 마감재를 선택하는 것이 좋다. 또한 주방은 습기와 찬 공기, 더운 공기가 교차되는 공간으로 결로가 생길 경우 곰팡이가 발생할 수 있으므로 결로방지용 단열재 시공을 해야 한다.

(4) 공조 시스템

베이커리 카페의 공조 시스템은 기구의 연소를 위한 산소 공급, 실내온도 조절, 환기, 식재료의 품질 유지 등에 영향을 주는 매우 중요한 요소이다. 공조 시스템은 공간의 온도와 습도, 기류와 공기의 질을 관리하는 기기 시스템이다. 공조 시스템 작동에 문제가 생기면 두통 등의 증상이 생길 수 있다. 공조 시스템과 관련한 설비로는 배기후드, 덕트, 환풍기, 송풍기 등이 있다.

① 배기후드

배기후드는 오븐 등 기기에서 나오는 열기와 수증기, 기름기, 배기가스를 모으는 역할을 한다. 배기후드 안에는 필터를 설치하는데, 배기가스가 후드를 통해 배기되는 과정 중 미세 기름기를 포집하는 역할을 한다. 화재감지 장치를 후드와 덕트의 연결 부위에 추가로 설치하면 화재의 위험을 더욱 줄일 수 있다.

② 덕트

덕트는 후드에 모인 연기와 수증기 등을 옥외로 배출시키는 통로이다. 덕트 설치 시 외부의 다른 매장에 영향을 주지 않는 위치에 설치하여야 한다. 이런 부분을 고려하지 않고 덕트를 설치했다가 나중에 덕트 공사를 다시 해야 할 수도 있다.

③ 환풍기

환풍기는 주방의 환기를 돕기 위한 기기 중 하나이다. 환풍기는 냄새와 연기를 밖으로 배출시키기 때문에 여러 곳에 설치하는 것이 좋다. 환풍기도 정기적으로 청소하여 기름기가 남아있지 않게 해야 한다.

④ 송풍기

송풍기는 배기후드에 모인 연기나 수증기, 열기 등의 배출을 원활하게 하기 위한 것으로 덕트 내부에 설치한다. 배기의 필요성이 큰 곳에 사용한다.

⑤ 공조 시스템의 설치

공조 시스템은 개별적으로 시스템을 설치하는 것이 효과적으로 관리할 수 있다. 중앙 집중식으로 설계할 경우 사용하지 않는 주방시설도 작동하여 불필요한 전력 소모와 소음도 발생한다. 발생되는 연기량과 열량에 맞는 배기 덕트와 송풍기를 설치해야 하며 배기를 돕는 급기 덕트와 송풍기 설치도 필요하다. 적정한 공간에 맞는 냉난방기 설치도 해야 한다.

(5) 급수와 배수

① 급수

주방에서 사용하는 물은 음용이 가능하며 위생상 문제가 없는 것을 사용해야 한다. 보통은 수도를 사용하고, 상품의 생산을 위해 사용되는 물은 정수필터를 설치하여 정수된 물을 사용한다. 급수 장비에 정수필터를 통해 공급이 이루어지도록 설치하고, 온수가 필요한 경우 내부 온수 공급이 안 된다면 온수급탕기를 별로도 설치하여야 한다. 급수시설은 전 작업이 이루어지는 세척 공간에 위치한다.

② 배수

주방에서 발생하는 오수는 일상생활에서 발생하는 오수 중에서 오염도가 높은 편에 속한다. 음식물과 기름 찌꺼기가 함께 들어가는 경우가 많으므로, 주방설계 시 급수설비와 함께 배수설계도 진행한다. 이때 트렌치와 그리스트랩도 함께 설치해야 한다.

(6) 전기

베이커리 카페 주방에는 전기를 사용하는 다양한 장비들이 설치된다. 전기는 주방의 다양한 장비뿐만 아니라 조명, 공조 시스템의 작동에 관여한다. 전기 용량이 부족할 경우에는 반드시 전기증설 공사를 진행해야 한다. 장비에 따른 전기 사용량을 계산하여 한전에 전기증설을 신청해야 한다. 전기 용량이 부족할 경우 화재의 우려도 있기 때문에 충분한 전기용량이 필요하다. 주방 내 전기 설계를 통해 전기를 사용하는 기기 전체에 대한 것은 물론, 분전반과 배전반의 위치와 높이 등을 고려하여 평면계획을 해야 한다.

(7) 가스

가스는 주방의 중요한 역할을 담당한다. 가스관이 주방 안에 들어와 있는지 없는지에 따라 가스관 공사가 이루어질 수 있다. 도시가스가 들어와 있다면 상관없지만 도시가스 들어와 있지 않다면 LPG 가스를 여러 대 연결하여 사용하여야 한다. 주방에 설치된 가스관의 정기적인 안전 점검과 관리가 필요하다.

(8) 수세시설

베이커리 카페 직원들은 작업 시 철저한 개인위생 관리가 요구된다. 작업 변경 시마다 개인위생 관리원칙에 충실하게 손을 깨끗이 관리할 수 있도록 조리실 내에 종사자 전용의 수세시설을 갖추어야 한다. 40℃ 정도의 온수로 손을 씻을 수 있도록 온수관이 연결되어야 한다. 수도꼭지는 페달식 또는 전자감응식 등을 설치하는 것이 필요하다. 직원들의 위생관리를 위해 손세척에 대한 주의환기를 위한 교육을 실시해야 한다.

❸ 베이커리 주방 장비와 기기

베이커리 카페의 생산 규모에 따라 다음과 같은 장비가 주방에 설치되어야 한다. 이때는 주방의 규모에 따라 적절한 생산량을 평가하여 효과적으로 주방 장비와 기기 배치되도록 한다.

1) 베이커리 주방 장비의 배치

다음은 베이커리 카페의 주방 장비에 대한 배치표와 장비 리스트이다. 주방 설계 시에 각 장비의 위치를 정하고 각 위치에 들어가는 장비의 번호를 통해 리스트 표를 만들어 실제 주방 공사 시에 각 위지에 장비가 정확히 설치될 수 있도록 해야 한다. 이때는 전기, 급배수, 후드 위치를 고려하여 장비를 설치해야 한다.

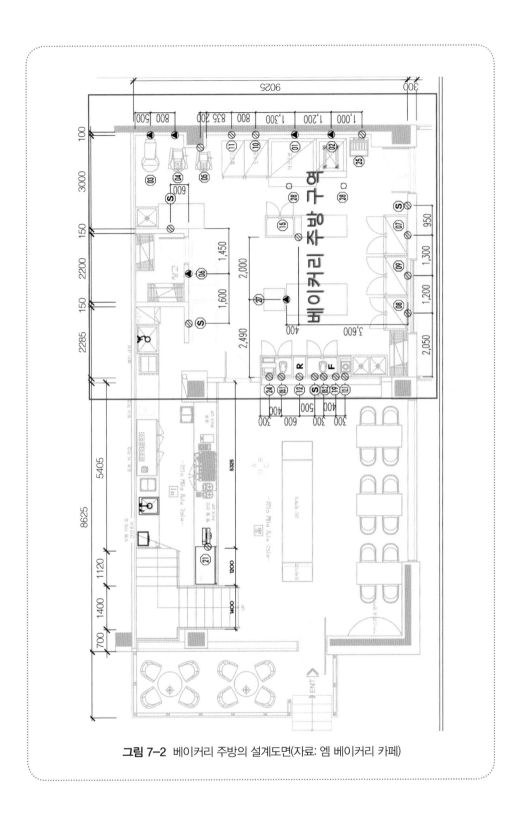

그림 7-2 베이커리 주방의 설계도면(자료: 엠 베이커리 카페)

표 7-1 베이커리 주방 장비 및 기기 리스트

No.	Description	Description	Model no.	Dimension			ELEC/POWER		Capacity	Q'ty
				W(mm)	D(mm)	H(mm)	Power	Kw		
**	Main Kitchen									
1	냉장테이블	COLD TABLE	1500 width	1500	700	850	0 1P/220V	0.5	1500 냉장/건냉식	1
2	작업테이블	WORK TABLE		1500	700	850			서랍 포함	1
3	냉장고	REFRIGERATOR	45 Box	1260	800	1900	1P/220	1.0	4 door/냉장/건냉식	1
4	냉동고	FREEZER	45 Box	1260	800	1900	1P/220	1.0	4 door/냉장/건냉식	1
5	베이커리용 제빵용 냉동고	BAKERY FREEZER	38 trays	1100	803	2000	1P/220	2.0	400×600mm/38 trays	1
6	항온형 디지털발효실	PROOFER	40 trays	1020	750	1850	1P/220	2.2	400×600mm/40 trays	1
7	도우컨디셔너	DOUGH CONDITIONER	38 trays	1100	803	2000	1P/220	2	400×600mm/38 trays	1
8	우녹스 컨벤션오븐	CONVECTION OVEN	6단	860	882	930	3P+N/380V	10.5	600×400mm : 6 trays	1
8-1	오븐 받침대	OVEN TABLE		900	900	850			하부 벤풋이	1
9	버티컬 믹서	VERTICAL MIXER	50/30리터	650	610	1070	3P+N/380V	1.5	5 50/30Qt bowl capa.	1
10	버티컬 믹서	VERTICAL MIXER	20리터	540	520	1310	1P/220	0.4	20Qt bowl capa.	1
11	스파막서	MIXER	8리터	360	470	660	1P/220	0.2	8 Liter	1
12	2-조싱크대	2-SINK COMPT		1500	750	850				1
13	계량작업대	MEASURING WORKTABLE/3-SHELF		1500	800	850			서랍식/3단 선반	1
13-1	일가루통	INGREDIENT BIN		400	600	600				3
15	쇼케이스	SHOWCASE		1800					평대1단	1
16	음료케이스	BEVERAGE SHOWCASE	FRS-530RW	730	696	1841	1P/220	0.35	479 Liter	1
16-1	음료케이스	BEVERAGE SHOWCASE	LOD-900R	900	505	735	1P/220	0.53	122 Liter	1
16-2	음료케이스	BEVERAGE SHOWCASE	LCD-900S	900	680	1200	1P/220	0.63	285 Liter	1
17	린나이 프라이어	FRYER	RFA-327TE	600	600	1000	1P/220	9		1

〈자료: 엠 베이커리 카페〉

2) 베이커리 주방에서 필요한 물품

다음은 베이커리 카페 주방에서 필요한 다양한 물품 리스트이다.

표 7-2 베이커리 카페의 주방 물품 리스트 예시

No	품명	규격	단위	수량
1	462AL빵판(단면)	600*400*20	1EA	30
2	462AL타공판(단면)	600*400	1EA	30
3	테프론시트	46용-570*370	1EA	40
4	스텐 가루체	고운망/중-320*80	1EA	1
5	스텐 가루체	거친망/중-320*80	1EA	1
6	도넛 건지개	중-275	1EA	2
7	카스전자저울	5kg [2g 단위]	1EA	2
8	카스전자저울	10kg [5g 단위]	1EA	1
9	만능건지개	중-220	1EA	2
10	자루분당체	중/일본-80*190	1EA	2
11	자루분당체일	대-[100*215]	1EA	2
12	계량컵	2000ml-2000ml	1EA	2
13	디지털온도계	O-219/화이트-[230*30]	1EA	2
14	적외선온도계	S5001-[150*78*35]	1EA	1
15	타이머	T-291OR	1EA	4
16	스텐자	60CM-60CM	1EA	2
17	재단봉	S.T-50CM		4
18	비닐 짤주머니	18인치[100pcs-18인치]	100EA	3
19	모양깍지세트	대-15종		1
20	스크래퍼pp	둥근	1EA	3
21	스크래퍼pp	각	1EA	3
22	ABS실리콘 스크래퍼	120*105	1EA	2
23	식도/중	L340	1EA	2
24	독일톱과도		1EA	2
25	벨가위		1EA	4
26	빵칼톱칼	중/일본/14인치	1EA	2
27	루벤스향균붓2호	250*40	1EA	2
28	PE밀대	대-330*35	1EA	2
29	PE밀대	소-248*25	1EA	2
30	앙금 헤라	소-170*30	1EA	8

No	품명	규격	단위	수량
31	알뜰주걱	대-210*100	1EA	8
32	자루주걱	대-[420]	1EA	2
33	스텐 캔따개	일본-[110*80]	1EA	2
34	스텐 거품기	중-35CM	1EA	4
35	자동토치	코베아-200*95*40	1EA	2
36	광목천	[800*650]	1EA	10
37	넓은 스텐볼	1호-240*75	1EA	10
38	넓은 스텐볼	2호-290*90	1EA	12
39	넓은 스텐볼	3호-335*110	1EA	12
40	넓은 스텐볼	5호-465*140	1EA	2
41	가루뜨개스텐	중-[120]	1EA	4
42	링세트11종			3
43	낮은주름링세트			3
44	도넛 건지개	스텐4호[250*560]	1EA	1
45	만능건지개	대-[280]	1EA	1
46	스텐양면계량스푼	평평5ml, 15ml	1EA	5
47	천짤주머니	20인치-20인치	1EA	5
48	위생도마PE	3호[소]-[440*250*15]	1EA	2
49	위생도마PE	3호를[대]-[600*400*18]	1EA	1
50	46스텐채반(비코팅)	다리X	1EA	10
51	모양깍지	[801]	1EA	15
52	모양깍지	[36k]	1EA	6
53	주문도넛링		1EA	3
54	주문도넛링		1EA	3
55	주문도넛링		1EA	3

〈자료: 엠 베이커리 카페〉

❹ 카페 바의 장비와 기기

카페 바에 장비와 기기를 설치하기 위해서는 카페 바에서 어떤 작업들이 이루어 질지에 따라 달라질 수 있다. 커피와 다양한 음료의 제조, 디저트 판매와 플레이팅, 카운터 등의 기능이 들어간다면, 이 구역의 목적에 맞는 시설이 비치될 수 있도록 카페 바의 주방을 설계할 때 고려해야 한다. 카페 바 안에서도 각 시설의 위치에 따라 직원들의 동선이 겹치지 않도록 동선부분도 고려해야 한다.

카페 바에도 다양한 장비들이 배치되기 때문에 사전에 어떤 장비들이 들어가는지 리스트를 작성하고 각각의 장비들이 위치를 잡도록 평면도를 미리 만들 필요가 있다. 이때 각 장비들의 사이즈에 따라 적절한 위치에 배치되도록 설계해야 한다. 전기 용량도 매우 중요하다.

카페 바에는 커피 머신, 냉장고, 냉동고, 제빙기, 쇼케이스 등 전기 용량이 많이 필요한 장비도 들어가기 때문에 전기 사용 용량을 사전에 체크하여 전기 용량이 모자라지 않도록 준비하여야 한다. 소형 베이커리 카페는 소형 오븐도 카페 바 주방에 위치하므로 설계 시 함께 고려한다. 기본적으로 정수시설과 세척구역이 필요하므로 급배수가 가능하도록 설계 시 설치구역을 자리 잡아야 한다. 중대형 베이커리 카페의 경우는 베이커리 주방과 카페 주방이 분리되지만, 소형 베이커리 카페의 경우는 분리되지 않고 카페 바 하나에서 모든 것이 이루어지는 곳도 있으므로 각 장비와 시설에 대한 위치 설계가 매우 중요해진다. 작은 구역 안에서 작업이 효율적으로 진행되어야 하기 때문에 이 부분도 고려하여 사전 설계를 하여야 한다.

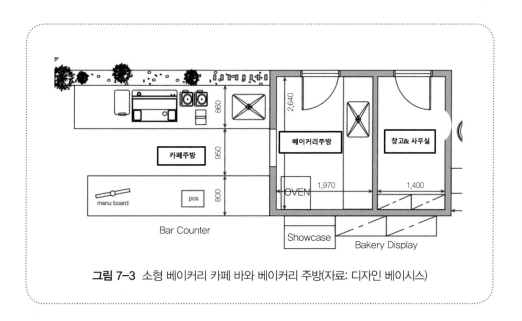

그림 7-3 소형 베이커리 카페 바와 베이커리 주방(자료: 디자인 베이시스)

표 7-3 소형 베이커리 카페 장비 및 기기 예시

Machine	EA	Remark
Espresso Machine	1	중급모델 FAEMA 2 GR
Grinder	2	시모넬리 블랜딩용/자동 그라인더
Hot water dispenser	1	수동 and 자동
제빙기	2	카이저 50kg 1ea. 100kg 1ea
블렌더(믹서기)	1	하이믹스 프로
테이블 냉장고 1800 3 D or 2D	2	우성 간냉식/디지털*2ea
쇼케이스	1	세경 제과 냉장
정수필터	2	커피머신용 1ea/제빙기+기타장비+음수용 1ea(소모품)
Bakery Oven	1	우노
토스트용 전기그리들	1	우성 업소용 전기 그리들
사이드 스프레이 린서	1	피처 및 샷그라스 세척대

〈자료: 인터그리트 F&B〉

제8장

상품과 메뉴관리

메뉴는 베이커리 카페의 판매 활동에 있어서
가장 핵심적이고 가장 중요한 개념이다.

제1절 베이커리 카페 상품 구성과 메뉴 계획

① 베이커리 카페의 상품과 메뉴

1) 상품과 메뉴의 정의

상품과 메뉴의 개념은 어떠한 업종에서 어떻게 판매하는가에 따라서도 다르게 해석된다. 상품이란 일반적으로 마케팅의 관점에서 판매가 가능한 모든 것을 통칭한다. 생산자의 관점이나 판매하는 자의 관점에 따라서도 상품 또는 제품이라는 개념으로 말할 수 있다. 일반적으로 외식업에서의 상품은 경영과 마케팅 관점에서 메뉴라고 정의되기도 한다. 베이커리 카페에서는 일반적으로 우리가 구매하고자 하는 모든 상품을 통칭하여 메뉴라고 말할 수 있다.

베이커리 카페 메뉴는 창업자와 고객을 연결시켜주는 강력한 도구이다. 메뉴는 베이커리 카페의 판매 활동에 있어서 가장 핵심적이고 가장 중요한 개념이다. 메뉴를 통해 매출이 일어나고 이를 통해 수익이 창출된다. 이 장에서는 베이커리 카페에서는 판매되는 모든 상품인 제과, 제빵, 디저트 제품, 카페 음료 등을 메뉴로 정의한다.

2) 베이커리 카페 메뉴 특징

베이커리 카페는 일반적으로 다양한 제과와 제빵 메뉴를 포함하여 판매하며, 카페의 다양한 커피메뉴를 포함하여 다양한 음료 메뉴를 함께 판매한다는 특징이 있다. 그렇지만 최근 베이커리 카페는 콘셉트와 브랜드에 따라 주력 메뉴를 통해 매장이 가진 특징적인 메뉴를 판매하는 추세로 바뀌었다고 할 수 있다. 최근에는 케이크 등의 디저트 메뉴, 마카롱 같은 다양한 제과 메뉴, 크루아상을 중심으로 하는 메뉴, 도넛, 베이글, 추로스, 타르트, 쿠키 등 매장의 특성을 강조하는 메뉴를 중심으로 한 베이커리 카페들의 유형으로 다양하게 생겨나고 있다. 최근에는 베이커리뿐만 아니라 로스팅을 통해 전문적으로 커피도 함께 생산하는 대형 베이커리 카페도 많아지고 있다. 특히 최근에 다양한 식생활의 변화와 라이프 스타일의 변화로 빵을 주식으로 먹는 고객들이 점점 증가하면서 베이커리 카페에서 간단히 식사와 차를 즐기는 고객들이 늘고 있다. 그에 따라 베이커리 카페들도 빵을 기본으로 브런치 메뉴, 샌드위치, 샐러드 메뉴들을 개발하고 판매하는 매장들이 증가하고 있다. 이처럼 최근의 베이커리 카페는 다양한 고객의 요구를 반영하는 메뉴를 계속해서 개발하고 보완하여 매장의 특징을 만드는 메뉴전략을 가지고 운영하고 있다.

❷ 메뉴의 중요성

베이커리 카페 창업 준비 과정에서 결정된 메뉴는 베이커리 카페 경영에 있어서 매우 핵심적인 역할을 수행하게 된다. 메뉴는 가장 중요한 판매 수단이며, 매장으로 고객을 유인하는 도구이면서 서비스의 형식을 결정하게 되는 중요한 요소이다. 또한 창업 단계에서 메뉴의 수와 생산량은 주방의 구성과 매장의 운영관리 전반, 직원의 채용과 관리에도 영향을 미친다. 이처럼 메뉴는 베이커리 카페의 규모와 유형을 결정하게 만들고, 전반적인 경영에도 절대적으로 영향을 미치는 가장 핵심적인 요소이다.

1) 메뉴의 역할

메뉴는 베이커리 카페 창업을 구성하는 가장 핵심적인 요인이다. 메뉴가 없다면 창업이 진행될 수가 없다. 고객이 베이커리 카페를 선택하는 다양한 이유 중 가장 중요한 이유가 바로 메뉴이다. 메뉴로 인해 고객은 다시 매장을 방문할 이유가 생기기도 한다. 이처럼 메뉴는 베이커리 카페를 지속적으로 경영가능 상태로 만들어 주는 첫 번째 요인이기도 하다. 베이커리 카페의 브랜드는 메뉴로부터 시작한다고 할 수 있다. 고객은 맛있는 메뉴를 경험하고 이것에 가치를 부여함으로써 브랜드 가치가 만들어지는 것이다. 베이커리 카페의 시그니처 메뉴는 매장을 지속적으로 방문하는 충성고객을 만들기도 한다. 메뉴는 베이커리 카페 창업에서 콘셉트 개발과 목표 고객을 타깃팅 하는 데도 핵심적인 역할을 하며, 매출을 만들어내는 원천이며, 결국 메뉴를 통해서 수익성이 만들어진다고 할 수 있기 때문에 메뉴는 베이커리 커리 창업에서 가장 중요하고 핵심적인 역할을 한다고 할 수 있다.

(1) 판매의 수단

메뉴는 베이커리 카페의 운영을 위한 판매 수단으로서 고객과 매장을 연결시켜 주는 중요한 매개체이다. 고객이 매장을 방문하는 첫 번째 이유가 메뉴이기도 하다. 고객에게 판매된 메뉴가 고객에게 감흥을 준다면 고객은 재방문을 위한 선택을 하게 된다. 베이커리 카페의 핵심 메뉴인 빵은 사람들을 유혹하는 아주 매력적인 판매 수단이다.

(2) 고객과의 소통

베이커리 카페의 다양한 메뉴는 고객으로 하여금 눈으로 느끼게 하고 냄새로서 고객을 유혹한다. 고객은 메뉴를 통하여 고객이 원하는 욕구를 해소하고 이를 통해 만족했다면 고객은 메뉴에 대한 가치 있는 선택이라는 의미를 부여하게 된다. 이처럼 고객에게 중요한 가치를 만들어 주며 고객과 소통하는 가장 중요한 수단이 바로 메뉴로부터 시작한다고 할 수 있다. 또한 메뉴에 대한 사진과 맛의 경험들은 다양한 경로를 통해 고객들 간의 소통으로 이어지기도 한다.

(3) 마케팅 도구

베이커리 카페의 다양한 메뉴는 그 자체가 마케팅 역할을 한다고 할 수 있다. 고객이 경험하는 메뉴와 서비스는 다양한 경로를 통해 고객들에게 전달된다. 메뉴의 이미지는 고객이 사진을 찍게 만들고 고객들은 다양한 SNS 채널을 통해 고객의 경험을 전파한다. 많은 고객들은 먹음직스럽게 보이는 메뉴 사진을 통해 간접적으로 느끼고 매장을 방문하게끔 만든다. 다양한 메뉴를 매장에서 만드는 모습, 다양한 메뉴들의 사진들을 베이커리 카페 자체적으로 SNS 채널을 통해 고객에게 전달할 수 있다. 메뉴는 메뉴 그 자체로서 역할뿐만 아니라 다양한 메뉴의 사진들은 마케팅 도구로서 아주 긍정적인 역할을 수행한다.

그림 8-1 베이커리 카페의 다양한 SNS의 메뉴 사진(자료: 인터그리트 F&B)

(4) 베이커리 카페 운영의 핵심 개념

베이커리 카페 창업에서 메뉴는 가장 중요하고 핵심적인 역할을 통해 매출과 수익에 관여한다. 이뿐만 아니라 메뉴는 베이커리 카페의 운영을 위한 가장 핵심적 개념 역할도 한다. 어떤 메뉴를 생산할지와 생산량을 결정하는 것에도 영향을 미친다. 창업 후에도 매장의 생산관리, 구매관리, 재고관리, 품질관리, 메뉴 관리, 원가 관리 등 다양한 운영 관리 활동에 핵심적으로 작용한다. 메뉴를 통해 출발한 관리활동은 효율적인 매장 운영을 가능하게 만든다.

(5) 콘셉트와 메뉴

베이커리 카페 창업 시 다양한 시장 조사를 통해 어떠한 메뉴를 판매할 것인지 가장 먼저 정하게 된다. 이렇게 정해진 메뉴를 잘 판매하도록 만들기 위해서 창업자는 콘셉트와 브랜드를 만들게 된다. 이때 판매 상품인 메뉴는 콘셉트와 브랜드가 입혀져 고객에게 선보이게 되는 것이다. 이것은 메뉴의 디자인과 플레이팅, 포장 패키지 등에도 영향을 미친다.

❸ 판매메뉴의 구성

1) 판매메뉴의 구성

베이커리 카페 메뉴를 계획하는 데 있어서 반드시 고려해야 할 내용 중 하나가 메뉴의 구성이다. 베이커리 카페의 창업자는 매장의 매출 성과를 만들기 위해 체계적이고 계획적인 메뉴 구성을 통해 다양한 고객을 유인할 수 있다. 다양한 메뉴의 구성은 여러 고객층을 유인하고 만족시킬 수 있는 장점이 있다. 그렇지만 매장의 규모나 유형에 따라서는 목표고객에만 집중하는 메뉴 구성을 가져가도 된다. 최근에 한 가지 메뉴에만 집중하더라도 충분히 타깃으로 하는 목표고객층을 유입시킬 수 있다.

그림 8-2 도렐 커피의 시그니처 메뉴 Nutty Cloud(자료: 도렐 커피 홈페이지)

(1) 대표메뉴(시그니처 메뉴)

베이커리 카페의 다양한 메뉴들은 메뉴전략에 따라 구성이 다양해지는데 메뉴 중 매일 일정량을 반드시 생산하고 바뀌지 않는 메뉴가 바로 대표메뉴이다. 대표메뉴는 매일 일정량을 계획하여 생산할 수 있기 때문에 판매 및 관리가 매우 용이하다. 원가 관리 측면에서도 원료를 대량으로 주문하고 생산 공정이 일정하게 반복되므로 비용절감 효과를 만들 수 있다. 대표메뉴는 대부분 매장에서 고객들에게 꾸준히 사랑받는 상품으로 항상 일정한 판매량을 유지한다. 이 대표메뉴를 최근에는 시그니처 메뉴라고 하기도 한다. 최근에는 고객의 베이커리 카페 방문 결정에 시그니처 메뉴가 가장 큰 역할을 한다고 할 수 있다.

(2) 계절메뉴

베이커리 카페의 다양한 메뉴들 중에는 특정한 시기에만 생산되는 메뉴들이 있다. 주로 대부분 계절메뉴라 할 수 있다. 식재료에 따라 신선한 재료가 반드시 들어가야 한다면 특정한 계절에만 생산할 수 있다. 베이커리 메뉴나 카페 메뉴 중에는 과일을 사용하는 메뉴들이 많기 때문에 가공된 재료를 사용하지 않고 신선한 제철 재료를 사용하는 메뉴들이 계절메뉴에 속한다. 과일이 들어가지 않아도 계절성을 띠는 메뉴들은 특히 여름과 겨울에만 생산되는 메뉴가 있다. 베이커리 카페의 빙수는 대표적인 여름 계절메뉴라 할 수 있다.

(3) 이벤트 메뉴

베이커리 카페는 다양한 이벤트성 행사를 통해서 특정한 메뉴를 집중적으로 생산하기도 한다. 크리스마스 시즌을 겨냥한 메뉴가 기획될 수 있다. 특히 크리스마스 전까지 크리스마스 디자인이 들어간 케이크는 대표적인 이벤트 메뉴이다. 밸런타인 데이, 화이트 데이, 빼빼로 데이에는 초콜릿 등이 포함된 다양한 메뉴들을 기획하여 판매하는데 대표적인 이벤트 메뉴이다. 이 밖에 가족의 달, 어버이날, 핼러윈 데이 등의 시기에도 다양한 이벤트 메뉴들이 기획되고 생산된다.

2) 메뉴의 전문성

베이커리 카페의 경우 메뉴를 계획할 때 전문성이 매우 중요한 개념이 되었다. 최근 베이커리 카페의 유형을 보면 자신들이 가장 잘하는 주력 메뉴가 결국 매장의 대표 메뉴가 되고, 그 메뉴가 베이커리 카페의 브랜드 확장에도 영향을 주는 모습을 많이 보게 된다. 대형 베이커리 카페의 경우도 자신들이 가장 잘하는 대표 메뉴를 중심으로 부가적인 보조메뉴와 유인메뉴들을 구성하고 있다. 중소형 베이커리 카페의 경우는 메뉴의 숫자를 줄이고, 특정한 메뉴 중심으로 대표메뉴로 설정하고 다른 보조메뉴나 유인메뉴 없이 판매를 하는 경우들이 있다. 유인메뉴만으로 전문성을 살린 베이커리 카페 매장들도 최근에 인기를 끌고 있다. 보통 소형 베이커리 카페들이 이런 판매 전략을 사용한다. 최근에서는 이렇게 전문성을 살린 베이커리 카페 유형들이 자신들이 가장 잘하는 메뉴의 대표성을 통해 브랜드를 고객들에게 알리고 확장시키고 있다. 최근 도넛만을 전문으로 하는 브랜드들이 유행하고 있으며, 이 밖에도 베이글, 크로플, 크루아상, 마카롱, 휘낭시에, 타르트, 쿠키 등을 전문으로 하는 브랜드도 등장하였다. 즉 특정 메뉴를 전문으로 하여 고객들에게 어필하고 있다. 단 이러한 특정 메뉴 위주의 판매는 고객이 메뉴를 트렌디하게 인식한다면 오랫동안 사랑 받는 메뉴로 자리 잡기는 어려울 수 있다. 추로스나 카스텔라 전문 매장의 실패가 이런 경우라 할 수 있다. 베이커리 카페의 경영적인 관점에서 시장을 항상 모니터링하고 고객의 선호를 읽고, 고객이 만족할 만한 메뉴 구성 전략을 가져가는 것이 중요하다. 베이커리 카페의 규모나 유형을 고려하여 메뉴의 전문성과 다양성을 동시에 추가하는 전략이 필요하다.

❹ 메뉴계획

1) 메뉴계획의 정의

베이커리 카페에서 창업 초기 가장 먼저 준비해야 할 일 중에 하나가 메뉴계획이다. 메뉴계획이란 베이커리 카페의 콘셉트를 통해 목표고객을 만족시킴과 동시에 창업자의 창업목표인 수익을 만들 수 있는 가장 이상적인 메뉴를 구성하는 과정이다. 이러한 메뉴계획은 창업 후 브랜드를 알리는 마케팅 수단의 역할을 하기도 하며, 창업 과정에서 시장조사를 통한 고객 니즈 조사, 주방의 장비와 기기 구입, 직원의 채용, 식재료의 구매와 관리 등 과정에 관여하며, 창업 후에는 매장의 운영관리의 전반적인 부분에 모두 영향을 미친다고 할 수 있다. 메뉴계획은 목표고객에 얼마나 다양한 메뉴를 어떻게 제공하고, 얼마의 가격에 판매할지, 어떠한 서비스로 제공할지를 계획하는 모든 총체적인 활동이라 정의할 수 있다.

2) 메뉴계획의 중요성

메뉴계획은 독창성을 바탕으로 베이커리 카페를 찾는 고객에게 차별성을 제공하도록 계획하는 과정이다. 목표고객에 따라 메뉴 계획은 달라질 수 있으며, 좋은 품질을 바탕으로 트렌드를 고려한 독창성과 차별화가 가능한 메뉴를 계획하는 것이 성공적인 베이커리 카페를 창업하는 길이다.

기존의 다양한 상품들을 분석하고 새로운 아이디어를 통해 메뉴를 기획하고 개발해야 한다. 질적인 우위와 디자인을 통해 차별화된 메뉴를 개발해야 한다. 이때 독창적인 메뉴를 개발하고 이 메뉴가 시장의 고객에게 매력적인 메뉴로서 트렌드를 이끌 수 있는 메뉴여야 한다. 주변 경쟁자들과 비교하여 메뉴의 특성과 가격적인 면에서도 차별화할 수 있어야 한다.

3) 메뉴계획 시 고려사항

(1) 고객의 욕구(니즈)

베이커리 카페 창업자는 성공적으로 메뉴를 계획하기 위해서는 고객의 욕구를 파악하는 단계가 필요하다. 메뉴계획에 있어서 가장 우선적으로 고려되야 하는 것은 계획하는 메뉴가 우리가 목표로 하는 고객들에게 만족감을 줄 수 있는가를 고민하는 것이다. 목표고객이 원하는 메뉴가 무엇인지 분석하고 메뉴계획에 반영하는 것이다. 매장 운영과정에서 메뉴에 대한 고객 조사를 거쳐 만족도와 경쟁력을 검증하는 것도 필요하며, 특히 신메뉴를 개발하여 런칭하는 경우에도 사전에 고객의 반응을 살피는 것이 필요하다.

(2) 원가와 수익성

고객을 만족시키는 메뉴라 하더라도 원가가 높다면 메뉴의 가격도 높아지므로 고객의 관점에서는 부담되는 메뉴가 될 수 있다. 고객이 만족하는 메뉴이면서도 적절한 원가구조를 바탕으로 메뉴를 계획하는 것이 중요하다. 또한 원가의 문제로 수익성이 없는 메뉴라 하면 경영적인 측면에서는 부담이 될 수 있다.

(3) 식재료의 안정적 공급

좋은 메뉴를 계획했다고 하더라도 장기적으로 메뉴의 재료를 안정적으로 공급받는 것이 필요하다. 베이커리 카페의 경우 수입재료를 쓰는 경우가 많은데 이때 좋은 재료들이 주기적으로 공급되어야만 고객에게 오랫동안 사랑받는 메뉴가 될 수 있다. 메뉴의 재료는 합리적인 가격을 가지고 있어야 한다. 가격변동성이 크다면 지속적으로 좋은 메뉴를 고객에게 제공하기 어려워지는 상황도 생긴다. 식재료의 불안정한 공급은 수익성에 영향을 주는 요인이 된다.

(4) 생산성 가능여부

베이커리 카페의 메뉴계획에 있어서는 장비와 전문인력의 투입에 따라 메뉴에 대한 생산성이 달라질 수가 있다. 메뉴를 계획하는 단계에서 현재 갖추어진 장비와 인력의 경험과 수준 여부를 고려하여 메뉴에 대한 적정한 생산성을 파악하고 이에 따른 효율적인 업무가 가능한 메뉴계획이 이루어져야 한다.

(5) 메뉴개발과 다양성

베이커리 카페의 메뉴는 고객의 반응에 따라 주기적으로 메뉴의 변화를 주는 것이 필요하다. 고객의 다양성을 고려하여 메뉴를 계획하는 것이 필요하고 이러한 과정을 통해 매장의 대표메뉴를 만들어 갈 수도 있다. 판매가 부진한 메뉴는 정리할 수 있으며, 새로운 메뉴 개발을 통해 대체할 수 있다. 메뉴에 대한 다양한 시도들을 통해 고객에게 새로운 욕구를 자극할 수도 있다. 또한 메뉴들 중 트렌드한 메뉴들도 있으므로 매장은 고객의 요구에 맞는 메뉴들을 빠르게 개발하여 보완하는 것도 중요하다.

(6) 가격

고객은 가격에 대한 효용성을 따진다. 물론 가성비를 따지는 고객도 있지만 가심비를 따지는 고객도 있다. 모든 고객의 욕구를 동일하게 맞추는 것은 어렵지만, 메뉴들의 특성에 따라 적절한 가격인지 여부는 중요하다. 특히 가격은 목표고객이 메뉴를 결정하는 데 매우 중요한 부분이 된다. 철저한 시장 조사에 기반하여 합리적인 가격으로 고객에게 메뉴가 제공될 수 있도록 해야 한다.

(7) 메뉴의 질

메뉴계획에 있어서 메뉴의 질을 지속적으로 유지하는 것은 매우 중요하다. 고객들은 좋은 재료를 사용한 좋은 상품을 얻고자 한다. 베이커리 카페에서 쓰고 있는 다양한 식재료들의 수준을 유지하고 이를 통해 질 좋은 상품을 생산하고 있음을 고객에게 알려야 한다. 또한 경쟁사들과 비교하여 메뉴의 질로서 이를 증명해야 한다. 최근 고객들은 원산지, 유기농, 친환경 등에 대한 관심과 함께 건강에 관심이 점점 높아지고 있다. 그렇게 때문에 고객의 기호와 트렌드에 맞는 더 좋은 메뉴를 계획하고 공급하는 것이 중요해진 시대이다.

⑤ 베이커리 카페 메뉴의 구성

1) 빵과 음료 메뉴의 조합

베이커리 카페 메뉴는 음료와 빵의 메뉴가 잘 어울리도록 구성하여야 한다. 많은 종류의 제품보다 종류는 적더라도 고객의 특성을 고려한 품질과 맛이 있는 제품으로 구성되고, 고객에게도 사랑받는 시그니처 메뉴가 전략 상품으로서 역할을 할 수 있도록 메뉴 구성을 하는 것이 매우 중요하다. 최근에는 음료 품목에 많은 변화를 주고자 다양한 종류의 차(Tea) 메뉴와 과일 음료를 개발하여 고객에게 판매하는 곳들이 많아지고 있다.

2) 메뉴 구성

베이커리 카페 매장 상품메뉴의 구성은 장소와 주변 여건에 따라 크게 다르다. 따라서 고객이 많이 찾는 시간대별 메뉴 구성이 필요하다. 아침시간 메뉴와 그 이후는 시간단위로 제품을 생산하여 매장에 진열한다. 아침에는 커피, 생과일 주스와 함께 먹을 수 있는 제품을 세팅한다. 아침식사 대용으로 간단한 몇 종류의 샌드위치가 준비되어 있으면 좋다. 최근에는 샐러드에 대한 수요가 늘어나다 보니 추가적인 메뉴의 구성은 부가적인 매출에도 큰 영향을 주게 된다. 매장의 규모에 따라 브런치 메뉴로 판매할 여력이 된다면 메뉴로 준비하는 것도 좋다. 다양한 베이커리 메뉴의 구성을 고민할 때는 모든 빵 메뉴는 당일 생산하여 당일 판매하는 것을 원칙으로 해야 하기 때문에 생산량과 메뉴 수를 고려하여 메뉴 구성을 하는 것이 필요하다.

〈표 8-2〉 스타벅스의 메뉴 구성을 보면 다양한 커피, 차, 음료 메뉴를 구성하고 있으며, 케이크, 샌드위치, 샐러드, 브레드, 스낵 등 다양한 메뉴를 카테고리별로 구분하고 있다. 대형 베이커리 카페들도 이러한 형태로 메뉴를 구성하는 곳들이 많아지고 있다.

3) 빵 메뉴

베이커리 카페가 가지는 콘셉트에 따라 어떠한 메뉴를 생산할지를 결정하여야 한다. 다음은 다양한 제과제빵 메뉴에 대한 구분이다.

표 8-1 제과제빵 카테고리별 분류

바게트	단호박 바게트, 무화과 바게트, 바게트, 폴리쉬 바게트, 흑임자 바게트, 바삭바삭 마늘바게트, 앙버터, 모닝 바게트, 연유 바게트, 꿀버터 바게트
발효빵	깜빠뉴, 클래식 사워도우, 통밀 깜빠뉴, 무화과 깜빠뉴
옛날빵 (팜, 밤 호두빵)	단팥빵, 완두빵, 소보루빵, 고구마가달구마, 완두 앙금빵, 콘소보루 크림빵, 우리찹쌀모카 찰떡빵, 땅콩 크림빵, 파이틴 소보루 도넛, 고구마 소보로
치아바타	몬테레이젝치아바타, 올리브체다치즈치아바타, 피자치아바타
크로아상 (페이스트리)	빵오 쇼콜라, 초코 크로아상, 크로아상, 크로아상 오자망드, EV크로아상, 코코넛크로아상, 흰 몽블랑, 노랑 몽블랑, 달콤한 뀐아망, 프렌티 크라상, 촉촉한 몽블랑, 골든페스츄리, 코코넛 라즈베리 패스트리, 스위트 밤블랑, 호박패스트리식빵
식사빵	소시지빵, 치즈 소시지 페스츄리, 쫄깃한 피자빵, 소시지 소프트 프랑스, 든든한 통소시지빵, 핫도그 패스트리, 낙엽소시지브레드, 크로크무슈, 피자토스트
모닝빵	소프트롤, 초코칩 모닝빵, 몽실자양빵, 갈색빵, 부드러운 우유 모닝롤
소보로	단팥 소보로, 소보로, 소보로 인 소보로
스콘류	블루베리 아몬드 스콘, 초코칩 스콘, 코코넛 볼, 크랜베리 스콘, 프리미엄 스콘
식빵류	감자식빵, 깜빠뉴 식빵, 꿀식빵, 구워서 드시는 그대로 식빵, 밀크식빵, 밤식빵, 버터식빵, 보리식빵, 유기농 밀크 식빵, 잡곡식빵, 초코마블 식빵, 쫄깃 탕종 식빵, 통밀식빵, 통호밀 호두식빵, 뜯어드시는 치즈빵, 밤빵, 버터빵, 부드러운 연유브레드, 달콤부드러운 프레시 크림샌드빵, 바삭하게 그대로 토스트, 데일리 샌드위치 식빵, 고소한 옥수수 식빵, 고식이 섬유 1츠 통밀식빵, 호밀호두 플러스 식빵, 건강한 곡물식빵, 생크림 식빵

냉장빵(크림빵)	버터 크림빵, 사라다빵, 생크림 소보로, 생크림빵, 초콜릿 빵, 크림빵, 통통하고 꽉차서 예 슨, 통팥빵, 모카 크림빵, 맘모스빵, 슈크림빵, 베이비 슈, 커비번, 왕크림 도넛, 모카 크림 식빵, 골든 크림 메론빵, 달콤연유 크림브레드, 옛날 버터 크림빵, 프레시 크림빵, 구름 크 림빵, 순진우유 크림빵, 마담 얼그레이 크림번, 겹겹이 연유크림 데니쉬, 사르르 고구마 케 이크 빵, 빵속에 리얼 초코, 리얼 초코 소라빵
튀김류	코로케, 데니쉬파배기, 생도넛, 스모크 소시지, 옥수수꽈배기, 찹쌀 꽈배기, 찹쌀 팥도넛, 츄 러스, 튀김소보로, 통팥도너츠, 야채사라다, 생도너츠, 명품잡채 고로케, 야채감자고로케, 꽈배기도넛, 꽃맛살 고로케, 쫄깃한 왕꽈배기, 달콤한 꿀도넛, 매콤아삭고로케
카스텔라	카스텔라, 오란다빵, 고방카스테라, 시본케익, 명가명품 우리벌꿀 카스텔라, 명가명품 제주 말차 카스텔라, 명가명품 제주천혜향 카스텔라, 시간의 정성 진 카스텔라
구움과자	버터스틱, 마가론, 땅콩쿠키, 태극당 쿠키, 계란 쿠키, 랑그드샤, 텐더프리미엄쿠키(땅콩, 모카)
전병류	팥경전병, 서울전병, 무궁화 전병, 남대문 전병
케이크	견과류 케이크, 생크림케이크, 백설공주의 달콤한 사과, 마담 얼그레이 케이크, 스트로베리 리치 생크림, 티거 달콤초코와 썸썸, 어몽어스 쇼콜라스타, 블루베리 라벤더 케이크, 티라 미수 생크림 쉬폰, 크런치 하우스, 클래식 녹차 케이크, 클래식 케이크, 리얼 프레시 베리, 딸기 우유 생크림, 가나슈 초콜릿
파이	호두파이
파운드	호두 파운드, 진한풍미가득 정통 파운드, 콰트로 치즈 파운드, 유자 파운드 케익, 통밀 피칸 바나나 파운드
롤케이크	코코아롤, 패스츄리롤, 로루케익, 실키 롤케익, 보랏빛 건강 가득 블루베리 듬뿍 롤케익, 초 코반 딸기반 듀엣롤케익, 카페모카롤, 산딸기 듬뿍 롤케익, 황금빛 제주향 가득 제주한라봉 롤케익, 제주말차라떼 롤케익, 호두&메이플 롤케익, 티거 초코 가나슈 롤케익, 블루베 리 잼& 크림 롤케익, 클래식 딸기잼롤케익
도넛	카스테라 도넛, 크림 브륄레 도넛, 보스턴 크림 도넛, 초코볼 도넛, 티라미수 도넛, 피넛 버 터 도넛, 버터 피스타치오 도넛, 레몬 커드 도넛, 코코넛 도넛, 바닐라 도넛, 우유생크림 도 넛, 초코푸딩 도넛, 레몬슈가 도넛, 라즈베리 도넛, 누텔라 도넛

〈자료: 파리바게뜨, 뚜레쥬르 홈페이지〉

4) 음료의 메뉴

베이커리 카페의 콘셉트에 따라 어떠한 음료 메뉴를 구성할지도 결정해야 한다. 커피를 강조하고 싶다면 커피 중심으로 한 음료 메뉴를 구성하고, 특성 있는 지역의 식재료를 통한 음료 메뉴를 구성하는 것도 방법이 될 수 있다. 최근에는 커피뿐만 아니라 밀크티, 녹차, 허브차 등을 통해 다양한 음료 메뉴를 개발하고 이를 대표 메뉴 중심으로 메뉴 구성을 하는 곳들이 많아지고 있다.

표 8-2 스타벅스의 다양한 음료와 디저트 메뉴 구성

커피	프라푸치노/블렌디드	피지오/티바나	케이크&미니 디저트	브레드	샌드위치&샐러드	스낵/과일&요거트
토피넛 라떼	더블 에스프레소 칩 프라푸치노	유자 패션 피지오	딸기 담은 마스카포네 케이크	우리 단호박 보늬밤 브레드	B.E.L.T. 샌드위치	한입에 쏙 고구마
바닐라 플랫 화이트	제주 유기농 얼차톨 민트 초콜릿 프라푸치노	쿨 라임 피지오	얼그레이 초콜릿 케이크	소시지&올리브 미니 파이	루벤 샌드위치	쿠눈이롱 오묵 크런치
스타벅스 돌체 라떼	자바 칩 프라푸치노	블랙 티 레모네이드 피지오	산타 빨뺘 치즈 케이크	바질 토마토 크림치즈 베이글	햄 그레인 보울 밀 박스	리얼 두부칩
카페 모카	화이트 초콜릿 모카 프라푸치노	패션 탱고 티 레모네이드 피지오	부드러운 고구마 생크림 케이크	리얼 블루베리 베이글	더블 에그 샐러드 밀 박스	유스콘 옐로우드 쉐이크
카페 아메리카노	모카 프라푸치노	오로라 케모마일 릴렉서	브라우니 치즈 케이크	리얼 치즈 베이글	콩&화이트 샐러드 밀 박스	콜라겐 레드루즈 쉐이크
카페 라떼	카라멜 프라푸치노	제주 유기농 얼차톨 민트 라떼	슈그림 가득 바움쿠헨	클래식 스콘	베이컨 치즈 토스트	프로틴 블랙루즈 쉐이크
카푸치노	에스프레소 프라푸치노	유자 민트 티	부드러운 생크림 가스텔라	미니클래식 스콘	행&루꼴라 올리브 샌드위치	더블 치즈 베이글 칩
카라멜 마키아또	바닐라 크림 프라푸치노	돌체 블랙 밀크 티	마스카포네 티라미수 케이크	트리플 치즈 크로크무슈	트리플 치즈 크로크무슈	라이스칩
화이트 초콜릿 모카	딸기 딜라이트 요거트 블렌디드	자몽 허니 블랙 티	부드러운 티라미수 롤	한 입에 쏙 치즈 품 볼	에그마요 샌드위치	다크 초콜릿 카우보이 쿠키
커피 스타벅스 더블 샷	망고 바나나 블렌디드	차이 티 라떼	7제이어 가나슈 케이크	미니 리프 파이	크랜베리 치킨 치즈 샌드위치	화이트 초콜릿 카우보이 쿠키
바닐라 스타벅스 더블 샷	망고 패션 프루트 블렌디드	제주 유기 녹차	The 촉촉 초콜릿 생크림 케이크	너티 크루아상	단호박 에그 샌드위치	청크 초콜릿 쿠키 틴 세트
헤이즐넛 스타벅스 더블 샷		잉글리쉬 브렉퍼스트 티	블루베리 쿠키 치즈케이크	탱종 땅콩 샌드	빌의 별 샌드위치	자이리톨 캔디 크리스탈 레몬
에스프레소		얼 그레이 티	뉴욕 치즈 케이크	티라미수 크림 데니쉬	버베큐 치킨 치즈 치아바타	자이리톨 캔디 크리스탈 민트
에스프레소 마키아또		유스베리 티	클라우드 치즈 케이크	연유 알크모닝	브렉퍼스트 잉글리쉬 머핀	씨프렌즈 캔디
에스프레소 콘파나		히비스커스 블렌디드 티	호두 담은 케이크	하트파이		아몬드 토피넛 캔디
콜드브루 오트라떼		민트 블렌디드 티	바닐라, 블루베리, 다크 초콜릿 맛, 스트로베리 마카롱	스모크드 소시지 브레드		로고 코인 밀크 초콜릿
돌체 콜드브루		캐모마일 블렌디드 티				로고 코인 다크 초콜릿
바닐라 크림 콜드브루						오도독 건강한 낫&블루베리
콜드브루						한입에 쏙 공주 알밤
블론드 바닐라 더블 샷 마키아또						한입에 쏙 카스텔라
블론드 스타벅스 돌체 라떼						우리 쌀 카스텔라
블론드 카페 라떼						카라멜 와플
블론드 카페 아메리카노						베어리스타 오가닉 젤리

〈자료: 스타벅스 홈페이지〉

제 2 절 베이커리 카페의 메뉴개발과 관리

베이커리 카페 창업에 과정에서 메뉴 계획을 근거로 실제 매장에서 생산하여 판매 가능한 메뉴의 개발, 기존 메뉴의 개선, 신메뉴 개발 등의 모든 과정을 메뉴개발이라고 한다. 메뉴개발은 메뉴에 대한 평가와 관리를 통해 지속적으로 메뉴를 개선시키고, 신메뉴 개발 등을 통해 매장의 경영과정에서 지속적으로 이루어져야 하는 과정이다. 메뉴개발은 메뉴 개발 전략을 통해 메뉴를 독창적으로 개발하고 생산하는 모든 과정을 포함한다.

❶ 메뉴개발

1) 콘셉트와 메뉴개발

베이커리 카페 창업 시 만들어진 콘셉트는 메뉴개발의 방향성을 결정한다. 매장이 가지고 있는 특성이 메뉴로 나타나고 이를 통해 고객에게 명확하게 전달된다. 콘셉트는 메뉴개발에 있어서 메뉴가 가져야 할 다양한 속성의 범위를 결정하고 개발방향을 제시한다. 대형 베이커리 카페의 경우 대표메뉴를 중심으로 다양한 메뉴들을 선보이게 된다. 그렇지만 중소형 베이커리 카페의 경우는 소품종 생산을 통해 효율적으로 매장 경영을 해야 한다. 그렇기 때문에 종소형 베이커리 카페는 매장의 콘셉트가 명확히 드러나는 메뉴개발을 통해 고객에게 상품과 서비스를 전달해야 한다. 이때 콘셉트가 명확하다면 메뉴개발 방향 또한 명확하다고 할 수 있다. 도넛을 전문으로 하는 콘셉트가 결정되었다면 도넛을 중심으로 한 다양한 메뉴를 개발하면 된다. 또는 크루아상을 베이스로 하는 매장 콘셉트가 결정되었다면 크루아상을 중심으로 다양한 메뉴를 개발하면 된다. 이렇게 베이커리의 메뉴개발이 결정되면 여기에 잘 맞는 카페 음료 개발로 연결된다. 매장의 콘셉트는 베이커리 메뉴와 카페메뉴 개발에 중요한 출발점이 된다. 콘셉트는 메뉴의 구성과 다양성을 만들어 내는 메뉴개발과 메뉴의 가격, 식재료의 구입, 생산성, 수익성까지 모든 것에 영향을 미친다.

2) 메뉴개발 전략

메뉴개발 전략은 다양한 베이커리 카페 경쟁자들과의 경쟁에서 독창성을 바탕으로 차별화와 다양성을 통해 고객에게 더욱 큰 매력을 줄 수 있는 메뉴를 개발하고 고객이 우리의 메뉴를 선택할 수 있는 이유를 제공하는 단계라 할 수 있다. 최근에 많은 베이커리 카페들이 다양한 규모와 유형으로 창업하고 있다. 이러한 경쟁에서 살아 남기 위해서는 메뉴개발 전략은 매우 필요하며, 지속가능한 성장을 유지시켜 주는 중요한 장치이기도 하다.

(1) 차별화 전략

최근 고객은 다양한 정보와 경험을 통해 다양한 요구를 하고 있다. 기존의 평범하고 일반적인 메뉴로는 고객에게 어필할 수 없는 시대라고 할 수 있다. 주변의 시장 조사를 통해 차별화한 메뉴를 개발하는 전략이 필요하다. 똑같은 도넛이어도 독창성과 아이디어를 통해 고객들에게 경쟁매장과 확실히 다르다는 것을 느끼게끔 만드는 것이 필요하다. 베이커리 메뉴뿐만 아니라 커피메뉴나 기타 음료메뉴에서도 마찬가지다. 모든 매장에서 다 파는 기본적인 음료메뉴 외에 다른 매장에서 맛볼 수 없는 차별화된 음료 메뉴를 개발하는 것이 중요하다. 이 매장에서만 맛볼 수 있는 차별화된 메뉴는 고객의 베이커리 카페 선택의 중요한 기준이 될 것이다. 베이커리 뿐만 아니라 커피에 대한 강점을 강조하기 위해 직접 로스팅을 하는 베이커리 카페도 점차 증가하고 있다. 이는 전문화된 커피 메뉴를 선호하는 고객들에게 차별화된 포인트를 제공한다.

(2) 집중화 전략

대형 베이커리 카페의 경우는 다양한 상품을 생산하여 고객에게 공급할 수 있다. 그렇지만 소형 베이커리 카페를 운영하다고 하면 다품종 생산이 어렵다. 이런 경우에는 메뉴의 수를 제한하고 집중화하는 전략이 필요하다. 특정한 메뉴 중심으로 콘셉트를 정하여 소품종 집중화 생산을 목표로 하는 것이다. 예를 들면 베이커리 카페 중 식빵을 위주로 한 콘셉트를 통해 식빵에만 집중하는 것이다. 다양한 식빵만을 생산하고, 식빵의 크기를 작게 만들어 고객들이 음료와 함께 디저트로 즐길 수 있도록 하며, 가격도 합리적으로 설정하는 것이다. 큰 식빵에 대한 부담을 낮추고 이를 통해 고객들이 편하게 즐길 수 있도록 한 것이다. 베이글 전문 베이커리 카페의 경우는 몇 가지의 베이글 종류와 함께 크림의 선택 폭을 넓혀 베이글에 집중화한 전략을 선택한 것이다. 베이글과 잘 어울리는 메뉴인 커피에 전문성을 입혀 스페셜티 커피로 고객이 원두를 선택하여 즐길 수 있도록 콘셉트를 만들어 성공한 경우도 있다. 여기는 커피에 집중하기 위해 다른 음료의 가짓수를 제한하였다. 베이커리 카페의 규모 유형에 따라 창업자가 가진 역량에 따라 집중화 전략은 좋은 메뉴개발 전략이 될 수 있다.

그림 8-3 FOURB의 베이글과 커피의 집중화 메뉴 전략(자료: FOURB 홈페이지/인스타그램)

❷ 신메뉴의 개발

1) 신메뉴의 중요성

베이커리 카페의 시장이 점점 확장되면서 경쟁 또한 가속화되고 있다. 특히 정보의 공유가 활발해지다 보니, 비슷한 콘셉트를 가진 매장과 상품이 너무 많아지고 있다. 이러다 보니 고객의 선택에도 많은 영향을 미치는 것이다. 경쟁매장들은 유사하거나 똑같은 제품을 판매하는 경우가 점점 늘어나고 있다. 급변하는 시장의 변화와 고객의 변화 속에서 생존하기 위해서는 신메뉴 개발이 매우 중요해졌으며, 이를 통한 메뉴관리가 필요해졌다. 베이커리 카페는 메뉴관리 관점에서 상품의 판매 변화를 모니터링하고 새로운 제품의 개발을 통해 주기적으로 신메뉴를 등장시켜야 한다.

베이커리 카페에서 신제품의 주기적인 개발과 도입은 매장의 생존과 성장에 있어서 매우 중요한 요인이다. 신제품은 다양한 리스크 요인을 안고 있지만, 다양해진 고객의 욕구를 해결할 수 있는 매우 중요한 방법이다. 지속적으로 매장의 경쟁력을 확보하고 지속적인 성장을 위해서는 반드시 신제품을 개발해야 한다.

2) 신메뉴 개발 전략

(1) 고객의 요구를 반영한 메뉴 개발

메뉴개발 담당자들은 식재료에 대한 풍부한 지식과 경험을 토대로 메뉴를 개발하는데 특히 시장의 요구와 흐름에 따라 새로운 메뉴를 지속적으로 개발해야 한다. 신메뉴 개발은 기존 메뉴가 가지고 있는 문제점을 보완하는 것뿐만 아니라 빠르게 변화하는 경쟁 상품들과 차별화를 통한 대응전략 측면에서도 매우 중요하다. 최근에는 제품에 질을 높이기 위한 연구개발뿐만 아니라 디자인적인 부분까지도 관심을 가지고 연구 개발하는 것이 매우 중요해졌다. 고객은 상품에 대해 어떤 재료를 사용하는지 건강에 좋은 빵인지 등 질적인 부분을 고려하는 것뿐만 아니라 시각적인 부분들을 매우 중요하게 생각한다. 고객들은 여러 가지 이유에 따라 특별한 메뉴를 원하고 있다. 이러한 고객의 니즈에 초점을 맞추어 메뉴 개발의 방향성을 정하고 질과 맛, 디자인까지 고민하여 신메뉴를 개발하도록 노력해야 한다. 또한 베이커리 카페는 음료메뉴와 잘 결합되는 메뉴들도 중요하다. 음료메뉴를 개발할 때에도 베이커리 파트에서 개발하는 상품들과 조화되도록 관심을 가져야 한다. 신메뉴가 개발되면 세트 메뉴나 이벤트를 통해 고객이 빠르게 접근할 수 있도록 하는 노력도 필요하다.

(2) 고객과의 소통을 통한 메뉴 개발

고객의 니즈를 따라가지 못하고, 평범한 메뉴로만 구성되어 있다면 고객이 다시 방문할 가능성은 낮다고 할 수 있다. 고객들이 매장을 지속적으로 방문하게 만들기 위해서는 고객에게 다양한 신메뉴 개발을 통해 다양한 경험을 만들어 주는 것이 중요하다고 할 수 있다.

특히 최근에는 고객들이 다양한 SNS를 통한 의사소통이 활발해지면서 신메뉴에 대한 정보를 전하는 속도가 매우 빨라졌다. 긍정적인 피드백과 부정적인 피드백이 바로 전달되는 시대이다. 이러한 피드백에 빠르게 반응하고 문제점이 발견된다면 빠르게 수정하도록 노력해야 한다. 바로 메뉴개발 담당자들이 새로운 메뉴개발을 통해 고객과 소통해야 하는 이유이다.

최근 건강에 관심이 많은 고객들이 늘어나면서, 건강과 영양까지 한 번에 챙기는 사례가 늘고 있다. 샐러드 메뉴나 천연 발효빵, 곡물과 통밀 등에 빵 수요가 증가하는 이유라 할 수 있다. 이러한 시장의 흐름과 변화 요구에 따라 지속적으로 신메뉴를 개발해야 한다.

(3) 경쟁우위 확보

새로운 메뉴 개발은 창업자뿐만 아니라 현재 매장을 운영하고 있는 경영자에게도 항상 지속적으로 고민해야 하는 과제이다. 점점 심해지는 경쟁환경 속에서 경쟁 매장들과 지속적인 경쟁우위를 확보해야 하기 때문이고 빠르게 변화하는 고객욕구에 대응하기 위한 이유이기도 하다. 고객이 외면하는 메뉴는 시장에서 살아남기 힘들고 시장의 변화에 빠르게 대응하지 못하면 결국 도태되기 때문이다.

(4) 기존메뉴의 변화

창업자들은 기존 메뉴들의 판매량 추이를 살펴보며 판매가 부진한 메뉴를 점검해야 한다. 문제점이 무엇인지 파악하고 이에 대한 수정 보완이 이루어지지 않는다면 이런 메뉴들이 결국 매장의 경영에도 큰 영향을 주는 요인이 되기 때문이다. 이런 점을 보완할 수 있는 것이 바로 신메뉴 개발이다. 그래서 메뉴에 대한 주기적인 평가가 이루어져야 한다.

제 3 절 베이커리 카페의 메뉴관리

❶ 베이커리 카페의 품질관리

1) 베이커리 카페의 품질관리의 목적

(1) 품질관리의 의의

베이커리 카페의 다양한 메뉴들은 철저한 품질관리를 통해 생산되고 고객에게 제공되어야 한다. 품질관리는 베이커리 카페의 경영활동에 있어 가장 중요한 부분으로 고객이 만족할 수 있는 품질의 메뉴를 개발하여 생산하고 판매하는 총체적인 활동을 말한다. 품질관리의 목적을 달성하기 위해서는 메뉴를 생산하는 담당자에게만 국한되는 것이 아니라 베이커리 카페의 업무 종사자 모두가 협력해야 한다. 메뉴 기획 및 개발, 생산, 식재료 관리, 매장 내 서비스, 매장 운영관리까지 모든 부분이 협력해야지만 품질관리 목표는 달성될 수 있다.

(2) 품질관리의 목적

베이커리 카페에서 생산하는 모든 메뉴에 대해 고객으로 하여금 신뢰를 확보하는 것이 베이커리 카페의 품질관리의 가장 중요한 목표라 할 수 있다. 고객의 니즈를 파악하고 고객이 원하는 메뉴를 지속적으로 개발하고 제공하는 과정도 철저한 품질관리를 통해서 가능하다. 베이커리 카페에서 생산하는 모든 메뉴는 철저히 위생적이고, 안전하며, 친환경적인 작업환경에서 생산되어야 한다. 메뉴에 대한 철저한 품질관리는 우리 매장에서 생산한 메뉴에 대한 자부심을 가지게 하며, 고객에게 책임감 있는 모습이 되기도 한다.

(3) 품질관리의 효과

철저한 품질관리는 매장 경영에서 다양한 긍정적인 요소를 내포하고 있다. 철저한 품질관리 활동이 지속된다면 고객으로부터 높은 신뢰를 얻을 수 있다. 이러한 신뢰는 많은 파급효과를 만들고 매장 경영 수익에도 큰 영향을 주는 요소가 된다. 장기적인 매출 성장을 만들어 나가는 필수적인 요소인 것이다. 매장의 운영관리 측면에서도 긍정적인 효과가 발휘된다. 불필요한 작업이 줄어들고 이를 통해 생산성이 향상된다. 식재료의 재고관리 측면에서도 효율을 높여 원가관리에도 기여할 수 있다. 이러한 과정을 통해 체계적이고 계획적인 생산 활동이 이루어진다. 철저한 품질관리는 생산과정에서 일어나는 안전사고나 위생관련 사고 등 다양한 사고를 예방하는 효과가 있다. 품질관리활동은 각 담당자들의 중요한 업무 기준이 되고, 업무 효율성에도 긍정적인 역할을 하며 직원들에 대한 조직의 신뢰도를 높이는 역할도 한다.

❷ 베이커리 카페의 품질 개선 활동

1) 품질관리를 통한 개선 활동

베이커리 카페의 품질관리 과정에서는 다양한 외부, 내부, 환경적인 요인을 파악하여 품질 개선활동을 하는 것이 매우 중요하다. 베이커리 카페는 신선한 당일 제품을 생산하고 고객들에게 전달하는 것이 매우 중요한 원칙 중에 하나라 할 수 있다. 미리 생산한 상품을 보관하여 제공하는 일은 없어야 한다. 유제품이나 과일, 야채, 육류 등 신선도를 요구하는 식재료를 사전에 입고시켜 관리하기보다는 당일 구매를 원칙으로 하는 것이 바람직하다. 상품의 생산과정에서 일어나는 다양한 불필요한 요인들을 개선하여 생산성을 향상하도록 해야 한다. 특히 제조공정에서 일어나는 불필요한 요소를 개선하는 것도 품질관리 과정에서 매우 중요한 요인이다. 품질에 문제가 생긴 부분이 있다면 즉각적으로 영향을 준 요인을 찾아내고 빠르게 개선해야 한다. 직원교육을 통해 품질관리 과정에서 문제가 발생하지 않도록 해야 하며, 과정에서 문제가 발견된다면 신속하게 대응할 수 있도록 철저히 교육해야 한다.

직원들의 관리 차원에서도 노력해야 한다. 숙련도가 낮은 직원들에게 무리한 작업을 병행하게 하거나 늦은 시간이나 주말근무를 시키거나 하는 것은 품질을 저하시키는 매우 중요한 요인이 될 수 있다. 직원들의 휴식을 보장하고 직원들이 좋은 역량을 쌓아갈 수 있도록 철저한 교육훈련이 병행되는 것이 중요하다. 이런 요인들은 품질관리에 영향을 주는 매우 중요한 요인이므로 문제가 있다면 반드시 빠르게 개선해야 한다.

2) 품질개선 활동이 주는 효과

베이커리 카페의 품질관리에 있어서 철저한 개선활동은 우수한 제품 생산을 통해 상품을 제공하고, 고객의 불만을 감소시키는 효과가 가장 크다고 할 수 있다. 이러한 개선 활동은 상품의 질을 향상시킬 뿐만 아니라 직원들에 대한 근무 만족도도 향상시킬 수 있다.

(1) 메뉴에 대한 품질개선

① 품질관리와 생산과정에 대한 매뉴얼 작업과 시스템을 통해 메뉴에 대한 높은 질을 유지한다.
② 업무 매뉴얼과 시스템은 상호 간에 불필요한 작업부분을 해소하고 업무에 집중하도록 한다.
③ 매뉴얼을 통해 장비 및 기기에 대한 철저한 운영과 관리방법을 익혀 품질을 향상시킨다.
④ 베이커리 카페 내의 제과, 제빵, 음료 파트를 나누어 전문성을 통한 팀워크를 만든다.
⑤ 철저한 운영 관리 시스템을 확보하여 제품생산과정에 생기는 불량률을 감소시킨다.

(2) 직원들의 품질관리역량 향상

① 직원들에 대한 베이커리와 카페 파트의 지식과 기술, 태도에 대한 전문성을 높인다.
② 직원들은 상품에 대한 높은 생산성과 메뉴에 대한 완성도를 높일 수 있다.
③ 직원들의 다양한 교육과 세미나 참여를 통해 기술수준을 높이고 이를 통해 시장에 빠르게 대응할 수 있다.
④ 직원들이 좋은 환경에서 충분한 휴식을 통해 작업할 수 있도록 하는 근무환경을 개선한다.

(3) 품질관리 제도의 개선

베이커리 카페는 품질의 향상, 불량률의 저하 등을 목표로 하여 품질 관리를 실시할 필요가 있다. 각 공정별로 표준화 작업을 통해 품질의 질을 높이도록 해야 한다. 각 장비를 사용하는 공정에 대한 리스트를 통해 표준화 작업을 하고, 생산과정 안에서도 원재료 배합 작업에 있어 원재료 배합표에 의해서만 작업을 실시하고, 제품별로 원재료의 배합 비율 이외에 반죽의 특징 가공 시간, 혼합 작업상의 주의 등을 기입한 작업 표준을 작성하여 사용하고, 표준 작업화를 시도한다. 최종 가공공정 중에 품질 관리를 실시한다. 제품의 측정 작업은 필요에 따라 확인하는 공정이 필요하다.

① 기구류를 사용하는 공정은 리스트를 통해 관리하고, 배합가공 공정은 기구의 눈금치를 기준으로 하여 작업을 표준화한다.
② 최종 단계의 가공공정에서 제품의 디자인, 형태의 파손, 색깔, 향기, 맛 등을 리스트로 작성하고, 공정 중에 확인한다.
③ 포장공정에서 최종의 완성 상태, 포장 상태 등을 리스트에 표기하고 관리한다.
④ 제품의 생산이 완료되면 보관 시 온도 등 표준 관리지침을 통해 최종판매까지 품질 수준을 유지하도록 한다.

❸ 베이커리 카페의 가격관리

베이커리 카페의 메뉴의 가격을 결정하는 것은 여러 가지 요인들이 종합적으로 영향을 미친다고 할 수 있다. 고객에게 있어서는 구매를 결정하는 아주 중요한 요인이다. 베이커리 카페를 운영하는 창업자 입장에서는 원가요인에 영향을 주는 다양한 부분을 종합적으로 고려하여 가격을 책정하게 된다. 그렇지만 목표고객에 따라서도 영향을 받게 된다. 고객은 우리 매장의 메뉴를 구입하고 가격을 지불하였을 때 고객이 느끼는 상품과 서비스의 질에 따라 만족도가 결정된다. 이처럼 이 경험은 가격과 연관하여 고객의 심리에도 작용하게 된다. 가격의 문제는 쉽고 단순하게 결정할 문제가 아니며 목표고객, 경쟁상황, 원가구조 등 다양한 상황을 종합적으로 고려하여 합리적인 가격을 결정해야 한다.

1) 메뉴의 가격결정

(1) 고객과 메뉴의 가격

메뉴 가격은 고객이 판매하는 메뉴와 서비스에 대해 지불하는 가치의 값이라 할 수 있다. 고객이 구매를 선택할 때 가장 중요하게 생각하는 여러 부분들 중 그 결정에 큰 영향을 미치는 것이 바로 가격이다. 고객의 다양한 경험은 메뉴와 서비스의 가치를 결정하는 비교 기준이 되며, 이때 가격은 메뉴와 서비스에 대한 가치인 것이다.

고객은 다양한 선택기준을 가지고 그 가치를 판단한다. 가격과 상품의 질이 모두 중요한 고객들도 있고, 어떤 고객은 품질을 최우선 가치로 두기 때문에 가격이 그다지 중요하지 않은 고객도 있다. 하지만 많은 고객들은 좋은 품질의 상품을 합리적인 가격으로 얻기를 원한다. 베이커리 카페를 경험하는 고객들은 다양한 매장 경험을 통해 가치 기준을 만든다. 또한 이 과정에서 고객의 소득 수준도 영향을 미친다고 할 수 있다. 더 높은 수준의 경험을 한 고객의 의사결정은 더욱 까다로워질 것이고, 그렇지 않은 고객의 경험은 가격과 상품의 질을 비교한 합리적인 선택을 더 선호할 수도 있다.

지금 현재 매장을 방문하는 고객들이 누구인지를 살펴보는 것이 중요하다. 이 고객들이 우리의 목표고객이라면 소비의 선택에 있어서 어떤 의사결정을 하는지 살펴야 보아야 한다. 생활수준이 높아지고 라이프 스타일이 변화하면서 지금의 고객들은 많은 경험을 가지고 있다. 가격의 지불에 앞서서 내가 경험하는 베이커리 카페의 공간도 중요한 결정 요소가 된다. 여기서 경험하는 메뉴들의 맛과 고객에 대한 서비스도 중요한 결정 요인이 된다. 이때 경험이 만족스럽다면 가격이 높아도 만족감이 높고 가치 있는 선택이었다고 생각할 것이다. 그렇지만 그 경험이 만족스럽지 못하다면 가격의 지불과 비교하여 맛과 서비스, 공간에 대한 평가가 불만족스럽기 때문이었을 것이다. 강남의 압구정동에서 경험하는 가치의 기대 수준과 도시 외곽의 어떠한 곳에서 경험하는 기대 수준이 고객에 따라 다를 수 있는 것이다. 고객들은 다양한 경험을 통해 비슷한 상황에서의 기준 가격을 가지고 있는 고객들도 많아졌다. 도시외곽의 어느 곳에서 높은 가격을 지불하여야 한다면 그만큼에 대한 특별한 공간, 메뉴와 서비스, 맛 등 모든 경험이 그 이상이 되어야 한다. 그렇지 못하다면 고객의 평가는 냉정할 것이다. 이처럼 가격과 연관성에서 고객은 다양하고 복잡한 경험이 작용한다고 할 수 있다. 가격은 고객의 심리와 매우 연관되어 있는 것이다.

(2) 이익과 가격

메뉴의 가격은 베이커리 카페가 얼마만의 수익을 만들어야 하는가와 연관성이 있다. 가격은 매장의 이익을 높이는 데 가장 큰 영향을 주는 부분이기 때문이다. 가격은 수요와 공급에 따라서도 달라진다. 그렇지만 창업 초기에는 수요와 공급의 기준을 잡기가 어렵다. 그리고, 가격은 한번 정해지면 쉽게 변동하기가 어렵기 때문에 신중한 결정이 필요하다. 그러므로 창업 초기에는 철저한 시장 조사를 통해 콘셉트에 기반한 가격설정이 이루어져야 한다. 우리 매장을 찾는 고객이 어떤 고객이며, 이들은 어떤 경험을 소중하게 생각하며, 어느 정도까지 가격을 지불할 용이가 있는지를 파악하고 가격을 설정해야 한다. 매장이 위치하는 주변의 유사한 경쟁 매장들이 가격 결정에 중요한 기준점이 될 수 있다.

매장이 가지는 여러 요인 중 어떠한 재료를 쓸 것인지도 중요하며, 메뉴를 생산하는 담당자들의 역량도 중요하게 영향을 미친다. 전체적인 매장의 규모와 유형, 운영전략도 가격에 영향을 미치는 요인이다. 판매가 부진하여 이익구조를 가지지 못하는 메뉴는 매장의 경영을 어렵게 만들 수 있다. 각 메뉴가 가지는 원가의 구조와 판매량 등은 가격에 영향을 주는 요인이다. 원가 구조가 높아도 많이 팔린다면 그만큼 생산성의 긍정적인 부분들이 이를 상쇄시킬 수 있다. 다양한 메뉴전략을 통해 원가구조가 좋은 메뉴를 다양한 방법으로 매출에 긍정적 기여를 할 수 있도록 배치할 수도 있다.

이익과 가격은 절대적으로 따질 수는 없다. 이익구조가 나쁘다고 해서 메뉴가 사려져야 하는 것은 아니다. 이익구조가 낮지만 매장의 대표 상품인 경우도 있다. 이처럼 메뉴의 가격은 전체적인 매출과 전체적인 수익구조 안에서 여러 가지 요소를 합리적으로 고민하여 결정하는 것이 바람직하다. 각 메뉴가 가지는 다양한 공헌이익을 따져서 메뉴를 관리하는 것이 바람직하다.

(3) 가격의 인상

물가가 오른다면 가격의 변동에 대해서 고민을 하지 않을 수가 없다. 많은 창업자들은 다양한 가격 상승 요인으로 고민을 하게 된다. 인건비, 임대료, 재료비, 관리 운영비, 세금 등 다양한 인상 요인들이 생길 때 가격 인상 여부를 고민하게 된다. 이때 절대로 해서는 안 되는 것이 원가 구조를 개선시킨다고 재료를 바꾸거나 사전 조사 없이 메뉴를 없애는 것이다. 실제로 고객들은 합리적인 의사결정을 한다. 물가 인상요인이 있다면 고객들도 함께 느끼는 부분일 수 있다. 가격의 인상이 불가피하다면 가격을 인상하는 것이 바람직하다.

실제로 원가 절감보다 가격 인상이 이익에 더 많은 긍정적인 요인을 준다. 동일한 상황이라고 가정하였을 때 원가 개선과 마케팅을 통한 판매량의 증가보다 가격 인상이 훨씬 더 이익 개선에 도움이 된다는 것이다. 가격은 이익에 절대적으로 영향을 미치는 요인이며, 가격의 변동은 경영상의 문제를 극복하는 중요한 요인이다.

가격은 가격에만 영향을 받지 않고 베이커리 카페가 가진 명성·분위기·이미지와 서비스 형태에도 영향을 받는다. 메뉴 선택은 가격뿐만 아니라 마케팅 활동에 더 영향을 받는 경우도 많다. 따라서 베이커리 카페의 창업자는 이런 다양한 요소를 고려하여 가격 전략을 수립할 필요가 있다.

메뉴의 가격을 판매량 감소 없이 인상시킬 수 있다면 창업자에게는 최상의 방법일 수 있으나, 가격인상으로 판매량에 변화가 생길 수 있다. 가격은 판매의 중요 요소이며, 판매통제의 시작점이다. 따라서 창업자들은 메뉴와 수요의 탄력성에 기초하여 메뉴의 가격을 결정해야 한다. 가격에 대한 저항이 두려워 가격을 그대로 두고 식재료를 바꾸어 원가 구조를 조정하는 것이 더 많은 매출 감소를 가져올 수 있다.

메뉴의 가격 결정은 2가지 요인에 근거를 두고 있다. 첫째, 원가를 충당하고 이익을 내기 위해서는 수입이 얼마나 있어야 하는지 예상판매액을 결정해야 한다. 그러나 가격을 매출에만 의존하여 결정할 수는 없다. 둘째, 목표 고객이 지불할 수 있는 합리적인 가격대를 예상하여 고객이 지불 가능한 범위 내에서 가격을 결정해야 한다.

2) 가격 결정 시 고려사항

베이커리 카페 메뉴의 가격을 결정할 때는 메뉴에 대한 원가와 이익, 고객이 느끼는 효용가치, 수요와 공급의 탄력성, 시장경쟁의 정도를 종합적으로 고려하여 가격을 책정하는 것이 합리적이라 할 수 있다. 특히 메뉴와 서비스에 대한 고객의 판단과 고객이 느끼는 가치를 가장 중요한 기준으로 삼아 결정해야 한다.

　가격은 고객이 지불할 의향이 있는 합리적인 가격을 찾는 과정을 통해서 결정된다. 매장의 콘셉트와 서비스, 어느 곳에 위치하고 있는지 상권이 주는 영향, 방문하는 고객의 소득수준에 따라 동일한 메뉴이더라도 고객은 지불하고자 하는 가격에 대한 가치를 다르게 평가하기 때문이다. 가격에 영향을 미치는 요인들과 변수를 모두 고려하여 가격을 결정하는 것은 어려운 문제이다. 그러므로 가격결정 시에는 베이커리 카페의 콘셉트와 전략, 목표 고객에 따른 가치의 인식, 고객의 구매 상황에 따른 할인 정책, 마감 시간의 할인 정책, 재료에 대한 질, 건강과 친환경적인 요인, 주변의 경쟁 매장의 가격 등을 고려하여 가격을 결정하는 것이 가장 최선의 가격결정 방법이 될 수 있다.

❹ 메뉴 평가 관리

1) 메뉴평가

(1) 메뉴평가의 정의와 중요성

　메뉴는 베이커리 카페의 경영에 가장 핵심적인 상품이며, 지속적인 경영을 위해 매출을 일으키는 직접적인 요소이므로 메뉴관리는 절대적으로 중요하다고 할 수 있다. 창업과 동시에 만들어진 메뉴가 잘 만들어진 메뉴라고 하더라도 그 메뉴들이 지속적으로 좋은 메뉴로서 고객들에게 판매될 수 있도록 하는 메뉴관리 활동은 매우 중요하다. 그렇지만 메뉴의 관리 과정에서 판매하고 있는 메뉴들이 매출에 영향을 미치는 부정적 요인이 발견되거나 이로 인해 매출 하락이 있다면 반드시 메뉴에 대한 평가과정을 통해 메뉴전략을 수정하고 보완하는 것이 필요하다.

　창업 초창기에 모든 것이 완벽하게 세팅되기는 쉽지 않다. 매장의 관리와 운영과정 안에서 메뉴구성, 고객의 니즈, 재료의 변경 문제, 경쟁상황의 변화 등 다양한 요인들로 인해서 변경사항이 발생할 수 있다. 이렇게 때문에 주기적인 메뉴평가 과정을 통해 시장과 고객의 변화를 인지하고 메뉴를 지속적으로 개발하고 변화를 주어야 한다.

메뉴의 평가에 있어서는 고객의 메뉴에 선호도, 맛, 가격에 대한 평가, 수요변화, 메뉴별 판매량 분석, 수익성 분석 등에 포커스를 맞추어 평가가 이루어진다. 이러한 메뉴의 평가과정을 통해 메뉴를 분석하고 이를 통해 메뉴의 수정과 변화, 개선, 신메뉴 개발 등의 전략을 수립해야 한다.

(2) 메뉴평가 방법

메뉴의 평가는 크게 창업 준비과정과 창업 후 운영관리 과정에서 평가로 나눌 수 있다. 창업 준비과정에서는 시제품을 통해 고객의 선호도, 맛 등을 평가해 보는 것이다. 고객들의 메뉴에 대한 직관적인 평가를 통해 품질의 개선점을 찾는 데 중요한 포인트가 된다. 또한 이러한 시제품 평가는 신제품이 나올 때마다 이벤트성으로 하는 것이 효과적이다. 베이커리 카페의 경우는 많은 메뉴들에 대해서 시식을 할 수 있도록 상시적으로 운영하는 곳들도 있다. 이것은 고객의 직접적인 평가를 빠르게 수집하는 데 좋은 방법이 된다. 창업 후에도 다양한 변화에 대응하기 위해 고객들을 대상으로 주기적인 메뉴 평가가 이루어지는 것이 좋으며, 신메뉴에 대한 개발과 평가는 고객관리를 통해 핵심 고객들로부터 이벤트를 통해 고객들의 평가를 수집하는 것도 한 방법이다. 베이커리 카페 중 커피의 기능이 강한 곳들은 정기적으로 새로운 원두를 들여오면 고객들을 대상으로 하여 커핑 테스트를 이벤트성으로 진행하기도 하는데 고객들의 참여를 통해 솔직한 고객의 평가들을 받을 수 있는 기회가 되므로, 좋은 메뉴를 지속적으로 개발하고 고객들에게 선보이는 데 있어 이러한 평가는 긍정적으로 작용하는 것을 볼 수 있다.

직원들을 대상으로 하여 내부평가를 해 보는 것도 좋은 방법이다. 직원도 곧 고객이기 때문에 객관적으로 평가할 수 있는 좋은 대상이 된다. 내부평가에서는 메뉴의 생산과 서비스와 관련한 부분들도 함께 평가할 수 있으므로 중요한 평가 기회가 된다. 아무리 좋은 메뉴라도 준비시간이 오래 걸리거나 서비스에 애로가 있다면 고객에게 결코 좋은 메뉴가 될 수 없다.

〈메뉴를 평가하는 요소〉

① 메뉴의 전체적인 평가
② 메뉴의 모양과 디자인

③ 목표고객의 유형

④ 메뉴에 대한 서비스

⑤ 메뉴에 들어가는 재료

⑥ 메뉴의 가격

⑦ 메뉴의 시기적 적절성(계절성 메뉴)

⑧ 메뉴의 이름과 메뉴에 대한 설명

⑨ 메뉴의 맛

⑩ 메뉴의 양

⑪ 메뉴의 영양

⑫ 메뉴의 원가와 수익성

⑬ 메뉴 제작의 용이성

2) 메뉴 엔지니어링

(1) 메뉴 엔지니어링의 정의

메뉴 엔지니어링은 현재의 메뉴를 평가하는 데 활용할 수 있는 체계적인 메뉴평가 방법이다. 메뉴 평가의 대표적인 도구는 미국의 카사바나와 스미스에 의해 개발된 방법으로 고객들이 선호하는 메뉴 품목의 인기도를 나타내는 메뉴믹스(판매량)와 수익성(공헌이익)을 평가하는 메뉴 엔지니어링 기법이다. 메뉴평가에 있어서 중요한 의사결정의 도구로서 활용하는 방법이다. 대형 베이커리 카페처럼 다양한 메뉴를 생산하는 매장에서 매우 유용한 방법이라 할 수 있다.

(2) 메뉴 엔지니어링 분석

메뉴 엔지니어링은 메뉴 선호도(판매량)와 수익성(공헌이익=판매가격−변동비)을 평가하여 메뉴에 관한 의사결정을 지원하는 정량적 도구로서 매우 유용하지만 소규모 외식업체의 경우 공헌이익을 산출하기 어려워 이용에 많은 한계가 있다. 메뉴 엔지니어링은 메뉴 선호도와 공헌이익이 모두 높은 대표메뉴(stars), 선호도는 낮으나 공헌이익은 높은 수익성 높은 메뉴(puzzles), 메뉴의 선호도는 높으나 공헌이익이 낮은 인기메뉴(plowhorses), 메뉴 선호도와 공헌이익이 모두 낮은 문제가 있는 메뉴(dogs)로 구분한다.

① 대표메뉴(Stars)

스타 메뉴는 선호도와 수익성이 모두 높은 메뉴이다. 이들은 매장에서 고객의 시선을 가장 끌 수 있는 위치에 자리를 잡는다. 수익성이 높은 메뉴로서 판매를 촉진하는 메뉴일 수도 있고, 고객을 유인하는 메뉴일 수도 있다. 스타 메뉴는 지속해서 계속적으로 메뉴의 질과 수준을 유지하면 된다. 가격인상 요인이 발생한다면 가격인상에 대한 저항이 가장 적을 수 있기 때문에 우선적으로 가격인상을 시도해 볼 수 있다. 메뉴판이나 메뉴 북에서도 가장 시선이 가는 위치에 배치하는 것이 좋다.

② 수익이 높은 메뉴(Puzzles)

수익성은 높지만 선호도가 낮은 메뉴라 할 수 있다. 수익성이 높은 메뉴이므로 고객이 시선이 잘 가는 곳에 위치하는 것이 좋다. 가격의 인하를 통해 고객의 선호를 높일 수 있다. 이 메뉴군이 많다면 메뉴를 줄일 필요가 있다. 세트메뉴에 묶어서 판매를 늘릴 수가 있다.

③ 인기가 많은 메뉴(Plowhorses)

선호도는 높으나 수익성이 낮은 메뉴이다. 이들은 매출에는 기여도가 높지만 공헌이익은 낮은 메뉴이므로, 유인메뉴 등이 이에 해당하는 경우가 많다. 메뉴의 차별성을 고민하여 가격을 높이는 것을 시도해 볼 수 있다. 가격변화에 민감한 메뉴이므로 가격을 올린다면 신중하게 고민하고 가격을 결정해야 한다.

④ 문제가 있는 메뉴(Dogs)

수익성과 선호도가 모두 낮은 메뉴이다. 메뉴에서 삭제하거나 다른 메뉴로 바꾸는 것이 좋다. 그렇지 않다면 메뉴의 개선을 통해 선호도와 수익성을 높이는 방법이 강구되어야 한다. 단 베이커리 카페의 중요한 상징성을 주는 메뉴라면 이때는 유지하는 것이 필요하다. 카페 메뉴나 베이커리 메뉴 중 가장 기본메뉴들이 여기에 해당하는 경우가 많다.

(3) 메뉴 엔지니어링을 통한 분석 결과

메뉴 엔지니어링 기법을 통해 메뉴를 검토하여 분석한 후 메뉴 조정 시에 활용한다. 즉 인기도와 이익기여율을 확인하고 이에 따라 메뉴의 조정 여부를 최종적으로 결정한다. 이익기여율이 낮으나 판매량이 많다면 가격 조정이 필요하다. 판매량은 많지 않으나 이익기여율이 높다면 베이커리 디스플레이에서 위치를 고객이 쉽게 접근하고 보일 수 있는 위치로 변경할 필요가 있다. 또는 세트 메뉴 등의 구성을 통해 판매를 높이는 것을 고려해 볼 수 있다. 판매량도 낮고 이익기여율도 낮은 메뉴는 메뉴에서 퇴출하는 것이 좋다. 그렇지만 생산을 꼭 해야 한다면 다른 메뉴들 중 이익기여율이 높은 메뉴와 세트 판매를 통해 이익률을 높일 수도 있다.

표 8-3 메뉴 엔지니어링 결과 분석표

상품	판매량	인기도	식재료비	판매가격	이익기여	결과	조정내용
크루아상	500	High	1,800	3,500	Low	Plowhorses	가격의 재조정
뺑오 쇼콜라	450	High	2,000	7,000	High	Stars	유지
호두파이	100	Low	4,500	10,000	High	Puzzles	디스플레이 위치 변경
브리오슈	60	Low	2,300	4,000	Low	Dogs	판매 메뉴에서 삭제 또는 세트 판매

제9장

원가관리와
손익관리

원가관리는 매장 경영에 있어서 매우 중요한 부분이며
생산량과 판매 활동을 위한 모든 경제적 가치를 고려하여
원가관리가 이루어져야 한다.

제1절 베이커리 카페의 원가관리

❶ 베이커리 카페 원가관리의 정의

베이커리 카페에서 메뉴를 생산하기 위해 소비된 경제가치를 화폐액으로 표시한 것이 바로 원가이다. 또한 원가란 상품의 생산, 판매, 서비스 등을 위하여 투입된 자원의 가치를 의미하기도 한다. 이러한 원가는 베이커리 카페의 다양한 메뉴 생산을 위한 식재료의 구입방법, 생산과정, 판매 과정, 서비스 과정에 따라 달라질 수 있다. 베이커리 카페 창업과정에서 원가관리는 매장 경영에 있어서 매우 중요한 부분이며 생산량과 판매 활동을 위한 모든 경제적 가치에 따라 원가는 달라질 수 있다.

원가관리의 목적은 이익을 얻는 데 있으며, 효율적인 원가관리를 위해서는 책임과 권한을 명확하게 하고, 원가관리 책임자가 각 파트별로 명백하게 원가 관리를 위한 관리자를 선정하여 원가 관리가 효율적으로 진행되도록 해야 한다.

베이커리 카페에서 재료비란 생산을 위한 목적으로 구입한 다양한 식재료와 물품들 말하며, 생산과정 안에서 실제로 소비되는 것을 표시한 금액을 재료비라고 한다. 베이커리 카페에서 재료비는 직접재료비와 간접재료비로 나뉜다. 베이커리 카페의 재료비는 판매량에 따라 달라진다. 제조장비의 생산능력, 서비스 수준 등에 따라 차이가 난다고 할 수 있다.

❷ 원가관리의 목적

원가관리는 베이커리 카페의 체계적인 관리를 위한 업무수행과 그에 따른 이익의 극대화를 목적으로 한다. 식재료비는 베이커리 카페의 운영비 중에서 차지하고 있는 비중이 높아 매우 중요하며, 식재료의 특성상 훼손 또는 손실될 가능성이 높기 때문에 관리가 어렵다. 원가관리의 목적은 베이커리 카페에서 판매되는 메뉴의 가격결정에 중요한 기초 자료이며, 창업자가 원가절감을 위한 원가관리목표를 세우고 달성하기 위한 과정이며, 재무관리상의 손익계산서 작성과 대차대조표상의 재고품 원가를 산출하는 데도 중요한 기초자료로 쓰인다. 베이커리 카페의 원가 관리 목적은 매출 목표 달성을 통한 이익 창출이며, 고객에게 더 좋은 상품과 서비스를 제공하기 위한 근원적 목적의 기능도 있다. 또한 원가관리는 메뉴의 판매가격을 결정하고 원가관리의 기초자료를 제공하며 원가를 절감할 수 있도록 표준원가와 비교하여 적정원가를 결정하며, 다음 연도의 예산을 측정할 때 기초자료로 사용된다.

❸ 원가의 분류

1) 원가의 3요소

원가는 재료비, 노무비, 경비로 분류할 수 있다. 즉 베이커리 카페에서는 메뉴를 생산하기까지 재료비, 노무비, 경비라는 경제적 가치를 투입하게 되는데, 이 세 가지를 원가의 3요소라 하며 직접원가와 간접원가로 구분할 수 있다.

(1) 재료비

재료비는 메뉴를 생산하는 데 소요되는 재료의 가치라고 할 수 있다. 예를 들어 커피 한 잔에 들어가는 원두의 가격은 직접재료비, 이와 함께 제공되는 일회용품은 간접재료비에 속한다.

(2) 노무비

메뉴를 생산하는 데 소비된 노동력의 가치로 임금, 상여금, 수당 등이 이에 해당된다. 예를 들어 커피 한 잔을 판매할 때마다 100원을 직원에게 비용을 지급하기로 했다면 직접노무비, 매월 직원에게 지급되는 월급은 간접노무비가 된다.

(3) 경비

경비는 생산을 위해 들어간 재료비와 노무비 외에 생산에 소요된 가치로 외주 가공비와 같은 직접경비와 보험료, 메뉴개발비, 감가상각비 등과 같은 간접경비로 구분할 수 있다.

2) 원가의 구성

원가는 직접원가, 제조원가, 총원가로 구성되어 있으며 이를 통해 시장가격의 적정성을 판단한 후 판매가격을 결정하게 된다.

(1) 직접원가

직접원가는 직접재료비, 직접노무비, 직접경비로 구성된다. 예를 들어 빵을 만들 때 투입되는 밀가루의 양, 설탕의 양, 버터의 양 등은 완성된 메뉴로 추적할 수 있으므로 빵에 대한 직접원가에 해당된다. 베이커리 카페 같은 외식기업의 경우 간접비가 차지하는 비율이 적어 직접원가가 제품원가의 대부분을 차지한다. 특히 직접원가 중 직접재료비와 직접노무비를 합한 것을 프라임 코스트라고 하는데 이는 매출 및 수익증대를 위한 직접원가 지출의 효율적 관리를 위해 활용되는 절대 지표로 보통 65%가 넘으면 운영관리에 문제가 발생될 수 있기 때문에 지속적인 관리가 필요하다.

(2) 제조간접원가

제조간접원가는 베이커리 카페의 여러 생산되는 메뉴에 공통적으로 발생하기 때문에 특정메뉴를 통해서 측정이 어려운 원가를 말한다. 예를 들어 빵을 만드는 데 투입되는 전기세나 수도세 등은 반드시 필요한 비용이지만 다른 메뉴를 만드는 데에도 투입이 되어 빵을 만드는 데 어느 정도 소요되었는지 판단이 어려워 제조간접원가라 할 수 있다.

(3) 제조원가

제조원가는 상품를 만드는 데 발생하는 모든 원가를 총칭한다. 생산원가 또는 제품원가라 한다. 제조원가는 직접재료비, 직접노무비, 제조경비로 구분하는데 직접원가는 상품를 생산하는 데 반드시 필요한 원재료의 사용액을 말한다. 제조원가는 직접원가에 간접재료비, 간접노무비, 간접 경비를 포함한 것을 말한다. 감가상각이나 보험료, 전기세, 가스비 등은 생산에 필요한 간접원가를 포함한 원가이다.

(4) 비제조원가

비제조원가는 베이커리 카페 메뉴를 만드는 활동과 직접적인 관련이 없으며 오로지 판매 활동과 일반관리 활동에서 발생하는 원가로 보통 고객으로부터 주문받아 상품을 제공하는 데 소요되는 판매간접비와 판매직접비, 베이커리 카페를 운영하고 유지하기 위해 소요되는 일반관리비로 구성된다.

(5) 총원가

총원가는 상품의 생산에서부터 메뉴의 완성, 판매단계에 도달할 때까지 소비된 일체의 원가요소를 합쳐 총원가라고 한다. 베이커리 카페의 생산되는 상품의 제조원가에 판매비와 일반관리비를 포함한 금액이다.

또한 총원가는 제품의 판매가격을 결정하는 기초가 되는 것이므로 판매 원가라고도 한다. 판매비는 특정상품의 판매에 직접 발생하는 직접판매비와 모든 상품의 판매에 대하여 공통적으로 발생하는 간접판매비가 있으며, 일반관리비는 대부분 간접비가 된다. 일반적으로 상품의 판매가격에서 이익을 뺀 금액을 총원가라고 한다.

(6) 판매가격

판매가격이란 총원가와 판매이익을 더한 것으로 상품이 팔린 매출가격을 말한다.

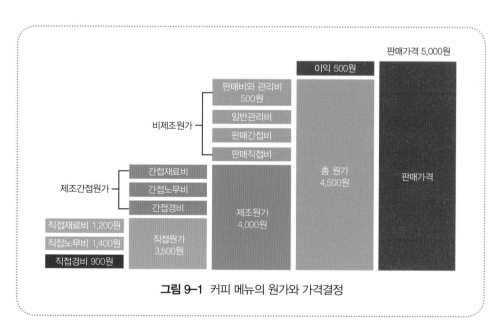

그림 9-1 커피 메뉴의 원가와 가격결정

3) 표준 레시피(Standard Recipe)

표준 레시피는 베이커리 카페 주방에서 생산하는 메뉴의 품질과 양을 결정한다. 간단히 말하자면 표준 레시피는 메뉴의 생산을 위해 준비하고 만들어지는 과정을 말한다. 표준 레시피는 고객이 메뉴를 구매할 때 고객이 일정한 맛을 동일하게 느낄 수 있도록 만드는 역할을 한다. 표준 레시피의 중요한 요인은 만드는 시간과 재료의 양을 항상 일정하게 유지하는 것이다. 그러므로 표준 레시피는 고객에게 일관성 있는 메뉴를 제공하고 고객이 지불하는 가치를 가능하게 만든다. 동일한 품질의 메뉴 생산은 베이커리 카페의 지속적인 경영을 가능하게 만든다.

표준 레시피에는 다음과 같은 사항이 표시된다.

① 메뉴의 이름
② 메뉴 판매하는 법
③ 메뉴 생산량
④ 재료의 종류와 양
⑤ 준비과정
⑥ 만드는 데 필요한 시간, 굽는 온도
⑦ 메뉴 원가

표 9-1 파네토네의 표준 레시피의 예시

상품명	파네토네		원가	원가율
구분			예상판매가:	
배합률(베이커리 중량)			오븐온도	굽는시간
원료명	중량	특이사항	180/170	19분 (15분+4분)
생이스트	50g		제조공정	
설탕	210g			
소금	8g			
난황	380g			
물	380g			
버터	360g			
2차반죽				
강력분	450g			
생이스트	18g			
난황	630g			
설탕	404g			
소금	14g		1차반죽 발효 2시간	
버터	300g		2차반죽 믹싱 100%	
1차반죽	2708g		발효 40분 뒤 펀칭 후 30분 뒤 분할 400g	
묵은 반죽	200g			
충전물			틀에 넣어 2차발효 뒤 80%까지 발효하여	
전처리 과일	2200g		토핑크림 짜준 뒤 슬라이스 아몬드 올려서	
토핑크림			슈가파우더 뿌린 뒤 오븐에 소성	
난백	280g		컨벡션오븐 160도 30분	
설탕	120g			
슈가파우더	280g			
아몬드파우더	320g			
합계				
생지분할중량(g)				
내용물1중량				
내용물2중량				
내용물3중량				
참고사항	제품규격:			
	Selling Point:			
	원산지:			

〈자료: 엠 베이커리 카페 〉

베이커리 카페에서 생산하는 다양한 메뉴의 실제 표준 레시피는 정해진 원가로 일관성 있는 고품질의 메뉴를 만드는 데 아주 중요한 역할을 한다. 표준 레시피를 통한 관리는 효율적인 원가 관리를 가능하게 한다. 표준 레시피가 없다면 메뉴의 관리 운영이 거의 불가능하고, 다양한 문제들이 생기고 원가관리가 어렵게 된다고 볼 수 있다. 원가 관리가 문제가 생긴다는 것은 베이커리 카페의 경영에도 어려움이 생기는 것이다.

❹ 베이커리 카페 원가관리 시 고려사항

1) 원가상승 요인의 관리

(1) 메뉴 계획 시 원가상승 요인

메뉴 계획이란 생산을 통해 판매할 메뉴를 결정하는 것이다. 고객의 선호도를 잘못 읽고 메뉴 구성을 잘못하였다면 결국 매출에 영향을 받고 원가 상승요인이 될 수 있다. 잘못된 메뉴 계획으로 재료를 구하지 못하거나 지나치게 비싸게 구매하는 경우, 유통 과정에서 재료의 물류비용이 증가하는 경우, 이런 이유로 적시에 식재료 공급이 지연되는 경우, 주방의 장비와 운영을 고려하지 않고 메뉴계획을 한 경우 등이 원가 상승요인으로 작용한다.

(2) 구매 시 원가상승 요인

베이커리 카페 운영에 있어서 식재료의 구매관리가 이루어지지 않을 시 원가 상승에 큰 영향을 미칠 수 있다. 대량구매를 통해 원가를 절감하는 것이 아니라 유통기한 등으로 폐기해야 하는 경우, 높은 재료비 상승으로 원가부담이 높아진 경우, 구입재료가 표준 레시피로 관리되지 않는 경우이다. 표준 레시피를 통해 관리하지 않는다면 베이커리 메뉴의 생산량과 재료 투입량이 정확하지 않아 재고로 남는 경우가 생길 수 있다.

Bakery Cafe Start-up and Management

(3) 검수 시 원가상승 요인

검수는 반입되는 모든 식재료에 대한 주문내용과 품질, 수량, 가격 등을 확인하는 작업이다. 이때 반입과 반품을 결정하게 된다. 검수 담당자가 없어 검수를 즉시 하지 못하는 경우, 불량 파손품, 변질 등을 확인하지 못하여 폐기하는 경우는 원가 상승에 영향을 준다. 날씨에 영향을 받는 식재료가 제때 처리되지 못해 폐기하는 경우도 해당된다.

(4) 생산과정에서 원가상승 요인

표준화된 레시피에 따라 메뉴가 생산되지 않는 경우이다. 표준 레시피를 무시하고 메뉴를 생산하여 고객이 원하는 동일한 맛의 메뉴가 생산되지 못해 폐기하는 경우가 해당된다. 과도한 식재료의 사용으로 맛의 변화가 생기는 경우, 주문을 잘못 받아 폐기 처분하는 경우도 해당된다.

2) 원가절감의 올바른 결정

전통적으로 외식업에서는 최대한 원가를 낮추고 고객에게 효율적으로 상품을 제공할 수 있는 방안이 필요하다고 강조하였다. 그렇지만 식재료의 원가를 낮추는 방법은 결국 고객에게 제공하는 메뉴의 질을 떨어뜨리는 가장 중요한 원인이 될 수 있다. 그렇기 때문에 원가를 낮추는 것이 꼭 좋은 방법이 될 수 없다. 식재료의 원가를 낮추는 결정은 맛에 영향을 주게 되고 장기적으로 고객이 매장을 외면하고 매출에 영향을 주며 경영을 악화시키는 요인이 될 수 있다. 원가 중 변동비의 대부분을 차지하는 식재료를 잘 구매하고 관리하는 것을 통해 적절하고 합리적인 방법으로 원가를 관리하는 것이 중요하다. 다양한 원가의 요인들 중 관리 운영을 통해 개선할 수 있는 부분들을 찾아내고 고객에게 제공하는 메뉴의 맛을 손상하지 않고 고객에게 만족감을 줄 수 있어야 한다.

가장 중요한 것은 창업자와 직원들 모두가 원가관리의 중요성을 인식하고 철저한 재고 관리 등의 다양한 요소에서 원가를 절감하도록 노력하는 것이 필요하다. 원가관리의 중요성에 대해 지속적으로 교육하여 직원들이 솔선수범하여 원가절감에 대한 노력을 할 수 있도록 해야 한다.

3) 원가관리 방법

(1) 원가의 변동성 관리

원가는 제품원가와 판매율을 함께 고려하여 원가율을 따져 볼 수 있다. 그렇지만 원가는 작업장의 환경, 직원의 숙련도, 재료상태, 주방기기의 성능과 생산능력, 직원의 숙련도에 따라서도 영향을 받는다. 동일한 메뉴여도 취급하는 매장에 따라 차이가 나며, 계절별, 지역별로도 차이가 발생할 수 있다. 원가는 개별 메뉴별로 원가율과 판매율을 고려하여 표준원가율을 관리함으로써 표준과 실적의 차이를 구분하여 위의 변동성을 고려하여 원가 절감과 대응책을 함께 관리해야 한다.

(2) 철저한 재고관리

베이커리 카페의 재고관리는 주방이 베이커리와 카페 파트로 나뉘고, 창고관리 품목, 냉장/냉동으로 관리해야 할 재료들이 분산되어 있기 때문에 관리가 쉽지 않다. 기본재고 조사와 월별 재고를 통해 정확한 파악이 이루어지지 않을 수도 있다. 때로는 재고에 대한 규격과 구입 단가가 다르게 발생하는 경우도 있다. 재고 관리에 있어서 수많은 변동성이 있다. 그렇기 때문에 재고 관리에 있어서 재료 사입 시 규격과 단위를 단순화할 필요가 있다. 재고관리 담당자를 두어 일단위와 주간 단위로 재고를 파악하고 관리해야 한다. 이를 월별 단위로 정확한 재고 관리를 통해 총원가와 총판매액을 산출한다면 제품별 공헌이익을 파악할 수 있다.

(3) 메뉴관리

메뉴를 판매량과 수익성에 따라 관리한다. 판매량과 수익성이 높은 메뉴는 현 상태를 유지하며, 판매량이 많으나 수익성이 적은 메뉴는 가격 조정을 통해 관리한다. 판매량이 낮으나 수익성이 높은 메뉴는 가격을 낮추거나 수익성이 낮은 메뉴와 함께 세트메뉴로 판매하는 전략을 쓸 수 있다. 수익성과 판매량이 낮은 메뉴는 메뉴에서 퇴출시키는 것을 고려한다.

(4) 판매가격 관리

판매가격은 고객이 메뉴를 선택하고 수요에 가장 큰 영향을 미치는 원인이다. 판매가격 자체가 원가에 영향을 주지는 않지만, 원가율에는 영향을 주기 때문이다. 따라서 원가율을 철저히 따져 원가를 조정하는 방법을 고민해야 한다. 원가 절감을 위해 재료를 바꾸는 것은 좋은 선택이 아니며, 이때는 경쟁사의 동일 메뉴 가격을 벤치마킹하여 시장의 변화에 따라가는 것이 좋다. 그렇지만 메뉴에 자신감이 있다면 가격 상승 요인을 반영하여 가격을 올리는 것도 방법이다.

(5) 직원의 숙련도

직원의 숙련도는 원가에 가장 큰 영향을 미치는 요소라 할 수 있다. 직원의 숙련도는 생산성과 직결된다. 직원의 숙련도 수준에 따라 동일 제품의 하루 생산량에도 차이가 있으며, 경험에 따라 재료를 다루는 수준도 다르다. 숙련도가 낮은 직원들이 주방에 많을수록 비효율적인 운영이 되며, 이는 원가를 높이는 큰 요인이 된다. 인적자원에 대한 철저한 교육은 원가관리 측면에서도 매우 중요한 부분이다.

(6) 작업관리

베이커리 카페의 주방 및 모든 업무에 대해 업무표준표를 만들고 이에 따른 업무 지시서를 통해 업무가 체계적으로 이행되도록 한다. 이때 각 기술수준에 따라 업무를 표준화해야 한다. 이때 각 메뉴에 대해서 메뉴 작업 표준화와 단순화를 계획하고 진행한다. 생산과정에서 생산소요시간, 생산과정에서의 업무 분배 등 효율적인 업무를 통해 작업 능률을 높이도록 한다. 장비에 대한 철저한 유지관리를 통해 생산에 차질이 생기지 않도록 관리한다.

(7) 수요예측 관리

베이커리 카페는 수요예측이 매우 중요한 부분이며 철저한 수요예측을 통해 폐기하는 양을 줄이거나 없게 만드는 것이 매우 중요한 관리 목표이다. 베이커리 카페 창업 초기에는 정확한 수요예측이 어렵지만, 매장을 운영하며, 메뉴에 대한 판매 데이터가 쌓이면 이를 적극적으로 활용하는 방법이다. 월별 데이터가 쌓이고, 연간 데이터가 쌓이면, 각 계절별 월별 판매량을 예측할 수 있으며, 이에 따라 재고관리도 함께 이루어지면 된다. 이렇게 데이터가 축적되면 각 메뉴별로 수요량을 분석하고 주간단위, 요일별로 수요량을 예측하여 각 메뉴 생산량을 정하면 된다.

제 2 절 매출과 손익관리

매출과 비용 관리를 통해 얼마의 이익이 남았는지를 파악하는 것은 베이커리 카페의 경영활동의 결과를 평가해 보는 매주 중요한 부분이다. 매출액에 따른 수익과 원가의 관계를 이해함으로써 이익이 발생하고 있는지 손실이 발생하고 있는지를 따져봐야 하며, 월별로 손익계산서 작성을 통해 매월 어떠한 비용들이 구체적으로 사용되고 있으며, 이러한 부분이 이익에 어떻게 영향을 미치는지 평가할 수 있어야 한다. 반기, 분기, 연간 손익평가를 통해 매장이 정상적인 매출과 이익을 통해 성장하고 있는지 종합적으로 판단하여야 한다. 이러한 종합적인 매출과 손익관리를 통한 경영활동 평가는 베이커리 카페의 장기적인 성과를 만들어 가는 데 중요한 평가 요소이다.

❶ 손익분기점

손익분기점(Break-even point, BEP)이란 총수익과 총원가가 일치하여 이익이 '0'이 되는 매출액을 말한다. 손익분기매출액과 손익분기비용이 같아지는 지점이라 할 수 있다. 손익분기점에서는 공헌이익의 총액이 고정원가와 일치하여 영업이익이 '0' 이 되는 것이다. '0'을 기준으로 손익분기점보다 아래 있으면 손실이 발생하는 것이고, '0'보다 위에 있는 것이 이익이 발생하는 것이다. 손익분기점 분석에서는 비용을 고정비와 변동비로 나누어 매출액과의 관계를 검토한다. 고정비는 베이커리 카페의 생산을 위해 발생하는 비용으로 매출과 상관없이 발생하는 비용으로 임대료, 관리비, 인건비 등이 해당된다. 변동비는 매출이 증가함에 따라 같은 비용으로 증가하는 것으로 재료비, 수도세, 가스비 등이 이에 해당된다.

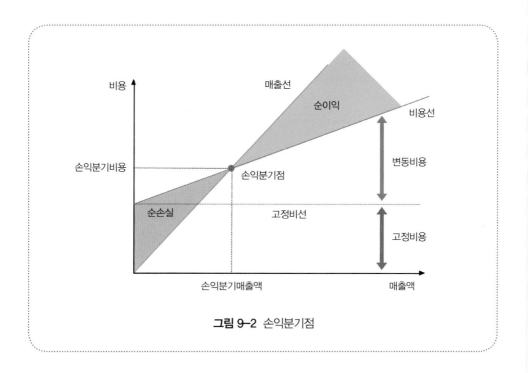

그림 9-2 손익분기점

1) 변동비

매출의 증감에 따라 증감하는 비용을 말한다.

예) 식재료비, 아르바이트 인건비, 수도광열비, 소모품비, 수선비, 광고비, 신용카드 수수료 등

2) 고정비

매출 발생과 관계없이 발생하는 비용을 말한다.

예) 정규직 인건비, 정규직 복리후생비, 임차료, 감가상각비, 이자, 보험료, 통신비 기본요금 등

❷ 손익계산서

1) 손익계산서의 개념

손익계산서(Profit and Income statement)는 일정 기간 기업의 경영성과를 나타내는 재무제표로서 기업이 가지는 경영성과에 대한 정보를 이익과 손실로 계산해 놓은 표라 할 수 있다. 일반적인 기업들은 1년 단위로 평가하며, 이를 반기 또는 분기 결산을 통해 손익계산서를 작성하기도 한다. 베이커리 카페의 경우는 월별 매출관리가 매우 중요하므로 매월 손익계산서를 만들어 관리할 필요가 있다.

손익계산서에서 매출 총이익은 매출액에서 매출원가를 차감한 잔액을 말한다. 영업이익은 영업활동의 결과 발생한 이익으로 매출 총이익에서 판매비와 일반관리비를 차감한 금액을 말한다. 경상이익은 영업이익에 영업외수익을 더하고 영업외비용을 차감한 것을 말한다. 순이익은 경상이익에서 종합소득세(또는 법인세)를 차감한 금액으로 최종적인 경영성과를 말한다. 베이커리 카페 경영에 있어서 손익계산서를 통해 매월 지출되는 수익과 비용에 대한 관리를 통해 경영성과를 평가해 보는 것이 매우 중요하다.

2) 손익계산서의 작성

다음은 연간 손익계산서의 작성에 대한 설명이다.

표 9-2 손익계산서의 예시

구분	금액	비고
1. 매출액		세부항목별로 계획하여 작성
2. 매출원가		경비집행 계획수립
3. 매출이익		1.-2.
4. 일반관리 및 판매비		
- 임금		정규직과 비정규직 급여
- 복리후생비		식사/교통비/기타
- 임대료		
- 모든 관리비		수도광열비/전기/통신/보안

- 감가상각비		
5. 영업이익		3.-4.
6. 영업외수익		수입이자, 기타 판매수익
7. 영업외비용		은행이자
8. 경상이익		(5.+6.)-7.
9. 종합소득세		
10. 순이익		8.-9.

〈자료: 창업다이어리. 소상공인진흥원〉

(1) 매출액

매장을 통해 판매된 모든 제품의 총매출액을 말한다.

(2) 매출원가

판매제품의 직접 재료비 또는 구입원가를 말한다.

(3) 매출 이익

매출액에서 직접재료비를 뺀 부분을 말한다.

매출 이익 = (매출액) − (매출원가)

(4) 일반관리비 및 판매비(영업비)

매장의 영업활동을 위해 발생하는 모든 비용이다.

① 인건비: 급여, 상여금, 통신비, 복리후생비, 퇴직금 등

② 수도/광열비: 수도료, 전기료, 가스비

③ 임대료, 감가상각비, 기타 경비

(5) 영업이익

매출이익에서 일반관리비와 판매비를 뺀 금액이다.

(6) 영업외수익

기타 판매 수익, 이벤트성 상품들이 해당된다.

(7) 영업외비용

차입금에 대한 이자 등이 여기에 해당된다.

(8) 경상이익

영업이익과 영업외수익을 합한 것에서 영업외비용을 뺀 잔고를 말한다.

(9) 종합소득세

경상이익의 금액에 따라 소득세율이 적용되어 책정된다.

(10) 순이익

경상이익에서 종합소득세를 내고 난 나머지 금액이 순이익이다.

표 9-3 디저트 카페 월간 손익계산서의 예시

구분/내역	분류	금액	비고
매출분석	회전율(일)	15	좌석수 20석/Take-out 포함
	고객수(일)	250	오전 10%/오후 40%/저녁 50%
	평균객단가	6,000	음료와 디저트 메뉴를 포함한 평균 객단가
	일매출액	1,500,000	
	월매출액	37,500,000	25일 영업
변동비	재료비(월)	9,375,000	원가비율 25%
	마케팅비용	500,000	홍보/고객관리 비용
	변동기 기타비용	2,500,000	수도세, 전기료, 광열비, 관리비 등
	세금	4,500,000	카드 수수료/부가세
고정비	인건비(월)	7,000,000	정직원 2(Full)+알바 4(half)
	임대료(월)	2,500,000	
	감가상각비(3년)	2,100,000	신규 투자비(7,600만 원)/36개월
	고정비 기타비용	1,500,000	이자/4대보험/원천징수/복리후생/통신료

총매출		37,500,000
총원가	고정비	16,875,000
	변동비	13,100,000

영업이익 + 7,525,000원

(영업이익 = 총매출 - 총원가)

〈자료: 인터그리트 F&B〉

❸ 대차대조표

대차대조표란 베이커리 카페의 재무상태를 표시하기 위해 작성된 것으로 일정기간 동안의 재무적인 성과를 평가하는 것뿐만 아니라 현재 베이커리 카페의 기업 상태를 한 눈에 알아볼 수 있는 것이 재무재표이다. 개인 사업자이더라도 일정한 매출이 이상 된다면 대차대조표를 작성하도록 하고 있다.

대차대조표는 연간 결산일에 따라서 작성하지만 이것은 한 해의 재무상태를 표시하는 것은 아니며, 연간 기준으로 현재의 재무상태를 평가하는 것이다. 예를 들면 2022년 12월 30일의 대차대조표는 2022년 12월 30일 현재의 재무상태를 표시한 것이다.

대차대조표는 자금의 운용상태를 나타내는 자산과 사업을 영위하는 자산의 조달 원천이 되는 부채와 자본의 관계를 표시한다. 자산 항목은 기업이 조달한 자금을 어떻게 활용하고 있는지에 대한 자금의 운용상태, 부채와 자본의 항목은 기업이 자본을 어떻게 조달하였는지를 평가하는 자본구조를 표시한다. 자산은 유동자산과 고정자산으로 분류한다. 이를 통해 기업의 경영활동과 재무활동을 보여주는 것이 바로 대차대조표이다.

베 이 커 리　카 페　창 업 과　경 영

제10장

운영관리

베이커리 카페의 운영관리는
비용의 손실을 막고 효과적이고
효율적인 경영 활동을 지원한다.

제1절 구매관리

❶ 구매관리의 의의

1) 구매관리의 정의

구매란 베이커리 카페의 모든 생산활동과 관련한 물품과 식재료를 구입하는 것을 말한다. 구매관리란 베이커리 카페의 매장 운영을 위해 생산 및 판매 계획을 세우고 이에 따른 구매 물품과 식재료를 구입하는 과정상의 모든 활동을 포함한다. 판매 계획에 따라 필요한 구매물품의 리스트를 정리하고, 구매활동을 위해 구매물품과 식재료를 구입하기 위하여 생산자 또는 유통업체와 상담을 하고, 필요에 따라 구매 계약을 체결하고 구매 대금을 지불하는 모든 절차를 포함한다. 구매계약 체결 후 납품 받은 구매물품을 수령하고 검수하고 저장하는 과정까지 구매관리 활동이라 정의할 수 있다.

베이커리 카페의 창업 준비 과정에서는 창업에 필요한 장소를 임대하고, 매장의 생산과 운영에 필요한 장비와 기기들을 구입하는 것도 모두 구매관리 활동에 들어간다. 매장을 운영하는 중에도 새로운 장비와 기기가 도입될 수 있으며, 필요에 따라 다양한 시설 투자가 이루어진다면 이 과정이 모두 구매 관리의 한 부분이다. 베이커리 카페는 대규모의 공장을 운영하는 상황이 아니면 구매관리 안에 생산장비와 기기 및 모든 생산활동과 판매 활동에 필요한 식재료와 물품을 구입하는 것을 포함한다. 그렇지만 대규모 공장을 운영한다면, 생산관리팀, 구매관리팀 이렇게 파트가 나누어지므로 이때는 해당 부서의 책임에 따라 구매 활동이 부서별로 이루어지게 된다.

2) 구매관리의 목적

베이커리 카페 구매관리는 베이커리 카페 사업을 계획, 통제, 관리하는 운영관리의 한 부분이라 할 수 있다. 또한 구매관리는 원가관리와 연결되는 중요한 활동이다. 베이커리 카페 창업자의 경영방침에 따라 그에 맞는 상품 생산을 위한 구매활동을 해야 한다. 좋은 상품을 생산하기 위해 적절하고 합리적인 비용을 통해 최적의 재료와 제품들을 구매해야 한다. 구매는 시기에 따라 식재료의 선정과 구매에 있어 가격 변동성을 가질 수 있으므로 철저한 계획을 통해 구매관리 활동이 이루어져야 한다. 구매 담당자는 구입하고자 하는 물품들에 대한 유통과정을 이해하고 있어야 한다. 유통 단계에서 여러 요인들에 따라 똑같은 재료를 구입할 때도 가격의 변동성이 달라질 수 있으므로 유통 단계 안에서 납품회사를 통해 적기에 질 좋은 재료를 안정적으로 구입할 수 있도록 노력해야 한다. 구매 담당자는 재료가 가지는 특성들을 잘 알고 우리 상품이 더 좋은 상품이 될 수 있도록 좋은 재료를 구매해야 할 의무가 있다. 구매 담당자는 식재료의 합리적이고 효율적인 구매관리를 위해서는 정기적이고 정확한 시장조사를 할 필요가 있다. 우리 상품의 제조에 적합한 식재료를 구매하기 위해서는 품질수준, 규격, 무게, 수량, 성분 구매 품목의 특성 등을 파악하고, 명확한 기준을 통해 물품구매요청서를 작성하고 이에 기초하여 식재료 구입이 이루어져야 한다. 구매 관리는 다음과 같은 절차를 따라 진행한다.

① 베이커리 카페의 경영방침인 콘셉트에 따른 적절하고 합리적인 조건의 품목과 재료 선정
② 판매계획에 따라 각 상품별 판매계획 수립
③ 판매계획에 기초하여 생산계획 수립
④ 재고계획 단계에서 재고 수량 파악, 월별/주별/일별 예상 생산 수량 책정
⑤ 판매계획과 재고계획에 따라 필요한 물품과 식재료 발주
⑥ 필요한 물품과 식재료가 적시 납기되도록 관리
⑦ 납품 후 입고 관리

❷ 구매관리의 프로세스

1) 구매 프로세스

(1) 일반적인 구매 프로세스

베이커리 카페의 메뉴 생산을 위한 구매 프로세스에 대해 알아보자. 판매 메뉴에 대한 구매활동의 프로세스는 메뉴에 따라 필요한 재료의 목록과 수량이 결정되었다면 기존 재고량을 조사하여 이에 따라 발주량을 결정한다. 물품구매요청서를 작성하고 구매 담당자에 전달한다. 구매 담당자는 기존 구매거래처가 정해져 있다면 발주서를 보낸다. 대형 베이커리 공장의 경우는 구매거래처가 선정이 되어 있지 않다면 경쟁 입찰을 통해 공식적인 구매절차를 진행하여야 하지만, 대부분의 베이커리 카페는 수의계약식으로 매장에 가장 적합한 재료를 합리적인 가격으로 납품 받아도 괜찮다. 주문이 정상적으로 되었다면, 물품수령 후 구매 물품에 대한 검수 작업을 실시해야 한다. 물품의 이상 유무를 확인하는 검수작업을 실시한다. 문제가 있는 물품이 있다면 반품 등의 후속조치를 실시한다. 검수 작업이 끝나면 각 저장시설과 창고로 물품을 전달하고 구매기록서와 재고기록서를 작성하여 관리한다. 세금계산서가 필요한 곳은 대금지불 후 세금계산서 발행 유무를 확인한다. 일괄적으로 식재료를 구매하는 곳들도 많으므로 이런 경우라면 구매관리가 용이하다.

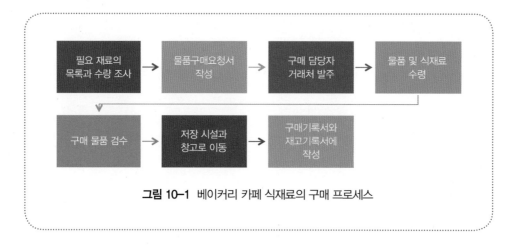

그림 10-1 베이커리 카페 식재료의 구매 프로세스

(2) 고가의 장비 구매

구매진행에 있어서 오븐, 도우 컨디셔너, 냉장/냉동고, 커피 머신, 제빙기 등의 대형 장비를 구매할 때는 다양한 납품전문 업체로부터 견적서를 받고 이를 토대로 장비에 대한 특장점을 파악하고 베이커리 카페의 매장의 규모와 유형에 따라 적절한 장비를 선정해야 한다. 법인으로서 대형 베이커리 카페와 공장을 운영한다면 공식적인 경쟁입찰 과정을 통해 입찰계획을 공고하고 이에 따른 절차에 따라 계약을 진행해야 한다.

2) 구매관리 담당자

규모가 작은 소형 베이커리 카페는 창업자가 구매부터 생산, 판매, 재고관리까지 모든 과정을 책임져야 하지만, 대형 베이커리 카페를 창업한다면 반드시 구매관리 담당자를 지정해야 한다. 매장의 규모가 크고 공장까지 갖추고 있다면 독립된 구매부서에서 구매 담당자가 구매업무를 전담해야 한다. 구매 담당자는 원하는 품질의 식재료 및 물품을 최적시기에 최적가격으로 구입 공급해 주는 역할을 수행하는 핵심적인 업무를 담당한다. 구매 담당자는 식재료의 시장조사를 통해 적절한 구매 시기와 수량, 품질 기준을 제시할 수 있어야 한다. 이는 가격의 결정에도 영향을 준다. 납품업체의 관리뿐만 아니라 결제 조건 및 결제, 반품 등 문제사항이 발생하면 해결하는 역할도 한다. 메뉴관리에 있어서 적절한 식재료에 대한 효용을 평가하는 역할도 한다. 또한 필요한 식재료 및 물품에 관한 정보를 전달하는 역할도 할 수 있어야 한다.

3) 구매 방법

구매 물품과 식재료는 생산과 판매량에 따라 발주 시기가 정해져야 한다. 이때 각 품목의 생산과 판매량을 요일별/주간별/월간별로 나누고, 이를 바탕으로 물품과 식재료별로 어느 정도의 수량이 필요한지를 정한다. 각 품목과 식재료는 매장의 상품별 생산수량, 생산형태, 생산능력, 재료의 품질 유지 기간 등에 따라 달라지므로 일률적으로 정할 수 없다. 일반적으로는 2~3일 사용분을 3일에 1회 납품, 1주간 사용분을 월 4회 납품, 2주간 사용분을 월 2회 납품, 1개월간 사용분을 월 1회 납품 받는다. 신선 식재료나 유제품은 매일 일정 사용량을 납품 받아야 한다. 소형 베이커리는 1주간부터 2주간의 사용수량을 기준으로 하여 발주하는 경우가 많다. 이때 유제품 등의 신선 식재료는 매일 주문한다. 최근에는 유통망이 발달하여 발주하면 다음 날 배송되거나 2~3일 안에 납품되는 경우가 대부분이기 때문에 이 시기를 고려하여 발주가 이루어지면 된다. 그러나 박스류, 포장지, 봉지, 음료 부자재 등의 인쇄가 필요한 것들은 최소 수량이 정해져 있으므로 몇 개월분을 합쳐서 발주한다. 구매 수량과 운송비의 관계를 신중히 검토하여 발주할 필요가 있다.

구매 담당자는 식재료 시장 가격의 동향(밀가루, 설탕, 커피 생두 등)을 파악하고 변동성이 큰 재료들은 필요하다면 선구매를 하는 것도 방법이 된다. 좋은 재료를 구입하지 않으면 좋은 상품을 만들 수 없다는 것을 염두에 두고 재료 선택에 신중을 기해야 한다.

4) 입고와 검수

발주한 물품과 식재료는 청구서에 따라 조건대로 입고되었는지 확인해야 한다. 주문서 발행의 경우 주문서의 내용과 납품서의 내용을 대조하여, 납품서의 내용에 맞는 품목, 품질, 수량, 규격, 가격, 유효기간 등을 확인해야 한다. 검수과정에서 불량품이거나 식재료에 변질 등 이상이 있는 것은 반품 처리해야 한다.

제2절 재고관리 및 저장관리

❶ 재고관리

1) 재고관리의 의의

베이커리 카페 운영관리의 재고관리는 모든 생산활동에서 필요한 물품 및 식재료를 적정수준으로 관리하는 것을 목적으로 하며, 이를 통해 재고에 대한 비용적인 부담을 줄이고 베이커리 카페의 상품 생산에 필요한 물품과 식재료의 입고와 출고를 관리하는 모든 과정을 말한다. 특히 식재료의 관리는 매우 예민한 부분이기 때문에 관리가 잘못 이루어진다면 식재료를 폐기해야 하는 상황이 벌어진다. 창업자가 비용의 손실을 막기 위해 가장 관심을 가지고 집중해야 할 부분이 재고 관리이다. 많은 창업자가 재고관리에 대한 중요성은 알고 있지만 체계적으로 잘 되는 곳이 많지 않다. 식재료 보관방법과 유통기한 관리 등을 철저히 하여 매장 내에서 정확한 재고관리가 이루어진다면 불필요한 식재료 구매를 줄일 수 있다.

베이커리 카페에서 사용되는 물품과 식재료는 정확한 재고관리를 통해 구매 계획이 이루어져야 한다. 즉 정기적으로 철저한 재고 파악이 이루어져야 한다. 재고관리는 문서를 통해 관리해야 하며, 재고관리 담당자를 지정해야 한다. 베이커리 카페의 모든 직원들이 물품과 식재료의 취급에 관여하기 때문에 재고관리와 운영에 대한 명확한 규정을 만들어 재고관리가 체계적으로 이루어질 수 있도록 해야 한다. 올바른 재고관리는 생산관리, 판매관리, 서비스의 질에도 영향을 주며, 원가관리와 수익성에도 영향을 미치게 되므로 베이커리 카페의 운영에 있어 매우 중요한 활동이다.

2) 재고관리의 중요성

재고관리는 물품 및 식재료에 대한 부족으로 생산계획에 차질이 생기는 것을 막을 수 있다. 물품과 식재료를 적정한 수준에서 재고를 관리하는 것은 비용을 감소시키는 작용을 한다. 재고관리로 최상의 품질을 가진 재료를 확보하고, 고객에게 최고 품질의 메뉴를 제공할 수 있다. 주기적이고 정확한 재고관리는 적정한 메뉴별로 필요한 식재료에 대한 적정 주문량을 측정할 수 있게 하여 구매비용을 절감할 수 있다. 철저한 재고 관리를 기초로 생산 및 판매관리가 이루어지기 때문에 원가절감에도 영향을 미치며 수익성 증가에도 기여를 한다. 또한 재고관리의 목표를 달성하는 것은 효율적인 매장 경영에도 중요한 부분이다. 철저한 재고관리는 혹시 있을 수 있는 도난, 부주의로 인한 파손 및 변질로부터 손실을 최소화하고 지속적인 품질관리에도 긍정적인 영향을 준다.

특히 식재료의 적절한 생산수요에 따라 필요한 식재료를 구매하여 최초 구입 시의 원상태를 통해, 최상의 품질을 유지하는 것이 중요하다. 이때 안전한 식재료에 대한 재고 관리는 혹시나 있을 수 있는 식품 안전사고를 방지하고 예방하는 역할을 한다.

3) 재고관리 방법

재고관리는 입출고 관리를 통해 생산에 필요한 물품 및 식재료를 신속하게 출고하고, 생산이 원활히 진행될 수 있도록 해야 한다. 재고관리 담당자는 입출고를 원활하게 진행하는 중요한 역할을 맡는다. 규모가 작은 베이커리 카페라면 재고관리 담당자가 여러 업무를 동시에 진행하는 경우가 많으므로 입고와 출고를 편하게 관리할 수 있지만, 대형 베이커리 카페의 경우는 근무자가 많으므로 물품과 식자재의 올바른 관리를 위해 냉동고와 창고에는 항상 유효기간과 재고량 확인카드를 비치하여 입출 시 기록하도록 한다. 베이커리 카페는 효율적인 재고관리를 위해 매장의 모든 직원들이 다음과 같은 사항을 주의하여 재고 관리를 한다.

① 정확한 검수 과정을 통해 재고 관리가 될 수 있도록 한다.
② 입고 및 출고 현황이 입출고관리표에 정확히 기록되도록 한다. 재고수량을 매일 확인한다.
③ 입고와 출고 시 입출고전표에 따라 관리되도록 한다.
④ 최소/최대 재고량, 표준 재고량을 입출고 현황표에 기록하고 품절을 방지한다.
⑤ 창고의 각 물품을 분류하고 항상 정리 정돈한다. 물품이 손상되지 않도록 관리한다.

⑥ 위생 및 안전관리를 준수한다. 창고는 병충해, 누수 등의 방지가 없도록 한다.

⑦ 물품과 식재료의 수급에 따라 매일/매주/매월 정기적인 재고관리를 진행한다.

⑧ 재고 회전율을 체크하고 회전율에 따라 재고 관리가 이루어지도록 한다.

⑨ 사용이 안 되고 있는 재료나 과잉재고품의 실태를 파악하고 그 활용법을 고려한다.

⑩ 외국산 식자재의 경우 한글 표시사항이 있는지 확인하고 관리한다.

⑪ 선입선출(FIFO: First In First Out)의 원칙을 지키고 입고할 때에도 선입선출을 통해 유효기간이 관리되도록 재고위치를 변경해 준다.

⑫ 표시사항이 표기되지 않은 포장지는 제거한 후 저장하여 교차오염을 적게 한다.

⑬ 포장단위를 줄여 소포장을 할 때에는 원포장의 유효기간을 같이 보관한다.

⑭ 냉장/냉동/실온에서 저장할 수 있는 식자재를 각각 분리하고, 적절한 습도, 온도, 통풍, 채광 등 식자재의 조건에 맞게 저장하여 변질을 막는다.

⑮ 식재료를 소분하여 보관해야 할 때는 반드시 유효기간 라벨을 붙여 관리한다.

❷ 저장관리

1) 저장관리의 목적

베이커리 카페의 식재료 저장관리의 목적은 식재료 관리에서 낭비요소를 최소화하여 생산에 차질이 발생하지 않도록 하는 데 있다. 그러기 위해서는 첫째, 식재료 구입 시의 원상태를 유지하고 손실, 폐기율을 최소화한다. 둘째, 식재료를 체계적으로 분류하고 보관하며, 셋째, 적정 재고량을 유지하여 입고와 출고 업무를 원활하게 해야 한다. 넷째, 생산에 사용되는 식재료 및 상품의 품질이 변하지 않도록 실온, 냉장, 냉동 저장하고 필요시에 바로 제공할 수 있도록 하며, 다섯째, 식재료와 상품을 위생안전 기준에 따라 생물학적, 화학적, 물리적 위해요소를 제거하고 보관·관리한다. 베이커리 카페의 경우 신선식품인 채소, 과일, 육류, 유제품 등의 다양한 식재료가 사용되는데, 이때 아무런 조치 없이 장기간 방치하면 다양한 요인으로 인하여 성분이 파괴되어 오염되기 때문에 그 식재료의 특성을 잃게 된다. 이렇게 때문에 철저한 저장관리가 요구된다.

2) 저장관리 방법

베이커리 카페는 항상 신선한 식재료의 유지를 위해 저장관리를 효율적으로 하고 필요시에 바로 제공할 수 있도록 해야 한다.

① 냉장/냉동 식재료를 정확히 구분하여 저장하도록 한다.
② 식재료의 저장위치를 정확히 하기 위해서는 물품카드를 작성하여 식재료의 위치를 쉽게 파악할 수 있도록 해야 한다.
③ 식재료는 출고와 함께 바로 사용되도록 관리한다.
④ 저장창고의 온도 및 습도 등이 알맞게 유지되도록 관리한다. 특히 보관 시설을 정기적으로 점검하여 유사시 사고에 대비해야 한다.
⑤ 식재료의 명칭, 용도, 규격 및 기능별로 그 종류를 분류하여 저장해야 한다.
⑥ 식재료는 먼저 저장된 순서에 따라 사용되어야 한다. 선입선출(FIFO: First In First Out) 원칙에 따라 냉장/냉동고에도 입고 순서에 따라 저장 가능하도록 적재되어야 한다.
⑦ 식재료의 저장을 위해 냉장/냉동고의 충분한 공간을 확보해야 한다. 식재료의 점유 공간 외에도 이동이 용이하도록 공간을 확보해야 한다.
⑧ 식품창고는 저장 온도가 10℃가 적당하며, 습도는 50~60%를 유지해야 한다. 곡물은 더 낮은 온도에서 저장해야 한다. 온도계와 습도계를 비치한다. 식품창고에 저장할 수 있는 식재료는 곡물, 견과류, 캔류 등 상온에서 보존이 가능한 식품을 저장한다. 저장상의 유의사항은 직사광선을 피하고 실온을 유지해 주어야 하며, 방서, 방충 등이 잘 되어야 한다.
⑨ 냉장고에 저장하는 식재료는 출입문의 개폐에 따라 온도가 상승하거나 하락할 수 있으므로 계측 온도계 등을 이용하여 냉장고의 보존온도가 0~5℃로 유지되도록 해야 한다. 습도는 75~85℃가 적절하다. 냉장고는 과일, 채소, 육류, 유제품 등의 일시적인 저장품을 보관하는 데 사용되며 식품의 품질 유지 및 영양가 손실을 최소화하는 데 목적이 있다.
⑩ 냉동고는 식재료의 장기보존에 사용되며 육류 및 냉동 생지등의 장기간 보관을 목적으로 한다. 냉동고의 온도는 −23~−18℃이며, 너무 장기 보관 시 냉해, 탈수, 오염 및 부패 등 품질 저하가 발생한다. 따라서 냉동식품의 운반은 냉해방지

와 수분증발을 억제하기 위해서 포장하거나 밀봉하여 냉동상태에서 이동과 저장이 이루어져야 한다.

⑪ 모든 식재료는 위생적이고 안전하게 저장되어야 한다. 상하기 쉬운 식재료는 도착부터 저장까지 시간이 가장 중요하며, 빠르게 저장이 이루어져야 한다. 또한 건조된 식재료는 손상, 부패, 유해물, 곤충, 벌레, 박테리아 등의 오염으로부터 보호해야 한다.

⑫ 식재료 저장 창고와 냉장/냉동고는 항상 청결해야 하며, 위생적인 문제가 없는지 철저히 검사해야 한다.

제 3 절 생산관리

❶ 생산관리의 의의

1) 생산관리의 정의

베이커리 카페의 생산관리는 생산업무를 진행하기 위해 필요한 장비, 인력, 재고 확보, 원가관리 등을 종합적으로 조절하는 업무이다. 생산관리는 제품을 생산하기 위하여 과정을 준비하고 관리하며, 베이커리와 카페에서 이루어지는 모든 작업을 표준화하고, 생산 활동을 계획하고 조정하며, 통제 관리하는 모든 활동이다. 생산 관리의 여러 기능은 생산계획을 기본으로 하여 이루어진다. 철저한 생산계획을 통해 좋은 상품을 합리적인 비용으로 필요한 물량을 필요한 시기에 만들어 내기 위한 관리 활동이다. 생산관리의 과정은 베이커리 카페의 메뉴에 대한 생산활동을 위해 사전에 계획을 세우는 것을 시작으로 계획대로 생산활동이 진행될 수 있도록 관리한다. 또한 생산 실적과 계획 사이에 차이가 있다면 그 이유를 파악하고 향후에 재발하지 않도록 대책을 세우는 과정도 포함하여 진행된다.

베이커리 카페의 생산은 구매한 재료를 가공하여 메뉴로 완성하여 판매가 이루어질 수 있도록 만드는 것을 말한다. 예를 들면 빵을 만들기 위한 재료인 설탕, 밀가루, 전분, 곡류, 유지, 유제품, 전란, 과일 등을 여러 가지 가공 과정을 거쳐 하나의 베이커리 메뉴로 탄생시키는 과정을 생산이라 한다.

2) 생산관리의 개념

베이커리 카페에서 생산 활동을 진행하기 위해서는 생산활동을 위한 구성 요소를 이해하는 것이 필요하다. 생산활동을 위해서는 전문인력, 장비, 재료, 생산을 위한 방법, 생산의 전 과정을 체계적으로 관리하는 활동이 중요하다. 생산활동을 위해서는 메뉴기획, 생산계획 수립, 생산계획에 따른 구매를 통한 재료 확보, 생산계획에 따른 메뉴 생산이 완료되면 메뉴 판매로 이어지는 단계로 나눌 수 있다.

(1) 메뉴의 기획과 개발

베이커리 카페가 어떤 메뉴 전략을 가지는가에 따라 생산 메뉴가 결정될 것이다. 신메뉴에 대한 개발도 필요하며, 이러한 메뉴를 개발하는 업무가 우선이며, 메뉴개발을 위한 아이디어 단계, 디자인 결정, 샘플메뉴의 완성까지를 포함한다. 이 과정이 있어야만 생산에 필요한 재료와 시간, 투입 노동력과 장비 사용들이 결정될 수 있다. 이 과정에서 디자인, 맛, 풍미 등에 대한 종합적인 메뉴 검토가 이루어져야 한다.

(2) 생산 계획

메뉴가 결정되면 수요 예측에 따라 생산의 여러 활동을 계획하는 일을 생산계획이라 하며, 메뉴의 종류, 수량, 품질, 생산일정, 식재료의 결정, 장비 운용계획, 인력운영 계획, 생산에 대한 전체 비용 계획 등이 생산계획 안에서 진행된다. 이때 각 과정에 중요한 요소들이 체계화되고 문서화되는 작업이 이루어진다. 베이커리 카페는 매일 일정한 생산패턴이 일어나기 때문에 초기에 이런 부분들이 잘 시스템처럼 체계화되면 지속적인 관리 운영에서 효율성을 가져갈 수 있다.

(3) 구매 진행

생산계획에 따라서 결정된 식재료 중 원재료와 부재로, 포장, 기타 생산에 필요한 소모품에 대한 구매가 이루어지는 단계이다. 외주 가공품이 있다면 발주가 이루어지고, 각 재료별로 구매 업무가 진행되며, 입고된 식재료는 저장까지 완료되는 과정이다.

(4) 메뉴생산

본격적인 베이커리 메뉴를 생산하는 과정으로 가공을 위한 재료에 따라 생산 담당자들이 생산 장비를 이용하여 생산 작업을 진행한다. 이때는 생산 담당자의 역량에 따라 각자의 책임과 역할이 달라진다. 베이커리 파트의 생산활동은 다음과 같은 요소로 구성되어 있다. 생산과정에서는 다양한 장비를 사용하여 가공 작업을 진행하고 원재료의 배합표, 작업지시서, 생산계획표에 따라 작업이 진행된다. 원재료의 혼합 작업부터 여러 가지 가공 작업, 포장 작업까지 전반적인 베이커리 메뉴 제조를 위한 과정을 메뉴생산이라 할 수 있다.

❷ 생산계획

1) 생산계획의 정의

생산계획은 기본적으로 창업자의 경영목표에 근거하여 이루어져야 한다. 경영활동에서 수요를 예측하고 공급에는 차질이 없도록 하는 것이 가장 중요한 부분이기 때문에 수요 예측에 따라 생산활동이 이루어져야 하고, 매장 내 판매에 문제가 없도록 공급이 이루어져야 한다. 이러한 수요와 공급에 따라 필요한 여러 활동을 계획하는 일을 생산계획이라 하며, 메뉴의 종류, 생산량, 품질, 생산시기, 다양한 구매 활동, 장비의 사용, 인력선발과 배치, 생산활동에 투입되는 비용 등의 계획을 체계적이고 계획적으로 수립하는 것을 말한다.

2) 생산계획 수립 시 고려사항

(1) 판매량에 근거한 생산계획

베이커리 카페의 일별, 주별, 월별, 요일별, 분기별 판매량은 정확한 생산계획을 세우는 데 중요한 데이터가 된다. 베이커리 카페는 생산해야 하는 메뉴 수가 많으므로 메뉴별로 생산계획을 세우는 것이 중요하다. 베이커리 카페 창업 초기에는 판매량을 예측하기가 어렵다. 그러므로 어느 정도의 고객이 방문할지 모르기 때문에 초기에는 경쟁 베이커리 카페의 일 방문객 수나 판매량을 통해 수요를 예측해 보는 방법이 있다. 이후에는 매일, 요일별, 주간별, 월별 판매량과 메뉴별 판매량을 데이터베이스화하여, 이에 맞게 생산계획을 세우면 된다. 이렇게 수집한 데이터는 일단위, 주단위, 월단위, 요일별, 분기별 단위 데이터로 관리하며, 이렇게 수집된 데이터를 기준으로 분기별, 월별, 주별, 일별, 요일별 데이터를 통해 생산계획을 수립하고, 재료에 대한 구매계획을 함께 세우면 된다.

(2) 장비와 인력의 생산성을 고려한 생산계획

이때 보유한 장비의 생산능력을 검증하는 것도 필요하며, 직원들의 숙련도에 따른 생산성도 평가하여 인력 충원과 배치 계획을 세우는 것이 좋다. 생산량이 계속 증가하는데, 장비와 인력에 대한 보강이 이루어지지 않는다면 이때는 메뉴의 질에 영향을 미칠 수 있으며, 장비와 인력에도 피로가 누적되면 문제가 생길 수 있기 때문에 주기적인 생산현장의 상황을 점검하고 이를 통해 관리하여야 한다.

이때 각 장비가 가진 생산능력을 정확히 평가하여야 한다. 메뉴별로 동일한 생산장비를 사용하는 일이 많기 때문에 각 메뉴의 공정별 시간계획과 관리를 통해 시간별로 생산장비 가동 계획들이 수립되어야 한다. 이때 각 장비에 대한 사용법과 작업공정에 따른 작업순서와 작업내용들이 구체적으로 매뉴얼화되어 있어 직원들이 이에 따라 체계적으로 업무를 수행할 수 있도록 해야 한다.

각 공정별로 시간별로 투입되는 인원의 표준 작업량, 근무시간 등을 고려하여 업무관리가 이루어져야 생산계획에 차질이 발생하지 않는다. 베이커리 카페의 각 파트 책임자들은 생산계획에 따라 적절한 인원의 업무배치가 이루어지도록 인력관리 또한 철저히 해야 한다. 소형 베이커리 카페인 경우에는 이러한 모든 과정을 창업자가 직접 관리 통제해야 한다.

(3) 생산계획에 따른 구매계획

생산계획에 의해 결정된 생산량과 관련하여 식재료별 소요량을 예측하고 구매계획을 세우는 것이다. 판매량 계획에 따라 재료 배합 비율을 기준으로 하여 계산한다. 이때는 메뉴별 표준레시피에 근거하여 재료 배합표의 기준량을 근거로 하며, 메뉴 1개당 원재료와 부재료의 사용량을 기준으로 월별 재료별 사용량을 계산하여 최종적으로 필요한 구입량을 결정하고 이를 기반으로 구매계획을 수립하여 반영한다. 이때 신선식품은 일별 사용량을 기준으로 구매계획이 이루어져야 한다. 구매계획 수립 시는 식재료가 가지는 특성이나 유효기간 등을 고려한다. 적절한 구매계획에 따라 식재료가 적기에 수급이 되어야 생산계획에 차질이 생기지 않는다.

(4) 주문생산의 생산계획

주문생산이 있는 경우는 메뉴의 종류, 규격, 포장, 배달 시간 등 다양한 부분을 고려하여 고객과 약속된 시간에 정확히 납품될 수 있도록 생산계획에 미리 반영되야 한다. 특히 베이커리 카페의 경우는 시즌과 이벤트에 따라 특별한 수요가 발생하는 품목들이 있으므로 이를 사전에 파악하여 생산계획에 반영하여야 한다. 밸런타인 데이, 화이트 데이, 빼빼로 데이, 어버이날, 스승의 날, 크리스마스 등이 대표적이다.

❸ 생산 활동

1) 생산활동의 목표

베이커리 카페에서 생산활동의 목표는 생산장비, 생산인력, 식재료 등을 체계적이고 계획적으로 낭비 없이 활용하여 계획된 품질의 메뉴를 계획된 시간 안에 계획된 생산량을 경제적으로 생산하는 것이다.

생산관리는 생산계획에 따라 차질 없이 생산 현장인 주방에서 다양한 공정을 통해 완성된 모습의 메뉴로 나올 때까지의 모든 계획 과정을 통제하고 관리한다. 약속된 시간을 철저히 준수하여 목표로 한 메뉴와 생산량을 정확히 생산하도록 관리하는 과정이기도 하다. 특히 베이커리 카페의 경우는 메뉴별로 나오는 시간을 공지하는 경우가 있는데 바로 이러한 약속은 고객과 약속이기도 하며 생산관리 과정에서의 생산활동의 목표이기도 하다.

생산활동 과정 안에서 문제가 발생하지 않도록 관리하는 것이 중요하다. 여러 공정 과정 중에 장비운영, 인력의 운영, 식재료의 적절한 공급, 포장을 통한 메뉴 완성까지 모든 과정이 원활하게 진행되도록 관리하는 것이 생산활동의 가장 중요한 목표이다.

2) 생산활동의 관리

베이커리 카페의 생산활동은 규모와 유형에 따라 달라질 수 있다. 대형 베이커리 카페의 경우에는 다양한 메뉴를 다양하게 생산하거나 특정한 메뉴를 대량 생산하는 경우로 나누어진다. 반면 소형 베이커리 카페는 베이커리 메뉴를 소량 생산 하거나, 특정한 메뉴만을 소량 생산하는 경우도 있다. 이러한 생산활동은 생산 조건에 따라 구분되는 것이다. 대부분의 경우는 창업초기에 콘셉트를 통해 베이커리 카페의 방향성을 정하기 때문에 이에 따라 생산관리의 목표가 정해지고 그 목표에 따라 생산 활동이 이루어진다고 할 수 있다. 베이커리 카페가 외부매장에 납품을 하거나 직영 매장에 납품을 해야 한다면 생산활동은 각 메뉴별로 납품용과 매장 사용량을 구분 하여 생산활동 관리가 이루어져야 한다. 소형 베이커리 카페가 다양한 메뉴를 소량 생산하는 방법은 제조 공정상에서 많은 시간이 소요되고 장비의 운영에도 문제가 발생하여 비용이 많이 들어갈 수 있으므로 신중하게 고려해야 한다. 소형 베이커리 카페는 판매할 메뉴들을 전략적으로 기획하는 것이 경제적인 측면에서 효율적이다.

3) 생산 수량에 따른 관리

베이커리 카페의 생산 수량 관리는 메뉴당 생산 수량에 따라 구분할 수 있다.

① 개별 생산은 케이크 같이 1개 또는 2개만 생산하는 경우이다. 한 번에 한정된 작업만이 가능한 메뉴가 여기에 해당된다.
② 로트 생산은 메뉴 한 가지를 정해진 양만큼 생산하고, 다음 메뉴를 정해진 양만큼 생산하는 것이다. 소형 베이커리 카페의 경우는 메뉴 한 가지에 대해 소량의 로트 생산이 생산활동에 많은 부분을 차지한다.
③ 연속 생산은 대형 베이커리 카페로서 충분한 장비와 인력을 갖춘 곳에서 가능하다. 동일 제품을 대량 생산하는 것으로 자동화된 생산 설비가 갖추어져, 다양한 메뉴를 대량 생산할 수 있다.

4) 생산작업지시를 통한 생산관리

베이커리 카페는 생산계획에 따라 작업지시를 문서로 하기보다는 구두로 진행하는 편이다. 그렇지만 생산관리를 체계적으로 운영하기 위해서는 일정한 형식의 생산작업지시서를 통해 생산활동을 관리하는 것이 중요하다. 구두 지시는 실수로 생산 과정에서 누락될 수 있다. 생산활동과 관련한 서식 중에서는 생산작업지시서가 가장 중요하며, 일정계획에 의해 메뉴, 메뉴수량, 메뉴 생산완료 시간, 작업내용, 장비사용 시 작업 소요시간, 필요한 식재료의 준비사항 등이 명시되어야 한다. 이러한 생산작업지시서는 주방의 생산 담당자들이 미팅을 통해 공유하고, 이때 생산관리 책임자에 의해 업무가 지시되고 관리되도록 한다. 생산관리 책임자는 생산작업지시서에 따라 생산 활동이 정확하고 효율적으로 진행되도록 관리감독해야 한다. 생산활동에 참여하는 인력들이 자신의 근무시간과 작업 내용을 기재하는 작업일보도 작성하는 것이 좋다. 이러한 자료는 인력관리에 매우 중요한 정보요소가 된다.

제 4 절 판매관리

① 베이커리 카페의 판매관리의 이해

베이커리 카페의 판매관리는 매장에서 이루어지는 상품과 메뉴의 판매에 대한 종합적인 관리를 의미한다. 마케팅 전략을 통한 판매 전략도 이에 해당된다. 이때 신메뉴가 나오면 이 역시도 신메뉴에 대한 마케팅이 판매에 중요한 영향을 미치게 된다. 이때 어떠한 마케팅 프로모션 전략을 진행하느냐는 판매관리에서 매우 중요한 부분이 된다. 적절한 가격관리도 판매관리의 일환이라 할 수 있다. 판매관리가 잘 이루어지고 판매량이 늘어나는 것은 매우 긍정적인 부분이지만 판매가 잘 되지 않는 상품에 대해서는 판매수익과 관련하여 적절한 상품별 가격에 대한 고민이 필요하다.

매장에서의 재고관리 또한 매우 중요하다. 베이커리 카페는 생산된 제품이 정해진 시간 안에 판매가 이루어지지 않는다면 폐기처분해야 하는 경우도 있다. 적정 판매 재고를 관리하는 것도 판매관리 활동의 매우 중요한 부분이다. 경쟁사들과 비교하여 제품이 가지는 품질우위 가격경쟁력 등은 판매에 영향을 미치는 중요한 요소이다. 판매관리에서는 고객의 선호도와 제품 선택에 대해 분석하고 판매가 잘 되지 않는 제품들에 대한 고민을 통해 신메뉴를 개발하고, 차별성을 만들어 나가야 한다. 베이커리 카페는 판매전략에 따라 마케팅 목표 등이 설정되어야 하고, 경쟁력 있는 제품을 통해 직원들이 판매자로서 역할을 수행하고, 적절한 마케팅 전략들이 수반되어야만 판매관리의 효율성을 높일 수 있다. 특히 베이커리 카페는 마감 전에 판매재고를 최소화하거나 완전 판매를 만드는 것이 매우 중요하므로 매장의 효율적인 판매 시스템을 구축하는 것도 중요하다.

1) 베이커리 카페의 마케팅을 통한 판매관리

베이커리 카페는 다양한 빵과 과자, 샌드위치, 샐러드, 다양한 카페 음료 등의 상품과 서비스가 이루어지는 공간이다. 특히 베이커리 카페는 매장을 이용하고 머무르는 고객의 빈도가 매우 높으므로 고객의 판매 객단가를 높이는 것이 매우 중요하다. 고객이 매장으로 올 수 있도록 유도하고 고객이 매장으로 들어와서 우리의 제품을 구매할 때 의사결정에 영향을 미치는 것이 마케팅이 하는 역할이다. 대외적인 마케팅과 다양한 마케팅 전략에 대해서는 다음 장에서 자세히 다루도록 하고, 여기서는 매장 내의 판매관리와 연결된 마케팅을 중심으로 보자.

(1) 매장 내 상품에 대한 정보 노출

매장 내에서 상품을 효과적으로 판매하기 위해서는 다양한 판매전략을 통해 상품에 대한 노출을 증가시켜야 한다. 매장을 들어서는 순간부터 고객에게 다양한 상품선택을 만들어 주기 위한 정보를 노출시켜야 한다. 메뉴가 가진 특성과 사진 등을 동원하여 제품에 대한 홍보 이미지를 제작하여 부착한다. 고객의 시선이 머무를 수 있는 곳에 POP나 영상정보를 통해 다양한 제품을 노출시킬 수 있다. 이때는 매장이 판매를 독려해야 하는 제품을 영상페이지에 담거나 신메뉴 위주로 페이지를 구성하는 것이 좋다. 계절 특화 시즌이라면 계절 메뉴에 대한 홍보 영상이어도 괜찮다. 또한 매장이 크다면 배너 등을 통해서도 노출시키는 것이 방법이다. 시각적인 자극을 줄 수 있는 홍보물은 다양한 메뉴를 놓고 고민하는 고객들의 선택을 쉽게 만들어 준다.

(2) 직원의 상품 디테일을 통한 판매유도

매장 내에서 고객들은 항상 많은 고민을 하게 된다. 목표를 정하고 매장에 들어오는 고객들은 선택이 빠를 수 있지만 그렇지 않은 고객들도 많다. 이때 고객의 선택에 영향을 가장 크게 미칠 수 있는 것이 고객에 대한 상품 디테일이다. 고객의 선호와 고객이 고민하는 부분을 물어보고 거기에 맞는 추천을 해 주는 것이다. 이때 판매전략에 따른 제품들의 우선 순위가 있다면 그 제품을 우선적으로 고객에게 권하는 것이다. 즉 그 상품이 가지고 있는 특성들을 중심으로 설명하고 고객의 선택을 유도한다. 매장의 인기메뉴들은 상관이 없겠지만 선택을 잘 받지 못하는 메뉴들은 이런 방법이 매우 효과적이며, 전략적으로 판매량을 늘려야하는 상품이거나 기타 이유로 해당 상품의 판매를 통해 상품이 빠르게 소진되어야 한다면 해당 상품에 대한 적극적인 상품 디테일은 판매관리의 좋은 방법이 된다. 또한 시식 기회가 있다면 이 또한 상품의 판매를 늘리는 데 효과적인 방법이 될 수 있다. 직원이 고객에게 시식의 기회를 만들어 주는 것도 판매를 유도하는 좋은 판매전략이 된다.

(3) 판매관리 관점에서 마케팅 전략

베이커리 카페의 판매관리 관점에서의 마케팅 주안점은 '전략메뉴 또는 신메뉴 등을 고객들에게 어떻게 효과적으로 전달하는가'이다. 판매관리의 핵심은 매장 내에서의 판매를 통해 제품을 재고 없이 소진시키는 것이 주목표이다. 그때 가장 중요한 역할 중의 하나가 바로 마케팅의 적절한 시행이라 할 수 있다. 판매관리 관점에서의 마케팅은 다음과 같은 사항에 주안점을 두어야 한다.

① 고객관리를 통해 고객정보를 확보하고 있어야 한다.
② 고객에 대한 전략메뉴나 신메뉴에 대해 주기적인 정보 제공, 이벤트, 할인 행사 등의 정보를 전달한다.
③ 고객에게 할인 행사, 포인트 적립, 다양한 쿠폰 발행을 통해 고객이 다시 방문할 이유를 만들어 준다.
④ 신메뉴나 전략 메뉴에 대한 매장 내 할인 또는 이벤트를 기획하고 진행한다.

❷ 상품수명주기(Product Life Cycle)

1) 상품수명주기의 개념

베이커리 카페에서 대표메뉴는 그 매장을 대표하는 메뉴이다 보니 이 제품이 없어진다는 것은 상상할 수 없는 일이다. 그렇지만 수많은 메뉴들이 사라지기도 하고 트렌드를 타는 메뉴들도 수없이 많다. 제품이 탄생해서 판매량이 급격히 증가하고 판매 정점을 찍고 판매량이 줄어드는 사이클을 '상품수명주기'라고 한다. 상품수명주기는 베이커리 카페의 판매 상품뿐만 아니라 수많은 상품에서 반복적으로 나타난다. 상품의 수명주기는 일반적으로 상품개발단계를 시작으로 시장에 처음 출시되는 도입기, 매출액이 급격히 증가하는 성장기, 상품이 어느 정도 고객들에게 확산되어 성장률이 둔화되는 성숙기, 매출이 감소하는 쇠퇴기의 과정을 거치게 된다.

베이커리 카페 제품들이 이러한 변화의 과정을 거치는 이유는 고객의 선호와 욕구가 항상 변화하기 때문이다. 특히 최근처럼 다양한 정보가 넘쳐나는 시대에는 고객들은 더욱 새로운 것에 대한 선호가 높기 때문이라 할 수 있다.

베이커리 카페에서는 고객의 선호와 욕구를 빠르게 파악하고 새로운 고객의 요구에 빠르게 대응하는 것이 중요하다. 이러한 과정은 판매관리 활동을 통해서 가능하다. 고객이 어떠한 제품을 선호하여 판매량이 증가하는지, 고객은 어떠한 제품에 대해 흥미가 떨어지는지 이런 것들은 판매관리를 통해 충분히 파악이 가능하다. 다양한 고객의 선호를 파악하는 조사를 통해 적절한 신메뉴를 개발하고 시장의 변화에 대응하는 판매관리가 필요한 이유이다.

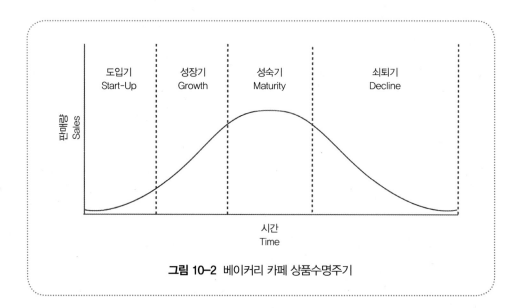

그림 10-2 베이커리 카페 상품수명주기

❸ 판매관리 전략

1) 할인전략

베이커리 카페의 판매제품의 가격은 한번 결정되었다고 무조건 고정되는 것은 아니다. 시장의 상황이나 매장의 판매전략에 따라 가격을 조정하거나 고객에게 제공되는 효용이나 서비스 정책이 변화된 경우, 판매원가가 변하는 경우 등에 따라 가격을 조정하기도 한다. 그러나 상품이나 서비스의 특성이 변화되지 않았음에도 불구하고 의도적으로 가격을 조정하는 경우도 많이 있다. 베이커리 카페의 특성상 베이커리 메뉴는 당일판매가 이루어져야 한다. 많은 베이커리들은 판매 마감시간에 맞춰 할인 정책을 쓰거나 묶음 판매 등을 통해 할인효과를 주는 곳이 많으며 이러한 전략은 당일 판매 재고를 없애는 데 매우 효과가 있다.

(1) 수량할인

수량할인은 묶음 상품에 주로 적용되는 방법이다. 개별 구매하는 가격보다 묶음 제품 구매하는 가격이 저렴하게 책정된다. 또한 대량구매 고객에게 가격을 할인해 주는 방법이다. 단체고객들이 미리 주문할 수 있도록 안내하고 사전 주문을 받아 대량으로 판매한다. 대량구매를 촉진하거나 고객들이 대량구매를 할 수 있도록 유도하는 방법이다. 할인은 구매금액이나 구매량을 기준으로 결정하여 할인 금액을 결정한다.

(2) 쿠폰 또는 포인트 할인

쿠폰 또는 포인트 발급을 통해 할인해 주는 방법이다. 최근 많은 매장에서 가장 많이 활용되고 있는 방법이다. 구매 금액만큼 일정비율로 쿠폰이나 포인트를 적립해 주고 현금처럼 사용하도록 하는 방법이다. 특히 최근에는 포인트 누적점수에 따라 현금처럼 사용할 수 있으며, 카드사나 통신사 연결 할인 등을 중복하여 사용할 수 있도록 한다. 자체 포인트 시스템을 통해 음료 구매나 제품 구매를 일정한 비율로 적립해 주고 현금처럼 사용할 수 있도록 한다. 또는 쿠폰 발행을 통해 음료 같은 경우 일정 쿠폰을 모아오면 음료를 무료로 주거나 쿠폰을 정해진 상품으로 교환해 가는 방법도 있다.

(3) 시즌할인

시즌할인은 비수기에 구매를 자극할 목적으로 이 기간에 상품이나 서비스를 구매하는 소비자에게 가격을 할인해 주는 방법이다. 여름 관련 신제품을 특별히 이벤트 식으로 할인해 주기도 한다. 상품의 사용을 촉진시키는 하나의 방법이 된다.

(4) 시간 및 요일별 할인

특정시간이나 특정 요일에 따라 대표메뉴나 전략메뉴를 할인하여 판매하는 전략이다. 이는 고객에게 특정 제품의 판매를 유도하기 위해 쓰는 방법이며, 특정한 재고를 소진하기 위한 방법으로도 가능하다. 최근 프랜차이즈 브랜드들은 특정 일에 묶음선물 상품을 할인하여 판매하는 전략을 구사하고 있다. 이런 이벤트성 행사 시 특정 요일에 매출이 월등히 증가한다. 시간별 할인 전략은 주로 오전시간에 매출을 증가시킬 목적으로 쓰는 전략이다. 특히 세트메뉴를 통해 음료와 빵 또는 샌드위치 등 다양한 제품을 세트메뉴로 판매하여 판매를 높이기도 한다.

(5) 고객등급 관리

모든 고객에게 동일한 가격을 받는 것이 아니라 고객의 등급에 따라 고객의 판매가격이나 할인율이 달라지는 판매전략이다. 일반고객, 골드고객, VIP 고객들에게 다양한 할인 쿠폰을 발급하여 판매를 유도하는 방법이다. 특히 스타벅스 등 대형 프랜차이즈 브랜드들이 등급관리의 고객차별화를 통한 판매관리 전략이라 할 수 있다.

2) 재고의 완전 판매관리

베이커리 카페의 특성상 당일 생산된 제품은 당일 판매가 안 되면 폐기해야 한다. 이렇다 보니 재고가 남으면 이 부분은 모두 손실로 연결된다고 할 수 있다. 재고가 남지 않도록 철저히 판매 관리를 하는 것이 매우 중요하다.

(1) 판매량 관리

일별, 요일별, 주간별, 월별 판매량을 예측하여 제품별로 생산량을 결정하는 것이다. 판매 데이터를 축적하고 이를 통해 매일 상품별 생산량을 결정한다. 베이커리 파트에서는 매우 효과적으로 사용되고 있는 판매관리 방법이다. 판매량 관리 전략으로 당일 생산한 제품을 대부분 판매를 하는 베이커리들이 많아졌다. 던킨도넛이 이러한 재고 관리 방법을 가장 잘 활용하는 곳으로 판매량 관리 시스템을 통해 마감 전에 완전 판매를 달성하는 매장들이 많다.

(2) 마감할인 통한 판매관리

베이커리 카페에서 마감 전에 할인을 통해 남은 제품을 완전히 소진하는 방법이다. 남아 있는 제품을 여러 종류별로 묶음상품으로 만들어 봉지당 또는 박스당 파는 방법이다. 최근에는 많은 베이커리 카페들이 마감 시간 전에 일정한 시간이 되면, 일제히 남은 제품들을 묶음으로 만들어 판매한다. 던킨도넛도 마감판매 시 묶음 박스를 통해 남은 제품을 소진하는 전략을 오래전부터 활용하였다. 파리바게트도 마감 시간이 되면 묶음 상품을 할인 판매하여 당일 소진해야 할 상품을 전부 소진하도록 하고 있다.

3) 폐기관리

베이커리 메뉴는 당일 생산, 당일 판매 원칙을 지켜야 한다. 카페 베이커리는 「식품위생법」 법규에 따라 관리하여야 한다. 적발 시 과태료와 영업정지 처분이 내려진다. 재료에 대한 관리도 매우 중요하다. 재료 역시 재사용을 목적으로 소분실에 보관하는 경우도 다 해당된다. 매장에 있는 식재료들 중 냉장고에 들어가는 것들은 매장 표기용 팻말을 붙이도록 되어 있다. 유통기한이 표기되어야 하며, 폐기 대상 상품은 반드시 해당 상품에 폐기 표기를 해야 한다. 유통기한이 지난 것들은 매장 안 어느 곳에도 위치해서는 안 된다. 즉시 폐기 원칙을 반드시 지켜야 한다.

식빵의 경우 유통기한은 3일로 정해져 있다. 앞으로도 관련 규정이 더욱 까다로워질 예정이다. 「식품위생법」 44조에 "유통기한이 경과된 제품, 식품 또는 그 원재료를 제조, 가공, 조리, 판매의 목적으로 소분, 운반, 진열, 보관하거나 이를 판매 또는 식품의 제조, 가공, 조리에 사용하지 말 것"이라고 규정하고 있다. 적발 시 중대한 위반으로 규정하고 3년 이하의 징역, 3천만 원 이하의 벌금의 부과되며, 경미한 위반의 경우 100만 원 이하의 과태료가 부과된다. 2023년 1월부터는 '유통기한'이 '소비기한'으로 변경 적용된다.

베 이 커 리　카 페　창 업 과　경 영

제11장

고객만족과
고객서비스

베이커리 카페의 경영에서 가장 중요한 것은
매장을 방문하는 고객을 만족시키는
상품과 서비스를 제공하는 것이다.

제1절 고객의 구매결정의 이해

베이커리 카페의 경영에서 가장 중요한 것은 매장을 방문하는 고객을 만족시키는 상품과 서비스를 제공하는 것이다. 고객이 없다면 베이커리 카페의 존재 이유가 없다고 할 수 있다. 그만큼 베이커리 카페 창업 과정에서 고객을 이해하고 고객이 만족할 만한 상품과 서비스를 지속적으로 개발하고 보완하는 노력은 장기적인 성과를 만들어 가는 데 너무나 중요한 부분이다.

❶ 고객의 이해

1) 베이커리 카페 고객의 정의

베이커리 카페의 고객은 우리 매장의 상품과 서비스를 이용하기 위해 방문하는 모든 사람을 말한다. 최근 고객의 상품과 서비스에 대한 구매영향력이 매우 커지면서 고객의 중요성은 더욱 중요해졌다고 할 수 있다. 고객에게 상품과 서비스에 대한 만족감을 주는 것을 통해 고객에게 신뢰를 얻고, 고객이 다시 매장을 방문하여 재구매를 하도록 만드는 것이 바로 고객만족경영이라 할 수 있다. 어떠한 고객이 우리의 주요고객인지를 인지하는 것도 중요하다. 고객은 연령대, 소득수준, 남녀, 학생/직장인 등 고객이 가진 조건과 성향에 따라서도 구매 패턴이 달라진다. 이런 다양한 고객 중에서 우리 매장에서 높은 구매력을 통해 시장에서 가장 영향력을 행사할 수 있는 고객이 누구인지를 명확히 아는 것도 중요하다.

고객은 단지 우리의 상품과 서비스를 구매만 하는 것이 아니라, 구매 후 만족감을 느껴 우리 매장을 재방문하고, 또 주변에 또 다른 고객들에게 영향력을 행사하며, 다양한 SNS를 활용하여 우리 매장을 전파하기도 한다. 이러한 핵심적인 고객을 찾을 수 있어야 한다. 이러한 고객을 지속적으로 유지하고 관리하기 위해 고객을 분류할 수 있어야 한다. 이러한 활동을 고객관리라 한다. 우리는 고객의 행동분석을 통해 고객이 원하는 니즈를 찾아내고 이를 통해 매장의 고객 서비스에 반영하는 활동을 통해 고객에게 상품과 서비스에 대한 신뢰를 심어주어야 한다.

2) 고객 분류의 중요성

고객을 분류하고 이해하는 것은 우리가 가진 역량을 어떤 고객에게 집중하여야 할 지를 결정하게 하는 중요한 부분이다. 한정된 마케팅 자원을 가지고 다양한 고객에게 우리 매장을 알리기 위해 노력하는 것은 현실적으로 어려운 부분이다. 그렇기 때문에 고객의 분류를 통해 매장에 기여도가 큰 고객들을 찾고 집중하는 것이 중요하다. 베이커리 카페에서 고객을 분류하는 것은 고객의 구매 특성, 성향, 구매 잠재력과 확장력 등을 확인하고, 고객들에게 좀 더 만족스러운 서비스를 제공할 수 있도록 집중하기 위해서이다. 고객세분화를 통해 고객을 나누고 이에 따라 고객 서비스 전략을 다르게 하는 것은 장기적으로 고객 충성도를 이끌어내는 데 매우 긍정적인 역할을 한다. 특히 중소형 베이커리 카페는 매우 제한된 마케팅비용을 사용할 수밖에 없다. 그렇다면 이렇게 한정된 비용으로 고객에게 더 좋은 서비스를 제공하고, 고객에게 신뢰를 얻기 위해서는 자원을 집중할 수밖에 없는 것이다.

고객세분화를 통해 고객을 분류하고 목표고객을 선정하여 목표고객의 단계에 따라 고객에 대한 서비스와 마케팅 전략을 다르게 하는 것은 장기적인 성장에 중요한 영향을 미치게 된다. 고객을 분류하고 세분화하기 위해서는 고객에 대한 이용 정보를 모으는 것이 우선되어야 한다. 고객의 이용 데이터를 기반으로 하여 고객을 분류할 수 있어야 한다.

이탈리아의 경제학자 Vilfredo Pareto가 제시한 파레토 법칙은 베이커리 카페 시장에서도 의미가 있다. 전체 80% 매출이 상위 20%의 고객으로부터 이루어진다는 것이다. 이러한 파레토 법칙은 베이커리 카페 분야에서도 적용된다. 이처럼 고객 분류를 통한 고객관리는 매출을 지속적으로 성장시키기 위해서 어떠한 고객에게 더 집중하고, 관리하는 것이 더 중요한지에 대한 정보를 제공한다. 베이커리 카페가 가지고 있는 특성상 우리의 핵심 고객을 찾고, 고객의 지속적인 신뢰를 얻는 것은 전체적인 매출 성장에 매우 중요한 요인이 된다.

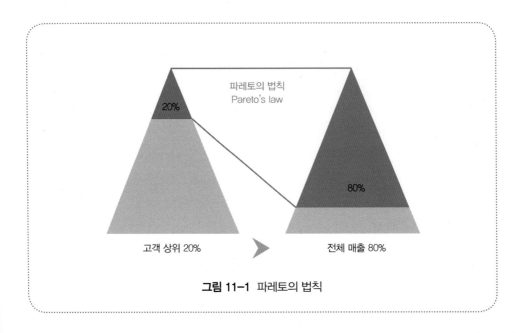

그림 11-1 파레토의 법칙

3) 고객의 분류 유형

고객분류란 고객이 매장을 이용하는 빈도에 따라 고객을 분류하여 정의하고 이에 따라 등급을 부여하여 고객을 관리하고 다양한 혜택을 주는 것이다. 이를 통해 고객에 대한 마케팅 프로모션에 이용하기도 한다. 베이커리 카페 창업 시 고객을 정의하고 고객 분류를 통해 고객에게 등급을 부여하여 이용 빈도가 높고 매출을 많이 올려주는 고객을 대상으로 다양한 이벤트와 혜택을 주는 것은 고객이 매장을 다시 찾게 되는 중요한 이유가 되기도 한다. 스타벅스는 고객의 분류를 3단계로 나누어 고객 등급을 관리하고 있으며, 이러한 스타벅스의 고객등급관리 시스템은 스타벅스를 지속적으로 이용하게 만드는 이유를 고객에게 제공한다.

그림 11-2 스타벅스의 고객 등급 관리와 혜택(자료: 스타벅스 홈페이지)

4) 고객 만족과 고객 충성도

베이커리 카페를 방문한 고객이 상품과 서비스에 대한 만족도가 높으면 다시 방문할 가치가 있는 매장으로 인식하게 된다. 특히 베이커리를 주식으로 먹는 사람들이 점점 늘어나고, 베이커리 카페도 고객의 중요한 한 끼를 해결하는 식사 장소로도 자리 잡았다. 고객은 자신이 이용한 상품과 서비스에 대한 만족도가 높아지면 높아질수록 고객의 매장에 대한 방문 빈도는 올라가고 고객의 충성도는 더 높아지게 된다. 이 충성도의 의미는 고객이 단순히 본인만의 방문만을 의미하는 것이 아니며, 친구, 지인, 가족들에게 이러한 경험을 함께 하도록 만든다는 것이다. 이것은 고객의 만족이 더욱 발전하여 진정한 고객 충성도를 가진 것으로 볼 수 있다.

❷ 고객의 행동분석

1) 시장의 환경변화가 고객의 행동에 미치는 영향

(1) 인터넷과 모바일의 발전

인터넷을 기반으로 한 정보통신의 발전과 모바일의 기술적 진보는 고객들이 더욱 쉽게 정보를 찾고, 정보를 교환하고, 이를 기반으로 자신의 경험을 다른 사람들에게 쉽게 전파하는 세상으로 만들었다. 특히 SNS를 사용하는 고객의 증가는 이러한 정보의 교류를 더욱 가속화시켰다고 할 수 있다. 이런 정보의 이용은 나이와 성별을 불문하고 매우 빠른 속도로 다양한 사람들에게 정보를 전달시킨다. 인터넷과 모바일의 발전과 확산은 고객들의 소비행동에도 많은 영향을 미치게 되었으며, 고객은 이런 정보를 적극적으로 받아들이고 자신도 똑같은 경험을 하고 이 경험을 SNS를 통하여 적극적으로 전파하고자 한다. 이러한 요인들은 시장의 환경 변화에도 많은 영향을 미치고, 시장을 빠르게 확산시키거나 빠르게 소멸시키기도 한다.

(2) 고객의 범위 변화

과거와는 다르게 소비를 하는 계층이 매우 넓게 확산되었다. 특히 외식을 하는 문화가 광범위하게 확산되면서 고객은 남녀 구분 없이 연령대에 상관없이 소비를 주도하는 고객의 범위가 넓어졌다고 할 수 있다. 과거에 소비를 주도하던 20, 30대뿐만 아니라 10대들도 자신들이 소비에 대한 주체로서 적극적으로 활동하고 특정한 브랜드 소비를 주도한다. 각 세대별로도 다양한 SNS를 활용하여 자신들의 소비 경험을 빠르게 전파시킨다. 외식 빈도가 증가하고 외식의 형태도 다양해지면서 빵을 소비하는 고객들도 빠르게 증가하고 있다. 빵이 연령대를 구분하지 않고 한 끼를 책임지는 주식으로서 자리잡았다고 할 수 있다. 그만큼 베이커리 카페를 이용하는 고객의 범위는 점점 확산되고 있다고 할 수 있다. 이는 목표고객에 대한 고민과 함께 고객이 광범위하게 브랜드를 선택하는 속성을 이해하고, 고객의 관점에서 상품과 서비스에 대한 고민도 함께 필요해진 시대라 할 수 있다.

(3) 고객의 이용 유형의 변화

과거에는 베이커리에서 상품을 구매하여 집에서 소비하였다면, 이제는 많은 사람들이 베이커리 카페에서 상품을 직접 구매하고 바로 그 자리에서 소비하는 모습을 많이 보게 된다. 또한 베이커리 카페를 이용 후 상품을 추가로 구매하는 고객들도 점점 많아지고 있다. 특히 간단히 한 끼를 해결하고자 하는 고객들이 늘어나면서 아침과 점심을 베이커리 카페에서 먹는 고객들도 점차 많아지고 있다. 또한 최근에는 베이커리 카페에 배달을 시키는 고객들도 늘고 있다. 많은 고객들이 외출하는 데 준비하는 시간을 줄이고, 즐기고 싶은 메뉴들을 편하게 집에서 즐기는 시대가 된 것이다. 이처럼 고객이 베이커리 카페를 이용하는 유형이 다양해지고 있다는 것이다. 베이커리 카페가 어느 곳에 위치하는지에 따라서도 다양한 고객들에 대한 전략이 필요해진 시대이다.

(4) 이용 목적에 따른 변화

소득수준의 향상, 라이프 스타일의 변화 등 사회환경의 변화는 베이커리 카페의 이용 목적에 대한 변화도 크게 만들었다고 할 수 있다. 베이커리는 과거에는 주변 상권의 고객에게만 의지하였다. 그렇지만 베이커리 카페는 상권의 확장된 범위에서 다양한 고객들이 방문하는 모습으로 바뀌었다. 최근에는 베이커리 카페를 친목모임 장소로 이용하는 고객들이 급격히 늘고 있다. 특히 도시 외곽의 대형 베이커리 카페는 낮에 자녀를 학교에 보낸 주부 모임 이용객들이 급증하고 있다. 특색을 가진 베이커리 카페를 데이트 코스로 이용하는 고객들도 많아졌고 빵을 좋아하여 베이커리 카페를 방문하는 것을 취미로 각 지역을 순례하는 사람들도 많아졌다. 주말에는 가족들이 함께 모여 베이커리 카페를 찾는 고객들도 점점 많아지고 있다. 교통망과 교통수단의 발달은 이용 목적에 따라 다양하게 변화된 소비를 더욱 확산시키고 있다.

(5) 브랜드와 마케팅의 변화

브랜드에 대한 중요성이 커지고, 다양한 마케팅 방법들이 생겨나면서 고객에게도 이런 변화들은 큰 영향을 미치고 있다고 할 수 있다. 고객들은 브랜드를 통해 영향을 받고 브랜드를 경험하고 싶어하며, 브랜드는 고객의 행동에도 영향을 미치게 만든다고 할 수 있다. 최근 다양한 마케팅기법의 발달은 이러한 브랜드를 많은 고객들에게 다양한 전달 매체를 통해 빠르게 전달시키고 있다. 고객들은 이러한 브랜드에 대한 정보를 접하게 되면 이를 가고 싶은 곳으로 저장하게 만든다. 특히 인스타그램, 페이스북, 유튜브, 트위터 등 모바일 기반의 다양한 SNS는 이러한 브랜드의 전파속도를 더욱 빠르게 만들었다. 브랜드들은 이를 이용한 다양한 마케팅 전략과 방법으로 고객들에게 행동하도록 영향을 미치고 있다.

(6) 환경문제에 대한 인식 변화

최근 다양한 환경오염이 지구를 더욱 병들게 만들고 있다는 인식이 퍼지면서 개인과 환경단체들의 노력뿐만 아니라 국가적인 차원에서도 이에 대한 다양한 제도적인 장치를 만들어 내고 있다. 특히 소비자인 고객들의 인식도 많이 바뀌어 환경적인 문제에 대한 관심이 높아졌으며, 이는 고객에게도 중요한 문제가 되었다. 최근 일회용품 규제에 따른 정책들이 베이커리 카페에도 적용되고 있다. 고객들은 이러한 움직임에 적극적으로 동참하고 있으며, 음료 주문 시 개인 텀블러를 사용하는 고객들도 점차 증가하고 있다. 또한 매장들도 개인 텀블러를 이용하는 고객에게 다양한 혜택을 주기도 한다.

고객의 입장에서뿐만 아니라 베이커리 카페의 입장에서도 환경문제는 다양한 변화를 요구하고 있다. 정부는 각종 에너지 사용규제, 환경파괴 규제, 식품 폐기물 처리규제(수질오염, 폐유처리), 일회용기 사용규제, HACCP의 적용강화 등 국제적인 규제 가이드라인을 강화하고 있으며, 이는 앞으로 베이커리 카페의 매장 경영에도 지속적으로 영향을 미칠 것이라 본다.

제2절 고객만족경영

❶ 고객만족

1) 고객만족의 정의

　고객만족이란 고객에게 제공한 상품과 서비스가 고객이 지불한 비용에 대한 가치와 일치하며, 고객의 기대에 긍정적인 평가를 통해 고객에게 지속적인 재구매를 일으키며, 주변에도 상품과 서비스를 이용하도록 권할 수 있는 고객이 매장에 보내는 신뢰의 모습이라 할 수 있다. 우리는 이것을 고객관점에서는 고객만족이라고 이야기하고 베이커리 카페를 경영하는 창업자 입장에서는 고객만족경영이라고 한다. 결국 고객에게 상품과 서비스에 대한 만족을 주는 데 실패한다면 그 사업은 실패할 수 있는 것이다. 고객의 부정적인 피드백은 신규고객 창출을 방해하고, 이는 매출 하락으로 이어질 수밖에 없다. 고객이 상품과 서비스에 만족하고 감동을 통해 그 마음이 지속적으로 유지된다면 이것은 진정한 고객만족경영이 실천되고 있다고 할 수 있을 것이다. 고객만족경영은 베이커리 카페를 이용하는 고객들을 충성 고객으로 만들고, 주변에도 더 좋은 고객 피드백 형성하도록 만드는 것이 핵심이다. 고객의 피드백이 계속해서 유지된다면 바로 창업이 성공적으로 진행되고 있다고 보면 된다.

2) 고객만족의 3요소

　고객만족은 베이커리 카페의 이익을 창출하는 중요한 목적을 달성하게 만드는 가장 중요한 부분이다. 지속적인 창업경영을 위해서 고객만족은 매우 중요하며, 고객 만족을 실현하기 위한 고객만족의 3가지 요소를 이해할 필요가 있다.

(1) 판매상품

베이커리 카페의 다양한 베이커리 판매 상품과 카페의 다양한 메뉴들의 맛과 품질을 통한 만족이다. 이때 고객은 맛과 품질뿐만 아니라 상품과 메뉴가 가지는 향, 디자인, 식감 등 고객이 오감으로 제품에 대해 느끼는 것들이 고객을 만족시킨다는 것이다.

(2) 고객서비스

고객이 매장을 들어오는 순간부터 고객을 반갑게 맞이하고 고객이 매장을 나갈 때까지 친절한 서비스와 응대로 고객이 이 매장의 직원들이 가진 서비스 마인드를 느꼈다면 이것은 고객에게 만족할 만한 서비스가 제공된 것이라 할 수 있다. 매장의 분위기, 고객의 친절도, 직원의 서비스와 고객응대 등은 고객이 느끼는 가장 중요한 고객만족 요소이다. 특히 고객서비스는 직원만의 서비스를 의미하지 않는다. 매장의 청결도, 편의 시설의 만족도 등도 매우 중요하다. 고객이 맛과 품질은 만족했지만, 서비스가 불친절하고, 화장실도 지저분하고, 주차장도 이용에 불편을 느꼈다면 이것은 고객이 만족하지 못한 서비스라 피드백을 줄 수도 있으며, 매장의 직원들 입장에서도 적절한 고객서비스가 이루어지지 않았다고 말할 수 있다. 정확한 대응 매뉴얼들을 통해 고객을 적절히 모든 면에서 만족시킬 수 있도록 응대하는 것이 중요하다. 특히 고객의 불만사항들이 접수되거나 상황이 벌어진다면 신속한 대응을 통해 빠르게 해결해야 한다. 고객서비스는 주문한 상품이 빠른 시간 안에 정확히 서비스되는 것, 메뉴에 대한 설명, 고객불만이나 요구사항에 대한 신속한 대처, 편안하게 즐길 수 있는 매장 분위기와 테이블 좌석 등을 모두 포함한다.

(3) 고객의 가치

고객만족은 고객에게 만족할 만한 가치를 제공하고 있는가에 대한 대답이다. 이것은 고객이 느끼는 가치이다. 가장 우선하는 가치는 바로 지불한 대가에 대한 상품과 서비스의 만족감이다. 이것이 높다면 이 매장에 대한 고객의 마음속에 매장에 대해 느끼는 가치는 올라갈 것이다. 이것이 반복적으로 고객에게 가치를 전달한다면 고객은 반복해서 우리 매장을 찾게 될 것이고, 이것은 고객에게 우리 매장을 '브랜드'로서 인식하게 만들 것이다. 이것이 바로 고객 감동 경영이고 고객이 느끼는 기업가치인 것이다. 베이커리 카페와 같은 서비스기업의 고객만족은 기업경영가치의 가장 핵심적인 요인이다.

3) 고객만족을 만드는 고객관계관리

(1) 독창성과 차별화

평범한 상품과 서비스로는 고객을 만족시킬 수 없다. 고객의 오감을 자극하는 최고의 가치를 지닌 상품과 서비스를 개발하는 것이 매우 중요하다. 이를 통해 더욱 치열해진 경쟁에서 혁신을 통한 독창성, 차별화가 매우 중요한 성공의 비결이 되고 있다. 독창성과 차별화로 만들어진 시그니처 메뉴는 고객 간의 소통을 만들기도 하며, 고객의 긍정적인 경험은 고객만족뿐만 아니라 고객이 느낀 만족을 다른 고객들에게도 다양한 방법으로 온라인상에서 전파된다.

(2) 체험마케팅

고객이 직접 상품을 경험하도록 만드는 것이 중요하다. 핵심고객들이 우리의 상품을 시험적으로 시식해 볼 기회를 만드는 것이다. 새로운 원두를 샘플로 제공하거나, 고객에게 새로운 메뉴를 시식할 수 있는 쿠폰을 제공하는 것이다. 우리의 주요 고객이 우리의 상품과 서비스를 체험할 수 있는 기회를 통해 우리의 상품과 서비스를 이해하고, 느끼고, 맛보고, 즐기고, 그리고 행동하게끔 만드는 것이다. 시식코너의 이용도 고객이 우리의 상품을 이용하고 맛보고 평가해 보도록 하는 것이다. 이러한 경험은 고객으로 하여금 구매욕구를 불러일으키는 중요한 방법이 된다.

(3) 고객소통

고객과 적극적으로 소통하는 것은 고객만족에 매우 긍정적인 영향을 준다. 고객과는 다양한 방법을 통해 소통할 수 있다. 매장의 직원들이 직접 고객을 친절하게 맞이하는 것뿐만 아니라 고객과 적극적으로 대화를 나누는 것이다. 특히 충성 고객이라면 더욱 고객과 소통하도록 노력해야 한다. 고객과의 간접적인 소통 방법도 지금은 너무나 다양하다. 이를 활용하는 것은 고객에게 긍정적인 영향을 주게 된다. 다양한 SNS 활용계획을 통해 고객과 소통하는 것이 중요해졌다. 매장의 다양한 사진과 메뉴들을 공개함으로써 고객과 온라인상에서 소통할 수 있게 되었다. 이러한 온라인과 오프라인에서의 다양한 소통은 고객으로 하여금 매장을 간접적으로 경험하게 만들어 고객의 방문을 이끄는 매우 중요한 방법이다. 고객과의 소통은 혹시라도 있을 수 있는 작은 불만을 너그럽게 용서하게 만들기도 한다. 소통은 고객만족을 배가시키는 매우 중요한 요소이다.

❷ 서비스 품질평가 및 고객만족

1) 서비스 품질

베이커리 카페의 서비스는 상품이 가진 가치를 더욱 배가시키는 역할을 한다고 할 수 있다. 고객에게 상품을 매개로 서비스가 전달되는 과정에서 고객이 느끼는 감정은 고객의 다양한 표현 방법으로 표출된다. 고객은 서비스를 제공받는 순간에 고객들이 간접적으로 획득했던 정보와 비교하게 된다. 고객은 자신이 가진 기대와 욕구에 따라서도 서비스를 평가하게 된다. 과거 다른 매장에서의 경험과 다양한 정보를 종합적으로 비교하여 고객은 매장에 대한 서비스의 품질을 결정하게 되는 것이다.

고객은 기대하였던 수준에 비해 낮은 서비스를 경험했다고 느낀다면 서비스의 품질에 불만을 느낄 것이고, 반대로 고객이 만족하였다면 재방문 의사를 가지게 된다. 베이커리 카페의 서비스에 대한 품질 유지는 성공적인 베이커리 카페 운영에서 매우 중요한 부분이 된다. 매장에서는 고객에게 서비스에 대한 만족도를 높이기 위해 서비스 매뉴얼을 만들고 이를 통해 고객에게 모든 직원들이 동일하게 서비스가 될 수 있도록 표준화하고 이를 교육하는 것이 중요하다. 직원들은 표준화된 서비스 매뉴얼로 교육을 받고 고객에게 만족할 만한 서비스 제공을 통해 좋은 서비스 품질을 유지하도록 노력해야 한다. 자신의 기대수준에 비해 낮은 서비스 품질을 느낀 고객은 불만족하게 될 것이며, 반대의 경우에 만족한 고객이라면 재방문할 가능성이 높다. 베이커리 카페에서 서비스는 소득의 증가와 고객의 요구가 다양해지면서 고객의 선택 기준에서 매우 중요한 요인으로 작용하고 있다. 성공적인 카페 창업을 위해서는 고객이 느끼는 서비스 품질에 대한 중요성을 인식하는 것이 필요하다.

2) 서비스 품질의 평가와 고객만족

(1) 서비스 품질 평가의 중요성

서비스 품질의 평가는 고객이 가진 기대와 욕구에서 형성된 감정이 상품과 서비스를 경험하는 과정에서 나타나는 만족도를 평가하는 것이다. 서비스의 품질은 고객이 어떠한 기대를 가지고 있고, 그러한 기대가 서비스를 통해 만족할 만한 수준으로 이루어졌는지가 평가되어야 한다. 고객에게 약속한 만족할 만한 상품과 서비스를 제공하고 있는지를 평가해야 한다. 상품의 맛과 품질을 고객이 어떻게 느끼는지도 중요한 부분이 된다. 이 과정에서 고객에게 예의 바른 모습을 통해 친절하게 만족할 만한 서비스가 제공되고 있는지를 평가하는 것이다. 고객의 요청사항에 대해 신속하게 서비스가 제공되고 있는지도 중요한 서비스 품질을 결정하는 요인이 된다.

이러한 고객의 경험 과정을 통해 고객이 서비스 품질을 평가하게 되고 결국 고객의 기대를 충족시켜 주었다면 고객은 만족할 만한 서비스를 받았다고 평가할 것이고, 고객이 이러한 과정에서 적절한 서비스의 품질을 느끼지 못하고 불만족스럽거나 평이하다고 느꼈다면 고객은 이 매장을 다시는 방문하지 않겠다고 생각할 것이다. 이처럼 매장에서 느끼는 고객이 가진 서비스 품질평가에 대한 프로세스를 이해하고 이를 관리하도록 노력하는 것이 중요하다.

(2) 서비스 품질 평가를 통한 고객만족도 개선

베이커리 카페에서 고객에 대한 정기적인 서비스 품질 평가를 통해 고객의 기대와 만족도를 점검하고 이를 통해 개선 방법을 찾도록 노력하는 것이 중요하다. 고객의 기대수준과 만족을 느끼는 수준이 높다면 지속적으로 고객이 느끼는 만족감이 유지될 수 있도록 관리하여야 한다.

그렇지만 고객의 기대수준이 낮았는데 만족감이 높게 나타났다면 기대 수준을 더욱 높일 수 있는 상품과 서비스에 대한 개발 노력이 필요하다. 반면 고객의 기대는 높았지만 만족감은 낮았다면, 이것은 상품과 서비스의 어떠한 부분에서 문제가 있는 것이고, 이를 찾아내고 빠르게 개선시키는 노력이 필요하다. 마지막으로 고객의 기대도 낮고 고객이 느끼는 만족감도 낮다면 이것은 총체적인 문제가 있는 것이다. 상품과 서비스에 대한 모든 부분에 문제가 있는 것이며, 이는 고객이 다시는 매장을 찾지 않을 이유를 제공하는 것이기도 하다. 이때는 심층적인 진단을 통해 상품을 개선하고 개발하는 노력을 해야 하며, 서비스 부분에 있어서도 문제점을 보강하도록 최선의 노력을 해야 한다. 고객의 피드백이 좋지 않게 나타나고 상품의 불만이 증가하고 있다면 바로 이 단계인 것이다. 문제를 인식하고 빠르게 대응하여 고객의 기대와 만족감을 높이는 노력을 통해 서비스 품질과 고객만족도를 함께 높이고 유지될 수 있도록 항상 관심을 가져야 하고 노력해야 한다.

제 3 절 고객서비스전략

❶ 고객서비스의 개념

1) 고객서비스의 정의

베이커리 카페에서 고객서비스는 고객에 대한 상품 판매와 그에 따른 모든 물적·인적 서비스를 제공하는 모든 행위를 말한다. 고객서비스는 매장에 고객이 들어서는 순간부터 시작된다고 할 수 있다. 고객에게 반갑게 인사하고 친절하게 응대하며 고객이 상품을 주문하거나 구매하는 과정에서 고객에게 최선을 다해 고객을 응대해야 한다. 이때 고객을 배려하고 존중하며, 올바른 언어로 고객에게 말한다. 고객이 주문하고, 주문한 메뉴를 서비스 받고, 매장에서 머무르고 있는 동안도 고객서비스의 한 과정이라 할 수 있다. 고객이 매장을 떠나는 순간까지 고객서비스는 지속된다. 고객서비스를 행하는 주체는 매장의 모든 직원들이 해당되며, 고객이 매장을 불편함 없이 이용할 수 있도록 최선을 다해야 한다. 고객의 가진 일련의 모든 경험이 고객서비스인 것이다.

2) 고객서비스의 중요성

소득수준의 증가와 외식산업 발전과 함께 고객의 다양한 외식 경험은 고객의 수준을 높였다고 할 수 있다. 고객의 욕구는 과거와 다르게 다양한 부분에까지 확장되었다. 베이커리 카페를 이용하는 고객도 단순히 메뉴에 대한 맛과 품질에만 국한된 것이 아니라, 고객이 매장을 이용하는 과정 안에서 벌어지고 경험하는 모든 것들이 고객서비스를 결정짓는 중요한 부분이 된 것이다. 특히 고객서비스에 대한 경험은 맛에 대한 평가를 넘어, 매장에 대한 전체적인 판단으로까지 확장되었다. 이러한 점 때문에 시장의 경쟁이 치열해지면서 고객서비스는 베이커리 카페의 중요한 고객전략으로 자리 잡았다.

고객서비스의 경험은 고객으로 하여금 재구매나 재방문을 촉진하게 만든다. 고객서비스는 무형성으로 고객에게 지각된 직원의 말과 행동이 고객서비스에 대한 중요한 평가 요인으로 작용한다. 고객을 만족시키기 위하여 베이커리 카페들은 차별적인 고객서비스의 제공을 통해 고객이 만족감을 느낄 수 있도록 만들어야 한다. 고객의 욕구와 기대에 부합하는 상품의 만족도와 서비스에 대한 만족도가 함께 일치해야만 고객은 매장에 대한 신뢰감을 느끼게 되고 재방문과 재구매에 대해 긍정적으로 생각하게 된다.

3) 고객서비스 실패

베이커리 카페의 상품과 서비스가 고객에게 실망을 남겼다면 어떻게 될까? 고객서비스가 실패한다면 결국 매장은 문을 닫게 될 수도 있다는 것을 알아야 한다. 그만큼 고객서비스의 실패는 엄청난 파장을 일으킬 수도 있다. 고객들은 SNS의 다양한 후기들을 통해 서비스 실패를 간접 경험하게 된다. 또한 고객서비스에 대한 불만을 빠르게 확산시키고자 하는 고객들도 있다. 이 모든 상황들은 베이커리 카페의 경영을 위태롭게 만드는 심각한 요인이 될 수 있다. 베이커리 카페는 철저한 고객서비스 교육을 통하여 고객서비스 실패가 일어나지 않도록 신경 쓰고, 고객의 불만족이 발생하지 않도록 노력해야 한다. 동일한 상품과 질 높은 서비스를 유지하여 고객이 동일한 경험을 할 수 있도록 노력해야 한다.

상품과 서비스에 대한 문제가 있다면 발견 즉시 수정하도록 해야 한다. 고객서비스를 신속하게 개선하여 긍정적인 피드백을 만들고, 고객들에게 전달될 수 있도록 만들어야 한다. 고객이 불만족을 표현한다면 즉시 그 자리에서 적절한 대응을 통해 고객의 불만을 해소하고 고객서비스에 대한 불만족을 해소할 수 있도록 노력해야 한다. 베이커리 카페의 매장에서 발생할 수 있는 다양한 고객서비스의 실패는 고객의 신뢰를 떨어뜨리는 부분이 되므로 철저한 고객서비스 관리를 통해 고객이 우리 매장을 항상 신뢰할 수 있도록 철저한 고객서비스로 고객에게 감동을 줄 수 있어야 한다.

고객서비스와 관련한 대응 매뉴얼을 통해 직원들이 함께 공유하고 교육을 통해 사전에 숙지하고 고객의 불만이 발생 시 신속하게 대응하여 빠르게 해결하도록 한다.

❷ 고객만족 서비스

베이커리 카페의 직원들은 매장을 방문하는 모든 고객이 감동받을 수 있는 고객 서비스가 되도록 최선을 다해야 한다. 고객이 매장을 들어오는 순간부터 나갈 때까지 고객이 만족할 만한 서비스가 되도록 한 순간도 방심해서는 안 된다.

1) 고객 중심적인 서비스의 실행

(1) 고객에게 친절하고 반갑게 인사해라

고객이 매장에 들어오는 순간부터 고객에게 큰 목소리로 반갑게 인사하고 맞이한다. 친절한 말투로 고객을 응대해야 한다. 친절하고 반가운 직원의 인사에 고객도 함께 즐거워질 것이다. 매장 안에 있는 직원들은 고객이 들어오는 순간뿐만 아니라 매장 안에서 고객과 마주치더라도 모두 반갑게 인사한다. 고객이 매장을 떠날 때도 마찬가지로 고객에게 인사하도록 해야 한다.

(2) 고객의 눈을 맞추며 이야기하라

고객에게 주문을 받을 때나 대화할 때는 고객의 눈을 보고 시선을 맞추며 이야기해야 한다. 고객에게 집중하고 있다는 표시이며, 고객의 요구에 바로 응대하겠다는 표시이기도 하다. 그때 고객의 상황에 따라 미소를 띤 직원의 얼굴이 고객의 기분을 좋게 만들 것이다.

(3) 고객의 재방문을 환영하라

고객이 우리 매장을 다시 찾았다면 고객을 맞이할 때, 고객에게 직원인 우리가 당신을 알고 있으며, 특히 단골 고객임을 알아보는 말과 표정은 고객으로 하여금 더욱 매장을 신뢰하며 기분을 좋게 한다. 고객에게 전달되는 진실된 마음에서 나오는 미소, 따뜻한 마음의 인사, 그리고 고객과 상호 교류하고 있음을 느끼게 만드는 것은 매장에 대한 신뢰를 더욱 높게 만드는 방법이다.

(4) 고객에게 작은 것도 서비스하자

고객은 매장 안에서 작은 것에서도 감동하도록 만들어야 한다. 고객이 원하는 도움이 작은 것일지라도 최선을 다해 고객에게 서비스해야 한다. 고객의 행동에 빠르게 반응하고 작은 것 하나에도 세심하게 신경을 쓰는 것은 고객으로 하여금 매장에 대한 신뢰를 쌓게 한다. 셀프서비스가 많아진 요즘 매장의 직원들이 고객에게 지시하는 모습을 보게 된다. '휴지는 저기에 버리세요!', '반납은 저기에 놓으세요!' 등 고객이 느끼기에 따라 차이가 있지만, 고객서비스가 잘 훈련된 조직은 이런 상황에서 "고객님 제가 하겠습니다!"라고 할 수 있어야 한다. 이 작은 서비스가 고객을 감동시킨다.

(5) 고객의 선택을 도와주어라

고객들은 가끔 메뉴를 고르는 것을 어려워할 때가 있다. 이때 고객의 선택에 도움을 주면 고객은 더욱 빠르게 결정할 수 있다. 고객이 고민하고 있다면 고객에게 질문을 통해 선호하는 것이 무엇인지 물어보고 추천을 해 주는 것도 좋은 방법이다.

(6) 고객 중심적인 사고를 하라

'고객은 왕이다! 고객은 무조건 옳다!'라는 말이 있다. 그만큼 고객을 최고로 모시겠다는 의미이다. 고객에게 최고의 서비스를 제공하기 위해서는 고객의 관점에서 고객 중심적인 사고를 해야 한다. 고객의 의견에 초점을 맞추고, 고객의 이야기에 귀를 기울이고, 고객의 질문에 신속하게 응답하여야 한다. 고객이 불만을 표현하면 고객의 관점에서 신속하게 해결될 수 있어야 한다. 고객의 판단과 행동과 말이 중요한 것이다. 고객에게 맞춰주는 서비스가 무조건 필요하다.

(7) 고객에게 좋은 추억을 선물하라

고객이 겪은 감동적인 서비스는 고객에게 즐겁고 좋은 추억으로 남는다. 이런 경험은 고객을 단골로 만들게 된다. 고객을 기억하고 고객에게 많은 관심을 가져준다는 것은 고객이 이곳에서 특별한 대우를 받고 있다고 느끼게 한다. 고객에게 매장에서 작은 것일지라도 좋은 추억을 만들어 드리도록 노력해라.

(8) 고객이 불만족을 느끼게 하지 마라

고객들은 기분 나쁜 경험을 더욱 오래 기억한다. 또한 기분 나쁜 경험에 관하여 더 많은 주변 사람들에게 이야기함으로써 우리 매장에 대한 이미지를 더 나쁘게 하는 결과를 가져온다. 즉각적인 고객과의 소통을 통해 고객의 불만족을 해소하여야 한다. 최근에는 온라인상에서 불만족을 표시하는 고객들이 많아지고 있다. 이러한 온라인상에서의 고객 소통도 매우 중요하다. 고객서비스에 대한 불편사항이 발견되었다면 빠르게 사과하여 발견 즉시 개선하는 노력을 해야 한다.

2) 고객서비스를 위한 고객관리전략

(1) 고객관리시스템

고객관리시스템을 통해 체계적으로 고객을 관리하는 것이 매우 중요해졌다. 우리 매장에서 매출을 일으키는 고객을 분류하고 선별할 수 있어야 하며, 또한 추가적인 고객 개발을 위한 활동도 필요하다. 고객에 대한 체계적인 등급 관리 시스템을 통해 고객이 지속적으로 매장을 방문할 수 있도록 유도하며, 고객의 더 높은 충성도를 만들기 위해 고객정보를 관리할 수 있어야 한다. 이러한 일련의 과정을 체계적으로 시스템화하는 것을 고객관리시스템이라 한다. 고객관리시스템은 고객관리와 유지, 추가적인 마케팅 활동의 효율성을 높이는 데 중요하다.

(2) 고객관리전략

고객관리시스템을 통해 분류된 고객을 유지하고, 신규고객 확보전략을 통하여 등급별로 고객을 관리할 수 있어야 한다. 각 고객의 등급 단계별로 어떠한 추가적인 혜택을 줄 것인지 가이드라인을 정하고 이를 통해 지속적인 단계별 계획을 실행하여야 한다. 우수고객에 대해서는 더욱 좋은 고객서비스가 이루어질 수 있도록 다양한 연간 혜택들을 제공할 수 있어야 한다. 체계적인 고객관리전략은 고객의 매장에 대한 충성도를 더욱 높일 뿐만 아니라 우수한 고객은 다른 고객들이 우리 매장을 이용하도록 하는 데 적극적으로 홍보를 해 주는 역할을 하기도 한다. 체계적인 고객관리전략은 각 단계별로 고객을 정의하고 각 단계에 맞는 고객만족서비스를 기획하고 실행하는 것이다.

(3) 고객 니즈(욕구) 조사

베이커리 카페의 매출이 증가하고 있지 않다면, 고객의 불편함이 여기 저기서 느껴진다면 이것은 매장의 위기이다. 이때는 빠르게 고객 니즈를 파악하고 분석하는 것이 필요하다. 신속하게 고객만족도를 조사하여 문제점을 찾고 이를 즉각적으로 수정하도록 노력해야 한다. 고객 니즈 조사 활동은 더 좋은 고객서비스를 만들기 위한 고객관리 활동의 매우 중요한 부분이다. 위기상황에만 고객 니즈 조사를 하는 것이 아니라 정기적인 고객만족도 조사를 통해 고객의 니즈를 파악하고, 상품과 서비스의 질을 평가하여 더 좋은 고객서비스를 제공하고 고객이 우리 매장을 신뢰할 수 있도록 만드는 것이 고객만족경영의 핵심이라 할 수 있다.

(4) 고객 응대 교육

베이커리 카페의 모든 직원들은 정기적인 고객 응대 교육을 통해 고객서비스가 이루어질 수 있도록 해야 한다. 특히 이러한 교육으로 고객에 대한 서비스 능력을 향상시키는 것은 고객으로 하여금 매장의 서비스에 대한 만족감을 배가시킬 뿐만 아니라, 상품에 대한 긍정적인 평가를 만드는 데도 매우 중요한 역할을 한다. 고객이 매장 안에서 더욱 편하게 즐길 수 있도록 판매 활동에 대한 실무역량을 향상시키도록 해야 한다. 단순히 고객을 친절하게 맞이하고 응대하는 것뿐만 아니라 고객에게 제품의 특성을 설명하고 이를 통해 고객이 제품을 선택할 수 있도록 만드는 과정도 매우 중요하다. 고객 응대 교육은 고객이 출입문을 열고 들어오는 순간부터 제품의 문의, 제품의 특성 이해, 제품을 선택하고 포장하고 계산하고 나갈 때까지의 모든 과정에 대한 교육이 체계적으로 이루어져야 한다.

(5) 온라인 소통 강화

많은 고객들은 온라인상의 간접적인 경험을 통해서 매장을 방문하는 고객들도 늘어나고 있다. 또한 방문했던 고객들도 다양한 온라인 채널을 통해 자신의 경험을 다른 사람들에게 전달하고자 한다. 최근의 이런 온라인 소통의 활성화는 매장 운영에 있어서 매우 중요한 부분이 되었다. 베이커리 카페는 더욱 많은 사람들이 소통하는 중요한 키워드이다. 그렇기 때문에 고객 간에 이루어지는 소통뿐만 아니라 고객과 매장 간의 온라인 소통도 활발해지고 있다. 베이커리 카페는 인스타그램, 구글계정, 네이버계정, 페이스북, 트위터, 유튜브 등을 활용하여 고객과 적극적으로 소통하도록 노력해야 한다. 최근 젊은 창업자들은 이러한 점들을 적극 활용하여 매장을 고객들에게 알리고, 이를 통해 고객과 적극적으로 소통하여 고객이 매장을 찾아 경험하도록 만든다. 베이커리 카페에서도 온라인 채널을 담당하는 책임자를 지정하여 고객과 다양한 방법으로 소통할 수 있도록 만들어야 한다. 이를 통해 고객의 다양한 질문에 응대하는 것도 고객서비스의 일환이 되었다.

3) 고객서비스의 원칙

(1) 고객 최우선주의

고객이 매장으로 들어오면 하던 업무를 멈추고 고객을 맞이할 수 있어야 한다. 불가피하게 메뉴를 제조해야 하는 상황이더라도 고객을 향해 큰 목소리로 인사할 수 있어야 한다. 고객이 최우선이라는 마음으로 서비스를 할 수 있어야 한다. 고객의 요청 사항이 있으면 즉각적으로 고객의 요청 사항을 접수하고 이를 빠르게 조치하도록 해야 한다. 고객이 자리로 부르는 일이 있으면 바로 반응하여 고객이 목소리를 높이는 일이 발생하지 않도록 해야 한다.

(2) 접객순서

고객응대 시 먼저 온 고객을 우선적으로 응대한 후에 다음 고객을 응대해야 한다. 고객의 접객 순서를 지키는 것은 매우 중요하다. 매장의 특성상 고객에게 자리를 안내해야 하는 경우도 마찬가지며, 앉아서 주문을 받는 경우에도 먼저 온 고객을 우선하여 서비스가 진행될 수 있도록 해야 한다. 만약에 다른 고객을 우선 서비스해야 하는 상황이 발생한다면 이전 고객에게 반드시 양해를 구하고 진행해야 한다. 순서대로 고객을 서비스하는 문제는 고객이 가장 불편해 할 수 있는 부분이므로 반드시 지켜질 수 있도록 해야 한다. 앞에 고객이 다른 사정으로 인해서 지연되는 사항이 생긴다면 다음 고객에게 양해를 구하는 것도 잊어서는 안 된다. 고객을 오랜 시간 기다리게 하는 것도 고객을 불편하게 만드는 요인이다. 또한 모든 고객은 평등하다. 나이가 어리건 연세가 많으시건 간에 고객은 모두다 평등하기 때문에 어린이나 학생 고객들도 친절하게 똑같이 대해 주어야 한다.

(3) 고객과의 논쟁

고객과의 대화 과정에서 일어날 수 있는 다양한 상황들도 조심해야 한다. 고객과 어떠한 상황에서 이견이 발생한다면 고객은 무조건 옳다고 생각하고 대응해야 한다. 고객과의 대화 과정에서 고객을 지적하거나 고객을 가르치려고 한다거나, 표정으로 고객에게 화가 나 있다고 보인다거나 이런 행동은 절대 금물이다. 특히 고객과의 논쟁이나 말다툼은 절대 일어나서는 안 되는 일이다. 고객이 잘못 알고, 틀렸을지라도 매장 내에서 언성이 높아지는 일은 고객의 자존심에 상처를 주게 되고, 매장영업을 어렵게 만들 수도 있으며, 매장이 철수하게 되는 상황을 발생시킬 수도 있다. 이런 직원의 잘못된 태도는 다른 고객들에게도 매장 이용에 있어서 기분을 나쁘게 만든다는 것을 잊어서는 안 된다. 특히 직원들 간에도 이런 불편한 상황이 일어나지 않도록 각별히 조심해야 한다.

(4) 올바른 말의 사용

고객을 응대할 때에는 올바른 말과 상황에 적절한 표현을 통해 고객과 대화해야 한다. 고객에게 은어, 부정적 단어의 사용, 거절의 표현 등은 고객을 불편하게 만든다. '안 돼요, 몰라요, 없어요'라는 표현은 고객을 화나게 만들 수 있다는 것을 명심해야 한다. 고객서비스에 적합한 용어만을 사용하여야 한다. 매장 내에서 직원들 간에도 불편한 표현과 대화, 반말 등은 절대로 해서는 안 된다.

❸ 고객 불만처리 프로세스

베이커리 카페에서 다양한 고객들의 불만이 제기될 수 있다. 이때 빠르고 효과적인 불만처리가 이루어지지 않는다면 고객과의 분쟁으로 번질 수가 있다. 고객서비스에서 일어나는 모든 과정에서 고객 불만이 발생하지 않도록 각별히 조심해야 하며, 설사 고객과의 문제가 발생한다면 이를 신속하고 즉각적으로 대응하고 해결하도록 해야 한다.

1) 고객불만의 유형

고객의 불만 표현은 다양한 형태로 나타난다. 상품과 서비스에 대한 직접적인 불만일 수 있고 고객들이 느끼는 감정적인 불만일 수 있다.

(1) 상품에 대한 불만

판매하고 있는 상품에 대한 불만일 수 있다. 베이커리 상품이나 음료에서 발생하는 문제이다. 제조과정에서 이물질이 혼입되었거나, 품질 손상으로 인한 불량, 포장의 불량, 제품 유효기간 경과, 가격표시 불량 등이 있을 수 있다. 이것은 매장에 대한 고객의 신뢰를 떨어뜨리므로, 품질관리를 철저히 하도록 해야 한다.

(2) 고객 응대과정 불만

고객서비스 과정에서 일어나는 것으로 고객이 불손한 태도를 느꼈거나, 적절한 서비스가 제때 이루어지지 않아 발생하는 일들이다. 이런 경우는 고객의 주변 고객들에게도 바로 영향이 일어나기 때문에 신속하게 고객을 진정시키는 것이 중요하다. 즉각적인 사과와 재발 방지, 후속조치를 통해 고객이 감정적으로 대응하지 않도록 해야 한다. 맛이 있어도 서비스에 대한 불친절은 고객에게 용서할 수 없는 일이 될 수도 있다. 고객들이 SNS에 올리는 후기 중 고객이 가장 불쾌하게 생각하는 것은 고객에 대한 불친절이다.

(3) 시설이용에 대한 불만

고객은 매장 내의 다양한 시설들을 이용하게 되는데 이때 일어나는 불만이다. 화장실의 청결과 사용, 주변의 소음, 냉방이나 난방의 문제 등이 있을 수 있다. 시설과 관련된 고객의 문제제기가 접수된다면 즉각적인 해결이 가능한 부분은 바로 해결해 드리면 되지만, 시설의 수리 등 추가적인 조치가 필요한 부분이라면 고객에게 양해를 구하고 후속적인 조치에 대해서 설명하여, 고객이 이 부분을 양해하고 넘어

갈 수 있도록 조치해야 한다. 고객이 시설이용에 관련하여 불편함을 이야기할 때 자리를 변경하는 것으로 해결이 가능하다면 신속하게 조치를 해야 한다.

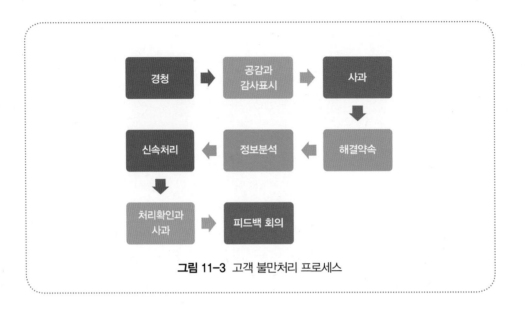

그림 11-3 고객 불만처리 프로세스

2) 불만처리 프로세스

고객이 불만을 표출하는 상황이 발생하였다면 고객의 말을 끝까지 경청하는 것이 중요하다. 이때 고객의 말을 중도에 차단하는 상황이 생긴다면 사태를 더 악화시킬 수 있다. 고객의 얘기를 차분하게 끝까지 듣고, 이유에 상관없이 고객님에게 불편함을 드려 죄송하다고 정중하게 사과한다. 고객의 흥분을 최대한 빨리 가라앉도록 하는 것이 최우선이다. 이때 책임을 회피하거나, 변명은 고객을 더욱 화나게 만드는 경우들이 있다. 이때 신속하게 고객에 대한 사과와 함께 후속조치에 대한 설명을 드려야 한다. 만약 사안이 경중하거나 매니저를 호출하는 경우에는 즉각적으로 매니저나 매장 책임자가 직접 응대하는 것이 바람직하다.

고객에 대한 책임 있는 해결과정을 통해 신속하게 문제를 해결하는 것이 정상적인 매장 운영을 위해 필요한 부분이다. 만약 이러한 대응이 적절하지 못하다면 이런 문제들은 법적으로 책임을 묻는 사안으로 번질 수 있으므로, 책임 있게 사안을 해결하고, 확실한 후속조치로 고객의 불만이 해소되었음을 반드시 확인하여야 한다. 또한 직원들에게도 사후 교육을 통해 다시는 이러한 상황들이 재발하지 않도록 상황을 전파하는 것이 필요하다. 직원들에게도 [그림 11-3]과 같은 고객불만처리 프로세스를 교육하여 매장에서 불미스러운 일이 발생하지 않도록 주의를 당부하고, 고객불만 발생이 신속하게 처리될 수 있도록 한다.

불만사항의 처리 과정에서 관련 정보를 정확히 기록해 두어야 한다. 고객불만 내용, 상품에 문제가 있다면 상품 품명, 고객의 주소, 이름, 전화번호, 발생시간, 후속조치 내용, 고객의 최종 반응과 해결여부 등을 기록해 두어야 한다.

불만이 발생된 상품은 반드시 수거해야 한다. 수거를 하지 않으면 고객이 충분한 보상을 받지 못했다고 생각해 다시 문제를 삼으려 할 수 있으므로 꼭 수거를 해야 한다. 즉각적인 후속조치가 빠르게 이루어져 고객이 문제를 삼지 않도록 해야 한다. 고객의 불만족 사례에 대해 피드백 회의를 열어 그 원인을 분석하고 동일한 문제가 재발되지 않도록 개선하고 직원들을 교육해야 한다.

베이커리 카페 창업과 경영

제12장

마케팅

다양한 마케팅 방법을 이해하고 온라인과 오프라인 마케팅을
다양하게 활용할 수 있어야 한다.

제1절 마케팅의 이해와 전략

❶ 베이커리 카페 마케팅의 이해

1) 마케팅의 정의

베이커리 카페의 마케팅이란 고객을 대상으로 하여 우리 상품과 서비스에 호감을 느끼게 만들어 구매를 유도하고, 이 과정을 통해 확보한 고객을 지속적으로 관리하고 유지하며 반복적으로 상품과 서비스에 대한 재구매를 일으키는 모든 활동을 말한다. 또한 베이커리 카페에서 마케팅은 시장의 이해를 통해 우리 매장을 성장시켜 줄 목표고객을 명확히 알고, 목표고객이 원하는 상품과 서비스를 제공하며, 이를 구매한 고객을 만족스럽게 만드는 모든 과정의 활동이기도 하다.

과거의 마케팅은 상품의 광고, 시장조사, 판매촉진 등을 통한 판매량의 극대화에 초점이 맞추어졌으나, 최근에는 이를 포함하여 고객과 관련된 모든 활동으로 그 의미가 확대되었다. 마케팅의 중요성이 부각됨에 따라 창업자가 마케팅 책임자이자 전문가 수준의 지식을 가지고 고객에게 적절한 마케팅 방법을 사용할 수 있어야 한다. 최근 창업에 있어서는 다양한 마케팅 방법을 이해하고 온라인과 오프라인 마케팅을 다양하게 활용할 수 있어야 효과적으로 브랜드를 노출시킬 수 있으며, 이를 잘 활용해야 지속적인 경영이 가능해졌다고 할 수 있다. 고객에 대한 다양한 분석과 이해를 통해 고객이 가지고 있는 구매성향 등을 이해하고, 시장의 변화를 예측하는 것을 통해 적절한 마케팅 방법을 찾고 시도할 수 있어야만 치열한 경쟁시장에서 우위를 점할 수 있다.

과거에는 창업 초기의 홍보와 마케팅만이 강조되던 적이 있었다. 판매촉진이라는 이름으로 고객에게 직접 다가가는 마케팅을 진행했었다. 지금은 이러한 판매촉진의 기법은 한정된 영역에서만 의미가 있으며, 다양한 인터넷 기반의 소셜미디어를 활용한 마케팅이 더욱 중요해진 시대가 되었다. 특히 다양한 SNS를 통해 고객 간의 소통이 중요해졌다. 이러한 변화로 인해 최근에는 베이커리 카페가 가진 고객의 선택 속성을 이해하고, 이를 온라인 기반의 마케팅에 활용하는 것이 더욱 중요해졌다고 할 수 있다. 소셜미디어를 이해하고 SNS를 적극적으로 활용하고 이 안에서 고객과 적극적으로 소통하는 마케팅이 장기적인 성과를 만들어 갈 수 있는 가장 효과적인 방법이라 할 수 있다.

2) 마케팅 관리

베이커리 카페 창업자는 성공적인 매장을 운영하기 위해 마케팅 활동을 관리하는 것이 매우 중요해졌다. 베이커리 카페는 고객에게 우수하고 차별화된 상품의 공급을 통해 고객에게 다가가는 활동이 필요하다. 그렇지만 아무리 좋은 상품을 생산해도 고객이 알아주지 않는다면 그 상품의 존재가치는 의미를 찾지 못하게 된다. 그렇기 때문에 우리가 가진 상품과 서비스를 적극적으로 고객에게 알리고 판매하도록 노력하지 않으면 안 된다.

지금처럼 경쟁이 치열하고 수요보다 공급이 넘치는 시장에서는 고객에게 차별화된 다양한 상품과 서비스를 선보여야 한다. 우수한 품질의 상품을 선보이더라도 다양한 판매를 촉진시키기 위한 수단을 통해 고객에게 상품에 대한 정보를 전달하고 지속적으로 구매를 설득해야만 판매 목적을 달성할 수 있다. 그렇지만 이러한 방식은 판매위주의 예전의 방식이라 할 수 있다. 지금은 더욱 진보된 활동이 이루어지지 않으면 이러한 판매위주의 방식으로는 시장에서 살아남기가 어려워졌다. 지금은 판매를 기획하는 단계부터 고객의 입장에서 고객이 만족할 만한 상품을 기획하는 것이 중요해졌다. 즉 다양한 시장조사를 통해 고객의 욕구가 무엇인지 찾고 고객의 관점에서 고객이 원하는 상품과 서비스를 기획하고 생산하여 고객에게 선보임으로써 고객을 만족시키는 관점으로 바뀌었다고 할 수 있다. 이처럼 고객에 대한 시장조사를 통해 고객이 만족할 수 있는 상품을 기획하고 만드는 것이 마케팅의 중요한 활동이라 할 수 있다.

최근 마케팅활동을 위한 관리의 영역은 더욱 확장되었다. 고객의 욕구를 해소하고 만족시키는 상품 개발과 판매 활동에서 더욱 확장된 노력이 필요해졌다. 사회 문화적인 환경의 변화, 라이프스타일의 변화는 고객이 상품을 바라보는 가치의 개념도 변화시켰다. 예를 들면 친환경 상품을 선호하는 현상이 확산되면서 이러한 부분은 정부 정책에도 영향을 미치게 되고, 베이커리 카페의 운영과 관리에도 영향을 미치게 되었다. 최근 친환경 소재의 물품을 사용하는 매장들이 늘어나기 시작했다.

또한 베이커리 카페의 장기적인 성장을 위해 고객관리와 유지를 위한 지속적인 활동이 요구되었으며, 이것은 가장 중요한 마케팅활동으로 자리 잡았다. 지속적으로 고객을 유치하고 이렇게 유치된 고객이 상품과 서비스에 만족하고 계속해서 재방문으로 이어지게 만드는 다양한 노력들이 마케팅 활동의 중요한 부분이 된 것이다.

시장과 고객의 변화를 읽고 이를 적극적으로 마케팅 활동에 반영하는 노력이 지속되어야 고객으로부터 지속적으로 사랑받는 베이커리 카페 매장으로 살아남을 수 있다. 이러한 마케팅의 관리 활동에 대한 노력을 조금이라도 소홀히 한다면 아주 빠르게 시장에서 사라질 수 있다.

3) 베이커리 카페의 마케팅 목표

(1) 창업자 관점에서의 마케팅의 목표

베이커리 카페 창업자의 관점에서 마케팅의 궁극적인 목적은 이익실현을 통한 지속적인 성장이라 할 수 있다. 마케팅의 목적은 베이커리 카페 매장의 목표를 달성하도록 지원하는 가장 중요한 부분이라 할 수 있다. 마케팅의 목표는 우리 매장을 이용하는 고객을 찾아내며, 고객이 원하는 상품과 서비스를 만들고, 그 고객에게 우리의 상품과 서비스를 제공하여 고객만족을 실현하며, 고객이 재방문하고 충성고객으로 자리잡도록 만드는 것이다. 한 번 만족으로 고객을 충성고객으로 만들기는 어렵다. 이때 고객의 지속적인 욕구를 충족할 수 잇는 다양한 활동들이 이어져야 한다. 이것이 마케팅의 중요한 역할이 된다. 고객확보와 유지를 위한 기대 비용과 고객으로부터 얻을 수 있는 기대 수익을 고려한 신규고객유치와 유지관리 전략을 개발하고 지속적이며 적극적으로 실행해 나가야 한다. 이것은 창업자가 성공적인 매장 경영을 이끌어 가기 위한 가장 중요한 마케팅의 목표이기도 한다.

(2) 고객 관점에서의 마케팅 목표

고객은 항상 더 좋은 경험을 원한다. 만족할 만한 경험이 지속적이어야만 고객관점에서 의미가 있다. 고객의 관점에서 본다면 내가 경험한 상품과 서비스에 대한 품질이 변함없이 유지되며, 고객이 이로부터 얻는 이익이 계속 지속되는 것이 매우 중요하다. 고객이 마음을 바꾸지 않도록 만드는 것이 바로 고객관점에서의 마케팅의 중요한 목표가 되는 것이다. 고객은 때로 다양한 선택을 시도한다. 물론 고객의 이런 선택이 항상 옳을 수 없기 때문에 고객은 실패를 경험하기도 한다. 이렇듯 시장에서 다양한 대체품이 존재하더라도 고객을 만족시키기는 쉽지 않은 것이다. 고객의 욕구를 만족시키는 특정한 상품과 서비스를 통해 계속 선택을 하도록 만들고 이를 통해 충성고객으로 자리잡을 수 있도록 노력하는 것이 중요하다. 이를 위해 다양한 마케팅적인 시도를 통해 고객을 지속적으로 만족시키는 것이 중요하다. 한번 골드등급이 되거나 VIP 등급이 된다면 고객은 이런 혜택을 계속 유지하고 싶어 한다. 고객은 내가 좋아하는 브랜드가 고객의 인식에 자리 잡는다면 그 브랜드로부터 지속적으로 혜택을 제공 받고 이 등급이 유지되기를 원한다. 고객이 우리 매장의 충성 고객으로서 유지되도록 마케팅 목표를 관리하는 것이 매우 중요하다.

최근에는 고객의 다양한 요구 수준이 높아지고 있다. 더 좋은 상품과 서비스를 경험하기를 원하기 때문에 이를 위한 다양한 노력들이 필요하다. 높은 수준의 서비스를 원하는 고객들은 친환경 재료의 사용과 웰빙에 대한 요구들을 매장도 함께 실천하길 원한다. 고객이 원하는 환경을 조성하여 고객이 느끼는 경험의 질도 높아질 수 있다면 이것은 중요한 마케팅의 목표가 될 수 있다.

❷ 베이커리 카페의 마케팅 전략

베이커리 카페의 마케팅 활동은 지속적으로 변화하는 시장환경을 예측하고, 이에 따른 고객의 다양한 욕구를 파악하며, 경쟁업체에 대한 조사를 통해 이에 대한 대응책과 전략을 세우고 이를 실행하는 것이다. 또한 이러한 과정에서 새로운 제품을 개발하고, 시장 안에서 목표고객을 찾기 위한 다양한 마케팅 활동을 시도해야 한다. 또한 언제든 올 수 있는 시장의 위협요인을 찾고 이에 대비할 수 있는 마케팅 계획을 수립하는 것도 매우 중요하다. 이러한 과정은 마케팅 전략을 실행하는 마케팅 프로세스 안에서 관리될 수 있어야 한다. 마케팅 전략은 창업자가 가진 비전과 미션, 핵심가치로부터 출발한다고 할 수 있다. 베이커리 카페가 장기적으로 이루고자 하는 목표의 실현을 위해서는 마케팅 계획이 필요하며, 이런 창업자의 목표를 실현시켜주는 도구는 바로 마케팅 전략이 되는 것이다.

1) 베이커리 카페의 경영이념 수립

베이커리 카페 창업자가 추구하는 목표를 달성하기 위해서는 비전과 미션, 그리고 핵심가치를 포함한 경영이념을 수립하는 것이 중요하다. 이러한 경영이념은 모든 창업자의 방향성을 결정해주는 중요한 지표이며, 베이커리 카페가 가진 콘셉트와 브랜드를 만들고 기획하는 중요한 근간이 된다. 또한 이러한 경영이념은 직원들에 대한 개발과 교육훈련에 있어서 핵심적인 지표가 되며, 직원들을 동기부여 하는 중요한 가치로서 역할을 하게 된다. 최근 창업자들은 이러한 경영이념을 통해 매장을 경영하고 이를 통해 장기적인 창업 목표를 만들고자 노력해야 한다.

2) 마케팅 전략 수립을 위한 시장조사

마케팅 전략 수립에 있어서 시장환경을 조사하는 것은 가장 기본적인 활동이라 할 수 있다. 시장조사와 분석을 통해 시장에서의 위치를 명확히 인식하고, 이에 따른 시장의 변화를 예측하고 기회요인을 포착하여 이에 대응하는 마케팅 전략을 수립하는 것에 중요한 목적이 있다. 시장 조사 방법에는 다양한 방법들이 있다.

시장의 환경을 분석하는 3C(Customer, Competitor, Company) 분석과 내부환경인 자신의 강점과 약점을 분석하고, 외부환경에 속하는 기회와 위협요소를 평가하여 자사의 강점을 활용한 사업기회를 확보하고 위협에 대한 대안을 수립하기 위한 SWOT(Strength, Weakness, Opportunity, Threat) 분석 등이 마케팅 전략을 수립하는 데 매우 긍정적인 역할을 한다.

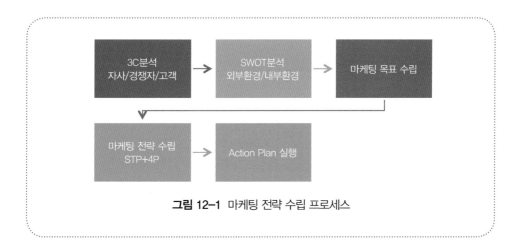

그림 12-1 마케팅 전략 수립 프로세스

(1) 3C 분석

3C 분석은 고객(Customer), 경쟁사(Competitor), 자사(Company)에 대해 분석하는 방법이다. 마케팅 전략을 수립하기 위한 기초 정보를 분석하는 활동이라 할 수 있다. 3C 분석의 자료는 SWOT을 통한 마케팅 전략 수립에 필요한 정보 수집 단계라고도 할 수도 있다.

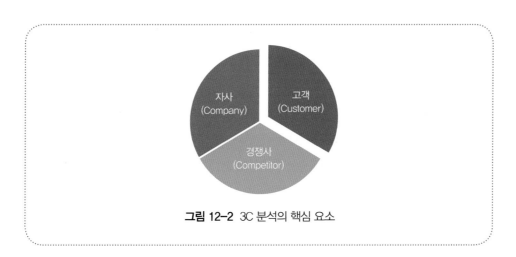

그림 12-2 3C 분석의 핵심 요소

① 고객(Customer)

베이커리 카페의 상품이나 서비스를 구매하는 고객에 대한 구체적인 소비행태와 니즈(Needs) 등의 요소를 분석하는 것이다. 우리의 상품이나 서비스를 구매하는 소비자의 소비행태 및 특징, 성별, 연령대, 직업, 거주지역 등을 분석하는 것이다. 고객의 특성을 분석하기 위한 좋은 자료가 된다. 이를 통해 고객의 소비패턴과 구매력을 측정할 수 있고 잠재고객으로서 성장여부를 판단할 수 있다.

② 경쟁사(Competitor)

베이커리 카페와 경쟁하는 곳들의 데이터를 조사하는 것이다. 경쟁사의 상품, 매출 정보, 시장 점유율 등을 파악하는 것이다. 이때 우리 상품과 비교하여 장점과 단점이 무엇이며, 마케팅 전략은 어떤 차별성이 있는지 등을 파악할 수 있다. 이를 통해 차별화 전략을 수립하여 경쟁우위를 가지도록 노력해야 한다.

③ 자사(Company)

우리 베이커리 카페가 가지고 있는 내부요인을 분석하는 것이다. 상품과 서비스의 품질, 인적자원, 물적자원을 통해 어떠한 핵심적인 역량이 있는지 따져 보는 것이다. 이때 부족한 역량은 무엇인지 평가해 보는 것도 중요하다. 이는 외부로부터 위협이나 약점에 대처할 수 있는 마케팅 전략을 수립하기 위한 중요한 근거 자료가 된다.

(2) SWOT 분석

SWOT 분석은 베이커리 카페가 현재 가지고 있는 내부적 요인과 외부환경에 대한 강점과 약점, 위협요인, 기회요인을 파악하여 이에 대한 정보를 평가하고 대응전략을 수립할 때 매우 유용한 방법이다. SWOT 분석을 통해 현재의 시장상황을 면밀히 검토할 수 있으며, 경쟁사의 마케팅 전략, 고객의 상품과 서비스에 대한 반응 등 이 밖에 내부적으로 가지고 있는 문제점과 개선점 등을 다양하게 검토해 볼 수 있다. 이러한 종합적인 분석을 토대로 다양한 관점에서 전략 방향을 검토하여 실행계획까지 수립할 수 있다. 이러한 SWOT 분석은 창업 초기에 마케팅 목표를 수립하는 데 매우 중요한 역할을 하며, 이를 기반으로 STP 전략과 마케팅 4P 수립까지 가능하다.

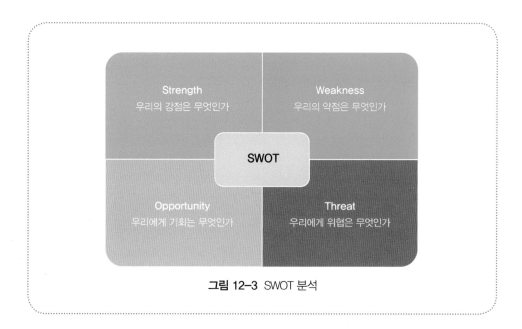

그림 12-3 SWOT 분석

① 외부환경

외부환경은 기회와 위협요인으로 베이커리 카페의 경영에 있어 주변으로부터 영향을 받는 요인을 말한다. 거시적으로는 경영 환경에 광범위하게 장기적으로 영향을 미치는 요소이다. 미시적인 요인은 현재 경영활동에 바로 영향을 미치는 요인이라 할 수 있다. 정치, 정부정책, 세계 경제환경, 국내 경제환경, 물가, 환율 등이 거시적인 관점에서 영향을 주는 요인이다. 미시적인 요인은 고객, 경쟁업체, 시장의 공급업체, 마케팅 활동, 상품과 서비스 등이라 할 수 있다.

외부환경 요인은 매출성과에 장/단기적으로 영향을 미치기 때문에 반드시 이를 파악하고 이러한 요인들이 경영활동에 어떻게 영향을 미치는지 꼼꼼히 따져 보아야 한다. 이러한 요인들의 분석을 통해 철저한 대응 전략과 실행전략을 수립해야 한다.

② 내부환경

내부환경은 베이커리 카페가 가지는 강점과 약점을 말한다. 매장이 가지고 있는 상품과 서비스의 질, 내부 구성 인적자원, 조직문화, 경영이념 등은 중요한 강점 요인이 된다. 또한 고객으로부터 받는 신뢰, 매장이 가지고 있는 제품 개발 역량, 상권과 입지, 다양한 마케팅 전략, 고객관리, 고객 이용편의성 등이 강점과 약점을 포함하는 요인이 될 수 있다. 이러한 강점과 약점의 요인은 창업자의 의지와 경영이념의 실행에 크게 영향을 받는 요인이라 할 수 있다. 강점은 경쟁업체와 비교하여 차별화될 수 있는 부분을 분석하여 더욱 강화할 필요가 있다. 반면 약점은 경쟁업체와 비교하여 빠르게 개선시키고, 제품과 서비스의 질을 높이고 개발할 수 있도록 하는 노력이 필요하다. 이러한 강점과 약점의 분석을 통해 철저한 대응 전략을 수립할 수 있으며, 또한 구체적인 성과를 만드는 실행전략의 수립이 가능하다.

③ SWOT 분석을 통한 마케팅 전략 수립

베이커리 카페의 외부요인과 내부요인이 파악되었다면 SWOT Matrix를 작성해야 한다. 구체적으로 각 SWOT에 따라 강점, 약점, 기회, 위협 요인에 해당하는 내용을 종합적으로 작성해야 한다. 이렇게 분석된 SWOT Matrix를 기반으로 4가지의 서로 다른 S/O전략, S/T전략, W/O전략, W/T전략을 수립할 수 있다.

자사환경 / 외부환경	강점(Strengths)	약점(Weaknesses)
	우리 매장의 강점 기록	우리 매장의 약점 기록
기회(Opportunities) 외부환경의 기회요인 작성	S/O 전략 우리 매장의 강점을 이용한 외부환경 기회의 활용 전략 방안	W/O 전략 우리 매장의 약점을 보완한 외부 환경 기회의 활용 전략 방안
위협(Treats) 외부환경의 위협요인 작성	S/T 전략 우리 매장의 강점을 이용한 외부환경의 위협에 대한 대응 전략방안	W/T 전략 우리 매장의 약점을 보완한 외부 환경의 위협에 대한 대응전략

그림 12-4 SWOT 분석을 통한 마케팅 전략 수립

다양한 분석 결과를 토대로 전략을 수립하는데 S/O 전략은 매장이 지닌 강점으로 기회를 살리는 전략이다. 매장이 지닌 강점과 시장의 기회를 결합하여 사업영역이나 시장, 사업포트폴리오 등을 확장하는 공격적인 전략이다. 매장의 영업성과가 좋다면 더욱 매장 확장과 상품의 추가적인 확장을 계획할 수 있다. S/T전략은 강점

으로 시장의 위협을 회피하거나 최소화하는 전략이다. 각종 정부의 규제나 경쟁업체의 전략이 경영에 영향을 주는 것이다. 조직경영의 효율화 등의 전략을 통해 위협에 대응할 수 있다. W/O 전략은 약점을 보완하여 기회를 살리는 전략이다. 다양한 파트너들과 전략적으로 제휴하는 방법이다. 베이커리는 장점을 가지지만 커피가 약하고 로스팅을 하지 않고 납품을 받아 원두를 사용한다면, 더욱 좋은 질의 제품과 다양한 싱글 오리진을 공급하는 업체와 제휴하는 것이다. 매장이 가진 약점을 보완하기 위해 좋은 전략이 될 수 있다. 매장 사정상 쿠키 제조에 한계가 있다면, 좋은 생산업체로부터 납품 받는 것도 방법이 된다. W/T전략은 약점을 보완하면서 위협을 회피, 최소화하는 전략이다. 이 경우 대부분의 매장들은 원가절감이나 사업축소 등의 전략을 사용하나 베이커리 카페는 신메뉴 개발과 마케팅의 강화, 고객관계 강화 전략 등을 통해 고객의 신뢰를 지속적으로 유지하고 재방문율을 높일 수 있는 전략을 세우는 것이 효과적인 대응책이 될 수 있다.

3) 마케팅 전략의 실행(Action Plan)

마케팅 전략은 베이커리 카페의 목표에 부합하고 목표를 달성하기 위한 일관성 있는 실행 전략이 수립되어야 한다. 마케팅 전략은 창업자의 경영목표를 실행하기 위한 도구로서, 진행과정에서 측정 가능한 형태로 수립되고 진행되어야 하며, 실현 가능한 목표를 중심으로 마케팅 전략이 수립되어야 한다.

마케팅 전략은 시장의 치열한 경쟁에서 경쟁우위를 점하고, 지속적인 매출 성과를 만들며, 수익성을 창출하기 위해 반드시 수행해야 하는 핵심적인 업무가 되었다. 다양한 마케팅 방법을 이해하고, 우리 매장에서 효과적으로 활용할 수 있는 마케팅 전략을 선택하는 것이 매우 중요하며, 투자 대비 효과성을 파악하고 적절한 마케팅 방법을 선택할 수 있어야 한다. 이렇게 수립된 마케팅 전략의 실행은 단지 이익을 실현하고자 하는 목표만 가지고 있지 않다. 가장 중요한 것은 고객의 만족이다. 고객이 우리의 상품과 서비스를 경험하고, 그 경험이 가치 있다고 느껴 지속적인 재방문을 통해 우리 브랜드의 충성고객으로서 다른 고객들도 함께 가치를 경험할 수 있도록 만드는 것이 바로 마케팅 전략을 실행하는 가장 핵심적인 목표이다. 그리고 이것이 바로 창업자의 목표를 현실에서 가능하게 만드는 것이라 할 수 있다.

❸ 고객의 선택 속성에 대한 이해

고객의 선택 속성을 이해하는 것은 우리 매장이 어떠한 목적을 가진 고객들이 이용하기 좋은 곳인지를 인식하고, 목표로 하는 고객을 위한 마케팅 전략을 수립하는 데 매우 중요한 요인이 된다. 고객이 가진 본질적인 선택 속성과 고객이 매장의 이용하는 목적에 대한 속성을 이해한다면 고객에게 포커스된 마케팅 전략의 수립이 가능하다.

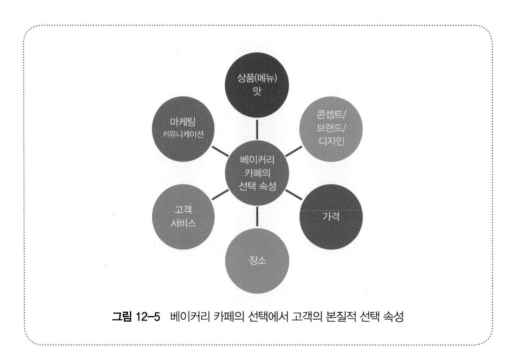

그림 12-5 베이커리 카페의 선택에서 고객의 본질적 선택 속성

1) 고객의 본질적 선택 속성

(1) 상품(메뉴)의 맛

상품의 맛은 고객이 가장 중요하게 생각하는 첫 번째 선택 속성이다. 제품이 가지고 있는 질, 양, 맛, 색, 냄새, 영양의 정도가 고객의 선택에 매우 중요하게 작용한다. 맛과 함께 느껴지는 상품에 대한 디자인, 플레이팅 등의 요소는 맛을 결정하는 복합적인 요인이다.

(2) 콘셉트/브랜드/디자인

상품과 서비스를 제공하는 베이커리 카페가 가진 콘셉트와 브랜드가 고객의 선택에 영향을 미친다. 콘셉트와 브랜드에 따른 디자인 전략은 건물의 외관과 내부 인테리어, 실내 분위기, 음악 등에 영향을 미치며, 매장이 가진 청결상태와 위생상태에도 영향을 미친다. 이러한 요소들은 고객이 느끼는 콘셉트와 브랜드의 이미지를 결정하게 만들고, 이것은 고객의 평판에도 다양하게 영향을 미친다.

(3) 가격

가격이 비싸거나 적당하다는 개념에는 주관적인 느낌이 많이 포함된다. 그렇지만 고객은 자신이 지불한 가격에 대한 지불 가치를 중요하게 생각한다. 상품과 서비스의 구매 후의 만족과 불만족에 따라 가격의 의미가 다르게 나타날 수도 있다. 고객이 높은 가격을 지불해도 음식의 맛과 양, 서비스에 대한 만족도가 높은 경우에 가격이 적당하다고 생각할 수 있다.

(4) 장소

고객은 이동이 편리한 위치와 장소를 선호한다. 교통이 불편하다면 한 번은 가겠지만 재방문은 어려울 수 있다. 주변에 다른 환경적인 요인들도 선택에 있어서 중요한 요인이 된다. 유명한 음식점, 유명한 관광지나 볼거리가 있다면 선택에 중요한 요인이 된다. 최근에는 자동차를 이용하는 고객들이 많다 보니 주차 편의성도 중요한 선택 기준이 된다.

(5) 고객서비스

고객서비스에는 매장에서 느끼는 직원의 서비스와 매장 이용 시 느끼는 전체적인 서비스가 있는데 이 두 가지 다 매우 중요하다. 직원의 서비스는 고객과의 서비스 과정에서 고객이 느끼는 모든 것들이 해당된다. 예를 들어 직원의 인사, 접객 태도, 고객 요구에 대한 적절한 대응, 직원들의 용모 등을 포함한다. 전체적인 서비스의 과정은 고객이 매장에서 지속적인 방문을 통해 느끼는 일관성이다. 즉 고객이 매장에 방문할 때마다 상품과 서비스에 대한 만족감을 동일하게 느껴야 한다. 고객에 대한 신속한 서비스와 응대, 상품에 대한 설명, 상품에 대한 품질과 맛 모든 서비스 과정에서 고객들은 느끼는 것이다. 이것은 고객만족을 결정짓는 매우 중요한 부분이 되므로 고객서비스는 고객의 긍정적인 피드백에 영향을 주며, 다음 번 방문의 선택에도 영향을 준다. 편리한 이용 시스템도 고객서비스에 해당된다. 매장에서 대기를 해야 하는 경우에 그냥 앞에서 기다리기만 하기보다는 고객의 순서를 자동으로 메시지로 안내해 주는 시스템의 활용은 고객이 느끼는 중요한 서비스 방법이 된다.

(6) 마케팅 커뮤니케이션

마케팅 커뮤니케이션 안에서 고객관계 관리는 두 가지 목적을 가진다. 신규 고객이 우리 매장을 선택하게 하는 것과 기존 고객은 지속적인 재방문을 통해 매장의 충성고객으로서 성장할 수 있는가 하는 것이다. 마케팅 커뮤니케이션 안에서는 신규 고객의 유치와 기존 고객에 대한 유지를 위해 다양한 판매촉진 전략과 마케팅 방법들이 진행되어야 한다. 고객의 등급관리를 통해 고객이 다양한 혜택을 받고 있다고 느끼게 하는 것이 중요하며, 이 과정에서 다음 번 방문을 선택할 수밖에 없는 다양한 이벤트와 마케팅 전략이 있어야 한다. 무료쿠폰과 할인권, 생일 쿠폰, 누적 포인트 관리 등이 이에 해당된다.

제2절 STP 전략과 마케팅 믹스

❶ 베이커리 카페의 STP 전략

1) STP 전략의 이해

베이커리 카페의 성공적인 경영을 만들어가는 데 가장 중요한 요인 중의 하나가 다양한 고객을 이해하고 우리 매장의 매출을 주도적으로 이끌어 줄 핵심 목표고객을 찾는 것이다. 이러한 고객을 찾기 위해서는 고객을 이해하고 다양한 고객을 분석하는 과정이 필요하다. 이 과정을 시장세분화라고 말한다. 시장세분화에 따라 고객이 가지고 있는 특성을 파악하고 고객을 통해 타깃팅할 시장을 명확히 하는 과정이 필요하다. 이러한 고객들이 가진 욕구를 명확히 하고 이를 해결하기 위한 다양한 마케팅 전략을 실행하여 고객에게 우리 매장이 전달하고자 하는 가치를 인식시키는 것이 필요하다. 이것을 포지셔닝이라고 한다.

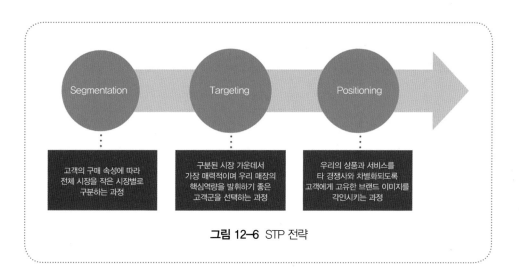

그림 12-6 STP 전략

고객을 이해하는 과정을 통해 목표 고객을 선정하고 목표고객에게 우리 매장의 긍정적인 면을 각인시키는 전략을 STP(Segmentation-Targeting-Positioning) 전략이라 말한다. 시장세분화(Segmentation)는 고객의 속성에 따라 전체 시장을 작은 시장별로 구분하는 과정을 말한다. 목표고객 선정(Targeting)은 구분된 시장 가운데서 가장 매력적이며 핵심역량을 발휘하기 좋은 고객군을 선정하는 과정이다. 포지셔닝(Positioning)은 우리의 상품과 서비스를 경쟁업체와 차별화되도록 고객에게 고유한 이미지를 각인시키는 과정을 말한다.

2) 베이커리 카페의 시장세분화

시장세분화는 고객이 가지고 있는 욕구와 선호가 다르고 상품과 서비스를 선택한 기준도 다르나는 것에서 출발한다. 고객의 다양한 특성에 따라 고객을 구분하는 것이 바로 시장세분화라 할 수 있다.

시장세분화(Market Segmentation)란 전체 시장을 적당한 기준에 맞추어 동질적인 몇 개의 세분시장으로 나누는 행위를 말한다. 시장세분화를 통해 바람직한 세분시장과 매력적인 시장기회를 발견하여 해당 세분시장에서 경쟁사보다 유리한 경쟁우위를 누릴 수 있으며, 차별화를 통한 독점적 지위를 누릴 수 있게 된다. 시장세분화는 새로운 마케팅 기회를 발견할 수 있다는 장점이 있다. 시장을 세분화하여 접근하면 평균적인 고객을 통해서는 발견할 수 없는 중요한 마케팅 기회를 발견할 수 있다. 또한 시장세분화를 통해 각 표적시장에 가장 적합한 제품을 개발할 수 있고, 마케팅 노력을 집중하여 보다 효율적으로 그 시장을 공략할 수 있다. 다음은 경쟁업체와 비교하여 경쟁우위를 확보할 수 있다는 점이다. 시장세분화를 통해 고객의 욕구를 더욱 잘 충족시킬 수 있기 때문에 경쟁자에 비해 경쟁우위를 확보할 수 있다. 마지막으로 경쟁업체와의 차별화를 통해 상품과 서비스에 대한 경쟁우위를 점할 수 있다는 점이다. 같은 제품이라도 서로 다른 세분시장의 고객니즈를 공략함으로써 경쟁자와 동일한 소비자를 놓고 직접적으로 경쟁하지 않아도 된다. 경쟁상품과의 차별화를 통해 소모적인 경쟁을 피할 수 있다.

수많은 유사업종들이 경쟁하는 시장에서 모든 고객을 대상으로 고객을 만족시키는 것은 거의 불가능하다고 할 수 있다. 가장 효과적이고 효율적인 마케팅 전략은 장점과 기회를 가장 잘 활용할 수 있는 시장과 고객을 선택하여 집중 공략하는 것이다. 창업과정에서 최우선 과제는 고객의 욕구와 선호를 추적하고 이에 대응하기 위한 노력을 하는 것이다. 매우 다양한 소비자의 개인적 욕구를 모두 충족시키는 것은 비용과 관리 면에서 많은 어려움이 따른다. 욕구와 선호가 공통된 고객을 유사한 그룹으로 나누는 과정을 시장세분화라고 한다.

3) 베이커리 카페의 목표시장 선정

(1) 목표시장의 이해

베이커리 카페의 목표시장의 결정은 세분화된 시장 중에서 시장의 크기, 성장률, 수익성 등 매력도가 가장 높은 시장을 대상으로 목표시장을 선정(targeting)하는 과정이다. 이 과정은 목표고객을 선정하는 의미이기도 하다. 창업 초기에는 어떠한 시장을 주로 공략할 것인지에 대한 고민을 할 수 있지만, 매장 경영이 안정화되면 이때는 목표고객을 선정하는 것이 매우 중요해진다. 이들을 잘 관리하고 유지하는 것이 장기적인 매출 성과를 만드는데 매우 중요하기 때문이다. 베이커리 카페는 한정된 자원을 가장 효과적·효율적으로 사용하기 위하여 시장을 세분화한다. 이렇게 세분화된 시장에서 기업이 자원과 능력, 시장환경을 고려할 때 가장 공략하기 쉬운 고객집단을 찾게 된다. 자신의 강점을 최대한 발휘할 수 있으면서도 시장의 매력도가 높은 세분시장을 선택하는 것인데, 베이커리 카페는 주기적으로 다양한 세분시장을 평가하고 표적시장을 조정함으로써 경쟁력을 강화하고 시장과 고객 확장을 위해 노력해야 한다.

(2) 목표시장 선정

시장세분화의 기준을 이용하여 우리 매장이 가진 목표, 상품의 품질 경쟁력, 시장의 규모와 성장 가능성, 수익성 등을 검토하여 가장 적합한 시장을 찾는 것을 목표시장의 선정(Targeting)이라고 한다. 즉 시장표적화는 하나 또는 여러 개의 세분시장을 선정한 후 각 세분시장에 가장 적합한 콘셉트를 설정하고, 이에 적합한 마케팅 믹스를 제공하는 전략을 의미한다.

외식업체는 STP전략 도출을 통해 확정된 목표고객을 대상으로 설문조사 혹은 포커스 인터뷰 등 다양한 시장조사 방법을 통해 고객의 표면적·내면적 욕구를 파악하고 이에 맞는 시장 전략을 세울 수 있어야 한다.

목표시장은 전체시장을 구성하고 있는 고객들 사이의 공통점 및 차이를 인식하여 그들을 소집단으로 구분하는 시장세분화의 개념을 근거로 한다. 시장을 세분화하면 세분시장별로 기회와 위협을 파악할 수 있으며 세분화된 시장을 놓고 우리가 원하는 목표시장을 결정하게 된다. 이처럼 시장세분화를 통해 확보된 여러 세분시장들을 평가하여 어떤 세분시장을 목표로 할 것인가를 정하는 과정이 목표시장 선정이라 할 수 있다. 목표시장을 선정하여 마케팅 전략을 수립하기 위해서는 다음과 같은 사항을 고려해야 한다.

① 베이커리 카페는 자신들이 지니고 있는 자원이나 능력을 고려하여 표적시장을 선정해야 한다. 우리 매장이 지니고 있는 자원이나 능력이 전체 시장을 포괄할 만큼 충분하지 못할 경우 차별적 마케팅보다 특정 세분시장에 대한 집중적 마케팅을 실시하는 것이 효과적이다.

② 시장의 경쟁정도가 어느 정도인지 고려해야 한다. 경쟁자 수가 증가하면 특정 아이템을 놓고 경쟁하는 업체들 사이에서 뚜렷이 구분될 수 있는 마케팅 전략을 선택해도 고객의 차별적 선호를 얻기가 어렵다. 경쟁이 치열하고 시장 자체가 포화상태라면 신중히 고려해 보아야 한다. 이러한 경우에는 상품이나 서비스에 가장 민감한 관심을 나타내는 특정 고객 집단을 대상으로 하여 차별적 내지 집중적 마케팅 전략을 적극적으로 전개하는 것이 효과적이다.

③ 시장에서 경쟁업체보다 높은 경쟁우위를 가지고 있어야 한다. 경쟁업체의 마케팅전략을 고려해야 한다. 경쟁업체의 마케팅 전략에 상응하는 마케팅 전략을 수립해야 한다. 만일 우리가 세분시장에서 높은 경쟁우위를 확보하지 못하고 적절한 마케팅 전략도 없다면 해당 세분시장에 진입하는 것을 피하는 것이 좋고, 경쟁에 필요한 강점을 보유하고 있을지라도 목표시장에서 성공하기 위해서는 마케팅 기법이나 자원, 가치 등의 측면에서 경쟁업체보다 우수해야 한다.

④ 시장이 우리의 경영이념 및 목표, 마케팅 믹스 등과 높은 적합성을 지니고 있어야 한다. 세분시장이 적정한 규모와 성장성을 지니고 있고 구조적으로 매력적이라고 할지라도 우리가 가진 장기적 목적과 상충되는 표적시장을 선정해서는 안 된다.

⑤ 시장의 규모나 성장률, 구조적 매력도, 수익성 등의 변수들을 분석하여 결정해야 한다. 새로운 시장을 발견했다고 하더라도 성장가능성이 있어야 하고 반드시 수익을 만들어낼 수 있는 시장이어야 한다. 상품의 우위를 통해 다양한 자원의 활용 가능성이 높은 큰 시장이 작은 세분시장보다 더 많은 이익 창출은 물론 충성도가 높은 고객으로부터 큰 수익을 기대할 수 있다. 반면 상대적으로 작은 세분시장이라고 해도 성장을 기대할 수 있는 시장이라면 초기에 세분시장에 진입하여 성공할 수 있는 기회를 만들 수 있으며 그로 인하여 경쟁기업이 해당 세분시장에 진입하기 전에 브랜드 인지도를 구축할 수 있다는 이점이 있다.

4) 포지셔닝

(1) 포지셔닝(Positioning)의 개념

목표시장을 선택한 후에는 목표고객들에게 우리의 상품과 서비스를 어떻게 부각시킬 것인가 하는 문제에 직면하게 된다. 목표시장이 명확해졌다면 목표 시장의 고객들에 대해 상품과 서비스를 부각시키기 위한 포지셔닝(positioning) 전략이 필요하다. 포지셔닝은 목표시장인 고객의 마음과 머릿속에 우리의 상품이나 서비스가 경쟁사보다 우위에 자리 잡게 만드는 과정을 의미한다. 즉 포지셔닝 전략은 경쟁업체의 상품과 서비스에 대해 차별화된 위상을 구축하기 위한 것이다. 포지셔닝은 차별화된 상품과 서비스를 통한 브랜드에 대한 지각, 인지, 느낌, 태도, 이미지 등이 혼합되어 구축된다. 이때 차별화는 경영이념, 콘셉트, 물리적 특성, 서비스, 직원, 입지, 디자인, 이미지 등을 통해 표현될 수 있다.

고객이 가지는 경쟁브랜드에 대한 인식의 유사성을 기준으로 각 브랜드에 대한 호감과 경험에 대한 인식을 바탕으로 고객의 마음에 브랜드가 자리 잡은 위치를 포지셔닝 맵(Positioning Map)이라고 한다.

포지셔닝 맵은 고객의 관점에서 지각한 경쟁구조와 차별화 정도를 파악할 수 있다는 점에서 고객 지향적인 마케팅 전략 수립과 최적 마케팅 믹스 구성에 매우 유용한 도구로 이용될 수 있다.

포지셔닝 전략은 고객을 기준으로 하여 우리 상품의 포지션을 개발하려는 '소비자 포지셔닝 전략'과 경쟁자의 포지션을 기준으로 우리 상품의 포지션을 개발하려는 '경쟁적 포지셔닝 전략'으로 구분된다. 또한 고객들의 기준이나 경쟁자의 포지션이 변화함에 따라 기존 상품의 포지션을 바람직한 포지션으로 새롭게 전환시키는 전략을 리포지셔닝(Repositioning)이라고 한다.

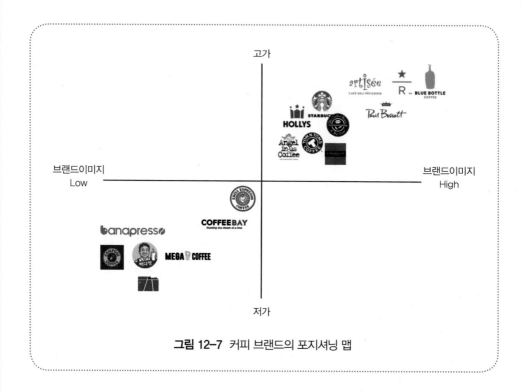

그림 12-7 커피 브랜드의 포지셔닝 맵

(2) 포지셔닝의 중요성

포지셔닝은 고객들에 의해 인식되는 방식이다. 포지셔닝을 통한 이미지가 기업의 의도된 방향이든 아니든 간에 고객의 마음속에 자리 잡게 된다. 이때 경쟁업체의 상품이나 서비스에 비해 독창적이고 고유한 위치를 확보·유지하고 있다면 성공적인 포지셔닝이라고 할 수 있다.

고객의 상품선택은 상품의 속성에 대한 지각, 인식, 느낌, 이미지 등이 통합되어 나타나는 상품의 독특한 포지션에 의해 영향을 받는다. 따라서 우리는 경쟁사와 차별되며 목표고객이 이상적으로 생각하는 포지션을 설정하고 우리의 브랜드를 포지셔닝하기 위해 적합한 마케팅 믹스를 개발하고 실행해야 한다.

① 고객의 관점에서의 중요성

포지셔닝은 우리 상품에 대한 선호도와 구매행동에 영향력을 준다는 점에서 중요하다. 브랜드의 포지셔닝은 고객으로 하여금 선택과 구매의 편리성을 제공한다.

② 마케팅 전략 관점에서의 중요성

포지셔닝은 고객관점에서의 경쟁구조와 경쟁적 위상을 파악할 수 있다. 고객이 생각하고 있는 우리 브랜드의 위치를 파악할 수 있다는 것이다. 또한 고객들이 좋아하는 속성을 파악하여 경쟁업체와 차별화할 수 있는 전략을 수립할 수 있다. 마케팅 관리자들은 고객과 비고객이 자사와 타사의 상품과 서비스를 어떻게 인식하는지 비교할 수 있다.

❷ 베이커리 카페의 마케팅 믹스 4P 전략

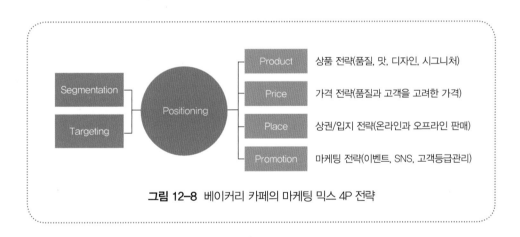

그림 12-8 베이커리 카페의 마케팅 믹스 4P 전략

1) 마케팅 믹스(4P)의 정의

마케팅 믹스는 목표시장의 욕구와 선호를 효과적으로 충족시켜 주기 위하여 제공하는 마케팅 수단의 핵심요소이다. 매출액 증대, 이익 실현, 고객만족 등 마케팅 목표를 효과적으로 달성하기 위하여 마케팅에서 이용할 수 있는 수단들을 마케팅 믹스라고 한다. 마케팅 믹스의 4P는 상품, 가격, 유통, 판매촉진(Product, Price,

Place, Promotion)으로 구성된다.

(1) 상품(Product)

마케팅에서 정의하는 상품이란 마케팅 믹스의 여러 요소 중 이익을 창출하는데 가장 기본이 되는 요소이다. 또한 상품은 고객의 필요와 욕구를 충족시키는 수단이다. 베이커리 카페에서 본다면 매장에서 판매되는 상품과 서비스, 브랜드, 매장의 인테리어, 분위기까지도 넓은 의미에서 상품의 개념에 들어간다고 할 수 있다. 상품은 지속적인 매출 성과를 만드는 매우 중요한 요소이다. 베이커리 카페는 다양한 상품을 고객에게 제공하고, 또한 지속적인 신제품 개발을 통해 고객관계를 지속적으로 만들어가야 한다. 이때 상품이 없다면 고객과의 관계는 연결이 될 수가 없다. 제품이 고객의 욕구를 충족시키지 못한다면 다른 마케팅의 여러 요소를 잘 만든다고 해도 매출과 이익에 영향을 줄 수 없다. 결국은 상품을 통해서 고객의 관심이 시작되고 이를 통해 고객의 욕구가 해소된다면 고객은 상품 구매를 위해 매장을 다시 방문하게 될 것이다. 고객의 욕구를 파악하고 이에 맞는 상품 개발을 통해 지속적인 구매 활동이 일어나도록 만들어야 한다. 지속적인 매출을 만들기 위해서는 다양한 상품에 대한 구성도 필요하며, 이것은 고객이 가지는 다양한 고객의 요구를 해결하는 방법이기도 하다.

(2) 가격

매장에서 제공하는 상품과 서비스에 대한 대가로 고객이 판매자에게 지불하는 상품과 서비스의 교환 가치라 할 수 있다. 고객 입장에서 가격은 상품이나 서비스 구매함으로써 얻게 되는 효용가치이며, 창업자 입장에서 가격은 베이커리 카페의 이익을 만들어 주는 원천이라 할 수 있다. 총수익은 가격에 판매량을 곱한 것이다. 매장은 이익을 높이기 위해 가격과 판매량을 극대화할 수 있는 방법을 고민한다. 그렇지만 고객입장에서는 가격과 품질의 비례에 의해 그 가치를 판단하기 때문에 고객입장에서는 가격이 높다고 해서 꼭 좋은 상품이라 할 수 없다. 고객은 가격을 지불하고 상품의 품질과 서비스의 종합적인 경험을 통해 적정 가격을 판단한다. 고객의 입장에서는 품질 평가에서 가격이 중요한 판단 근거가 된다. 가격은 마케팅의 수단이 될 수도 있다. 가격 할인 행사, 무료쿠폰이나 할인 쿠폰 등이 이에 해당한다. 이것은 가격의 일부 기능을 가지고 있으며, 지불수단으로서 가치를 가지고 있다. 매장은 적절한 가격과 관련한 마케팅을 통해 시장의 변동성과 경쟁업체의 가격 전략에 대응할 수 있다. 가격은 고객의 수요에 민감하게 영향을 미친다. 제품의 다양한 인상요인이 발생하여 가격이 오른다면 고객들이 제품 구매에도 영향을 준다. 갑자기 가격이 오른다면 고객은 상품 구매를 다시 고민하게 되는 것이다. 그렇지만 저녁 시간대의 할인행사 등을 통해 동일한 제품을 저렴한 가격에 판매한다면 그것을 구매한 고객에게는 매우 긍정적인 가치를 전달하게 된다.

다양한 가격전략은 고객으로부터 긍정적인 반응뿐만 아니라 매출 증대에도 영향을 주게 되고, 이렇게 매출 증대를 통해 이익이 증가한다면 이는 고객만족 서비스 향상을 위한 비용으로도 투자되고 이는 다시 매장의 이익을 증가시키는 데 긍정적인 역할을 한다.

(3) 유통

마케팅 믹스에서 유통이란 일반적으로 제품이나 서비스가 생산부터 고객에게 전달되는 것을 의미한다. 마케팅 믹스의 유통의 근원적인 기능은 고객이 원하는 상품과 서비스를 본인이 원하는 장소에서 구매할 수 있도록 만드는 환경이라 할 수 있다. 베이커리 카페에서 고객이 원하는 욕구를 충족시켜 줄 수 있는 상품을 생산했다고 하더라도 고객이 원하는 장소에서 적절한 구매를 통한 서비스가 이루어지지 않았다면 유통의 근본적인 이유인 정확한 전달이 되었다고 하기가 어렵다. 베이커리 카페 관점에서 유통은 상권과 입지 전략이 곧 유통 전략이라 할 수 있다. 상품과 서비스에 대한 고객과의 의미 있는 구매활동으로 연결되기 위해서는 적절한 상권에서 고객이 구매하기 용이한 입지에 위치해 있어야 한다. 또한 매장에서의 판매와 온라인 판매 등의 방법 안에서 원활하게 고객이 원하는 상품을 구매할 수 있도록 해야 한다. 여기서의 온라인 판매는 배달 주문을 의미한다. 온라인에서 유통 판매하기 위해서는 정식 식품회사로서 조건을 갖추어야 하기 때문에 여기서는 생략하겠다.

그렇기 때문에 베이커리 카페의 관점에서 유통 관점에서 상권과 입지는 중요한 부분이 된다. 외식업 마케팅에서는 유통을 입지(Place)의 개념을 포함하여 설명한다. 고객이 원하는 장소와 시간에서 고객이 원하는 상품과 서비스를 직접 구매하는 것이 바로 위에서 이야기한 유통의 의미와 일치한다고 할 수 있다. 창업준비 단계에서 목표로 하는 고객에게 우리의 상품과 서비스를 잘 전달하기 위해서는 상권과 입지 조사를 통해 적절한 입지에 매장이 위치할 수 있도록 철저히 준비해야 한다.

(4) 프로모션

프로모션(Promotion)은 매출증대를 위해 다양한 방법으로 제품에 대한 정보를 고객에게 알려 구매하도록 설득하기 위한 일련의 활동이다. 최근에는 고객이 우리 제품을 선택할 수 있도록 만드는 다양한 모든 활동을 통틀어 마케팅 커뮤니케이션이라 한다. 이러한 마케팅 커뮤니케이션은 베이커리 카페가 판매하는 상품과 서비스 그리고 브랜드를 고객에게 직접 또는 간접적으로 정보를 제공하는 것을 통해 고객의 구매를 설득하는 과정이다. 마케팅 커뮤니케이션의 방법은 광고, 홍보, 프로모션, 인적판매 등 다양한 요소로 구분할 수 있다.

최근 다양한 매스미디어의 성장과 발전은 고객에게 엄청나게 많은 정보를 제공하게 되었다. 고객들은 수없이 쏟아지는 정보를 다 받아들이지 못하다 보니 자신들이 선호하는 정보채널을 주로 이용한다고 할 수 있다. 고객이 이용하는 매체에 대한 습성을 이해하는 것이 매우 중요해졌다고 할 수 있다. 이렇게 때문에 마케팅 커뮤니케이션의 방식도 엄청난 변화를 보이고 있다. 우리의 목표 고객들이 자주 이용하는 매체를 파악하고 이를 통한 마케팅 커뮤니케이션이 이루어지는 것이 중요해진 것이다. 이러한 다양한 수단들은 고객에게 효과적으로 정보를 전달하는 기능뿐만 아니라 고객들도 자신의 경험을 다양한 소셜미디어를 이용하여 다른 고객들과 적극적으로 공유하고 있기 때문에, 창업자와 마케팅 책임자들은 고객이 이용하는 커뮤니케이션 수단을 이해하고 이를 활용하는 것을 통해 마케팅 커뮤니케이션 전략을 실행한다면 더욱 효과적이며, 효율성 있는 매출성과를 만들어 나갈 수 있을 것이다.

제 3 절 마케팅 커뮤니케이션

❶ 베이커리 카페의 마케팅 커뮤니케이션

1) 마케팅 커뮤니케이션이란

(1) 마케팅 커뮤니케이션의 정의

마케팅 커뮤니케이션은 과거에는 주로 프로모션이란 단어로 촉진 또는 판매촉진이라는 표현으로 많이 쓰였다. 판매촉진과 촉진(Promotion)은 기업의 관점에서 기업들이 매출 증대를 위한 방법으로 정의되어 왔다. 우리는 상품과 서비스를 통해 고객에게 구매를 설득하도록 하는 일련의 모든 과정을 마케팅 커뮤니케이션이라는 확장된 의미로서 정의할 수 있다. 마케팅 커뮤니케이션은 과거의 판매촉진의 의미보다 더욱 광범위한 마케팅 활동을 포함한다. 과거의 전통적인 판매촉진 방법은 점점 시장에서 영향력을 잃어가고 있다. 지금은 훨씬 다양하고 전문적이고 기술적 진보를 포함한 다양한 마케팅 방법들이 사용되고 있다. 과거와 현재의 판매촉진의 개념을 포함하는 마케팅을 여기서는 마케팅 커뮤니케이션으로 정의하고자 한다. 고객의 관점에서 마케팅 커뮤니케이션은 고객의 욕구를 자극할 목적으로 베이커리 카페의 상품과 서비스를 고객에게 알리는 마케팅 활동이다. 마케팅 커뮤니케이션은 '고객에게 상품과 서비스 이용에 대한 가치를 높이고 구매의사결정을 할 수 있도록 광고, 홍보, 판매촉진, 인적판매, 스폰서십 마케팅, 구매시점 커뮤니케이션, 온라인을 통한 다양한 고객에 대한 정보제공, 고객관계관리 등을 통합적으로 하는 모든 활동'이라고 할 수 있다.

(2) 마케팅 커뮤니케이션의 대상

우리의 상품과 서비스를 구매하도록 만드는 것이 가장 중요하기 때문에 마케팅 커뮤니케이션의 대상은 바로 우리가 목표로 하는 고객이다. 고객 세분화를 통해 목표 시장을 선정하고 이 과정을 통해 목표고객을 지정하여 정의하였다. 이 고객이 바로 마케팅 커뮤니케이션 대상인 것이다.

(3) 마케팅 커뮤니케이션의 전략 수립

마케팅 커뮤니케이션이란 우리 베이커리 카페의 브랜드와 상품에 대한 정보를 고객에게 전달하고 설득하는 커뮤니케이션 활동을 의미한다. 최근 다양한 소셜 미디어 매체의 성장과 확산은 마케팅의 생태계를 바꾸어 놓았다고 할 수 있다. 광고산업 자체도 급변하고 있으며, 우리의 목표시장에서 고객들에 대한 마케팅 커뮤니케이션 방식에도 상당한 변화를 보이고 있다. 따라서 창업자와 마케팅 책임자는 광고 및 기업이 실행할 수 있는 마케팅 활동을 파악하고 커뮤니케이션 도구들을 통합적이고 일관성 있게 집행할 수 있는 마케팅 커뮤니케이션 전략을 수립해야 한다. 마케팅 커뮤니케이션 활동은 상품의 특성과 혜택을 잠재고객에게 알리고 소비자의 구매욕구를 자극하고, 상품의 품질이나 혜택의 우위를 강조하여 경쟁상품과 차별화하며 안정적인 판매를 유지하는 데 있다.

마케팅 커뮤니케이션의 전략은 우리가 목표로 하고 있는 고객이 자주 이용하는 다양한 커뮤니케이션 수단을 활용하고, 이를 통해 우리 상품과 서비스에 대한 정보를 효과적이고 빠르게 전달하며 이를 통해 고객이 우리 매장을 방문하도록 만드는 모든 과정이다. 또한 기존 고객들을 유지하고 지속적인 재구매를 이끌어 내기 위해서도 마케팅 커뮤니케이션은 매우 효과적인 장치이다. 고객이 원하는, 고객에게 효용성이 큰 다양한 마케팅 커뮤니케이션 방법을 찾고 이를 활용할 수 있어야 한다.

(4) 고객 중심의 마케팅 커뮤니케이션 활용

고객이 직접 우리의 마케팅 커뮤니케이션 수단이 되기도 한다. 고객들은 자신의 경험을 많은 사람들에게 알리고 싶어한다. 과거에는 블로그나 카페가 그 역할을 했지만, 지금은 인스타그램, 유튜브, 페이스북, 트위터, 카카오, 네이버, 구글 등을 통해 자신의 경험들을 적극적으로 다른 사람들에게 전달하고 있다. 이 때문에 우리의 매장, 제품, 서비스를 고객과 직접 커뮤니케이션 할 수 있는 장치를 만드는 것도 매우 중요해졌다. 또한 고객들은 제품의 사진, 매장의 특정한 장소, 매장의 전면, 특정한 문구, 매장의 특성 등 다양한 곳에서 매장의 모습과 본인의 모습을 담아 다양한 SNS 채널을 통해 전달한다. 고객과의 적극적인 마케팅 커뮤니케이션을 통해 성

Bakery Cafe Start-Up and Management

과를 만들기 위해서는 지금 시장을 주도하는 목표고객이 누구이고, 그 고객이 주로 사용하는 커뮤니케이션 도구가 무엇인지 이해하고, 이를 적극적으로 활용하는 마케팅 커뮤니케이션 전략이 필요해졌다.

❷ 마케팅 커뮤니케이션 방법

마케팅 커뮤니케이션의 다양한 방법을 이해하고 이를 통해 효과적인 마케팅 전략을 수립하고 활용할 수 있어야 한다. 마케팅 커뮤니케이션의 방법은 전통적인 광고와 홍보의 방법뿐만 아니라 최근에 가장 많이 활용되는 SNS를 활용한 방법들까지 다양한 방법을 이해하고 활용할 수 있어야 한다. 시장의 목표고객이 누구인지에 따라서도 마케팅 커뮤니케이션의 방법이 달라질 수 있으며, 매장의 규모, 인적자원, 마케팅 예산에 따라서도 마케팅 전략과 방법이 달라질 수 있다. 대형 베이커리 카페의 경우는 충분한 마케팅 인적자원을 보유하고 있고 충분한 예산을 가지고 있다면 다양한 방법을 활용할 수 있다. 그렇지만 소형 베이커리 카페를 창업한다면 창업자가 마케팅 책임자이며, 예산이 한정적일 수밖에 없다. 최근에는 SNS를 활용한 마케팅 방법은 비용이 적게 들고 다양한 효과를 만들어 낼 수 있기 때문에 이러한 방법을 이해하고 고려하여 적절한 방법을 선택한다면 충분한 마케팅 효과를 만들어 낼 수 있다. 상권과 입지에 따라서 시대가 변하더라도 전통적인 마케팅 커뮤니케이션 방법이 유효한 곳들이 있다. 특히 주변 동네 상권이 목표가 될 때는 전통적인 마케팅 커뮤니케이션 방법이 좋은 효과를 거두기도 한다.

1) 광고

전통적인 광고의 방법은 TV, 라디오, 신문, 잡지, 우편, 옥외광고, 스폰서십, PPL 등의 방법이라 할 수 있다. 베이커리 카페의 광고 방법은 비용이 많이 들고 쉽게 목표고객을 타깃팅하기 어렵다. 검색을 위한 포털 사이트의 인터넷 광고 보다는 SNS를 활용한 광고 방법이 훨씬 효율적인 광고 방법으로 자리 잡고 있다. 배너 등의 옥외 광고는 고객에게 매장의 상품을 전달하는 가장 빠른 방법으로 활용이 가능하다. 할인 쿠폰 등을 통한 광고 방법도 오픈 초기에 유효하게 쓰일 수 있는 광고 방법이다.

2) 홍보

홍보(Public relations 또는 Publicity)는 불특정 다수를 대상으로 하는 커뮤니케이션으로 광고와 유사한 특징이 있지만 비용을 지불하지 않는다는 점에서 차이가 있다. 그러나 최근에는 다양한 인터넷 매체들이 생기면서 홍보성 기사를 비용을 받고 노출시켜주는 곳들도 많이 생겼다. 대체로 홍보메시지는 신문, 잡지 등에 보도자료를 배포하는 것을 통해 기사형태로 실리면서 간접적인 광고효과를 노린다. 과거에는 기사나 뉴스에서 상품이나 서비스에 대한 정보의 형태로 제시되기 때문에 광고에 비하여 정보에 대한 신뢰성이 높다는 장점이 있었다. 현재도 유용한 방법이기도 하다. 만약 중앙 일간지가 아니더라도 단기적으로 브랜드를 홍보할 목적이라면 노출을 전문으로 하는 인터넷 언론 매체를 통해 기사성 간접광고를 시도하는 것도 하나의 방법이 될 수 있다. 프랜차이즈 브랜드들이 자사 브랜드 홍보와 영업을 위해 지금도 많이 활용하고 있다. 최근에는 이러한 기사들이 넘쳐나면서 고객들도 이러한 기사를 접했을 때 광고라고 인식하는 비율이 높아지기 시작했다.

3) PR 상품과 굿즈(GOODS)

최근에는 브랜드 인지도를 위해 다양한 PR 상품이나 굿즈를 만드는 매장들이 늘어나고 있다. 스타벅스가 다양한 텀블러나 커피 관련 용품뿐만 아니라, 수첩, 기념품 등을 만들어 판매하듯이 지금은 소형 베이커리 카페도 자신의 굿즈 제작을 통해 고객들에게 브랜드를 노출하고자 노력하고 있다.

그림 12-9 블루 보틀의 다양한 굿즈 상품(자료: 블루 보틀 홈페이지)

4) 홈페이지

최근에는 소형 창업도 홈페이지를 만드는 것이 브랜드를 알리는 데 매우 효과적이다. 브랜드의 소개, 매장 소개, 다양한 메뉴 소개 등을 통해 브랜드가 가진 스토리를 소개하는 홈페이지를 제작한다면 고객에게 우리의 정보를 효과적으로 전달하는 데 매우 신뢰도를 높이는 좋은 방법이 된다. 무료 제작 가능한 다양한 홈페이지 제작 방법이 있으므로 적극 활용하면 된다. 또한 비용을 들이지 않고 페이스북이나 인스타그램, 네이버 모두 기능이나 스마트 플레이스를 통해서도 홈페이지로서 역할을 할 수 있게끔 만들 수 있다. 이런 매체는 고객과의 마케팅 커뮤니케이션 효과를 높이고 고객에게 신뢰를 높이는 방법이 된다. 또한 홈페이지를 통해서도 판매가 가능하다. 네이버 스마트플레이스를 이용하면 고객에게 주문 받고 판매할 수도 있다. 홈페이지에서도 소정의 비용을 지불하면 홈페이지와 판매 기능을 함께 사용할 수 있다. 그렇지만 베이커리 메뉴를 인터넷에서 판매하는 것은 식품의 판매에 해당되어 제한사항이 많으므로 신중히 고려해야 한다.

5) 전시회 박람회 참가

최근 국내에서 다양한 전시회와 박람회가 매년 진행되고 있다. 과거에는 대기업이나 프랜차이즈 기업들이 참여하는 행사로만 인식되었지만 최근에는 다양한 베이커리 카페 브랜드들도 매장을 홍보하기 위해 전시회나 박람회에 참여한다. 특히 매년 진행되는 카페쇼에는 소형 브랜드들도 적극적으로 참여하고 있고 상품과 서비스에 대한 홍보와 직접 경험을 제공함으로써 고객과 더 가까워지고자 노력하고 있다. 전시회나 박람회의 참여는 고객들과 직접 소통하고 브랜드를 알리는 데 매우 좋은 방법이 된다.

❸ 소형 베이커리 카페의 마케팅 커뮤니케이션 전략

대기업이나 프랜차이즈 기업이 운영하는 대형 베이커리 카페 등은 충분한 마케팅 인력과 자금 등을 통해 마케팅 커뮤니케이션을 진행한다. 반면 규모가 작은 소형 베이커리 카페의 경우는 창업자가 직접 생산하고 판매까지 모든 과정을 진행하게 되는 경우가 많다. 그러다 보니 창업자가 모든 과정을 혼자 고민하고 진행하기도 하며, 마케팅까지 직접 고민해야 되기도 한다. 그러다 보니 마케팅에 대한 전문성, 마케팅 방법, 비용 부분까지 제한 받게 된다. 그러나 최근에는 적은 비용으로 큰 효과를 만들어 낼 수 있는 방법이 다양하다. 효율적이고 효과적으로 활용하기 위해 다양한 마케팅 커뮤니케이션 방법을 이해하고, 이를 공부하여 활용할 수 있는 수준으로 만들어야 한다.

1) 상품을 통한 마케팅 커뮤니케이션

(1) 상품의 단순화

베이커리 카페의 특성상 베이커리에 대한 경험이 많다면 다양한 제품을 생산하고자 계획하는 경우가 많다. 그렇지만 이렇게 되면 비용과 재고 처리 등 다양한 문제들이 발생하게 되므로 특정 상품군을 중심으로 한 소품종 생산 판매 전략이 필요하다. 전략 제품을 선정하고 이를 시그니처 메뉴화하거나 특화된 상품만을 판매함으로써 이를 중심으로 마케팅 커뮤니케이션을 진행하는 것이 매장의 효율성과 효과성을 높이는 방법이라 살 수 있다.

(2) 상품 차별화와 경쟁력

주변의 대형 베이커리 카페와 동일한 상품 전략을 고려하기보다는 제품의 차별화를 통해 주변 경쟁업체와 비교하여 특별한 상품이 생산되도록 하는 것이 중요하다. 포장패키지의 차별화도 방법이다. 상품의 모양이나 크기, 디자인, 품질에서 차이를 만드는 것도 방법이 된다. 중요한 것은 이를 다양한 방법으로 알려야 한다. 리플릿, 포스터, 홈페이지, 인스타그램 등 다양한 방법으로 고객에게 매장의 차별점과 특장점을 고객에게 전달하도록 노력하는 것이 경쟁력을 만드는 시작이다.

(3) 광고와 홍보

마케팅 커뮤니케이션을 위한 예산이 적기 때문에 가장 효과적이고 효율적인 방법을 선택해야 한다. 창업 초기에는 매장을 알리기 위한 현수막, POP, 배너, 포스터, 이미지 사진, 홈페이지, 전단 등 많은 비용을 들이지 않고 할 수 있는 것에 최선을 다해야 한다. 매장 윈도나 보조간판, 네온 사인물 등을 이용하는 것은 좀 고민해 봐야 한다. 베이커리 카페가 가지고 있는 콘셉트와 브랜드에 맞게끔 광고나 홍보 수단을 사용하는 것이 필요하다. 고객들에게 매장에 부착된 광고물 등을 인식하여 상품을 인지시키고, 외부에서도 그 상품에 대한 전문점이라는 것을 인식시키도록 광고와 홍보 수단을 활용해야 한다.

(4) 시식코너 활용

매장에서 시식코너를 활용하는 것은 고객이 구매하지 않은 상태에서 경험을 만들어 내는 것이기 때문에 매우 중요하고 좋은 기회가 된다. 적극적으로 이 방법을 활용한다면 고객에게 직접 경험을 통해 상품에 대한 확실한 정보를 전달하는 방법이다.

2) 고객관계 관리를 통한 마케팅 커뮤니케이션

(1) 할인권, 무료시식권, 상품권, 초대권 등의 제작배포

베이커리 카페를 처음 오픈할 때 고객을 매장에 유입하도록 하는 것이 가장 중요한 목적이 된다. 이때 고객을 매장으로 유인하는 가장 좋은 방법은 전단지나 리플릿 등에 할인쿠폰이나 무료제품 시식권, 현금성 상품권 등을 포함하거나 붙여서 함께 전달하는 것이다. 고객이 이러한 혜택을 통해 매장에서 제품과 서비스를 직접 경험하게 하는 것이 가장 좋다. 이를 통해 고객으로 하여금 좋은 피드백을 만들게 한다면 고객은 재방문을 통해 지속적인 경험을 하고자 할 것이다. 오픈 초기에는 여러 할인 혜택들이 다양하고 순차적으로 진행된다면 더욱 효과가 있다. 한 번에 동시에 다양한 혜택을 중복하여 사용하는 것을 고민해 볼 필요가 있다. 전략적으로 중복하여 사용하는 것도 방법이 될 수 있기 때문이다.

최근에는 상품권 발행을 통해 친구나 가족, 지인에게 선물을 할 수 있도록 하여 다른 주변 지인들이 매장을 경험할 수 있도록 유도하는 방법도 많이 활용된다. 스타벅스의 선불 상품권 판매의 비중의 높아지면서 다양한 프랜차이즈 브랜드들도 상품권을 출시하였다. 독립 베이커리 카페 창업자들도 이러한 상품권 마케팅을 얼마든지 활용할 수 있으며, 이 경우는 지역에 거주하는 고객들이 주요 대상이 될 수 있다.

(2) 포인트와 고객관리

최근에는 할인권이나 쿠폰도장 등을 활용하는 매장은 줄어들고 포인트를 활용한 고객관리 방법이 효과적으로 활용되고 있다. 포인트는 구매한 일정금액을 나중에 현금처럼 쓰는 방법으로 고객들을 지속적으로 방문하게 만드는 좋은 방법이다. 구매 고객의 누적 포인트에 따라 차등을 두고, VIP, 골드, 실버, 브론즈 등의 등급을 두고 각 등급에 따라 다양한 혜택을 줄 수 있다. 생일, 결혼기념일 등 특별한 날 이벤트성으로 무료 사용, 할인 쿠폰을 발행하거나, 누적 포인트가 쌓여 등급이 올라갈 때마다 특별한 브랜드 로고가 들어간 선물 등을 제공하는 혜택들은 고객의 브랜드 인식을 더욱 긍정적으로 만드는 데 효과적인 방법이다. 이러한 다양한 혜택 등은 고객이 매장을 방문할 이유를 만들게 되고, 이를 통해 고객은 더 많은 혜택을 받고자 적극적인 구매를 시도하기도 한다. 또한 친구나 주변 지인 모임, 가족 모임 등을 적극적으로 유치하고자 하는 방법이 된다.

❹ 온라인 마케팅의 이해 SNS 활용한 마케팅 기법

1) 온라인 마케팅의 개요

온라인 마케팅은 인터넷과 모바일을 기반으로 한 모든 시장 관리 전략과 활동으로 회사가 가지고 있는 마케팅 커뮤니케이션 수단을 활용하는 마케팅을 말한다. 최근 많은 사람들은 인터넷 기반의 다양한 소셜미디어를 사용하고 있다. 과거에는 오프라인 공간에서 활용되던 많은 것들이 현재는 온라인상으로 옮겨갔다. 특히 과거에는 고객이 다양한 정보를 얻기 위해서는 오프라인 기반의 매체를 활용하거나 직접 참여해야만 했다. 그러나 지금은 온라인 기반의 다양한 매체들을 통해 정보를 직접 얻거나 다른 사람들의 경험을 통해 정보를 얻는 세상으로 바뀌었다. 특히 젊은 세대들은 이러한 온라인 활동을 통해 정보를 찾고, 직접 정보를 올리기도 하며, 이 안에서 간접경험을 통해 직접 경험으로 전환하는 모습을 뚜렷하게 보여주고 있다.

과거에는 정보전달을 위한 매체의 이용이나 활용이 매우 제한적이었으며, 많은 비용을 지출해야만 가능했었다. 그렇지만 지금은 저렴한 비용으로도 다양한 온라인 매체를 활용하여 온라인 마케팅을 진행할 수 있는 시대가 되었다. 오히려, 비용을 들이지 않고 온라인 마케팅을 활용을 잘 한다면 부가적인 수익이 발생할 수도 있다. 인스타그램과 유튜브를 잘 이용하는 인플루언서가 된다면 이를 통해서도 광고 수익이 발생할 수 있다. 물론 창업자나 매장의 마케팅 책임자가 이러한 온라인 마케팅 구조를 잘 알고 이용할 수 있다면 그 효과는 더욱 커진다. 실제로 매장을 운영하며 유튜버로 활동하는 창업가들도 점점 늘어나고 있다. 온라인 마케팅은 기존의 마케팅 패러다임을 완전히 바꾸었으며, 이제는 창업에서 온라인 마케팅을 이해하고 이를 통해 마케팅 전략을 구사하지 못한다면 기대하는 매출 성과를 만드는 것은 어렵다고 보면 된다.

2) 온라인 마케팅의 특징

(1) SNS(social network service)

한국은 전 세계에서 SNS 사용을 두 번째로 많이 하는 나라이다. 전 국민의 89%가 SNS를 사용하고 있으며, 하루 평균 국민 한 사람이 55분 정도를 SNS에 사용하고 있다고 한다. 연령대가 젊을수록 사용 시간이 훨씬 높다는 보고가 있다. 20대는 평균 67분 정도를 사용한다고 한다. 그만큼 수많은 사람들이 SNS를 통해 정보를 교류하고 소통하고 있다. 이러한 인터넷과 모바일 기반의 환경은 SNS를 더욱 사용하기 쉽게 만들었으며, 이를 기반으로 과거와는 전혀 다른 방식으로 정보를 교류하고 소통하고 있는 것이다. 수많은 기업들은 과거와는 전혀 다른 방식의 마케팅 커뮤니케이션 방식이 필요한 시대임을 인식하고, 적극적으로 SNS를 활용한 마케팅 커뮤니케이션을 시도하고 있다. 베이커리 카페의 창업자나 경영자도 마찬가지로 SNS를 이해하고 이를 적극적으로 활용한 마케팅 커뮤니케이션 전략이 요구되고 있다. 많은 젊은 창업자들은 SNS를 기반으로 한 다양한 소통과 시도를 통해 많은 성과를 거두고 있다. 이처럼 정보를 전달하고 이용하는 방식의 변화는 미국의 작은 커피 브랜드였던 블루보틀을 세계적인 커피 브랜드로 성장시켜 놓기도 하였다. 즉 온라인 기반의 마케팅이 만들어 낸 성과라 할 수 있다. 온라인 마케팅의 핵심적인 성공요인은 진정성과 지속성이며, 정보를 생산하여 저장함으로써 전 세계적으로 정보를 나누고 소통을 통해 전파시킬 수 있는 힘을 가지고 있기 때문이다. 대형 베이커리 카페 창업의 경우에는 온라인 마케팅 책임자를 통해 마케팅이 체계적으로 진행되어야 하며, 소형 베이커리 카페 창업자는 직접 온라인 마케팅에 관심을 가지고 이를 적극적으로 활용할 수 있어야 한다. 이러한 SNS는 다양한 속성이 있으므로 각 매체가 가지고 있는 특징을 잘 이해해야 한다. 우리가 목표로 하는 고객이 많이 사용하고 있는 SNS는 무엇이며, 이 안에서 어떻게 정보가 전달되고 소통되는지 그 구조를 이해한다면 다양한 마케팅을 시도할 수 있다. SNS의 활용도 연령대별로 다르며, 시대적으로도 SNS 역할과 사용자는 변하기 때문에 적절히 이것을 잘 활용하는 것도 중요하다. [그림 12-10]에서 보는 것처럼 연령대별로 어떠한 SNS 채널을 활용하고 있는지를 분석하고 목표고객에 맞는 마케팅 커뮤니케이션을 시도해야 한다. 한국의 소셜미디어는 젊은 층일수록 인스타그램의 사용빈도가 앞도적으로 높다. 이러한 점을 분석하여 우리 매장의 주요 목표고객이 주로 사용하는 온라인 채널에 집중하는 온라인 마케팅 전략을 세우는 것이 효과적이다.

	10대	20대	30대	40대	50대
1위	(212만 6,377명)	(501만 7,263명)	(451만 2,998명)	(467만 3,910명)	(544만 7,025명)
2위	(184만 2,504명)	(339만 1,023명)	(279만 655명)	(309만 763명)	(241만 7,511명)
3위	(135만 8,667명)	(168만 9,323명)	(233만 4,458명)	(258만 5,065명)	(190만 2,108명)

그림 12-10 연령대별 소셜미디어 활용(자료: (2021) DMC 미디어)

(2) 고객과 상호 커뮤니케이션

과거와는 달리 브랜드를 광고하고 홍보하는 전략이 오프라인에서 온라인 공간으로 바뀌고 있다. 대기업이나 프랜차이즈 기업들을 중심으로 과거 고객에 대한 일방적인 정보 전달에서 탈피하여 SNS(Social network service)를 적극적으로 활용하는 마케팅 전략을 실행 중이다. 또한 고객과의 정보를 전달하는 과정에서 일방적인 정보 전달이 아닌 고객과 소통하는 상호 커뮤니케이션 전략을 사용하고 있다. 다양한 채널에서 브랜드 채널을 만들고 그 채널을 통해 고객에게 정보를 전달하고 소통하는 것이다. 고객은 채널을 구독함으로써 필요한 정보를 얻고 이를 통해 구매 활동을 직접 하기도 한다.

이러한 방식은 베이커리 카페도 얼마든지 활용 가능하며, 이를 통해 성과를 얻고 있는 베이커리 카페들도 이미 많다. 이들은 인스타그램, 페이스북, 유튜브 등의 채널을 적극적으로 활용하고 있으며, SNS에서 고객과 직접 소통하고 이를 통해 매장을 방문하도록 유도하고 있다. 매장에서의 직접 판매뿐만이 아니라 온라인 마켓을 개설하여 오프라인 매장에서 판매하고 있는 제품을 온라인상에서도 판매함으로써 과거와는 다른 방식의 추가적인 매출을 만들어 내고 있다.

고객과의 적극적인 소통은 단순히 브랜드와 고객만의 소통이 아니라 이 소통과 연결된 수많은 팔로워들에게 노출되고 이를 통해 전혀 다른 잠재고객들이 간접 경험을 하게 되었다. 이것은 온라인상에서 고객과 고객의 소통을 통해 브랜드 노출이 되는 것이다. 이러한 연결은 비용을 들이지 않고도 고객에게 우리 매장의 정보를 전달하는 아주 훌륭한 마케팅 커뮤니케이션 수단인 것이다. 인스타그램이나 페이스북, 유튜브는 관심사가 같은 사람들에게 또는 팔로워(구독자)들에게 자동으로 정보를 노출시켜주는 알고리즘 때문에 이것이 가능한 것이다. 특히 구독자나 팔로워를 많이 보유한 계정과 친구가 되고 그 사람이 서로 팔로워나 구독자가 되어 '좋아요'나 '구독'을 누른다면 그 사람과 연결된 수많은 사람들에게 노출되는 구조이다. 또한 해시태그를 다양하게 설정해 두면 검색 시 노출되므로 이것을 잘 고민하고 콘텐츠를 만드는 것도 중요하다. 각 SNS 채널이 가진 알고리즘을 이해하여 적극적으로 활용한다면 적은 비용으로도 엄청난 마케팅 효과를 거둘 수 있다.

(3) 저렴한 마케팅 비용

과거의 마케팅은 자본이 많은 대기업이나 프랜차이즈 기업들의 홍보와 광고가 주류를 이루었다면 지금은 누구나 저렴한 마케팅 비용으로도 많은 효과를 만들어 낼 수 있다. 다양한 SNS 채널의 구조를 이해하고 활용한다면 거의 비용을 들이지 않고도 광고 효과를 얻을 수가 있으며, 심지어는 계정의 팔로워나 구독자가 많다면 오히려 그 계정을 통해 추가적인 수익을 기대할 수도 있다.

소형 베이커리 카페의 경우는 마케팅 예산이 부족할 수밖에 없으므로 SNS를 적극적으로 활용한다면 수많은 사람들에게 우리가 가진 좋은 상품과 서비스, 브랜드의 정보를 얼마든지 전달할 수 있다. 창업자는 매장의 직원들과 가족과 함께 SNS 채널을 만들고 꾸준히 콘텐츠를 올리고 관리하는 것이 좋다. 창업을 계획하고 있는 사람이라면 지금부터 시작하는 것이 좋다. 베이커리 카페를 계획하고 있다면 관련 콘텐츠를 꾸준히 올리고, 유사한 계정을 가진 사람들과 지속적으로 소통을 한다면, 나중에 창업했을 때 엄청나게 폭발적인 광고 효과를 누릴 수 있다.

(4) 차별화된 콘텐츠 제공

지금의 SNS 채널들은 비용을 거의 들이지 않고 콘텐츠를 생산해 낼 수 있다. 모바일 기술이 발전하여 핸드폰으로 사진을 찍고 바로 편집하여 올릴 수 있으며, 동영상 촬영과 편집도 마찬가지로 바로 유튜브 콘텐츠나 인스타그램, 페이스북 등에 게시할 수 있다. 창업자는 매장이 가진 차별화된 콘텐츠로 많은 사람들에게 관심을 받고 인기를 얻을 수 있다. 이때 잘 고민해야 할 것은 사람들이 흥미와 관심을 보이는 채널이 무엇인지 연구하여 콘텐츠를 기획하고 채널을 운영하는 것이 훨씬 효과적이다. 또한 SNS 통해 고객에게 매장 정보를 전달하는 기능도 할 수 있다. 다양한 이벤트와 신제품 정보 등도 채널을 통해 얼마든지 홍보가 가능하다. 항상 고객이 가지는 흥미 욕구가 무엇인지 찾고자 고민하고 고객과 소통할 수 있는 다양한 콘텐츠를 만들도록 노력해야 한다.

(5) 시장 분석

우리가 사용하는 소셜 미디어는 기본적으로 다양한 분석 데이터를 가지고 있다. 이를 통해 고객의 접근 여부에 대한 데이터 등을 통해 마케팅 효과를 측정할 수 있다. SNS 채널이 제공하는 분석도구를 포함하고 있는 경우도 있으며, 외부분석 툴을 사용하여 마케팅 효과를 측정할 수도 있다. 페이스북의 '페이지 관리자' 앱을 이용하면 다양한 시장 정보를 통해 인사이트를 확인할 수 있다. 인스타그램도 유료 광고를 진행하는 업체라면 다양한 광고 효과의 정보를 확인할 수 있다. 네이버에서 온라인 마켓을 운영하고 있다면 다양한 검색에 대한 정보, 접속자와 유입정보 등과 관련한 다양한 정보를 확인할 수 있다. 이러한 다양한 정보의 활용은 시장의 변화를 예측하고 분석할 수 있으며 이를 통해 빠르게 대응하는 데 중요한 역할을 한다.

3) 온라인 마케팅전략

(1) SNS 채널을 활용한 전략

각 채널별로 특징을 이해하고 주기적으로 또는 매일 적극적으로 활용해야 한다. 이러한 방법을 꾸준히 실행한다면 시간이 지나면 지날수록 다양한 효과를 만들어 낼 수 있다. SNS 채널을 통한 마케팅의 활용은 꾸준히 지속적으로 포기하지 않고 하는 것이 가장 중요하다. 관리 책임자를 지정하여 매일 꾸준히 적극적으로 활동할 수 있도록 한다.

① 목표고객이 주로 사용하는 채널을 활용하라. 목표고객이 주로 사용하는 유튜브, 인스타그램, 페이스북, 트위터, 밴드, 카카오스토리 등 다양한 채널 중에서 목표 고객의 연령대가 가장 많이 활용하는 채널을 선택하라.

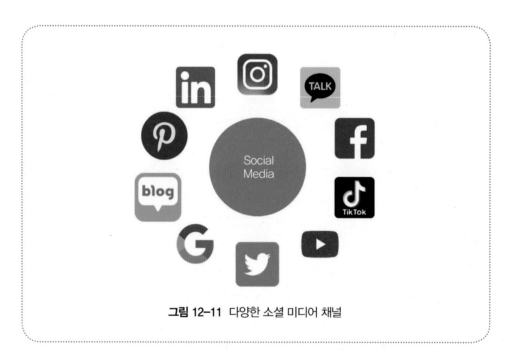

그림 12-11 다양한 소셜 미디어 채널

② 사용하는 온라인 채널에 정기적으로 게시물을 올려라. 인스타그램과 페이스북은 매일 게시물을 올려야 한다. 개인계정과 상업계정 등의 설정이 가능하므로 여러 계정에 다양한 콘텐츠를 올리는 것도 좋은 방법이다.

③ 매일 관련 유사 계정에 좋아요, 구독, 댓글, 팔로우, 이웃 추가 등의 작업을 해라. 직원들도 모두 함께 동참하여 활동하면 더욱 빠르게 퍼져 나갈 수 있다.

④ 게시물 작성 시 검색이 잘 될 수 있도록 해시태그를 다양하게 설정하라. 주요공략 해시태그를 만드는 것이 더욱 효과적이다.

⑤ 다양한 계정을 활용해라. 계정 간에 서로 링크 등을 활용하여 게시물을 작성해라. 페이스북에 인스타그램 게시물 링크를 거는 방식이다.

⑥ 페이스북과 인스타그램, 구글은 서로 정보가 연동되므로 함께 적극 활용해야 한다. 구글 지도 등록은 인스타그램이나 페이스북을 통해 매장 정보가 전달되고 이를 통해 매장에 방문할 수 있다.

⑦ 브랜드나 매장이 적절한 키워드 검색에서 노출되는지 확인하라.

⑧ 다양한 콘텐츠를 만들고 이를 활용하라. 베이커리 카페가 가지는 매장의 특징, 분위기, 메뉴 등 다양한 정보를 매일 올려라. 특히 함께 일하는 직원들이 긍정적으로 고객과 소통하는 모습들을 올려라. 다양한 에피소드도 좋다. 고객의 우리 매장 게시글을 태그하는 것도 좋다.

(2) 온라인 상에 매장 정보 노출

다양한 온라인 채널에 매장의 정보를 적극적으로 등록하라. 네이버, 카카오, 구글, 페이스북 등에 매장 정보를 등록하는 것은 매우 중요하다. 고객은 매장의 정보를 SNS에서 접하게 된다면 반드시 위치를 찾고 어떻게 찾아가는지를 확인한다. 이때 매장의 위치 정보가 등록되어 있다면 고객들은 쉽게 찾아갈 수 있다. 특히, 네이버, 카카오, 구글 지도 등록은 매우 중요하므로 반드시 등록해야 한다. 구글지도는 페이스북과 인스타그램 매장 위치를 지정할 때 구글지도를 기반으로 하기 때문이다. 구글에서 검색되는 정보는 각국의 언어로 번역되어 보이게 된다. 한국은 매년 수백만 명의 관광객들이 찾아오고 있다. 외국인들은 대부분 구글 지도를 통해 검색하고 다양한 정보를 얻는다. 바로 내가 위치하고 있는 주변에 대한 정보를 페이스북, 인스타그램, 구글을 통해서 얻고 있다. 이제 언제든지 우리 매장에 외국인들이 온다고 해서 하나도 이상할 것이 없는 세상이다. 많은 외국인들이 한국에 찾아오면 본인들이 들렀던 카페와 음식점 정보를 인스타그램이나 페이스북, 구글 등에 남긴다. 이제 우리의 고객은 국내에 있는 목표고객뿐만 아니라 세계의 모든 사람들이 우리의 고객이 될 수 있는 세상이다. 이들이 수많은 사람들에게 여러분의 매장 정보를 대신 전해줄 수 있다. 트립어드바이저도 외국인들이 많이 사용하는 맛집 검색 앱이다. 여기에 정보를 등록하는 것도 우리 매장을 알리는 좋은 방법이 된다.

마케팅 커뮤니케이션 성공 사례

도넛전문 베이커리 카페 '노티드'

도넛전문 베이커리 카페 '노티드'는 외식업 전문기업 GFFG(Good food for Good)'가 운영하는 브랜드이다. GFFG는 다양한 외식브랜드를 가지고 있는 회사로 청담동 도산공원에서 운영하던 햄버거 브랜드의 옆집에 고객들이 먹을 수 있는 디저트 메뉴를 구상하면서 2017년 출발했다. 도넛전문 베이커리 카페 '노티드'의 크림이 터질 듯 가득 담긴 도넛은 그 비주얼 하나만으로 SNS를 장악하였으며 수많은 젊은 사람들의 빵 순례지가 되도록 하였다. 강남역, 압구정동 등 매장 주변에는 '노티드'의 쇼핑백을 들고 다니는 사람들을 흔하게 볼 수 있다. '오프런' 맛집이라는 SNS 키워드가 붙을 정도로 많은 인기를 끌고 있다.

그림 12-12 '노티드'의 대표 메뉴 클래식 바닐라 도넛과 상품 패키지
(자료: 조선일보/GFFG 2022.10.27)

'노티드'는 다양한 고민과 전략을 통해 탄생한 브랜드라 할 수 있다. 이미 다양한 외식 브랜드를 경험한 GFFG는 새로운 콘텐츠를 기획하는 것에 관심을 가졌다. 기획 초기부터 음식 본연의 맛만 생각한 것이 아니라 고객들이 브랜드를 경험하며 행복해할 순간에 대한 의미를 담은 콘텐츠를 구상하였다. '노티드'가 처음부터 성공했던 것은 아니었다. 초창기의 카페 노티드는 예상만큼 매출이 잘 나오지 않아 매장 분위기가 다소 가라앉아 있다. 이때 직원들에게 '이럴 때일수록 많이 웃어야 한다'는 독려를 통해 '웃자'라는 콘셉트를 모티브 삼아 스마일 캐릭터를 만들었다. 달콤한 도넛을 생각하면 미소가 지어지는 순간을 그림으로 그렸다. 그리고 도넛 박스를 열 때 고객이 기분이 좋도록 크림을 많이 넣었던 것, 한입 베어 물었을 때의 만족감을 캐릭터로도 묘사하려고 했던 것, 이 모든 것을 디자인과 인테리어로 통일된 콘텐츠와 브랜드로 연결시켰던 부분이 결국 고객들을 매장으로 이끌게 만들었다고 할 수 있다.

'노티드'는 매장의 성공에 따른 확장 전략에서도 초창기 백화점 등의 대형 유통업체에 입점하는 것보다 브랜드 강화에 더욱 초점을 가지고 기존의 로드숍 매장을 안정적으로 운영하는 것에 훨씬 포커스를 맞췄다. 또한 브랜드의 확장을 위한 다양한 상품 패키지와 캐릭터 아이템들을 개발하였다. 특히 고객들이 포장 박스를 열었을 때 행복까지 생각하는 감성을 담은 상품 패키지를 개발하고, 도넛을 좋아하는 아이들이 껴안고 잘 수 있는 인형, 슈가베어도 만들었다. 이러한 브랜드 홍보 차원에서 롯데백화점 잠실점에서 '노티드월드'를 통해 이벤트성 행사도 진행하였다. 최근에는 기존 베이커리와는 달리 브랜드의 강점을 살려줄 수 있는 쇼핑몰에 입점하고 있다.

이러한 '노티드'의 상품 개발 전략들은 고객이 매장을 홍보해 주는 효과를 만들었으며 고객들은 '노티드'에서 인증샷을 찍고, 이렇게 만들어진 다양한 사진들이 'SNS'를 통해 매우 빠른 속도로 퍼져 나갔다.

'노티드'의 성공비결은 웃는 스마일 심벌을 통한 콘텐츠와 브랜드 전략을 상품 개발뿐만 아니라 매장의 인테리어와 디자인까지도 고객에게 전해지도록 했다는 것이다. 다양한 제품 개발과 상품 패키지 개발은 고객들이 선물 상자를 열었을 때의 행복까지 생각하는 감성 마케팅으로 연결되었으며, 고객들이 직접 노티드를 다른 고객들에게 전파하도록 만드는 효과로 연결되었다. 이러한 다양한 마케팅 커뮤니케이션 전략이 성공의 핵심적인 요인이라 할 수 있다.

제13장

매장
경영관리

베이커리 카페의 매장경영관리 활동은
매출 성과를 통해 창업의 성공을 만드는
매우 핵심적인 요소이다.

제1절 베이커리 카페의 인적자원관리 —

❶ 인적자원관리의 이해

1) 베이커리 카페의 인적자원관리의 개요

(1) 인적자원관리의 정의

베이커리 카페 창업에 있어서 인적자원관리는 매장의 운영과 경영에 필요한 인력의 채용과 관리, 서비스 및 기술교육을 통한 직원 개발, 적절한 인적자원의 활용 등을 조직적이고 체계적으로 관리하는 모든 활동을 말한다.

베이커리 카페는 상품과 서비스를 통해 이익을 창출하는 기본 구조를 가지고 있다. 이때 상품을 생산하는 인력과 서비스를 담당하는 인력의 구성이 중요하고, 이렇게 구성된 직원들의 역량은 매출과 수익에 절대적인 영향을 미치는 아주 중요한 부분이라 할 수 있다. 아무리 좋은 경영전략을 가지고 있다고 하더라도 가장 핵심적인 일을 담당하는 상품의 생산과 고객 서비스 담당 직원들의 역량이 부족하거나 떨어진다면 창업자가 실행하고자 하는 경영전략은 의미가 없어진다. 그렇게 때문에 베이커리 카페의 인적자원관리는 매장 경영에 있어서 가장 핵심적인 사안이 된다. 창업 초기의 직원 채용뿐만 아니라 매장의 운영 과정 안에서도 직원에 대한 채용과 교육이 계속 이루어지기 때문에 체계적인 인적자원관리 시스템을 갖추는 것이 매우 중요하다.

베이커리 카페의 인적자원관리는 직원의 채용관리, 교육훈련관리, 직원의 인사관리, 급여관리 등으로 나누어 관리할 수 있다. 이러한 체계적인 인적자원관리 활동을 통해 창업자의 경영이념을 잘 실행할 수 있는 우수한 직원을 채용하고, 직원의 체계적인 교육과 역량 개발을 지속적으로 시키는 것이 장기적인 매출 성과관리에 가장 핵심적인 부분이 된다고 할 수 있다. 특히 대형 베이커리 카페는 체계적인 인사관리 시스템이 있어야 조직이 효율적으로 운영될 수 있다.

또한 베이커리 카페의 인적자원관리는 베이커리 카페 조직의 목적과 직원들의 욕구를 통합하여 이를 극대화하는 것을 목적으로 한다. 인적자원관리는 베이커리 카페 기업의 목표인 수익 목표와 베이커리 카페 조직의 유지를 목표를 통해 조직이 효율적으로 인력을 관리하는 것이 매우 필요하다. 베이커리 카페의 매장경영에 필요한 유능한 인재를 확보하고 이들을 육성·개발하여 이들이 공정한 평가와 보상을 통해 직원들이 만족하며, 이를 통해 성취감을 느끼고 직장 안에서 즐겁고 행복하게 일할 수 있는 환경을 만들어 주는 목적도 포함한다.

(2) 인적자원관리의 목적

① 적절한 인력 채용과 배치

베이커리 카페의 인적자원관리의 목적은 매장의 경영과 운영에 필요한 인적자원관리 계획에 따라 인적자원의 수요와 공급을 예측하고 이에 따라 채용을 진행하는 것이다. 각 조직의 기능별 필요인력의 수요를 분석하고 현재 충분한 인력이 각 파트에서 업무를 효율적으로 진행하고 있는지 평가하고 인력 부족이 예상된다면 신규 채용을 진행한다. 그렇지만 현재 인력 검토에서 향후 업무증가가 예상되어 충원이 필요하다면 이에 맞는 채용 계획을 수립하고 진행한다. 그렇지만 현재 인력이 과잉으로 운영되었다면 업무의 조정을 통해 인력을 효율적으로 배치하는 것이 필요하다.

② 교육훈련관리

베이커리 카페에 근무하는 직원들은 생산과 서비스를 위한 전문적인 교육훈련이 필요하다. 대형 베이커리 카페는 직원들의 채용이 빈번하게 이루어지는 경우가 많다. 이때는 직원들을 체계적으로 훈련시키고, 직무적인 역량을 지속적으로 개발시킬 필요가 있다. 그렇지만 규모가 작을수록 체계적으로 이루어지기는 쉽지 않다. 그렇더라도 단계별 교육 훈련에 대한 프로세스를 마련하고 이에 따라 체계적으로 업무를 배워 나갈 수 있도록 하는 것이 필요하다. 또한 근무 경력과 직급에 따라 갖추어야 하는 역량을 규정하고 이에 맞게 직원들이 지속적으로 계발될 수 있는 교육훈련체계가 필요하다. 베이커리 카페를 장기적으로 성장시켜 나갈 계획이라면 창업 초기부터 교육훈련체계를 확립하고 이에 맞는 프로그램이 적절히 운영되도록 노력해야 한다.

③ 인사관리

인사관리는 채용한 직원들을 자신의 직무 영역에 맞게 효율적으로 배치하고 이를 통해 직원들을 운영 관리하는 모든 활동을 말한다. 인사관리는 창업자의 경영이념 및 경영철학과 밀접하게 관련되어 있으며, 인사관리의 기본방침인 인사정책을 통해 고용관리, 개발관리, 보상관리 등 합리적 수행을 위한 직무계획 및 인력계획이 이루어져야 한다. 인사조직은 인사계획 단계에서 수립된 인사정책의 기본방침을 구체적으로 실행하기 위한 인사관리 활동의 체계화 과정으로 인적자원관리를 담당하는 업무를 한다.

대형 베이커리 카페는 매장경영에 있어 직원들의 효율적인 운영을 위해 업무 이동이 있거나, 근무 연차에 따라 승진 등이 있을 수 있다. 이러한 것들이 체계적으로 운영되고 관리되어야 한다. 채용업무뿐만 아니라, 퇴직하는 직원들의 관리도 필요하다. 적절한 퇴직절차를 통해 순조롭게 퇴직이 이루어지도록 하며, 이에 따른 공석인 자리에 직무 이동이나 신규 채용 등을 계획하고 진행하는 일도 포함된다.

인사관리 업무에는 직원들이 안전하고 즐겁게 근무할 수 있는 환경을 만드는 것도 매우 중요한 업무라 할 수 있다. 체계적인 직원들에 대한 복지와 임금관리는 직원들이 즐겁게 일할 수 있는 환경을 만들어주는 가장 근원적인 부분이다. 직원들에게 안정적 직무 환경을 조성하여 우수한 직원들을 안정적으로 확보하고 유지 발전시키는 것을 통해 인적자원관리의 효율성을 확보하여야 한다.

④ 노사관계관리

베이커리 카페의 규모와 상관없이 직원들과 고용자 간의 관계에서는 다양한 이슈가 발생할 수 있다. 안정적인 매장경영을 위해서는 상호 간에 존중하는 노사관계관리가 매우 중요하다. 직원들의 근무 조건과 임금체계의 합리적 관리는 노사관계관리의 가장 핵심적인 요소이다. 창업자는 안정적인 직장 환경을 만들고 직원들이 이에 대한 적절한 보상을 받는 시스템이 만들어지는 것이 노사관계관리의 핵심이라 할 수 있다. 노사 간의 갈등이나 분쟁 없이 서로가 존중하고 협력하며, 합리적으로 운영되는 매장경영이 이루어진다면 창업자가 원하는 베이커리 카페의 모습으로서 창업자의 경영 목표를 달성하고 지속적으로 유지 발전시킬 수 있다

❷ 채용관리

1) 채용의 절차

(1) 채용 공고

채용공고는 직무기술서 내용을 토대로 작성한다. 모집공고에는 해당 직무와 주요 업무, 근무시간과 급여, 근무조건과 지원방법, 채용 진행기간, 근무 장소 등에 대하여 명시하고, 관련 문의를 할 수 있는 담당자의 연락처나 이메일 등을 함께 기록하여 공고를 내도록 한다. 채용 시 필요한 서류는 이력서와 자기소개서, 필요한 경우 포트폴리오 등으로 서류를 접수 받을 수 있도록 공고에 함께 안내한다. 경력자는 경력기술서를 첨부하도록 한다. 채용 절차 등도 상세히 설명하도록 한다.

채용공고에는 베이커리 카페가 가지고 있는 경영이념, 다양한 매장의 근무 환경에 대한 정보를 함께 보여주는 것이 필요하다. 이러한 정보는 구직 희망자에게 회사가 가진 역량과 비전을 보여주며 회사를 판단할 수 있는 근거를 제시하는 것이다. 직원의 복리후생과 근무시간 등을 잘 명시한다. 다른 경쟁업체와 비교되는 복리후생과 인센티브 등의 정보는 기업의 이미지를 좋게 만들며, 좋은 인재들의 지원을 유도할 수 있는 방법이다.

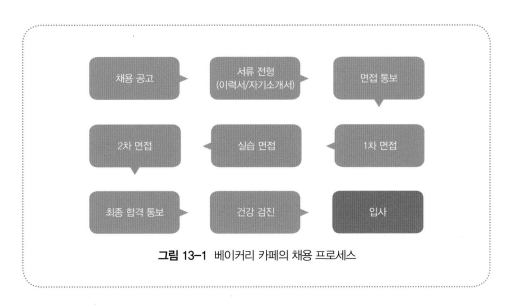

그림 13-1 베이커리 카페의 채용 프로세스

베이커리 카페의 경우는 주니어급 직원들의 이직이 빈번하고 아르바이트 채용도 많기 때문에 다음과 같은 방법들이 효율적으로 채용을 진행하는 데 도움이 된다.

① 워크넷, 직업훈련원 등의 정부양성기관을 통한 공고(고용안정센터의 채용업무가 워크넷으로 통합)
② 베이커리 업체와 비슷한 규모의 업종에서 필요한 인력을 스카우트하는 방법
③ 온라인 구인구직 사이트를 통해 지역에 타깃을 맞춘 공고
④ 근무 직원의 소개
⑤ 베이커리와 카페 관련 잡지나 홍보지를 통한 공고
⑥ 거래업체를 통해 소개
⑦ 제과제빵, 바리스타 직업학교나 학원을 통한 공고
⑧ 해당 지역 주변의 특성화고등학교, 대학의 관련학과를 통한 공고
⑨ 베이커리와 카페 컨설팅 전문기관을 통한 추천

최근에는 대형 베이커리 카페의 경우 도시 외곽에 위치하는 경우가 많다 보니 인력채용에 애로를 많이 느끼게 된다. 이렇기 때문에 채용 시 이러한 부분 등을 고려하여 지역 중심의 채용공고를 집중적으로 활용하는 것이 바람직하다. 이때 채용공고에 통근 교통편 제공이나 기숙사와 숙식 제공, 근무 조건의 차별화 등은 구직자에게 중요한 판단 기준이 된다.

〈채용공고의 내용〉

① 기본 자격조건
    A. 베이커리 카페 근무에 필요한 기술과 경험을 습득한 사람
    B. 새로운 것을 배우고 익히려는 자세를 갖고 있는 사람
    C. 책임감과 성실한 자세로 주인의식을 가지고 맡은 업무에 책임을 다하는 사람
    D. 올바른 성품을 통해 고객과 동료를 존중하고 배려할 줄 아는 사람
    E. 꼼꼼하게 자신의 업무를 수행할 수 있는 사람
    F. 서비스마인드로 고객에게 최선을 다하는 사람
② 채용 예정 인원
③ 근무 시간(교대 및 휴무시간) 및 휴무일
④ 채용 조건: 정규 직원, 아르바이트, 시간제

⑤ 자격 요건: 학력 및 경력사항, 일반사항

⑥ 채용 방법: 서류전형, 면접전형, 실기전형 등 채용프로세스

⑦ 보수 수준: 시급, 일급, 월급

⑧ 수당(잔업, 휴일 출근): 시간외 수당, 특별 수당

⑨ 제출 서류: 이력서, 경력기술서(경력자), 자격증 사본, 자기소개서 등

(2) 서류 심사

채용공고를 통해 지원한 지원자들의 면접 전 먼저 서류심사가 진행되어야 한다. 지원자의 이력서와 자기소개서 등 제출한 서류를 먼저 검토하고 접수 후에는 채용절차의 공정화에 관한 고용정책 기본법에 따라 접수 사실을 지원자에게 문자, 이메일, 팩스, 전화 등으로 알려야 한다.

지원자의 서류를 심사할 때에는 이력서와 자기소개서를 통해 직무 적합여부를 판단하고 이에 적합한 지원자를 선별하여 면접 일정을 통보하면 된다. 이때 채용 예정 인원의 2~3배수를 면접하면 좋다. 1차 면접과 2차 면접으로 나뉘어 진행된다면 1차에서는 채용예정 인원의 3~4배수, 2차에서 2배수 정도의 인원을 면접 보는 것이 좋다.

서류 심사를 효율적으로 하기 위해서는 자사의 직무별 직무기술서가 작성되어 있다면 서류심사나 면접에서 중요한 기준이 될 수 있다. 또한 직무의 특성을 확인할 수 있는 채용서류를 개발하는 것이 좋다. 자기소개서에 직무 특성이 잘 드러나는 질문들을 통해 미리 서류로 받는다면 좋은 직원들을 채용하는 데 큰 도움이 될 수 있다.

(3) 면접 및 채용

채용이란 베이커리 카페에서 요구하는 전문인력을 확보하는 것을 통해 회사의 목표를 달성하도록 만드는 가장 중요한 활동을 의미한다. 따라서 채용은 베이커리 카페의 목표달성에 기여하기 위해 어떠한 인재가 필요한지를 규명하고 창업자의 경영이념에 부합하는 가치와 비전을 가진 인력을 채용하는 과정이다. 올바른 채용 프로세스로 우수한 인력을 선발하고, 적절한 임금과 복지 등으로 내부만족도를 높이며, 브랜드 이미지 제고를 통해 우수한 인력을 확보하고 채용하여 배치한다.

① 면접 진행방법

해당 서류에 결격 사유가 없고 적절한 인재라고 판단될 경우 지원자와 연락하여 면접 일정을 잡고 면접을 진행한다. 베이커리 카페의 특성상 단순 면접이 아닌 직무에 대한 실습면접을 병행하여야 한다. 직무기술서를 통해 원하는 직무의 채용 기준을 사전에 정하고 어느 정도 수준의 직무역량이 요구되는지를 미리 정하고 이에 근거하여 면접과 실습면접을 진행하는 것이 좋은 직원을 채용하는 방법이다.

면접을 진행할 때는 지원자 차별의 근거가 될 만한 질문을 하면 안 된다. 예를 들면 부모님의 직업, 형제의 직업유무, 결혼 및 자녀 유무, 임신계획 등은 피해야 하는 질문이다. 경력자의 경우는 업무의 경력이나 업무와 관련된 역량과 인성적인 태도 등에 대한 질문을 위주로 진행하는 것이 좋다. 신입사원의 경우는 직무 지원동기, 직무와 연관된 장점, 입사 후 포부 등을 질문하는 것이 좋다.

② 합격자와 불합격자의 통보

서류 심사와 면접 후 적임자를 결정하면 합격자와 불합격자 모두에게 결과를 통보하여야 한다. 특히 불합격자에게 연락하지 않는 경우가 많은데, 결과 통보의 방법과 내용에 따라 해당 기업에 대한 인상이 달라지기도 한다는 점을 기억하고, 친화력 있는 메일이나 메시지 등으로 불합격을 알려주는 것이 좋다. 최근에는 다양한 SNS 채널을 통해 면접상에서 불미스러운 일들을 게시글로 작성하는 경우가 있다. 이는 베이커리 카페의 브랜드 이미지에 영향을 주는 요소이므로 면접관들은 이러한 점을 주의하여 면접을 진행할 수 있어야 한다. 인사부서나 창업자는 면접관들에게 이런 점을 주지시키고, 창업자 자신도 대표로서 면접에 임할 때 유의하여야 한다.

③ 채용확정 후 절차

채용확정 후 최종 합격자에게는 합격 사실을 통보하고, 지참해야 할 필요 서류를 안내한다. 최종 합격 제출서류는 최종학력증명서, 주민등록등본, 건강진단결과서, 관련 자격증 사본 등이다. 경력직 채용의 경우는 원천징수영수증을 함께 제출 받는다. 이것은 직전 연봉을 확인하고 연봉협상을 하기 위해 필요하다. 입사 후 정확한 출근일과 교육계획 등에 대하여 전달한다. 특히 베이커리 카페의 직원은 반드시 시·군·구 보건소에서 건강진단을 진행하고, 건강진단결과서를 발급받아 채용 확정 시이를 제출해야 한다. 이후에는 1년에 한 번씩 건강진단을 다시 진행하고, 건강진단

결과서를 다시 발급받아 근무하는 업체에 제출하여야 한다.

④ 채용의 기준

베이커리 카페의 직원은 회사의 긍정적인 근무 분위기를 조성하고 고객에게 최고의 서비스를 통해 만족감을 나누어 줄 수 있는 역할을 하기 때문에 매우 중요한 회사의 자산이다. 이렇게 중요한 역할을 하는 인재 선발을 위해 유의해야 할 것은 명확한 채용 기준을 가지고 직원의 채용을 진행해야 한다. 직무기술서를 통해 직무의 명확성, 지원자의 경험과 자질, 지원자의 역량이 명확히 제시되어야 한다. 이를 근거로 지원자의 포부가 베이커리 카페 직무에 적합한가, 올바른 서비스 마인드로 고객에게 호감을 줄 수 있는지 확인하는 것이 중요하다. 또한 앞으로 성장할 수 있는 가능성을 가진 지원자인가, 서비스를 하는 데 있어 고객을 배려하고 존중하며 생각하는 인성을 가진 지원자인가, 동료들과 함께 갈등없이 협력할 수 있는지 등을 파악할 수 있어야 한다. 매니저들은 이러한 직원들의 채용을 위해 좋은 직원을 뽑기 위한 올바른 면접 질문을 준비하고 이를 통해 직원들을 평가할 수 있는 역량을 기르는 것이 필요하다.

또한 기술과 경험이 부족하더라도 태도와 인성, 직무성장 가능성 등의 잠재력을 가지고 있는 지원자는 교육과 훈련에 의해 얼마든지 훌륭한 인재로 성장할 수 있다. 그러나 선발된 인력이 직무와 적합성이 맞지 않아 직무불만족, 보상불만족이 생겨나면 매장의 경쟁력이 저하되고 이직이 발생한다면 회사 입장에서는 엄청난 비용적 손실이 일어나는 것이다. 그렇기 때문에 채용 서류심사부터 채용면접까지 철저한 검증이 필요하며, 이러한 절차 후에 경력직의 경우는 경력조회가 필요하다. 마지막으로 신체검사를 통해 최종적으로 직원이 선발될 수 있도록 한다.

(4) 면접 시 채용기준

베이커리 가페는 베이커리 파트와 카페 파트에서 근무하는 직원에 따라 직무역량이 요구하는 바가 조금 차이가 날 수 있다. 그렇지만 직장인으로서 기본적으로 공통적으로 요구되는 자질은 비슷하다고 할 수 있다. 다음과 같은 기준을 고려하여 면접이 이루어진다면 회사의 경영이념과 가치에 부합하는 역량 있는 우수한 직원을 채용할 수 있다. 특히 채용면접 시에는 직무역량과 인성평가를 구분하여 평가하는 질문을 통해 회사의 직무에 적합한 직원을 선발하도록 한다.

〈직무역량평가〉

① 이력서와 경력기술서를 바탕으로 지원자의 경력과 기술 수준을 평가한다.

② 신입의 경우에는 이력서를 바탕으로 직무 도전을 위한 준비 수준을 평가한다.

③ 경력자의 경우 이전 직무 경험을 통해 기술적인 부분에 대해 구체적으로 평가한다.

④ 제과제빵/바리스타로서 관련 경험 자격증이나 교육 이수 등을 파악하고 경험 수준을 평가한다.

⑤ 베이커리 카페의 직무는 건강한 체력과 정신력이 요구되므로 건강진단서를 통해 최종 평가한다.

⑥ 직무에 필요한 역량 요소를 경험을 중심으로 평가한다.

⑦ 자기소개서를 통해 직무 역량 여부를 확인하고 면접 시 이를 추가로 확인한다.

⑧ 실습 면접을 통해 직무에 필요한 기술적 수준을 평가한다.

〈인성평가〉

① 지원동기를 통해 일에 대한 자부심과 자신감을 가지고 있는지 평가한다.

② 카페 파트의 경우는 고객을 통한 서비스가 매우 중요하므로 밝고 긍정적인 사교성 여부를 평가한다.

③ 고객뿐만 아니라 직원과 협력하고 소통하는 대인관계능력을 평가한다.

④ 입사 후 포부를 통해 직무 개발을 위해 노력하는 사람인지 평가한다.

⑤ 베이커리 파트의 경우는 꼼꼼하고 체계적이며 계획적인 역량이 중요하므로 이를 평가한다.

⑥ 책임감과 성실함, 문제해결, 협력과 소통, 정직성, 자기관리 등은 공통적으로 요구되는 역량으로 면접에서 이를 확인하고 검증한다.

⑦ 장기근속 의지와 조직생활에 대한 적응력을 평가한다.

(5) 근로계약서 작성

베이커리 카페 근무자로 채용이 확정되면 반드시 바로 근로계약서를 작성해야 한다. 채용관련 모든 사항들이 확인이 되고 건강검진 등이 완료되었다면 이때 최종적인 급여를 확정 짓고 근로계약이 체결되어야 한다. 그렇지만 소형 베이커리 카페의 경우는 급하게 충원하게 되면 근로계약서가 작성되지 않은 상태에서 근무를 바로 시키는 일이 있는데 절대 그런 일이 있어서는 안 된다. 최근 근로계약서 관련 법적 규정을 악용하는 사례가 늘어나고 있어 창업자들이 애로를 겪는 경우가 자주 발생한다. 반드시 근로계약서를 작성 후 업무가 진행될 수 있도록 한다. 근로계약서를 통해 근무규정, 급여, 근무시간, 계약기간, 4대보험, 복지 등 업무와 관련한 사항 외에 세부규정 등을 명시하여 차후에 문제가 발생하지 않도록 한다.

2) 베이커리 카페의 인적자원관리

(1) 인력운영계획

베이커리 카페는 계절적 요인에 따라 매출 변동이 크다고 할 수 있다. 그렇기 때문에 인력수요를 예측하기 위해서는 분기별, 계절별 매출을 분석하여 인력수요기준을 설정하고 크리스마스, 밸런타인데이 등 특별한 이벤트 행사에 대응하여 생산목표에 따라 인력수요를 예측하는 것이 필요하다.

(2) 베이커리 카페의 인적자원관리 원칙

① 효율적인 인력관리를 위해서는 직무기술서를 바탕으로 필요한 인력의 자격기준을 명확히 하는 것이 필요하다. 직무기술서는 각 직무와 직급별로 작성되어야 한다. 신입사원, 경력사원, 매니저에 대한 해당 포지션별 직무기술서가 요구된다.

② 회사가 요구하는 직무별 직급별 인사 관리 계획에 따라 각 자격기준을 분명히 하고 이에 따라 필요한 인력을 채용하고 적재적소에 배치하는 것이 필요하다. 인적자원관리에 있어서 각 파트별로 너무 신입사원이 많다면 계획적이고 체계적인 업무 진행이 힘들 수가 있다. 각 파트별로 직무 숙련도에 따른 직원이 배치되는 것이 업무의 효율성과 생산성을 높이는 데 긍정적이라 할 수 있다.

③ 채용된 인력에 대해 체계적인 교육을 통해 직무별로 직원들이 전문적인 역량을 갖추어 나가도록 교육프로그램이 운영되는 것이 매우 중요하다. 소형 베이커리 카페도 경험이 없는 신입직원의 경우 체계적인 교육이 진행되지 않는다면 이것은 바로 상품 품질에 영향을 주게 된다. 그러므로 직원에 대한 철저한 교육을 통

해 업무 숙련도를 향상시키는 과정이 반드시 중요하며, 교육프로그램을 통해 반드시 업무에 필요한 직무 숙련도가 향상되도록 해야 한다.

④ 인력관리에 있어서 평가와 보상은 매우 중요한 문제이다. 직원들에 대해서는 업무적인 평가를 연단위로 진행하고 이에 따른 평가와 보상이 이루어질 수 있도록 해야 한다. 회사는 적절한 인사평가 시스템을 만들고 이에 따른 보상체계를 확립하는 것이 중요하다. 적절한 평가와 보상은 직원들의 장기근속 여부와 애사심에도 아주 크게 영향을 미친다고 할 수 있다. 조직이 크다면 적절한 승진 체계가 필요하며, 평가와 보상도 승진 체계에 따라 설계되어야 한다.

(3) 직무기술서

베이커리 카페는 크게 베이커리와 카페 파트로 나누어 직무가 구성된다. 이때 각 직무에 대한 명확한 직무 분석을 통해 직무기술서가 작성되는 것이 필요하다. 직무기술서는 각 직무와 직급에 따른 업무 수행 내용과 필요 역량의 수준이 기술되어 있어야 한다. 해당 직무에 대한 직무 분석을 통해 직무상의 모든 요건을 체계적으로 정의하고 이를 문서로 기술하여야 한다. 이것을 토대로 작성된 것이 직무기술서이다. 직무기술서에는 해당 직무가 수행해야 하는 주요한 업무와 보조업무, 이를 수행하기 위한 필요한 지식과 기술, 숙련도, 책임여부, 직무 수행을 위한 태도와 자격 등이 기록된다. 직무 기술서는 채용과 채용 이후 직무평가와 보상, 인적자원관리를 위한 관리활동의 중요한 근거자료로 사용된다.

❸ 교육훈련

1) 교육훈련의 이해

(1) 교육 훈련의 중요성

베이커리 카페 창업자가 좋은 경영이념을 토대로 좋은 입지에서 좋은 인테리어와 시설로 매장을 오픈했다고 하더라도 이것만으로 창업을 성공적으로 이끌어 갈 수는 없다. 특히 우수한 역량을 갖춘 인적자원들이 매장에서 제 역할을 제대로 할 수 있어야만 좋은 상품과 서비스가 고객들에게 전달될 수 있기 때문이다. 그만큼 사업의 지속적인 성장과 발전을 만들어 나가기 위해서는 인적자원의 체계적인 관리가 필요하다. 이러한 체계적인 인적자원관리가 이루어지기 위해서는 우수하고 역량 있는 직원들을 채용하고 계획적이며 체계적인 교육훈련이 매우 중요하다. 체계적인 교육훈련 프로그램을 통해 직원들의 역량을 개발하고 발전시켜 나가는 것은 장기적으로 매장을 더욱 성장시키고 확장시키는 데 매우 긍정적인 역할을 한다.

수많은 서비스 기업들이 체계적인 교육훈련 프로그램을 운영하고 있으며, 대형 호텔이나 프랜차이즈 브랜드들도 체계적인 교육훈련을 통해 다양한 지역에 근무하더라도 동일한 상품을 통한 동일한 서비스가 제공될 수 있도록 시스템을 만들고 운영하고 있다. 이러한 기업으로 성장이 가능하도록 만드는 것은 바로 체계적인 교육훈련에서 모든 것이 시작된다고 해도 과언이 아니다.

베이커리 카페의 교육훈련은 단순히 기술적인 교육만을 의미하지 않는다. 물론 가장 중요한 것이 기술적인 부분들의 역량을 향상하는 것이지만, 장기적인 관점에서의 조직의 성장을 위한 다양한 교육이 필요하다고 하겠다. 높은 수준의 교육훈련은 개인이 가지고 있는 잠재적인 역량을 이끌어 내고, 이러한 역량의 성장은 곧 매장의 매출 성과에 기여하게 되는 것이다.

2) 교육 훈련의 요소

(1) 교육운영 책임자의 역할

교육훈련을 위해서는 교육운영 책임자의 역할이 중요하다. 교육운영 책임자는 교육훈련을 기획하고 교육프로그램을 운영하며, 체계적으로 교육훈련이 진행되고 있는 지를 관리 감독하는 역할을 하게 된다. 베이커리 카페는 크게 실무교육과 서비스교육 중심의 프로그램을 중심으로 교육활동이 진행된다. 이렇게 기획된 교육 프로그램을 교육운영 책임자는 계획에 따라 잘 진행되고 있는지를 평가하고 관리하는 역할도 담당한다. 연간 교육 프로그램을 기획하고 운영하는 것을 통해 계속해서 채용되는 직원들이 교육운영 시스템 안에서 잘 참여할 수 있도록 관리하는 것이 중요하며 이때 채용 담당자와 유기적인 업무 협조를 통해 필요한 교육운영 관리가 될 수 있도록 해야 한다.

소형 베이커리 카페는 창업자가 곧 채용과 교육 등을 모두 담당하기 때문에 매장의 여러 환경에 따라 교육훈련을 통해 직원을 개발하는 것이 쉽지가 않다. 그렇지만 교육훈련 매뉴얼을 통해 체계를 가지고 단계적으로 진행될 수 있도록 노력하는 것이 필요하다. 베이커리 카페 매장은 언제 추가적으로 인력이 더 필요할지 모르고, 이러한 추가 인력이 채용되면 빠르게 업무 적응할 수 있도록 체계적인 교육훈련 계획을 세워 놓는 것이 필요하다.

(2) 교육훈련의 내용

대기업이나 프랜차이즈 기업에서 운영하는 베이커리 카페는 교육 훈련 매뉴얼에 의해 체계적인 교육훈련이 이루어지고 있다. 이때 진행되는 교육 내용은 실무에서 활용하는 기술적인 교육프로그램으로 기획되고 운영되어야 한다. 기술교육은 객관적으로 측정이 가능한 훈련이다. 교육진행 시 교육훈련 책임자는 필요한 업무기술이 어떠한 기술이며, 어떤 기술 수준이 훈련 프로그램의 목표인가를 명확히 이해하고 훈련 계획 프로그램을 만들어야 한다. 이와 함께 업무 진행상에서 필요한 안전관리 및 행정실무 교육도 함께 병행되어야 한다. 업무의 효율성을 높이는 프로그램을 사용하는 것들이 있다면 이런 부분에 대한 교육도 함께 병행되어야 한다.

직원들은 기술적인 교육 외에도 베이커리 카페의 특성상 고객을 만나고 대면해야 하는 직무이다 보니 서비스 훈련도 매우 중요한 부분을 차지한다. 서비스에 대한 체계적인 교육훈련이 함께 병행되어야 한다. 베이커리 파트도 서비스교육은 반드시 함께 병행되어야 한다. 이 밖에 직원 간, 직원과 고객 간에 긍정적인 관계가 만들어질 수 있는 대인관계 교육, 시간관리, 스트레스 관리, 목표관리 등을 통해 다각적인 직무 교육훈련이 병행되어야 한다. 이러한 전체적인 직원역량 향상 교육은 직원 개인의 역량뿐만 아니라 회사의 장기적인 관점에서의 조직역량을 향상시키는 데 매우 긍정적인 역할을 한다.

또한 대형 베이커리 카페처럼 매니저와 중간관리자들이 많은 조직은 중간관리자급 이상의 커뮤니케이션, 리더십, 코칭 교육이 함께 진행되어야 한다. 리더로서 조직 안에서 팀구성원들과 함께 긍정적인 업무 성과를 지속적으로 만들기 위해서 반드시 필요한 교육이다.

① 신입사원 교육

베이커리 카페의 신입사원 교육은 실무적인 역량 향상이 가장 최우선 내용으로 진행된다. 그렇지만 직장인으로서 기본과 예절을 교육, 서비스직업인으로서 소양을 키우고, 회사의 경영이념을 배우고 이를 통해 회사에 대한 자부심을 통해 조직적응력을 향상시키는 데 주안점을 두어 프로그램을 진행해야 한다. 베이커리 카페의 직원으로서 매장운영과 관련한 직무 교육을 실시한다. 이때 베이커리 파트와 카페파트는 직무 성격이 다른 부분이 있으므로 공통교육과 실무교육을 구분하여 진행한다. 이때는 각 직무에 대한 업무 규정과 프로세스 등을 이해하고 재고관리, 품질관리, 생산관리 등의 업무 매뉴얼을 통해 이를 숙지하도록 교육한다. 실습과정에서 각 단계별 업무를 체계적으로 배울 수 있도록 한다. 실무 교육은 다양한 상황들이 발생할 수 있으므로 과정 중에 있을 수 있는 문제해결 역량을 키우는 것도 중요하다. 항상 매장 운영에 청결과 사고예방이 중요하므로 안전교육과 위생교육 등이 철저히 이루어져야 한다. 신입사원의 주요 교육과정은 다음과 같고 매장의 규모와 인력 운영 규모에 따라 교육체계를 수립하면 된다.

- 직무별 기본적인 업무 규정과 프로세스 교육
- 베이커리 카페 산업에 대한 현황과 이해
- 경영이념과 회사의 비전

- 회사의 조직체계
- 업무규정 교육. 급여와 보상, 성과평가, 근무계획, 영업시간, 고객서비스 관리 규정
- 베이커리 실무 교육 – 생산관리/재고관리/품질관리/장비운영 및 관리/안전관리/위생관리
- 카페 실무 교육 – 재고관리/판매관리/안전관리/위생관리/고객서비스/고객불만처리/장비운영 및 관리
- 직무별 행정업무 및 서류 작성
- 각 장비의 운영과 생산에 대한 교육

② 매니저(팀장) 교육

매니저는 창업자의 경영이념을 이해하고 이를 주도적으로 실천하는 리더십이 필요하다. 경영자의 매장 운영에 대한 방침에 따라 현재의 상황을 파악하고 이에 맞는 조직 관리 계획을 수립할 수 있어야 한다. 매니저에 대한 교육은 전문성 있는 수준으로 이루어져야 하기 때문에 필요에 따라 외부 위탁교육이나 전문가를 통해 교육을 진행하는 것이 바람직하다. 팀원들을 교육하고 관리하는 활동에서 좋은 팀워크를 만들고 장기적으로 생산성 향상을 통해 매출 성장에 기여할 수 있는 역할을 수행할 수 있도록 매니저의 역량 향상을 위한 교육이 되도록 해야 한다. 베이커리 카페의 경영과 운영관리에 대한 교육이 함께 진행되어야 하며, 원가관리, 마케팅, 코칭 리더십, 고객관리 등의 교육과 실무관련 분야의 안전관리, 위생관리, 메뉴의 기획과 관리, 판매관리, 생산관리, 관련법규 등의 교육도 필요하다. 수준 높은 전문성을 통해 직원들을 교육할 수 있도록 프로그램이 운영되어야 한다. 이러기 위해서는 학회, 세미나, 해외연수와 견학 등을 통해 더욱 높은 이론적이고 기술적인 경험들이 만들어지도록 교육 프로그램이 운영되어야 한다. 매니저의 경쟁력은 매출과 수익과 향상을 통해 장기적으로 사업의 방향성을 긍정적으로 만들어 나가는 데 매우 중요한 요소이다.

③ 경력자 교육

경력채용 시 경력자들은 실무적인 경험을 검증하고 채용하였기 때문에 실무교육은 필요가 없지만 회사의 경영이념과 비전, 회사의 조직체계, 업무규정 교육, 급여

와 보상, 성과평가, 근무계획, 고객서비스 관리 규정, 직무별 관리 규정 등에 대한 교육이 필요하다. 중간관리자로서 역할도 필요하기 때문에 매니저 교육에 함께 참여시키는 것도 필요하다. 이러한 교육기회는 장기적으로 성과를 만들고, 조직에 대한 자부심과 신뢰를 느낄 수 있도록 만드는 데 중요한 부분이 된다.

3) 교육훈련 분석과 평가

교육훈련이 직무별로 적합한 교육활동들로 진행되었는지를 분석하고 평가하여 개선점을 보완하여 다음 교육에 반영될 수 있도록 하는 과정이 중요하다. 이런 교육훈련 분석과 평가는 더욱 발전된 교육훈련이 만들어지는 데 긍정적인 역할을 한다.

교육을 통해 어떤 수준의 인재로 육성할지에 대한 교육목표가 명확하게 제시되어야 한다. 이 과정에서 교육계획 과정설계를 통해 교육이 제대로 운영될 수 있어야 한다. 교육운영 책임자를 중심으로 교육별 교육 담당자가 지정되어 효율적으로 운영되도록 한다. 교육훈련 분석과 평가를 통해 각 교육 과정들이 올바르게 진행되었는지 확인하고, 교육생들의 수준이 어느 정도 향상되었지 측정하여야 한다.

교육훈련은 인적자원관리 측면에서 승진자격과도 연결시켜 관리하는 것이 좋다. 승진을 위해 필요한 교육과정 이수와, 승진자를 대상으로 하는 교육과정이 구분되는 것이 필요하다. 인사팀에서는 교육 체계 수립을 통해 신입교육, 직급별 교육과 승진자 교육이 진행될 수 있도록 한다.

4) OJT 교육

베이커리 카페의 특성상 실무자가 직접 교육을 진행하는 회사 내 현장 교육인 OJT(On the Job Training)가 가장 일반적으로 진행되는 교육방식이다.

(1) OJT의 개념과 목적

OJT는 직무역량 향상을 위해 상사가 신입직원에게 직접 실무 교육을 하고, 기타 업무와 관련한 모든 업무를 함께 일을 하며 현장에서 육성하는 방식이다. 업무에 기초적인 지식에 대한 교육을 시작으로 평가까지 모두 실무 현장 교육을 통해 진행할 수 있는 장점이 있다.

이때 상사나 선배는 교육훈련의 목적과 필요성을 정확히 이해하고, 이미 준비된 체계적인 교육프로그램에 따라 교육훈련이 진행될 수 있도록 한다. OJT교육은 빠르게 현장 업무를 배우고 습득하는 데 장점이 있다. 이를 통해 업무 수행능력을 향상시킬 수 있으며, 직무별 업무 목표 달성에 긍정적인 역할을 한다.

(2) OJT의 필요성

최근 OJT의 중요성은 베이커리 카페에서 더욱 강조되고 있다. 시장의 변화에 빠르게 대응할 수 있는 장점이 있지만 현장에서는 업무가 바쁘고 인력이 부족한 경우에는 잘 실행되기가 쉽지 않다. 매니저나 중간관리자들의 업무가 과다한 경우는 현실적으로 체계적인 OJT가 진행되기 어렵다. 그렇지만 베이커리 카페의 창업자는 회사의 장기적인 성장과 발전에 매우 중요한 교육훈련의 한 방법인 OJT가 현장에서 잘 진행될 수 있도록 그 목적을 이해시키고, 매니저나 중간관리자들이 책임 있게 일을 수행할 수 있도록 분위기를 만드는 것이 중요하다. 특히 베이커리 카페의 경우 대기업 프랜차이즈 브랜드처럼 교육훈련 조직이 체계적이지 않은 상태로 운영되는 경우가 많다. 그렇기 때문에 매니저와 중간관리자가 OJT의 중요성을 인식하고 자신들이 가진 직무 역량을 통해 OJT가 실행되도록 해야 한다. OJT는 베이커리 카페에서 실무 교육훈련으로서 빠른 시간 안에 직무역량을 향상시킬 수 있는 매우 효과적인 교육훈련 방법이기 때문이다.

Bakery Cafe Start-up and Management

제 2 절 창업을 위한 행정실무의 이해

❶ 사업자등록

1) 베이커리 카페의 사업자등록

(1) 사업자등록증 신고

베이커리 카페 창업자로서 이윤의 추구를 목적으로 사업에 대한 계획을 가지고 경제활동을 시작하는 사람은 반드시 사업자등록을 해야 한다. 창업자는 「부가가치세법」 제5조에 따라 영업개시일로부터 20일 이내에 매장이 위치하는 관할 세무서에서 사업자등록을 완료해야 한다. 사업자등록을 하려는 창업자는 사업의 규모, 사업 참여의 동업여부, 자본금, 사업의 형태 등 다양한 부분을 고려하여 개인사업자로 할 것인지 법인사업자로 등록할 것인지 판단하여야 한다. 일반적으로 처음 베이커리 카페로 창업을 하는 경우는 개인사업자로 등록을 한다.

이때 일반과세자와 간이과세자 중 사업자의 유형을 먼저 결정하여 사업자등록 신청을 해야 한다. 이는 사업의 규모에 따라 일반과세자와 간이과세자로 구분하여, 간이과세자는 세금의 계산 방법 및 세금계산서 발행 등에 차이를 두고 있으므로 창업자 자신에게 필요한 사업자등록을 한다. 부가가치세 신고 실적을 1년으로 환산한 금액을 기준으로 과세유형을 다시 판정하기 때문에 간이과세자로 등록하였다 하더라도 1년으로 환산한 매출액이 4,800만 원을 넘으면 등록일이 속하는 과세 기간은 다음 과세 기간부터 일반과세자로 전환된다. 베이커리 카페는 간이과세자로 등록하는 일은 없다고 보면 되기 때문에 일반과세자로 등록하면 된다. 개인사업자는 세금계산서 발행 의무를 가지고 있으며, 간이과세자는 세금계산서를 발행할 수 없다.

법인으로 사업자를 등록하는 경우는 단일 매장 매출이 일정한 규모를 넘어서게 되면 법인으로 전환하는 것이 좋다. 특히 매출성과가 좋다면 개인사업자의 세금부담이 훨씬 커지게 되므로 이때는 법인전환을 검토하면 된다. 처음부터 사업의 목적이나 방향성이 법인에 적합하다고 판단된다면 법인으로 출발하는 것도 검토해 볼 수 있다. 다음은 법인과 개인사업자의 차이점을 설명한 것이다.

	개인사업자(소득세)	법인(법인세)
등록	사업자 등록(세무서)	법인등기부등본(법원)/사업자등록(세무서)
책임	무한책임	유한책임
과세소득	총수입 금액-필요경비	익금-손금
세율	6~45%까지 초과 누진세율	2억 이하 10%/2억 이상 20%/200억 이상 22%
대표이사 급여	경비처리 불가	경비처리 가능
이익잉여금	자유롭게 사용 가능	배당소득제
자금사용 용이성	법인에 비해 자유로움	가지급금 등 제약 많음
외부감사	해당없음	일정규모에 해당하면 외부감사를 받아야 함

그림 13-2 개인사업자와 법인사업자의 차이

(2) 사업자등록 시 구비서류

사업자등록을 할 때 필요한 구비서류로는 개인사업자인지 법인사업자인지에 따라 다르다. 관할 세무사는 사업자등록 신청 내용에 따라 사업자등록증을 즉시 발급하여 주거나, 부가가치세과에 인계하여 신청하고 구비서류의 확인과 면담을 거친 후 3일 이내에 발급하여 직접 교부 또는 우편으로 발송하여 준다. 사업현황을 확인할 필요가 있다고 인정하는 경우 현지 확인을 통하여 사실을 확인한 후 사업자등록증을 교부한다. 일반적으로 세무서를 방문하여 사업자등록을 신청하게 되면 즉석에서 발급하여 주는 것이 통례이다. 사업자등록 후 사업자등록증에 기재된 사항 중 변동사항이 생긴 경우 관할 세무서에 정정신고를 하여야 한다. 상호변경, 대표자 변경, 사업자 명의 변경, 업종의 변경 및 추가 등의 변동이 있을 경우 정정신고를 하여 사업자등록증의 내용을 변경하여야 한다.

① 개인사업자등록 구비서류

- 사업자등록신청서 1부
- 임대차계약서 사본
- 허가(등록, 신고)증 사본(인·허가 등 사업을 영위하는 경우)
  - 허가(등록, 신고) 전에 등록하는 경우: 허가(등록)신청서 등 사본 또는 사업계획서
- 동업계약서(공동사업자인 경우)
- 도면 1부(상가건물임대차보호법이 적용되는 건물의 일부를 임차한 경우)

② 법인사업자등록 구비서류

- 법인설립신고 및 사업자등록신청서 1부
- 법인등기부 등본(담당공무원의 확인에 동의하지 아니하는 경우에 한함)
- 임대차계약서 사본
- 주주 또는 출자자 명세서
- 허가(등록, 신고)증 사본(인·허가 등 사업을 영위하는 경우)
- 허가(등록, 신고) 전에 등록하는 경우: 허가(등록)신청서 등 사본 또는 사업계획서
- 대표자가 국내거주자가 아닌 경우 외국인등록증(또는 여권) 원본 제시 후 사본

③ 사업자등록 불이행

사업개시한 날부터 20일 이내에 사업자등록을 신청하지 않은 경우, 사업개시 일부터 신청일 전일까지의 매출액의 1%(간이과세자 0.5%)가 미등록가산세로 부과된다.

④ 사업자등록과 관련 경비처리 인정

사업 관련 준비와 관련한 비품, 인테리어 비용 등을 지출한 날이 속하는 과세기간 후 20일 이내에 사업자등록을 하지 않으면 사업 관련 사용 비용 등의 매입세액에 대해 공제 받지 못한다. 사업자 등록을 발급한 날로부터 그 전 20일 전까지 사용한 비용은 세금계산서를 발급받으면 부가가치세를 환급 받을 수 있다.

❷ 베이커리 카페의 영업허가

1) 베이커리 카페 창업을 위한 인허가 절차

베이커리 카페 창업을 위해서는 다음과 같은 인허가 절차를 거쳐야 한다.

① 영업신고(제과점영업, 즉석판매제조가공업): 관할구청 위생계에서 받을 수 있다.
② 위생교육 수료증: 제과점영업이나 휴게음식점 모두 (사)대한제과협회에서 교육 수료
③ 건강진단결과서
  • 식품 및 첨가물을 채취, 가공, 조리, 저장, 운반 그리고 판매하는 일에 종사하는 영업자 및 종업원
④ 수질검사성적서: 도시 외곽에 위치하여 수돗물이 아닌 지하수를 쓰는 경우
⑤ 액화석유가스 사용시설완성 검사필증 → 한국가스안전공사
② 재난배상책임보험증권
③ 소방, 방화시설 완비증명서
④ 안전시설 등 완비증명서
  • 영업장 사용 바닥 면적 100m² 이상인 영업장, 지하층에 설치된 영업장은 66m² 이상인 영업장

2) 베이커리 카페의 영업신고

휴게음식점, 일반음식점, 제과점은 판매되는 메뉴와 주류 판매의 여부에 따른 업종 분류로 그 정의를 보면 휴게음식점 영업은 「식품위생법」상 식품접객업에 해당하고 주로 차와 음료, 아이스크림류 등을 제조, 판매하거나 음식류를 조리, 판매하는 영업으로서, 음주행위가 허용되지 않는 패스트푸드 전문점, 분식점 등이 이에 해당된다. 일반음식점 영업은 식품위생법상 음식류를 조리, 판매하는 영업으로서 식사와 함께 부수적으로 음주행위가 허용되는 식사를 취급하면서 부수적으로 주류를 판매가 가능하다. 마지막으로 제과점 영업은 「식품위생법」상의 주로 빵, 떡, 과자 등을 제조, 판매하는 영업으로서 음주행위가 허용되지 않는 영업을 말한다. 2014년 11월 28일 「식품위생법 시행령」의 개정으로 휴게음식점에서 제과점영업으로 분리되

었다. 베이커리 카페는 제조와 판매를 목적으로 하기 때문에 제과점영업으로 신고
하면 된다. 그렇지만 베이커리 관련 메뉴를 제조는 하지 않고 납품을 받아 판매만
이루어진다면 휴게음식점으로 신고할 수 있다.

3) 영업신고 시 유의사항

베이커리 카페의 경우 「식품위생법」에 따라 식품접객업 중 휴게음식점 또는 제과
점영업으로 신고를 해야 한다. 일반적으로 베이커리 카페는 제과점영업으로 신고를
하면 된다. 그렇지만 납품을 받아 판매만 한다면 휴게음식점으로도 가능하다. 제과
점영업이나 휴게음식점은 주류를 판매할 수 없다.

베이커리 카페가 생산된 제품을 외부에 납품 등의 목적으로 판매한다고 한다면
이때는 식품제조가공업 또는 즉석판매제조가공업으로 영업신고를 해야 한다. 도소
매의 목적으로 도소매 납품, 백화점, 마트 등으로 납품 판매를 하고자 한다면 식품
제조가공업으로 신고하여야 한다. 매장에서 판매나 인터넷 판매를 목적으로 한다면
즉석판매제조가공업으로 신고하여야 한다. 인터넷 판매의 목적이 추가된다면 통신
판매업 신고도 함께 이루어져야 한다. 대형 베이커리 카페의 경우는 납품이나 매장
판매도 함께 할 목적이라면 이때는 식품제조가공업 또는 즉석판매제조가공업으로
두 가지 다 신고하여야 한다. 과거에는 두 가지 모두를 신고하면 공간을 반드시 구
분하여 영업신고를 했어야 했지만 제과점영업의 경우 식품제조가공업의 조리장과
즉석판매제조가공업의 제조장을 함께 사용할 수 있다. 그렇지만 관할 구청의 위생
계의 해석에 따라 조금씩 차이가 있으므로 반드시 신고 전 해당 관할 구청 위생계에
반드시 확인하여야 한다.

베이커리 카페에서 최근에는 로스팅 공장을 함께 운영하는 경우도 있다. 이때 원
두를 직접 로스팅하여 매장 내에서 음료 제조에만 쓰는 것은 휴게음식점 영업신고
만으로도 가능하지만 로스팅한 원두를 상품으로 포장하여 판매한다면 이때는 즉석
판매제조가공업도 신고하여야 한다.

❸ 베이커리 카페 창업 시 기타 관련 법규

1) 식품 접객업 및 집단 급식소의 원산지 등 표시 의무

2013년 6월 28일부터 「농수산물의 원산지 표시에 관한 법률」에 관한 시행령·시행규칙이 개정되어 원산지 표시가 의무화되었다. 필요한 경우 '원산지종합관리시스템(www.origin.go.kr)'에서 확인해야 한다. 베이커리 카페의 경우도 다양한 식재료를 가공하므로 이를 준수하여 관리하여야 한다.

원산지 표시는 영업장 면적과 상관없이 메뉴판, 게시판에 표시한다. 다만 영업장에 메뉴판과 게시판 중 어느 한 가지만 사용하는 경우에는 그곳에 표시하면 된다. 원산지 표시판을 제작하여 표시하였을 경우에는 메뉴판, 게시판의 원산지 표시를 생략할 수 있다. 매장에서 생산하여 판매·제공할 목적으로 냉장고, 식자재 보관창고 등에 보관, 진열하는 재료의 경우 그동안 축산물에만 일괄 표시하도록 한 것을 표시대상 모든 품목으로 확대하였다.

2) 청소년보호법과 근로기준법

근로기준법상 만 18세 이상은 특별한 제약 없이 취업이 가능하지만, 「청소년보호법」상으로는 만 19세 미만의 경우 주류 판매 등이 이루어지는 업소에 대한 고용금지 조항이 있으므로 청소년 고용 시 유의해야 하며, 특히 밤 10시 이후 고용은 어떤 경우라도 피해야 한다. 주류를 취급하는 매장의 경우 무엇보다도 청소년에 대한 주류 판매 및 청소년 고용을 엄격히 법으로 금하고 있다. 부득이하게 만 18세 미만의 청소년을 고용할 때는 부모의 취업동의서를 받아야 한다.

3) 다중이용업소의 안전관리에 관한 특별법

베이커리 카페의 경우 다양한 생산시설과 판매공간을 확보하고 있기 때문에 관련 소방안전관리 규정에 따라 관련 시설들이 설치되어 있어야 한다. 이러한 부분은 인테리어 시 충분히 검토되어 시설이 관련 법규에 문제되지 않도록 설치되어 있어야 한다. 바닥면적이 500제곱미터 이상일 경우에 소방설비인 수동식 또는 자동식

소화기, 자동확산 소화용구 및 간이 스프링클러 설비가 의무적으로 설치되어야 한다. 1천제곱미터 이상일 때는 스프링클러 설치 대상이 된다. 지하나 층수에 따라 규정이 다르기 때문에 사전에 검토할 필요가 있다. 최근에는 지상 층이라도 밀폐된 영업장일 경우에는 간이 스프링클러를 의무적으로 설치해야 한다 대형 베이커리 매장이거나 법이 정한 일정 규모 이상일 때는 다음의 기타 설비도 필요하다.

① 피난설비 – 유도등, 유도표지, 비상조명등, 휴대용 비상조명등 및 피난기구
② 경보설비 – 비상벨 설비, 비상방송 설비, 가스누설 경보기 및 단독경보형 감지기
③ 방화시설 – 방화문과 비상구
④ 기타 – 누전차단기, 피난도선

❹ 베이커리 카페의 세무관리

1) 베이커리 카페의 세금

베이커리 카페의 창업 시 사업자가 납부하여야 할 세금으로 부가가치세와 종합소득세를 들 수 있다. 사업자가 개인이 아닌 법인인 경우에는 종합소득세가 아닌 법인세를 납부하게 된다. 부가가치세와 종합소득세 이외에도 사업자는 직원들에게 지급하는 급여 등에서 직원의 소득세를 원천징수 하여 세무서에 납부할 원천징수 의무가 있다.

창업 후 세금관련 업무는 정부에서 운영하는 홈택스 시스템을 통해 창업자가 직접 할 수도 있다. 베이커리 카페의 매장 경영에서는 다양한 세금 및 신고 관련 업무가 발생하기 때문에 담당 세무사를 지정하여 세무 및 급여 신고 등 관련 업무 관리에 도움을 받을 수 있다.

(1) 국세청 홈택스 가입(www.hometax.go.kr)

창업자들은 사업자등록 후 국세청 홈택스에 반드시 가입하여야 한다. 국세청은 모든 세금관련 업무를 통합하여 홈택스를 통합 운영하고 있다. 따라서 창업자는 사업자등록 이후 바로 국세청 홈택스에 가입해야만 세무관련 업무를 수월하게 처리할 수 있다. 전자세금계산서 발행 등이 의무화되고 세금계산서를 발행해야 할 때는 편

리하게 홈택스에서도 발행할 수 있으며 납품 업체에서 발행하는 세금계산서도 따로 챙길 필요 없이 자동으로 통합 관리되고 있다. 이 밖에도 홈택스를 통해 각종 세금 신고·납부가 가능하고 장소에 관계없이 다양한 민원서류를 즉시 발급받을 수 있다. 또한 기존에 사업용으로 사용한 신용카드 내역도 자동으로 국세청 시스템을 통해 분류되어 세금계산서와 사용 내역을 따로 정리할 필요가 없다. 베이커리 카페 창업 이후 국세청 홈택스에 가입을 통해 다양한 업무를 효율적으로 처리할 수 있게 되었다.

(2) 증빙서류의 관리

① 세금계산서

사업자가 부가가치세가 과세되는 재화와 용역을 공급하는 경우 부가가치세를 징수하고 이를 증명하기 위해 공급받는 자에게 발급하는 세금영수증으로 거래 상대방이 부가가치세 공제를 받기 위한 중요한 증빙 서류이다. 따라서 필요적 기재사항 누락 또는 착오 시 부가가치세가 공제되지 않고 사업자는 가산세가 부과될 수 있으므로 주의하여야 한다. 일반사업자의 경우 세금계산서를 발급한다. 세금계산서는 부가가치세를 따로 표기할 수 있다. 일반계산서의 경우 부가가치세를 따로 표기하지 않는다.

② 신용카드 매출전표

베이커리 카페에서는 신용카드 매출전표, 체크카드 영수증, 선불카드 영수증, 현금영수증이 발생한다. 이는 종합소득세 신고 또는 부가가치세 환급 등과 관련하여 중요한 역할을 한다. 최근 신용 카드 사용 증가로 인해 증빙으로 신용카드매출전표를 많이 수취한다. 신용카드 매출전표 등을 수령하는 경우 세금계산서를 따로 발급받을 필요는 없다. 또한 개인사업자는 사업과 관련된 신용카드를 국세청 홈택스에 등록해야만 사업용 신용카드로 인정받을 수 있다. 이때 신용카드 매출전표 등을 따로 관리하지 않아도 된다.

③ 간이과세

과거에는 많은 사업장이 영세하였기 때문에 대부분 일반과세자보다 간이과세자로 사업자등록을 많이 했으나 지금은 대부분 일반과세자라고 보면 된다. 한국은 신용카드와 체크카드 사용이 95%를 넘기 때문에 현금 거래가 거의 없다고 보면 된다. 그렇더라도 간이과세자의 경우 세금계산서 발행을 하지만 세금계산서 수취는 가능하고 수취한 세금계산서 일정부분 공제 가능하다. 따라서 간이과세자라고 하여 세금계산서 수취를 하지 않는 경우 원재료 매입 등을 입증하기 힘들어 종합소득세를 과도하게 부담할 수 있으므로 적격 증빙인 세금계산서를 꼭 수취해야 한다.

④ 간이영수증 및 거래명세서

영수증(간이영수증, 문구점영수증)이나 거래명세서는 법정 증빙은 아니나, 3만 원 이하의 거래 시에는 증빙으로 인정받을 수 있으므로 가능하며 세법상 불이익이 없다. 단, 3만 원 초과 거래 시 영수증을 수취할 경우에는 거래금액의 2%에 상당하는 증빙 불비 가산세를 부담해야 한다.

⑤ 원천징수 영수증

원천징수는 사업자등록을 하지 아니한 자로부터 용역을 제공받고 금액을 지급하는 경우에 해당한다. 외부 강사를 초빙하거나 업무관련 용역을 프리랜서 등에게 지급한 금액을 증명하기 위해서는 지급한 달의 다음 달 10일까지 원천세 신고를 해야 한다. 그래야만 소득세 비용으로 인정받을 수 있다.

⑥ 증빙서류의 작성과 수취 및 보관

사업자는 모든 거래에 대한 증명서류를 작성, 수취한 경우 신고기한으로부터 5년 간 보관해야 한다. 다만, 해당 사업연도 개시일로부터 소급하여 5년 전에 발생한 이월결손금을 공제받는 경우 그 결손금이 발생한 사업연도의 증명서류는 이월결손금을 공제받은 사업연도의 신고기한으로부터 1년이 되는 날까지 보관해야 한다.

2) 부가가치세

(1) 부가가치세의 정의

창업자는 부가가치세를 명확하게 이해해야 한다. 부가가치세는 사업자의 규모에 따라서 간이과세자와 일반과세자로 구분한다. 부가가치세는 베이커리 카페 사업자가 직접 납부하지만, 담세자는 고객이 된다. 즉 고객으로부터 메뉴가격의 10%를 추가로 받아서 일정기간 보관하고 있다가 부가가치세 신고, 납부기한이 되면 고객을 대신하여 사업자가 납부하는 간접세에 해당되는 세금이다.

부가가치세는 사업자라면 누구나 납부할 의무가 있다. 판매하는 모든 가격에 부가가치세가 포함되어 있다고 생각하면 된다. 사업자는 매출세액에서 매입세액을 공제한 금액을 납부세액으로 세무서에 신고, 납부하게 되는 것이다. 매출세액은 고객으로 상품 판매를 통해 얻는 총금액의 10%라고 생각하면 된다. 매입세액은 생산을 위해 납품 받은 식재료와 부자재, 관련 장비 등에 이미 10%의 부가세가 포함되어 있다.

초기 창업자들이 가장 많이 하는 실수는 매출 발생 시 이를 전부 수익으로 생각하고 부가가치세를 인지하지 못하는 것이다. 법인사업자는 분기별, 개인사업자는 반기별로 부가가시체 신고를 하여야 하므로 부가가치세에 대한 준비를 항상 하여야 한다. 특히 매입세액을 꼼꼼히 챙겨야 한다.

(2) 부가가치세 신고 및 납부방법

부가가치세는 자진신고, 자진 납부제도를 채택하고 있어 납세자는 부가가치세를 스스로 계산하여 신고, 납부하여야 한다. 세무사를 통하여 신고를 대행하면 편리하게 세무업무를 처리할 수 있지만 법인사업자는 매월 또는 개인사업자는 반기별로 세무 대행료를 지불해야 한다.

부가가치세는 물건값에 포함되어 있기 때문에 실제로는 최종소비자가 부담(담세자)하게 되며, 최종소비자가 부담한 부가가치세를 사업자가 세무서에 납부(납세자)하는 간접세이다. 부가가치세는 6개월을 과세기간으로 하여 신고, 납부한다. 개인사업자는 1년에 2번 납부하고, 법인사업자는 3개월 단위로 신고하고 1년에 4번 납부한다. 간이 과세자의 경우에는 1년 과세단위로 하여 신고 납부할 수 있다.

표 13-1 사업자가 내야 하는 세금

세목	신고대상자	신고/납부기한	
소득세	개인사업자	확정신고	다음 해 5.1-5.31
		중간예납	11.1-11.30
부가가치세	법인사업자	1기예정	4.1-4.25
		1기확정	7.1-7.25
		2기예정	10.1-10.25
		2기확정	1.1-1.25
	개인사업자	1기확정	7.1-7.25
		2기확정	1.1-1.25
		신규사업자는 예정신고를 하여야 함	
법인세	법인사업자	정기신고	사업연도 종료일로부터 3개월 내
		중간예납	반기 종료일로부터 2개월 내
사업장 현황보고	면세사업자	다음해 1.1-1.31	
원천징수이행 상황 신고	원천징수를 한 사업자	일반사업자	다음 달 10일
		반기납부자	7.10 1.10

베이커리 카페 사업자는 부가가치세의 부담을 줄일 수 있도록 노력해야 한다. 매출세액은 매출액이 신용카드 발행 등으로 100% 노출되므로 임의로 줄이거나 늘릴 수 없다. 또한 매출액을 고의로 누락시킨다면 탈세행위로 간주하여 무거운 세금을 부담해야 한다. 따라서 합법적으로 세금을 줄이기 위해서는 매입세액을 늘리기 위하여 구입하면서 세금계산서나 계산서를 빠짐없이 받아야 한다. 거래처로부터 세금계산서를 받으면 일반과세자는 매입세액 전액을, 간이과세자는 해당 업종의 부가가치율에 따라 5~30%를 공제받을 수 있다. 또한 베이커리 카페의 경우에는 매입세율이 적용되지 않는 농수산물 등의 면세 매입에 대해서도 의제매입세액공제제도를 이용하여 부가가치세를 공제받을 수도 있다.

다음으로는 신용카드 등의 발행에 대한 세액을 공제받을 수 있다. 이는 카페사업자가 부가가치가 과세되는 재화 또는 용역을 공급하고 신용카드 매출전표나 직불카드 영수증을 발행하거나 전자화폐로 대금을 결제 받을 경우 그 발행금액의 1%를 연간 500만 원 한도의 납부세액에서 공제하거나 환급세액에 가산할 수 있다. 이는 신용카드 가맹점의 가입을 권장하고 고객들에게는 신용카드를 많이 사용하게 하여

과세표준의 노출을 유도하기 위하여 신용카드 매출전표를 발행하는 사업자에게 혜택을 주는 것이다.

3) 종합소득세

(1) 종합소득세의 정의

부가가치세가 간접세인 반면, 종합소득세는 사업자의 소득에서 비용을 공제한 후 산출되는 이익을 대상으로 직접 부과되는 직접세이다. 종합소득세는 개인이 지난해 1년간의 경제활동으로 얻은 소득에 대하여 납부하는 세금으로서 모든 소득을 합산하여 계산하고, 다음 해 5월 1일부터 5월 31일까지 주소지 관할 세무서에 신고·납부하여야 한다. 또한 매년 11월에 소득세 중간 예납세액을 납부하여야 하고, 다음 해 5월 확정신고 시 기납부세액으로 공제한다. 성실신고확인대상 사업자는 6월 30일까지 신고/납부하면 된다. 사업에서 손실이 발생하여 납부할 세액이 없는 경우에도 종합소득세 신고는 해야 한다. 신고를 하지 않는 경우, 특별공제와 각종 세액공제 및 감면을 받을 수 없으며, 무신고가산세와 납부, 환급 불성실가산세를 추가로 부담하게 되는 불이익을 받을 수 있다.

(2) 소득금액 계산방법

장부의 기장의무를 가진 사업자의 소득금액은 다음과 같이 계산한다. 즉 1년간 매출액을 총수입 금액이라고 하며 업무와 관련하여 사용한 비용을 필요경비라고 한다. 따라서 총수입 금액에서 필요경비를 빼면 소득금액이라고 한다.

장부의 기장의무가 없는 사업자는 직전 연도(신규사업자는 당해 연도) 수입금액이 정부가 제시한 기준금액 이상인 베이커리 카페사업자는 기준경비율을 적용한다. 기준경비율을 적용하지 않는 경우 단순경비율을 적용할 수 있다. 기준경비율과 단순경비율의 비율은 국세청 홈택스(www.hometax.go.kr)에서 조회 가능하다. 이때 「소득세법 시행규칙」을 기준으로 한다. 베이커리 카페의 단순경비율은 81.7%이며, 기준경비율은 12.4%이다.

(3) 개인사업자 소득공제

종합소득세의 소득공제는 개인 소득금액에 대해 일정액을 감하는 것으로 법인세에는 없는 부분이다. 이는 개인을 대상으로 하는 소득세에 대해 일정부분 혜택을 주는 것이다. 소득세에서는 대표적으로 인적 공제라고 하여 소득금액에서 기본공제 본인 150만 원을 공제해 주며 부양가족 한 명당 150만 원 공제해준다. 또한 기본공제 대상으로 추가공제도 해준다. 이 경우 일정요건을 충족하여야 하며 장애인이거나 70세 이상이거나 부녀자가 세대주이거나 한부모인 경우 추가 공제를 받을 수 있다.

(4) 산출세액 계산

소득금액에서 소득공제를 빼면 과세표준이 된다. 과세표준에 세율을 곱하면 산출세액이 나온다. 우리나라의 경우 초과누진세율을 적용하므로 과세표준이 높을수록 소득세를 많이 내는 구조이다. 이렇다 보니 부가세처럼 단일세율로 단순하게 부가세가 나오는 것이 아니고 일정구간의 소득에 대해 계산하기가 복잡한 구조를 취하고 있다 하지만 누진공제 법을 이용하여 소득세를 산출하면 더 빨리 소득세를 산출할 수 있다.

- 산출세액 = 과세표준(소득금액 − 소득공제) × 세율

표 13-2 종합소득세 기본세율(2021년 기준)

과세표준	세율	누진공제
12,000,000원 이하	6%	-
12,000,000원 초과 46,000,000원 이하	15%	1,080,000원
46,000,000원 초과 88,000,000원 이하	24%	5,220,000원
88,000,000원 초과 150,000,000원 이하	35%	14,900,000원
150,000,000원 초과 300,000,000원 이하	38%	19,400,000원
300,000,000원 초과 500,000,000원 이하	40%	25,400,000원
500,000,000원 초과 1,000,000,000원 이하	42%	35,400,000원
1,000,000,000원 초과	45%	65,400,000원

4) 4대 사회보험

직원들을 고용하면 관계법령에 따라 사업주는 종업원을 대상으로 하여 고용보험, 건강보험, 국민연금 및 산업재해보험에 가입하여야 한다. 베이커리 카페의 특성상 상시직원보다 단기근로하는 직원들이 많을 수 있다. 이때 단기근로 직원이 주당 15시간을 이상 근무한다면 반드시 4대 보험을 가입하여야 한다. 근로계약 시 4대 보험에 대해서 가입여부를 명시하고 이에 따라 직원의 근무 시작과 함께 사업주는 직원의 4대 보험 가입을 완료하여야 한다. 주당 15시간 미만 근무자에 대해 비용처리를 위해서는 원천징수를 매달 10일 전까지 신고하여야 한다.

직원이 입사를 하였다면 건강보험의 경우는 입사 후 14일 이내 취득신고가 완료되어야 하며, 국민연금/고용보험/산재보험은 입사일이 속한 달의 다음 달 15일까지 취득신고가 완료되어야 한다. 직원이 퇴사한다면 상실신고는 4대 보험 모두 퇴사일이 속한 다음 달 15일까지 완료하여야 한다.

소상공인들을 위해서 4대 보험 정보연계센터(www.4insure.or.kr)를 통해 통합적으로 관리되고 있다. 4대 보험의 신고와 탈퇴 업무뿐만 각 직원들의 급여 차이가 나므로 각 직원의 급여에 따른 보험료는 4대 보험 계산기를 통해 확인할 수 있다. 4대 보험에 대한 자세한 사항은 다음 표와 같다.

표 13-3 4대보험의 부과기준 및 보험부담

구분	보험료율	근로자	사업주
국민연금	기준소득액의 9%	4.5%	4.5%
건강보험	보수월액의 6.46%	3.23%	3.23%
고용보험		보수월액의 0.65%	사업장 규모에 따라 차이
산재보험	업종에 따라 차이가 있으며 사업주 전액 부담		
노인장기요양보험	건강보험료의 8.51%	가입자 부담 50%	사업주 부담 50%

〈자료: 기획재정부〉

제3절 오픈 준비와 매장 경영 전략

❶ 오픈 준비와 절차

1) 오픈을 위한 포괄적인 점검사항

베이커리 카페 창업을 위한 모든 준비가 끝났다면 이제 매장의 오픈만이 남은 상태이다. 이때 최종적으로 점검해 봐야 하는 사항이 있다. 오픈 준비를 위한 베이커리 카페 내의 모든 시설 및 인적 준비가 완료되었는지 확인하여야 한다. 이때는 각 점검 사항을 체크리스트로 만들어 최종 개점 준비를 하는 것이 좋다. 오픈 최종 전에 4주, 3주, 2주, 1주 단위로 각각의 확인 사항들이 정리되도록 관리하는 것이 효과적으로 오픈 준비를 하는 방법이다. 세부적인 사항을 준비하여 영업신고와 사업자등록이 마무리되어야 한다. 이 부분이 완료가 안 되면 영업을 할 수가 없으므로 오픈 준비 1~2주일 전에는 모든 사항이 완료된 상태가 되어야 한다. 사업자등록증이 없다면 신용카드 가맹 등록, POS 등이 이루어지지 않기 때문에 전체적인 체크리스트가 필요하다. 오픈 전 체크 사항은 다음과 같다.

브랜드와 로고	영업신고와 사업자등록	직원 채용과 교육훈련	상품과 메뉴 준비
마케팅 커뮤니케이션	건강진단결과	영업시간 및 휴무일	인허가 체크
시설 점검	장비의 시험 가동	전화/인터넷/POS 설치 및 점검	식재료 및 물품 준비

그림 13-3 오픈 전 점검사항

(1) 브랜드와 로고

브랜드(상호), 로고, 상표 및 서비스표지의 출원을 진행하여야 하며, 디자인이 완료되어 있어야 한다. 인테리어 시나 간판제작, 다양한 포장용 봉투와 음료컵 및 다양한 서비스에 이용되는 물품에 브랜드 로고가 프린트되기 위해서는 1달 전부터 사용 물품의 제작이 들어가야 하므로 브랜드 로고 디자인이 완료되어 있어야 한다.

(2) 행정절차 진행 – 영업신고와 사업자등록

① 영업신고증

영업신고증은 관할 구청 위생계를 통해 작성 및 접수하면 된다. 위생교육 수료증, 보건증, 점포 건축물 관리대장, 소방 방화시설 완비증, 액화석유가스 시설 완성검사 필증 등이 필요하다.

② 사업자등록증

사업자등록증은 관할 세무서 민원실에서 신청하면 된다. 구청으로부터 발급받은 영업신고증 사본, 주민등록등본, 점포임대차계약서, 도장 등이 필요하다. 영업시작 20일 전에 반드시 사업자등록증 발급이 완료되어 있어야 한다.

(3) 직원 채용과 교육훈련

베이커리 카페의 매장의 규모와 형태에 따라 적정한 직원의 채용 수가 결정되고 채용이 진행되어야 한다. 규모가 크다면 베이커리 파트와 카페 파트를 나누어 매니저급의 채용이 우선적으로 결정되어야 하며, 매니저 채용 완료 후 운영규모에 따라 적정 직원 수를 판단하여 상시직과 아르바이트를 구분하여 채용하도록 한다. 이때 직원들의 근무 조건, 업무내용, 근로계약 내용 등이 결정되어 있어야 한다. 채용이 완료되면 오픈 준비 일정에 맞추어 직원 교육훈련이 진행될 수 있도록 한다. 교육운영 책임자와 각 파트 매니저들과 상의하여 결정한다. 소형 베이커리 카페는 창업자가 이 과정을 미리 진행하여야 하므로, 직원 채용여부를 결정하고 여유 있게 최소 오픈 4주 전에는 채용이 마무리되어 준비과정에 참여할 수 있도록 한다.

(4) 상품 및 메뉴 준비

베이커리 카페에서 판매되는 베이커리 상품과 카페에서 메뉴에 대한 개발이 완료되어 있어야 한다. 이에 필요한 다양한 식재료의 발주, 시제품 및 메뉴 샘플들이 제작되어야 하므로 사전에 재료 구입처를 결정하여 발주 시스템이 구축되어 있어야 한다. 이에 필요한 소모품 등의 구비가 완료되어 있어야 한다. 각 제품별 레시피 등도 준비가 되어 있어야 한다. 판매할 상품들을 미리 준비하여 고객에 대한 상품과 서비스 점검을 통해 문제가 있다면 오픈 준비 전에 개선되어야 한다. 이때 메뉴북과 메뉴판이 준비되어 고객들이 어떤 제품을 판매하는지 확인할 수 있어야 한다. 특히 POP나 배너를 활용하여 판매 주력제품들을 홍보할 수 있도록 준비하여야 한다.

(5) 마케팅 커뮤니케이션 전략

마케팅 커뮤니케이션은 단기적이고 장기적인 전략으로 나누어 준비하고 점검해야 한다. 단기적인 부분은 매장을 고객들에게 빠르게 알리는 것에 포인트를 두어야 한다. 반면 장기적인 전략은 고객서비스를 통한 고객관리 초점을 두어 전략을 수립하여야 한다. 단기전략은 오픈 전에 미리 준비가 되어 있어야 한다. 브랜드에 홍보물의 제작, 명암의 제작, 현수막, 전단지, 메뉴북, 메뉴 안내판 등이 준비되어 있어야 한다. 다양한 SNS 통해 고객에게 신규 오픈 여부를 알리고, 초대장 및 오픈 이벤트 행사 등에 대한 마케팅 커뮤니케이션 전략이 초기에 실행되도록 준비한다.

(6) 건강진단 결과서(보건증)

베이커리 카페 창업에서는 반드시 창업자와 직원 모두 건강진단 결과서를 받아야 한다. 창업자는 영업신고 시 필요하므로 건강진단 결과가 꼭 필요하며, 베이커리 카페에 근무하는 모든 직원들은 관할 보건소에서 반드시 근무 전 건강진단 결과서를 발급받아 근무지에 제출하여야 한다.

(7) 영업시간 및 휴무일

베이커리 카페의 창업주의 경영이념에 따라 영업시간, 휴무일 등이 결정되어야 한다. 휴무일은 정규휴무와 공휴일, 주말 등을 고려하여 휴무일이 결정되어야 한다. 영업시작 시간과 폐점시간도 목표고객에 따라 오픈시간과 폐점시간이 달라질수 있으므로 이런 점들을 고려하여 결정한다.

(8) 기타 인허가 체크

베이커리 카페 오픈 전 반드시 법률 및 인허가 사항들을 체크하여야 한다. 위에서 영업신고증과 사업자등록증 외에도 「식품위생법」과 「소방법」 등의 관련 법규에 따라 인테리어 공사 단계부터 문제가 없는지 체크하여야 한다. 오픈날짜가 잡혀 있는데 이런 준비가 미비하여 오픈을 할 수 없는 일이 발생해서는 안 된다. 특히 대형 베이커리 카페를 준비한다면 이런 부분들은 더욱 신경 써야 한다.

(9) 오픈을 위한 시설 점검

베이커리 카페의 규모에 따라 인테리어 공사 후 마무리 단계에서 여러 가지 점검 여부가 달라진다. 규모가 클수록 다양한 장비를 사용해야 하기 때문에 적절한 전기 용량이 필요하므로 이를 사전에 점검하여 전기 승압 신청이 이뤄져야 한다. 또한 시설물에 관련한 소방법을 고려한 인테리어 공사가 진행되도록 한다. 도시외곽에서 수돗물을 공급이 안 되어 지하수를 사용한다면 수질검사가 이루어져야 하며, 인테리어 공사와 동시에 GAS공사도 함께 할 수 있도록 사전에 준비한다. 정화조도 규모에 따른 적정용량을 가지고 있는지 확인한다. 이러한 부분들이 오픈 전에 완료가 되어 있지 못하다면 오픈일정에 차질이 생길 수 있는 사항들이다.

(10) 전화번호와 인터넷

베이커리 카페 전화번호 신청과 함께 인터넷 설비가 완료되어야 한다. 인터넷 설비는 POS와도 연결되지만 인터넷 공유장비 설치가 매우 중요하다. 매장의 규모에 따라 적절한 인터넷 와이파이 공유 시스템이 설치되어 고객들이 이용하는 데 불편함이 없어야 한다. 특히 매장에서 와이파이를 사용하는 고객들이 많기 때문에 오픈 전에 사용가능한 상태로 준비가 되어야 한다.

(11) POS 및 카드단말기 설치

POS기는 매장의 운영 형태에 따라 다양한 POS기 중 선택할 수 있다. 상품의 종류가 많아 판매 상품이 많고 다양한 패키지 상품들도 준비하고 있다면 다양한 상품 등록을 지원하는 POS 시스템을 선택하는 것이 좋다. 최근 POS 시스템은 고객의 다양한 결제 수단이 가능하도록 하는 것뿐만 아니라 재고관리, 판매관리, 직원관리, 매출 분석 등 다양한 정보를 제공해 준다. 카드단말기 등록은 은행이나 전자결제시스템을 지원해 주는 회사를 통해 등록하면 된다. POS와 카드단말기는 가오픈 전까지 준비하면 되기 때문에 가오픈 최소 15일 전에는 완료하여야 한다.

(12) 각종 식재료 및 물품 준비

베이커리 카페 오픈을 위해서 필요한 식재료와 물품들의 리스트를 정리하고 오픈 전에 모든 준비가 완료되어 있어야 한다. 가오픈과 매장 정식 오픈 후 생산계획에 따라 필요한 식재료를 준비해야 한다. 초기에는 시험적인 운영을 목적으로 식재료를 발주하고 판매량 계획에 따라 점차적으로 발주량을 늘려 나가면 된다. 매장에서 고객들이 사용할 다양한 물품들에 매장 브랜드와 로고를 알리는 인쇄가 들어가야 하기 때문에 가오픈 전에는 준비가 끝나 있어야 한다. 베이커리 카페의 특성상 포장 고객들도 많기 때문에 포장에 필요한 물품들도 제작이 완료되어 있어야 한다. 인쇄가 진행되는 물품들은 미리 사전에 시간을 확인하여 준비하고, 매장에서 쓰는 컵이나 접시 등에 로고가 들어가야 한다면 시간이 더 많이 필요하므로 사전에 확인하여 오픈 전에 준비가 완료되어 문제가 없도록 한다. 매장 운영을 위한 기타 물품들도 리스트로 정리하여 가오픈 전에 준비될 수 있도록 한다.

(13) 장비 운영 점검

베이커리 카페는 다양한 상품의 생산을 위한 장비들이 있으므로 시험 가동과 생산을 통해 문제가 없는지 준비해야 한다. 장비를 사용하는 메뉴를 준비할 때 생산량과 판매에 있어서 실제 고객 판매와 서비스를 가정하고 장비를 운영해 봐야 한다.

2) 상품과 서비스 평가

(1) 상품 및 메뉴평가

베이커리 카페의 상품 및 메뉴평가는 메뉴계획, 메뉴개발이 이루어진 후 판매 전에 선호도, 맛, 수용가격 등을 평가해야 한다. 이때 메뉴평가는 크게 전문가 평가와 목표고객 평가로 구분할 수 있는데, 전문가의 평가항목은 메뉴의 양, 맛, 색상, 향, 전반적인 느낌, 선호도, 가격(고객의 수용가능가격) 등이 된다. 목표고객 평가는 카페 창업자와 근무하는 직원들이 1차적으로 평가해 보고 주변의 목표고객들을 가오픈 준비를 위해 리허설 식으로 평가회를 가지는 방법이 있다. 이때는 맛과 가격수준의 평가와 주문 및 서비스의 편의성 평가가 이루어진다. 이러한 과정을 통해 얻은 피드백으로 개선사항이 발견된다면 바로 수정할 수 있도록 한다.

(2) 가오픈(리허설)

① 상품과 서비스 점검

베이커리 카페는 정식 오픈 전에 가오픈 기간을 두어 매장 운영과 상품과 서비스에 대한 전반적인 사항을 점검하여야 한다. 이 기간에는 생산시설의 시험 가동 등을 통해 사전 베이커리 파트의 생산과 교육상태 등을 점검할 수 있다. 카페 파트에서도 음료제조와 서비스 상태 등을 점검하여 문제가 없는지 점검하고 개선사항이 있다면 이 기간에 수정할 수 있도록 한다. 친구나 지인 등을 초청하여 이벤트식으로 사전 리허설을 진행하고 이들에게 피드백을 받는 것도 방법이다. 갑자기 고객이 몰리게 되면 서비스에도 문제가 생길 수 있다. 그러므로 가오픈 기간은 이러한 점들을 사전 체크하고 대비할 수 있는 시간이 된다. 창업자와 모든 직원들이 리허설에 참여하여 여러 사항들을 함께 점검하고 토론하여 수정할 수 있도록 하는 과정이 필요하다.

② 가오픈 기간

가오픈 기간은 2주에서 1달 정도 진행하는 것이 일반적이나 때로는 1달 이상 3달까지도 진행하기도 한다. 공식 오픈 전에 긴 시간을 통해 상품과 서비스를 점검하고 이 기간을 통해 매장의 운영관리에 대한 전반적인 사항들이 점차적으로 개선되도록 하는 것이다. 특히 다양한 SNS를 통해 마케팅 커뮤니케이션 과정을 거쳐 공식 오픈을 알릴 수도 있다. 예를 들면 가오픈 이벤트로 고객들이 매장을 방문하여 SNS에 게시물을 올리면 정식 오픈 후 사용가능한 상품권 또는 할인권 등을 제공하는 선물들을 제공할 수도 있다. 고객들에게는 가오픈 기간임을 알리고 서비스에 대한 부족한 부분에 대한 양해를 구하도록 한다.

③ 직원들의 준비상황 점검

가오픈 기간을 통해 직원들의 제품과 메뉴에 대한 숙지, 근무자세, 전화 받는 요령, 복장, 고객안내, 고객의 불만처리 요령 등에 대하여 종업원의 교육상황들을 점검한다. 오픈 전까지는 연습이 있을지 몰라도 개업 이후에는 연습이란 없기 때문에 철저히 준비해야 한다. 이 기간을 통해 부족한 건 없는지 마지막 점검이 필요하다. 또한 베이커리 생산 과정에서 직원들의 숙련여부 등을 확인하고 부족한 점들이 있다면 개선점을 빠르게 수정하도록 한다. 카페 바에서도 고객들이 많이 몰리는 상황에서 음료제조와 주문 서비스 등이 적절히 이루어질 수 있는지 직원들의 업무 분담과 동선 등을 평가한다. 직원의 POS시스템 등 운영과 작동에 문제가 없는지도 확인한다. 직원들이 가오픈 기간을 통한 다양한 상황들을 미리 접하고 대응력을 훈련하는 과정은 오픈 후에 고객들에게 안정적인 서비스가 진행될 수 있도록 하는 좋은 기회가 된다.

3) 운영 자금의 평가

카페 경영자는 개점 시 개점 마케팅, 직원 인건비, 원재료 구매비용 그리고 개점 후 6개월 동안 발생할 수 있는 손실을 고려하여 운영자금을 충분히 확보해야 한다. 이유는 개업 이후 수개월에서 1년까지도 손실이 발생할 수 있기 때문이다. 충분한 운영자금이 확보된 경우와 그렇지 않은 경우를 대비하여 사업자는 다양한 개점전략을 생각해 보고 대비를 해야 한다. 초기에 운영자금이 충분히 확보되지 않았다면 인건비 관리가 가장 문제될 수 있으므로, 최소한의 인원으로 영업을 시작하는 것이 바람직하다. 소형 베이커리 카페라면 창업 초기에는 창업자가 가족의 도움을 받아 안정기에 들어서고 고객이 늘어났을 때 직원 채용을 고려해 보는 것이 좋다. 대형 베이커리 카페라면 최소한의 가용 인력으로 운영을 시작하는 것이 좋다. 인건비가 가장 큰 비용을 차지하므로 영업 상황을 고려하여 인력 채용을 늘려가는 것이 초기 운영자금 관리의 현명한 방법이다.

❷ 매장 경영 전략

1) 창업자의 마음가짐

베이커리 카페 창업을 계획하고 실행을 통해 창업준비가 완료되었다고 해서 끝난 것이 아니다. 매장을 오픈하는 순간부터가 본격적인 창업의 시작인 것이다. 처음 마음 먹은 창업 목표를 실현해 나가는 과정은 인내의 과정의 연속일 수 있다. 수많은 경영상의 어려움들이 있을 수 있다. 그렇지만 이제는 멈출 수가 없다. 그렇다면 이 창업을 성공적으로 이끌고 지속적인 매출 성과를 통해 사업을 성장시켜 나갈 수 있도록 최선의 노력이 필요하다.

창업과정을 통해 만들어진 조직과 시스템 등이 잘 운영될 수 있도록 창업자로서, 경영자로서 역할을 충실히 수행하는 것이 중요하다. 이제는 본격적인 매장경영을 통해 지속적인 성과를 만들어 가도록 직원관리부터 매출관리까지 매장경영을 이해하고 각 단계별로 문제없이 운영되도록 관리하는 것이 필요하다.

우수한 상품생산을 통해 고객이 만족하고 최고의 서비스를 통해 고객들이 다시 방문하고 싶은 매장이 되도록 철저히 관리해야 된다. 직원들도 경영이념을 이해하고 회사의 미션과 비전에 따라 고객만족 서비스가 실현되도록 최선을 다하는 분위기가 조성되어야 한다. 이 또한 창업자의 노력에서 비롯되는 것이다. 창업자와 직원 모두가 같은 마음으로 같은 방향을 향해 나아간다면 고객들도 신뢰를 보낼 것이고, 고객에게 신뢰를 얻는 고객만족경영의 과정을 충실히 잘 지켜 나간다면 지속적인 성공 창업을 만들어 나갈 수 있을 것이다.

2) 매장경영관리

(1) 매장관리

개점시간 전에 상품의 준비상태를 점검하는 것으로 업무를 시작한다. 또한 개점

직후와 폐점시간 직전에 매장설비, 비품 등의 상태를 점검하고 보완한다. 점검기록부를 만들어 매일의 상태를 기록한다. 직원들에 대한 믿음이 없으면 매장 경영이 힘들어진다. 매장의 관리 운영 부분에 있어서 직원들이 조금 미숙한 부분들이 있더라도 직원들이 잘할 수 있도록 독려하고 기다려 줄 필요가 있다. 매장경영에 있어 잘된다는 확신을 가지고 임하라. 그 상황에 맞춰 관리한다고 경영이념과 원칙이 깨지면 모든 것이 무너진다. 매장 경영에 있어서 기본 경영이념을 바탕으로 한 운영관리 방침은 확실히 지킨다.

(2) 직원관리

직원들이 항상 좋은 모습으로 성장하고 발전할 수 있도록 직원들을 독려한다. 직원들이 자신의 일에 대한 자부심을 가지고 직업에 대한 의욕을 높이고 스스로 역량을 향상시키도록 지속적으로 기회를 준다. 열심히 일하는 직원에게 유급 포상휴가, 매출증가에 따라 인센티브, 직원들의 휴식시간 보장과 휴식 공간 마련해주는 것들은 직원들이 주민의식을 가지고 동기부여 될 수 있도록 만드는 중요한 부분이다. 이는 직원들의 자발적인 근무의욕을 불러일으키며, 생산성 향상에 큰 도움이 된다. 항상 직원들 입장에서 배려할 수 있어야 하고, 편견은 금물이다. 항상 직원들을 믿음과 신뢰로 대하고 입장을 바꾸어 생각하고 유연한 조직 체계를 구축한다. 또한 창업자와 직원들은 항상 서로 존중하고 배려하고 서로를 위하는 팀 분위기를 만들고 함께 신뢰할 수 있도록 노력한다. 정기적인 회식과 워크숍 등은 신뢰의 분위기를 만드는 데 긍정적인 역할을 한다. 창업자는 직원의 일상사나 신상문제에 대해서도 관심을 항상 가져주고 챙겨주고 위로해주는 것이 좋으며, 경조사가 있다면 반드시 꼭 챙긴다.

(3) 매출관리

매장경영에 있어서 매출관리와 지출 관리는 매우 중요한 부분이다. 과거에는 원가의 비율의 줄여 매출총이익을 극대화하는 전략을 장려하였다. 원가 비율을 줄이다가 상품의 품질에 변화가 온다면 이것은 매출에 더 큰 영향을 줄 수 있다. 원가비를 줄여 매출 총이익을 극대화하는 전략은 절대 권하지 않는다. 매장 내에서는 다른 부분들에 철저한 관리를 통해 판매 및 일반 관리비 등에서 낭비적인 지출이 줄어들수 있도록 관리하는 것이 현명한 방법이다. 차입금이 있다면 이에 따른 이자비용에 대해서도 효율적으로 관리한다. 매출을 통해 이익이 발생하면 차입금을 빨리 줄여나가는 것이 좋다. 근무 환경에서 제품의 품질과 고객서비스에 영향을 주지 않는 영역에서는 아낄 수 있는 부분을 관리하는 근검절약 환경을 만드는 것이 좋다. 직원들도 이러한 마음으로 근무할 수 있는 환경을 만든다.

(4) 고객관리

고객관리는 고객이 항상 우리의 상품과 서비스에 만족하고 있는가를 관리하는 것이며, 고객의 새로운 욕구와 필요가 무엇인가를 파악하는 것이다. 고객의 취향과 트렌드는 항상 변한다. 그렇기 때문에 고객 개개인의 구매 특성과 취향을 파악하고, 상품의 품질 향상과 새로운 상품의 개발에 신경 써야 한다. 상품의 품질과 서비스는 무조건 정직하고 일관성이 중요하다. 지속적인 고객관리 시스템을 통해 충성고객을 관리하고 우리 매장에 대한 충성고객이 더 늘어나도록 고객관리에 필요한 모든 활동을 적극적으로 실행해야 한다.

(5) 메뉴전략

상품별 판매리스트를 통해 판매량을 관리하고 잘 팔리는 상품의 비율을 높이고 잘 팔리지 않는 상품의 비율을 낮추거나 새로운 상품으로 대체하도록 한다. 대표메뉴과 전략메뉴를 구분하여 관리한다. 상품에 대한 아이템의 생명주기를 파악하고 대처하는 능력을 가져야 한다. 새로운 상품을 지속적으로 개발하고 고객의 반응을 테스트해야 한다. 철저한 시장조사를 통해 경쟁업체들의 메뉴 전략의 변화를 모니터링하고 우리의 매장 영업에도 반영할 수 있어야 한다.

(6) 유통 및 가격 전략

유통 단계가 간단하면서 신뢰할 만한 매입거래처를 확보한다. 항상 좋은 식재료를 싸게 매입하는 것이 최대의 과제이기 때문에 항상 시장의 변동사항을 체크하고 좋은 거래처를 확보하도록 노력한다. 좋은 납품 거래처라면 항상 상생할 수 있도록 함께 노력하는 것이 중요하다.

베이커리 카페가 가지고 있는 입지와 고객의 소비특성에 맞추어 가격과 품질이 관리될 수 있도록 한다. 고객에 대한 가격 저항을 줄이면서 좋은 상품을 제공하는 것이 가장 좋지만 시장의 변동성으로 인해 원가 상승요인이 계속 발생하기도 한다. 이때 적절한 상황 판단을 통해 가격 전략으로 대응해 나가는 것이 좋다. 물가 상승요인으로 원가 상승요인이 높아진다면 상품의 가격을 올리는 것이 맞다. 이때 원가 구조 관리를 통해 재료를 바꾸거나 양을 줄이는 것은 고객들이 금방 알게 되고, 이는 매출을 하락시키는 가장 큰 원인이 된다.

(7) 판매 및 마케팅 전략

고객에게 적극적인 판매 마케팅 전략을 통해 고객이 지속적으로 우리 매장을 방문할 수 있도록 만들어야 한다. 고객관리 시스템을 효과적으로 운영하는 것이 가장 좋다. 고객을 등급별로 관리하며, 포인트 혜택, 고객기념일 이벤트 등이 주기적으로 이루어질 수 있도록 한다. 다양한 마케팅 커뮤니케이션 방법을 통해 고객들이 우리 매장에 대한 정보를 SNS를 통해서 접하고, 고객들도 우리 매장을 SNS로 적극적으로 홍보해 줄 수 있는 아이디어를 계속적으로 개발하고 적극적으로 실행할 수 있도록 한다.

3) 적극적인 매장경영전략

(1) 매출액 관리

매일/매주/매월 단위의 매출액을 관리하고 이를 직원들에게 공표한다. 직원들도 매출액 관리에 신경 쓸 수 있는 분위기를 만든다. 신규고객과 재방문 고객, 충성고객의 매출이 어떻게 분포되는지 관리하여야 한다. 매출의 변화와 고객층의 변화는 향후 매출 전망을 예측해 볼 수 있다. 매출이 떨어지기 시작한다면 그 이유를 반드시 찾아야 한다. 매출액 관리를 통해 위험 요인을 찾았다면 반드시 해결책을 마련하고 이를 개선하는 활동을 즉각적으로 실행해야 한다.

(2) 재고관리 확인

재고 관리가 철저히 잘 되고 있는지 확인하여야 한다. 이는 매장에서 가장 보이지 않는 손실을 발생시키는 부분이 된다. 유통기한 관리, 선입선출 관리, 식재료의 보관관리 등이 잘 되고 있는지 주기적으로 체크하고 재고 상황들이 시스템으로 잘 관리될 수 있도록 하는 환경을 만든다.

(3) 직원과의 정기적인 미팅

창업자가 매일 직원들과 오픈 전 점검사항들을 체크하는 미팅을 주재하도록 한다. 팀장이나 매니저/점장이 있는 경우는 회의 성격에 따라 미팅 주재를 맡기면 된다. 정기적인 미팅을 통해 사전에 매장 경영과 상품관련 사항들을 점검하고 전달하는 것이 효율적인 매장경영에 도움이 된다. 정기적으로 1주일에 한 번씩은 전체회의를 열어 업무 진행사항을 관리하도록 한다. 이때 트렌드 분석과 함께 소비경향이나 경영정보를 얘기하는 것은 직원들이 회사에 대한 관심을 높이고 스스로 업무 역량 향상을 위해 필요한 일이다.

(4) 교육훈련

교육훈련은 직원들에 각 단계에 따라 체계적인 교육이 잘 진행되고 있는지 점검하고 부족한 부분들이 있다면 이를 개선하도록 점검한다. 기존 직원들도 정기적인 교육을 통해 생산, 품질, 위생, 서비스에 대한 팔로우업 교육을 통해 직원들을 환기시키고, 현재 상황에서 문제점들이 있다면 개선되도록 한다. 고객서비스 과정에서 발견된 시정사항들이 교육훈련이나 미팅을 통해 전파되고 재교육되도록 한다. 또한 신제품에 대한 출시 시 제품 지식 등에 대한 교육이 함께 이루어지도록 한다. 중요한 교육은 창업자와 매니저들도 함께 참여한다.

(5) 정보수집 및 개선

베이커리 카페 관련 정보와 경쟁업체 정보, 트렌드 정보, 신제품 정보 등 다양한 정보를 획득하고 이를 통해 매장의 경영활동 개선에 반영하도록 항상 노력해야 한다. 이제는 매장경영이 더욱 효과적인 성과를 만들고 지속해서 개선되고 발전될 수 있도록 창업자 자신도 계속해서 정보를 얻고 공부하는 것이 필요하다. 특히 고객의 트렌드 변화와 상권의 변화 등은 향후 매출 향상에도 큰 영향을 미칠 수 있으므로 주기적으로 변화를 모니터링해야 한다.

(6) 고객관리 및 고객만족경영

고객관리가 장기적인 비즈니스 성과에 매우 큰 영향을 준다고 강조하였다. 고객과 항상 적극적으로 소통할 수 있는 환경을 만드는 것이 충성 고객을 지속적으로 유지하도록 만드는 데 매우 중요한 부분이다. 고객과 창업자가 직접 소통할 수 있는 채널을 확보하는 것도 좋은 방법이다. 최근에는 창업자가 직접 SNS 계정 활동을 하고 이를 통해 고객들과 감성을 나누고 신뢰 관계를 만드는 것을 통해 고객과 소통하는 모습을 자주 보게 된다. 베이커리 카페의 경우는 이러한 방법이 고객의 신뢰를 만들고 충성고객을 만드는 데 매우 효과적인 방법이다. 고객은 작은 실수에 바로 등을 돌리게 된다. 고객이 불만이 발생하였다면 최선을 다해 고객이 감동할 때까지 대응할 수 있어야 한다. 모든 직원들이 고객의 감성을 자극할 수 있는 감동을 상품과 서비스를 통해서 전달한다면 고객만족경영이 실현되는 것이다.

참고문헌

국내문헌

- 김기홍 외, 외식사업창업론, 대왕사, 2008.
- 김난도 · 전미영 외 3명, 트렌드코리아 2019, 미래의 창, 2018.
- 김동수 · 송기옥 · 왕철주, 식음료원가관리론, 백산출판사, 2019.
- 김성일 · 박영일, 외식마케팅관리, 백산출판사, 2020.
- 김영갑, 성공 창업을 위한 상권분석, 이스프레서, 2017.
- 김영갑 · 강동원, 주방관리론, 교문사, 2020.
- 김영갑 · 권태영, 성공창업을 위한 카페창업론, 교문사, 2015.
- 김영갑 · 채규진 · 김선희, 외식사업창업론, 교문사, 2019.
- 김영찬 · 구자인 · 정강국 · 조재덕 · 김희영 · 최성락, 식음료서비스실무론, 백산출판사, 2020.
- 김영혁 · 김의식 · 임태병 · 장민호, 우리 까페나 할까?, 디자인하우스, 2005.
- 김은숙 · 한동여, 최신 외식산업의 창업 및 경영, 백산출판사, 2019.
- 김종욱 외 6명, 제과제빵기능사 실기, 백산출판사, 2022.
- 김지희 외, 외식경영론, 대왕사, 2010.
- 김천서 · 오현근 · 조진관, 외식사업경영론, 한올 출판사, 2012.
- 김헌희 · 김시중, 외식업 판촉 전략의 이론과 실제, 푸드미학, 2009.
- 김헌희 · 이유경, 외식창업실무, 백산출판사, 2018.
- 남태현, 프랜차이즈회사가 당신에게 알려주지 않는 진실, 웅진씽크빅, 2008.
- 마이클 스터먼 · 잭 코질 · 로힛 버마, 코넬대 휴미락 서비스업 완벽 강의, 눌민, 2015.
- 박경환, 실전! 상권분석과 점포개발, 상상예찬, 2007.
- 박평호, 처음 시작하는 사람들을 위한 개인창업&법인창업 쉽게 배우기, 한스미디어, 2015.
- 박한수, 소자본 창업과 경영, 민영사, 2009.
- 배성환 외 3명, 빅데이트와 SNS시대의 소셜 경험 전략 2판, 에이콘출판주식회사, 2016.
- 백남길, 외식마케팅 사례를 중심으로, 백산출판사, 2012.
- 서민교, 가맹점 창업을 위한 프랜차이즈 사업 성공 비밀노트, 중앙경제평론사, 2018.
- 서여주, 고객응대실무, 백산출판사, 2021.
- 서정헌, 창업 초보자가 꼭 알아야 할 102가지, 원앤원북스, 2006.
- 서진우, 성공창업을 위한 실전! 외식창업실무, 대왕사, 2007.
- 소상공인지원과, 현명한 소상공인의 위기탈출 매뉴얼, 서울특별시, 중소기업중앙회, 2015.
- 소상공인진흥원 · 중소기업청, 창업다이어리, 소상공인진흥원, 중소기업청, 2013.
- 신봉규 · 박한나 · 이유경, 외식산업현황과 창업실무매뉴얼, 백산출판사, 2019.
- 신태화, 베이커리 카페 창업경영론, 백산출판사, 2021.
- 신태화 · 김종욱 · 이재진 · 이준열 · 장양순 · 정양식 · 한장호, 제과제빵학, 백산출판사, 2021.
- 안대희 · 성광열 · 박종철 · 윤대균 · 김윤 · 고종원 · 유순호, 호텔 · 외식 인적자원관리, 백산출판사, 2019.
- 양일선 외, 외식사업경영, 교문사, 2018.
- 양지향 · 최금옥, 서비스 마케팅의 이행, 기업교육개발원, 2011.
- 이유재, 서비스 마케팅, 학현사, 2013.
- 이유재 · 안광호, 서비스마케팅&매니지먼트, 집현재, 2011.
- 이재후 · 장용호 · 이상우, 커피하우스 창업하기, 예신, 2010.
- 이정자, 외식산업서비스관리론, 백산출판사, 2016.
- 정보통신정책연구원, SNS 이용추이 및 이용행태 분석 보고서, 2019.
- 정용주, 외식산업의 경영과 마케팅, 백산출판사, 2021.
- 제임스 프리먼 · 케이틀린 프리먼 · 타라 더간, 블루보틀 크래프트 오브 커피, 한스미디어, 2016.
- 캐럴로스, 당신은 사업가입니까, 알에이치코리아, 2016.

- 케빈 레인 켈러, 브랜드 매니지먼트, 비즈니스북스, 2007.
- 통계청, 외식업경영실태 조사보고서, 2018.
- 한국농수산물유통공사, 외식트렌드분석보고서, 2019.
- 한국표준협회, 대인관계능력, 박문각 2016.
- 홍종숙 · 전지영 · 조태옥, 외식 식공간 연출, 교문사, 2014.
- 홍행홍 · 조남지 · 이재진 · 도중진 · 안호기 · 정순경 · 채동진, 베이커리 경영, BnC world, 2008.
- DMC 미디어, 2021 소셜미디어 시장 및 현황 분석, 2021.

논문

- 권경란, "베이커리 카페의 브랜드 아이덴티티 이용사례", 국내석사학위논문 경성대학교 멀티미디어대학원, 2011. 부산.
- 김영식, "베이커리 카페의 물리적 환경이 고객 감정 및 충성도에 미치는 영향", 광운대학교 경영대학원 석사학위논문, p.6, 2008.
- 김태숙, "베이커리 카페 이용객의 라이프스타일, 경험가치, 고객만족 및 고객충성도의 구조적 관계", 국내박사학위논문 영산대학교, 2016. 경상남도.
- 민은아, "베이커리 브랜드의 컨셉 재활성화에 관한 연구", 국내석사학위논문 세종대학교 대학원, 2011. 서울.
- 서미선, "브랜드 콘셉팅 유형이 자아 일치도에 따라 경험디자인 속성과 브랜드 몰입에 미치는 영향", 국내석사학위논문 홍익대학교 산업미술대학원, 2020. 서울.
- 윤선미, "베이커리 카페의 물리적 환경과 고객의 지각된 품질이 고객만족에 미치는 영향", 세종대학교 대학원 석사학위 논문, p.23, 2016.
- 윤성미, "프랜차이즈 베이커리 카페의 브랜드 가치 고객만족과 고객충성도의 관계에서 브랜드이미지의 매개효과", 한국관광연구, 29(8), 165~179, 2015.
- 이정현, "베이커리 카페의 물리적환경이 고객만족과 추천의도에 미치는 영향", 국내석사학위논문 한성대학교 경영대학원, 2018. 서울.
- 정세은, "소비자-브랜드 관계의 질이 브랜드 확장 시 브랜드 태도에 미치는 영향에 관한 연구", 국내석사학위논문 홍익대학교 광고홍보대학원, 2009. 서울.
- 조민서, "베이커리 카페의 상품선택속성이 고객만족 및 재구매의도에 미치는영향", 국내석사학위논문 한성대학교 경영대학원, 2019. 서울.

기타자료

- 김소현 기자, 베이글 맛집, 머니투데이방송Mtn뉴스, 2021.11.26.
- 매그넘빈트, 서울에서 가장 오래된 빵집 '태극당', 디지털인사이트, 2019.09.20.
- 손자철 기자, 태극당…'빵아저씨' 70년 정성이 어린 추억의 빵집, 경향신문, 2017.12.06.
- 송혜진 기자, '노티드' '호족반' 만든 GFFG 이준범 대표가 말하는 오픈런 맛집의 비밀 조선일보, 2022.12.27.
- 최은주 기자, 70년 역사를 빚다…해방둥이 빵집 '태극당', 정책브리핑, 2015.08.10.
- 네이버 검색지도, http://map.naver.com
- 뚜레쥬르, https://www.tlj.co.kr:7008/index.asp
- 블루보틀, https://www.bluebottlecoffeekorea.com/
- 서울시자영업지원센터, www.seoulsbdc.oro.kr
- 소상공인진흥공단, www.semas.or.kr
- 아이엠피터뉴스, http://www.impeternews.com
- 우즈베이커리 카페, www.wooz.kr (@woozcafe)
- 스타벅스, https://www.starbucks.co.kr/index.do
- 파리바게트, https://www.paris.co.kr/
- 포비, http://www.fourb.co.kr/
- 태극당, http://www.taegeukdang.com/
- 특허청, www.kripris.or.kr
- GFFG, http://www.gffg.co.kr/
- http://www.newbostoncreative.com
- http://www.unsplash.com

저자소개

이승호

- 연세대학교 대학원 호텔외식급식경영 이학석사
- 전) 서울창조경제혁신센터 창업전문위원
  서울창업카페 창업전문멘토
  전라북도 경제통상진흥원 창업전문강사
  한양여자대학교 외식산업과 외래교수
- 현) 한양여자대학교 외식산업과 산학협력
  대림대학교 호텔조리제과학부 산학협약
  대림대학교 호텔조리제과학부 겸임교수
  INTERGRIT FNB/86COFFEE 대표

김종욱

- 세종대학교 대학원 조리외식경영학과 경영학 석사
- 연세대학교 대학원 호텔외식급식경영 이학석사
- 세종대학교 대학원 조리외식산업학과 조리학 박사
- 전) 롯데호텔 Bakery
  리츠칼튼서울호텔 Pastry Kitchen
- 현) 대림대학교 호텔조리제과학부 교수

이인학

- American Institute of Baking 수료
- 프랑스 리옹 발로나 마스터초콜릿과정 수료
- IKA 세계요리대회 동상
- 2003 세계요리대회 제과부문 국가대표
- 전) 혜전대학교 제과제빵과 겸임교수
  동서울대학교 제과제빵 겸임교수
- 현) 대림대학교 호텔조리제과학부 산학협동위원
- ㈜씨엔비위즈 대표

저자와의
합의하에
인지첩부
생략

베이커리 카페 창업과 경영

2023년 3월 5일 초판 1쇄 인쇄
2023년 3월 10일 초판 1쇄 발행

지은이 이승호 · 김종욱 · 이인학
펴낸이 진욱상
펴낸곳 (주)백산출판사
교   정 박시내
본문디자인 장진희
표지디자인 오정은

등   록 2017년 5월 29일 제406-2017-000058호
주   소 경기도 파주시 회동길 370(백산빌딩 3층)
전   화 02-914-1621(代)
팩   스 031-955-9911
이메일 edit@ibaeksan.kr
홈페이지 www.ibaeksan.kr

ISBN 979-11-6567-632-2   93320
값 34,000원